廊坊光明桥
转体跨越运营高铁建造技术

CONSTRUCTION TECHNOLOGY FOR
SWIVELING AND OVER-CROSSING
OPERATING HIGH-SPEED RAILWAY
OF LANGFANG GUANGMING BRIDGE

汤友富 编著

人民交通出版社股份有限公司
北京

内容提要

本书基于廊坊光明桥EPC项目的建设实践及其科研创新与技术攻关成果，系统介绍了大跨度转体跨越运营高铁钢桁梁桥的设计与施工关键技术，内容涵盖建设模式、方案设计、钢桁梁设计制造安装、施工方案、建设管理、运营安全、养护维修及BIM技术应用等。本书聚焦涉铁工程的安全性和可靠性，重点阐述了邻近高铁安全防护、工程设计施工和智能建造等技术，总结凝练了涉铁EPC项目管理的总体思路与做法。

本书体系完善、资料翔实，全面展示了涉铁转体桥梁建造的先进理念、原创设计及关键技术，可为类似项目的建设提供有益的参考。本书可供从事桥梁工程建设的工程技术人员阅读借鉴，也可作为高等院校相关专业师生的参考书。

图书在版编目（CIP）数据

廊坊光明桥转体跨越运营高铁建造技术/汤友富编著. — 北京：人民交通出版社股份有限公司，2023.3
ISBN 978-7-114-18438-3

Ⅰ.①廊… Ⅱ.①汤… Ⅲ.①高速铁路—工程项目管理—廊坊 Ⅳ.①U238

中国国家版本馆CIP数据核字（2023）第000361号

Langfang Guangmingqiao Zhuanti Kuayue Yunying Gaotie Jianzao Jishu

书 名：	廊坊光明桥转体跨越运营高铁建造技术
著 作 者：	汤友富
责任编辑：	李学会　高鸿剑
责任校对：	赵媛媛　魏佳宁
责任印制：	刘高彤
出版发行：	人民交通出版社股份有限公司
地　　址：	（100011）北京市朝阳区安定门外外馆斜街3号
网　　址：	http://www.ccpcl.com.cn
销售电话：	（010）59757973
总 经 销：	人民交通出版社股份有限公司发行部
经　　销：	各地新华书店
印　　刷：	北京印匠彩色印刷有限公司
开　　本：	787×1092　1/16
印　　张：	25.75
字　　数：	604千
版　　次：	2023年3月　第1版
印　　次：	2023年3月　第1次印刷
书　　号：	ISBN 978-7-114-18438-3
定　　价：	188.00元

（有印刷、装订质量问题的图书，由本公司负责调换）

CONSTRUCTION TECHNOLOGY FOR
**SWIVELING
AND OVER-CROSSING**
OPERATING HIGH-SPEED RAILWAY
OF LANGFANG GUANGMING BRIDGE

工程
重大时间节点

2018 年
12 月 26 日

▶ 工程开工仪式

2019 年
09 月 10 日

▶ 中国铁路北京局集团有限公司组织施工图审查

2020 年
11 月 26 日

▶ 主桥承台全封闭止水基坑开挖完成

主桥下承台及球铰支座安装

2021 年
02 月 01 日

主桥墩施工完成

2021 年
04 月 25 日

钢桁梁首拼

2021 年
05 月 18 日

2021 年
09 月 30 日

钢桁梁拼装完成

2021 年
10 月 15 日

钢桁梁横移施工

2021 年
10 月 27 日

连续钢桁梁桥成功转体

2021 年
11 月 02 日

钢桁梁纵移 30cm 就位

2021 年
11 月 09 日

钢桁梁合龙成功

2022 年
06 月 25 日

光明桥主线通车

EDITORIAL BOARD 编委会

主　　编：汤友富

副 主 编：谌启发　江荣丰　徐　勇　文功启　苏国明
　　　　　薛宪政

主　　审：郭　波　梁志新

参　　编：文功启　苏国明　薛晓博　薛宪政　朱勇战
　　　　　李方柯　王青太　庞元志　薛红云　李　亮
　　　　　孙刘军　曹　全　李光耀　王　彦　韩　静
　　　　　周解慧　曹继喜　扈文波　解延锐　李炫琳
　　　　　安志刚　高晓彬　张海成　张文斌　王树旺
　　　　　王舜尧　马士让　付菊平　魏赞洋　陈永乐
　　　　　张　良　赵玉宝　王　宇　路祥龙　于红杰
　　　　　戴润达　郑小刚　魏涛涛　张　钦　石学茹
　　　　　周佳博　李双全　武晓燕　于金泽　黄　晶

审稿专家：向中富　张文学　樊立龙　钟建辉　陈志敏

序

改革开放四十余年以来,我国经济社会各个方面突飞猛进,现代化的交通基础设施日新月异,取得了巨大成就。经济要发展,交通须先行。为充分发挥交通先行作用,加快建成国家综合立体交通网,全国范围内的基础设施建设如火如荼进行,难以避免出现公路、城市道路跨越高速铁路的情况,且类似涉铁工程数量与日俱增。由于高速铁路运营速度高、安全风险压力巨大,对跨越既有高速铁路的涉铁工程从设计、施工、建设管理、运营和养护维修等方面提出了严格的要求,因此对待大跨度上跨高速铁路桥梁工程建设我们理应更为谨慎。

为促进廊坊市社会经济的快速发展,实现光明道东西两侧的连接贯通,廊坊市政府特批廊坊交通中心工程,其中光明桥连接廊坊城区主干道——光明东道与光明西道,于廊坊站咽喉区小角度上跨京沪高速铁路等11股道,项目自立项开始,跨越高速铁路的安全性和可靠性就成为各方高度关注的重点。为此,中国铁路北京局集团有限公司多次组织各方专家对技术方案、施工方案等进行研讨,于2019年4月完成方案审查,工程正式进入实施阶段。2020年5月邻铁桥墩基础动工,2021年10月底完成主桥转体,2022年6月底主线通车。整个建设过程中各参建方面临着安全施工的巨大压力,工程建成殊为不易。

作为设计单位,中铁第五勘察设计院集团有限公司依托国内首座城市道路上跨京沪高速铁路、京沪铁路工程——廊坊市光明桥项目,以保证铁路设施安全及列车运营安全为中心,从项目建设模式、方案设计、钢桁梁制造加工和安装、施工方案、建设管理、运营安全、养护维修以及建筑信息模型(Building Information Modeling,BIM)技术应用等方面进行了全方位积极的探索和实践。充分发挥设计院的技术优势和资源整合优势,深度融合设计、施工、管理于一体,极大降低了上跨运营高速铁路的风险因素,在涉铁工程设计、施工、管理等方面积累了全新的经验,形成了一批实践成果。

本书以廊坊光明桥转体跨越高速铁路钢桁梁桥为载体,从设计与施工的角度出发,以EPC工程总承包的视野,对本工程的关键技术进行了全面总结。在管理过程中严格执行中

INTRODUCTION

国铁路北京局集团有限公司路外工程规定，全面落实标准化、规范化及信息化管理。本工程设计与施工推行了多项创新技术甚至是首创技术，如主跨 268m 大跨连续上加劲钢桁梁桥式、多点同步横移技术、大悬臂多点转体系统、支座预偏纵移合龙、施工中钢梁拼装及线形控制、横移落梁中的限位及纠偏等，这一系列设计施工工法的构思巧妙与精准控制均在工程建设过程——体现。

本工程所涉及的沉降控制标准及相关技术措施，可在后续类似工程中发挥示范作用。本工程通过 BIM 技术实现了工程全过程智能智造的理念，所形成的成果从侧面彰显了桥梁人匠心独到的技术思考与精益求精的建设精神。本书总结的各个方面，可供专业技术人员交流借鉴，对工程管理尤其是涉铁工程 EPC 管理亦有很好的参考价值。

中国工程院院士 何华武

2022 年 11 月

前　言

廊坊光明桥工程是国内首座转体跨越运营高速铁路的上加劲连续钢桁梁桥，于廊坊站小角度转体上跨京沪铁路和京沪高速铁路的运营路基股道。对于转体上跨铁路尤其是高速铁路的桥梁而言，在建设及运营阶段保证既有铁路运营安全是重中之重。面对前所未有的跨度、几近严苛的沉降控制要求，该工程的设计与施工面临严峻的挑战。为此，项目主创团队开展了多项科研与技术攻关，在广泛吸纳国内外相关工程实践经验的基础上，采用跨度（118+268+118）m 上加劲连续钢桁梁桥式，设计了自重轻、跨越能力强的钢桥结合轻型桥面系统，融入了多点稳定转体系统、支座预偏纵向合龙及高强螺栓防断裂掉落等系列新技术；在施工过程中，主梁钢结构构件在工厂预制，采用大型门式起重机设备平行铁路拼装，在既有条件下最大限度减少对铁路的干扰；在转体中通过要点施工，一次成功就位；主跨中间合龙段在封闭小车中作业，消除了铁路上空作业焊接及坠物隐患。以上这些措施，保证了主桥工程施工优质安全可靠，辅以施工监测监控及成桥健康监测，大大降低了工程风险。另外，在工程实施过程中全面采用 BIM 及信息化管理，为智能建造技术在涉铁工程中的应用积累了有益经验。

事非经过不知难，成如容易却艰辛。经过多方的共同努力，2021 年 10 月 27 日，东西主桥同时转体成功；2022 年 6 月 25 日，主线建成通车。光明桥总高度近 60m，直桁曲弦，桥式雄壮典雅，成为了廊坊市新的建筑标志。在建设过程中，央视及多家地方媒体进行了报道，引起了业内普遍关注。

本书是全体建设者实践经验的总结，记录了光明桥工程建设过程的诸多突破性进展与标志性成果。全书由中铁第五勘察设计院集团有限公司组织编写，共分四篇二十一章。第一篇 工程概况，简要说明项目基本情况、建设条件及技术标准，结合工程背景，介绍转体跨铁路桥梁现状，归纳涉铁工程建设要点，并列举相关工点案例，简要分析了涉铁工程 EPC 模式的优点。第二篇 工程设计，先对全桥总体设计进行阐述，含平面、立面及横断面布置，孔跨布置，道路及排水等。进而设计构思主桥桥式、桥面及转体系统，通过计算分析研究上加劲连续钢桁梁桥受力特性及下部结构抗震性能。最后结合涉铁钢桥特点对健康监测和防灾系统进行论述说明。第三篇 工程施工，介绍了钢梁制造、钢梁拼装、下部结构施工及工程质量与安全管理、施工监控及成桥试验、BIM 信息化管理等方面内容。结合邻近既有铁路的特点，对拼接工艺、杆件吊装及节段划分、横移、落梁、转体、纵移、合

PREFACE

龙几大体系转换，细部梳理城市中心区域复杂环境下大跨度钢桁梁的建造技术。第四篇 工程创新与展望。对设计、施工建造及工程管理进行总结，系统总结转体跨越运营高速铁路连续钢桁梁关键技术，含结构与线形、局部构造、转体系统、关键工序工法及信息化管理等方面的创新。

一个项目从立项到竣工是一个庞大的系统工程，无论是项目前期还是在实施过程中，光明桥项目得到了京沪高速铁路股份有限公司、中国铁路北京局集团有限公司及系统内各部室站段的全面支持，尤其是中国铁路北京局集团有限公司计统部和建设部、北京京铁咨询工程有限公司多次组织会审，各级领导亲临现场指导，解决了工程设计与施工一系列难题。廊坊市各级部门为项目实施全方位提供保障，开工后，市领导多次到现场调研，解决了工程推进中很多实际困难；廊坊市住建局及市政设施管理中心在项目实施过程中，对工程安全、质量、工期及建设资金等进行全面督导与落实。借此书出版之际，对参与、支持与帮助工程建设的单位及个人表示衷心的感谢！

同时，在本书编写过程中，得到了中铁六局集团北京铁路建设有限公司、中铁山桥集团有限公司、四川交大工程检测咨询有限公司、南京工大桥隧与轨道交通研究院有限公司及中铁第五勘察设计院集团有限公司相关院处等单位的大力支持，在此表示诚挚的谢意。重庆交通大学向中富教授、北京工业大学张文学教授、中铁建大桥工程局集团有限公司樊立龙教授级高级工程师、中铁二十二局集团有限公司设计院钟建辉高级工程师、人民交通出版社股份有限公司陈志敏副总编辑对书稿进行了深入审查，并给出了具体修改完善建议，魏赞洋、杨伟、石若汐在编写中做了大量的插图处理与文档编辑工作，在此也一并感谢！

由于认知水平有限，本书内容难免有疏漏和不当之处，敬请读者提出宝贵意见。

作　者

2022 年 11 月

CONSTRUCTION TECHNOLOGY FOR
SWIVELING
AND OVER-CROSSING
OPERATING HIGH-SPEED RAILWAY
OF LANGFANG GUANGMING BRIDGE

CONTENTS 目 录

PART ONE 第一篇 工程概况　001

第一章　工程简介　003
第一节　工程背景　003
第二节　工程方案比选　003
第三节　工程建设面临的挑战　008
第四节　技术标准及工程规模　009

第二章　工程建设条件　011
第一节　桥址概况　011
第二节　自然条件　012
第三节　道路交通设施现状　015

第三章　涉铁工程建设要点　016
第一节　行业管理规定　016
第二节　建设管理程序　021
第三节　控制要素　024
第四节　安全评估　031

第四章　建设管理模式　037
第一节　涉铁工程 EPC 模式　037
第二节　管理目标及组织机构　040

PART TWO 第二篇 工程设计　045

第一章　总体设计 …… 047
第一节　总体布置 …… 047
第二节　桥梁工程 …… 049

第二章　主桥转体钢桁梁设计 …… 056
第一节　主桥桥式方案 …… 056
第二节　上部结构 …… 060
第三节　下部结构 …… 092
第四节　转体系统 …… 106
第五节　钢桥面结构 …… 112
第六节　附属结构 …… 120

第三章　健康监测及养护设计 …… 125
第一节　总体系统方案设计 …… 125
第二节　子系统方案设计 …… 126
第三节　平台软件设计 …… 129
第四节　系统运营和维护 …… 134

第四章　灾害监测系统设计 …… 139
第一节　灾害监测系统设计 …… 139
第二节　信号接口设计 …… 140

第五章　四电迁改 …… 142
第一节　接触网工程 …… 142
第二节　通信工程 …… 143
第三节　信号工程 …… 143
第四节　电力工程 …… 143

PART THREE 第三篇 工程施工   145

第一章　总体施工组织 147
　　第一节　施工场地布置 147
　　第二节　总体施工方案 149
　　第三节　主要工程数量及施工机械 151
　　第四节　主要施工进度 153

第二章　转体钢桁梁制造关键技术 154
　　第一节　概述 154
　　第二节　制造规则和焊接工艺评定 154
　　第三节　普通杆件及整体节点制造 160
　　第四节　桥面系制造 165
　　第五节　合龙杆件制造 166
　　第六节　样板制造 167
　　第七节　杆件试拼装 168
　　第八节　钢桁梁涂装工艺及技术措施 170

第三章　转体钢桁梁施工关键技术 175
　　第一节　钢桁梁拼装施工 175
　　第二节　多点牵引横移施工 203
　　第三节　落梁施工 214
　　第四节　长大悬臂非对称转体施工 220
　　第五节　跨越运营高铁合龙施工 229

第四章　下部结构施工关键技术 237
　　第一节　邻铁深基坑支护体系与施工 237

第二节　承台大体积混凝土施工 …………… 242

第三节　转体主墩施工 …………………… 247

第四节　墩顶支座安装 …………………… 251

第五章　工程安全与质量管理 …………… 253

第一节　安全管理 ………………………… 253

第二节　质量管理 ………………………… 257

第六章　施工专项监测及成桥荷载试验 …… 260

第一节　概述 ……………………………… 260

第二节　施工监控 ………………………… 261

第三节　成桥荷载试验 …………………… 279

PART FOUR　第四篇　工程创新与展望　297

第一章　工程建设创新综述 ……………… 299

第二章　设计技术创新 …………………… 302

第一节　跨越高速铁路桥式方案 ………… 302

第二节　线形预拱协同设计 ……………… 306

第三节　线形控制 ………………………… 313

第四节　多支点转体系统 ………………… 322

第五节　多功能支座设计 ………………… 327

第六节　钢桁梁新型连接 ………………… 330

第七节　线上钢桁梁全封闭合龙防护设计 … 336

第八节　UHPC 组合桥面铺装体系 ……… 341

    第九节 全封闭围堰基坑防护…………… 348

第三章 施工技术创新………………………………… 352
    第一节 独柱式拼装支架体系…………… 352
    第二节 邻近高铁可转向超高超宽门式起重机…… 355
    第三节 多点牵引横移…………………… 359

第四章 项目管理创新…………………………………… 363
    第一节 上跨既有高铁工程 EPC 总承包模式…… 363
    第二节 信息化管理……………………… 364

第五章 基于 BIM 技术智能建造 ………………………… 369
    第一节 BIM 应用方案…………………… 369
    第二节 BIM 应用及成效………………… 371

第六章 展望………………………………………………… 379

附录 中铁五院涉铁项目案例 ……………………………… 383

参考文献……………………………………………………… 388

CONSTRUCTION TECHNOLOGY FOR
SWIVELING
AND OVER-CROSSING
OPERATING HIGH-SPEED RAILWAY
OF LANGFANG GUANGMING BRIDGE

PART ONE
第一篇
工程概况

随着我国交通基础设施建设的蓬勃发展和高速铁路(以下简称"高铁")网络的不断完善,跨越既有运营高铁的公路及市政桥梁越来越多。中国国家铁路集团有限公司(以下简称"国铁集团")对涉铁工程的管理有着严格要求,先后颁布实施了《公路与市政工程下穿高速铁路技术规程》(TB 10182—2017)、《国铁集团工电部关于加强穿(跨)越铁路营业线和邻近营业线工程方案等审查和施工安全管理的通知》(工电桥房函〔2020〕48号)等规范和文件,突出强调了涉铁工程安全的重要性,特别是针对高铁的变形控制,不仅从规范要求上提出了更严格的标准,在实际操作过程中更是严格执行,一旦现场监测数据报警,将严格按照应急预案执行,涉铁工程临时停工不可避免。

当高铁穿城而过时,会对城市道路形成切割,特别是高铁以路基形式通过时。如果前期未预留穿(跨)越高铁的构筑物,高铁运营后打通被其切割的道路将变得愈发困难。跨越高铁路基段立交桥是首选方案,其结构设计首先应满足功能要求,充分体现出现代化的技术水平,同时需具有时代气息,满足城市的景观要求。桥涵设计应全面贯彻"安全、耐久、节约、和谐"的方针,遵循"适用、经济、美观"的设计原则。上跨铁路桥梁工程需要重点考虑以下三个方面:①桥梁结构不能侵占铁路界限;②工程方案对既有线路运营的影响要尽量小;③桥型方案要满足后期铁路运营管理的要求。基于上述控制因素,上跨铁路桥梁多采用对运营铁路影响最小的平转法进行跨越。

桥梁转体施工是20世纪40年代以后发展起来的一种架桥工艺。它是在河流的两岸或适当的位置利用地形,使用简便的支架先将半桥预制完成,之后以桥梁结构本身为转动体,使用一些机具设备,分别将两个半桥转体到桥位轴线位置合龙成桥。其优点是:可利用地形,方便预制;施工不影响交通;施工设备少,装置简单;节省施工用料;施工工序简单,施工速度快。它适合于单跨和三跨桥梁,可在深水、峡谷中建桥采用,同时也适用于平原区及城市跨线桥。现在很多跨铁路及跨公路桥中都用到了桥梁转体施工技术,采用转体球铰结构使两个处于交角或平行的半桥转体到位并合龙成桥。

廊坊市光明道上跨京沪高铁及京沪普铁路基段,由于高铁轨道平顺性和运营安全性要求较高,轨道变形控制严格,而邻近高铁堆、卸载对高铁变形影响大,使得上跨高铁桥梁工程的设计和施工面临严峻挑战。目前已有少数工点采用预应力混凝土T构转体方案实现跨越双线高铁,而对于跨越多股道高铁、站场以及小角度斜交等复杂的建设条件,实施难度更高,任务艰巨。

第一章
工程简介

第一节 工程背景

廊坊位于河北省中部偏东,背靠京津,面向雄安,地处北京、天津和雄安新区"黄金三角"核心腹地,1989年4月经国务院批准为省辖地级市。

依据《廊坊市总体规划》,廊坊市城市性质定位为京津冀城镇群重要区域中心,承接京津城市部分职能,以发展高新技术和现代服务业为主的生态宜居名城。随着改革开放的进一步深入,廊坊市各方面发展较快,城市面积不断扩大,城市人口不断增加,随之带来的交通拥堵问题日益显现。

光明道是廊坊市城区东西向中轴线,作为廊坊市东西向对外出行重要的交通通道,西侧与G3、G95互通连接,东侧与G2互通连接。由于京沪铁路及京沪高铁对城区的划分,光明道被分割为光明西道和光明东道(图1-1-1),中轴线方向的交通沟通主要依靠光明道北侧的解放路下穿桥(双向两车道)和银河大桥(双向四车道,距桥址700m,图1-1-2)来实现。随着交通量的猛增,打通光明东西道,使东西中轴线贯通是廊坊市有序高效发展的迫切需求。

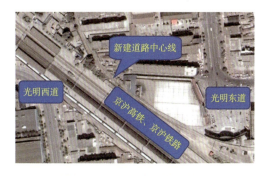

图1-1-1 光明道被铁路分隔

图1-1-2 银河大桥

第二节 工程方案比选

2009年12月,廊坊市政府研究拟定建设光明东—西道上跨铁路立交桥工程。中铁第五勘察设计院集团有限公司(以下简称"中铁五院")与河北省廊坊市市政设施管理处签订光明道上跨京沪铁路、京沪高铁项目"委托设计协议书"。因本工程为跨越京沪高铁项目,铁道部及河北省相关部门都高度重视,召开了多次协调会。设计单位组成专门的攻关小组,多次现场踏勘,充分研究项目的重点及难点,并结合现场建设条件,考虑跨度、桥型等因素开展了多轮次的方案比选工作。

一、顶推方案

方案研究之初,京沪高铁尚未运营,现场施工照片见图 1-1-3、图 1-1-4。如采用转体方案,转体施工时受铁路南侧美联制动公司(图 1-1-5)楼顶高程控制,需将其整体搬迁,企业拆迁涉及土地选址置换、整体搬迁,程序烦琐、耗时长。

图 1-1-3　京沪高铁路基段

图 1-1-4　京沪高铁无砟轨道

图 1-1-5　铁路南侧美联制动公司楼

考虑到桥下铁路列车运营的安全,道路在上跨铁路时,不宜采用长时间中断铁路行车的施工方案,故该段不宜采用挂篮或满堂支架现浇施工,采用对铁路干扰较少的转体或顶推法施工较为可行。

如采用顶推工艺,主要拆迁民房、超市等,体量相对少且程序简单,拆迁时间有保证。考虑在线间设置临时墩,对顶推方案进行了研究。推荐方案为主跨 268m 刚性悬索加劲钢桁梁,主跨加劲钢桁梁采用步履式平移顶推施工,最大顶推跨度为 55m,顶推力约 50000kN,铁路上方顶推距离约 200m。

2010 年 10 月 28 日,北京铁路局组织召开专家审查会,同意光明道立交桥采用顶推施工的刚性悬索加劲钢桁梁。

顶推施工需在线间设置临时墩且多次要点施工,因京沪高铁于 2011 年 3 月进入联调联试阶段,联调联试后无法进入线间作业,故顶推方案不具备可实施性。

二、墩顶转体方案

2010 年 11 月 18 日,北京铁路局组织召开专家审查会,建议对上跨桥梁方案进行多方案比选、深化研究。鉴于新建桥梁需采用较大跨径,攻关小组再次对桥钢桁梁、斜拉桥、拱桥、悬索桥等结构体系进行比选,见图 1-1-6~图 1-1-9、表 1-1-1。

图 1-1-6 钢桁梁效果图

图 1-1-7 斜拉桥效果图

图 1-1-8 拱桥效果图

图 1-1-9 悬索桥效果图

桥 型 对 比 表　　　　　　　　　　　表 1-1-1

桥 式	优 点	缺 点	是否推荐
上加劲连续钢桁梁	自重轻、施工时对高铁沉降影响小;上加劲体系有利于长悬臂转体施工;景观效果好	钢结构桥梁耐腐蚀性差,需采用有效的防腐涂装方案	推荐
斜拉桥	跨越能力强;景观效果好;有利于转体施工	桥塔笨重,对高铁沉降影响大;索结构后期维修养护对高铁影响大;桥塔高度高,需 B 类施工,工期长	不推荐
拱桥	跨越能力强	索结构后期维修养护对高铁影响大;与桥址附近银河大桥形式相同,距离仅 700m,景观效果不佳	不推荐
悬索桥	跨越能力强;景观效果好	桥塔结构笨重,对高铁沉降影响大;索结构后期维修养护对高铁影响大;塔结构高度大,需 B 类施工,工期长	不推荐

2010 年 12 月 28 日,北京铁路局及建设单位共同组织召开了光明道上跨京沪高铁、京沪铁路立交桥方案专家评审会。与会的专家分别来自中铁大桥勘测设计院集团有限公司、铁道第三勘察设计院集团有限公司、中铁工程设计咨询集团有限公司、西南交通大学、中国涂装协会专家委员会等单位。会议推荐主桥采用跨度为(136 + 248 + 136)m 的连续钢桁梁,转体法施工。专家组对方案设计内容进行了全方位的评审,并一致认为:本桥采用主跨为 248m 的加劲连续钢桁梁,方案合理,技术可行,施工措施得当,且能满足对京沪高铁的安全

防护要求,会后方案设计文件报送铁道部。

结合施工方法,并综合考虑转体重力、结构刚度、桥面高度等因素,本桥推荐采用钢桁梁方案。

方案一:以平行弦为主,主墩墩顶处进行加劲,结构简洁,杆件统一度高,利于工厂加工和现场拼装。

方案二:采用变高度弦,结构略显凌乱,杆件种类较多,统一度差。

由于本桥位于廊坊市区内,与铁路斜交角度小,方案一简洁明快,能够较好地与周围建筑物相协调,因此推荐采用方案一,即加劲连续钢桁梁方案,见图1-1-10。

图1-1-10 上加劲连续钢桁梁主桥效果图

本桥有如下结构特点:

(1)采用两片桁结构形式。若采用常规转体施工方案,需在墩顶设置强大的横梁作为转体支撑。

(2)与铁路斜交角度小,铁路两侧主桥的转体角度仅分别为30°和28°。

考虑以上特点,该桥转体系统设计由转体滑道、辅助滑道、牵引系统等组成。转体滑道设置在永久墩及墩旁临时墩墩顶,横向间距24.0m,与主桁间距相同,主要承受转体结构竖向力,并起到横向稳定作用。辅助滑道设于距离转体墩两侧各22.0m处,起顺桥向稳定作用。

转体支撑每侧设置三个,中间为支座上摆,利用球型支座球冠与下座板之间的滑动面进行滑移,到位后球冠与下座板通过锚栓进行连接,无须再进行落梁操作。转体过程中支座上座板与球冠之间锁定。支座两侧为临时撑脚,嵌入弧形下滑道凹槽内,起导向作用。

牵引索设置在弧形下滑道外侧,利用弧形滑道作为导向牵引至反力座处。

墩顶系梁及钢桁梁墩顶横梁间设置保险销轴。

辅助滑道墩顶设置弧形滑道梁,下滑道设置在滑道梁上,撑脚与钢梁横梁相连,连接处钢桁设置临时加固杆件。撑脚与下滑道之间留有一定缝隙,转体前通过配重使边跨侧撑脚与滑道面接触,见图1-1-11。

2011年3月1日,北京铁路局再次组织召开专家审查会,与会的专家分别来自铁道部鉴定中心、北京铁路局总工室、工务处、工管所等单位。2012年9月14日,北京铁路局组织召开深化方案设计评审会,会议同意光明道立交桥主桥采用跨度为(136+248+136)m的连续钢桁梁,转体法施工;基础承台采用全封闭的围堰施工方案。

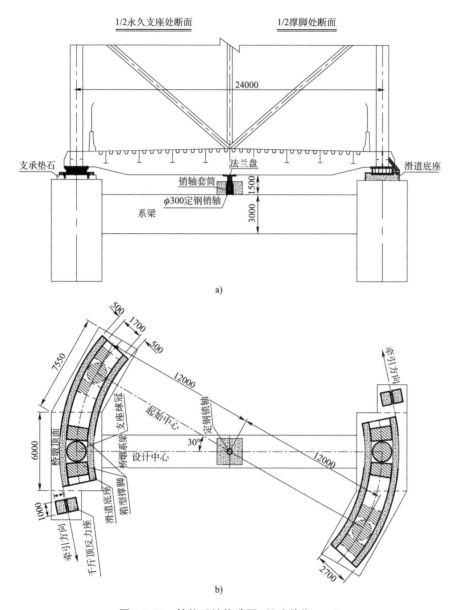

图 1-1-11 转体系统构造图(尺寸单位:mm)

三、墩底转体方案

2018年6月25日,根据建设单位要求,立交桥增设非机动车道,主桥宽度增加至34.2m,由于桥面增加,基础尺寸增大,基础施工时影响到物产集团钢材南货场专用线—西牵出线(后简称"西牵出线"),主桥跨度改为(118+268+118)m。

主桥宽度增加后,主墩基础尺寸增加,为尽量减小本工程对京沪高铁路基沉降的影响,将原主墩采用双墩系梁的方案改为独立主墩结构,以增加桥梁基础与铁路之间的距离,减小运营铁路因本项目产生的路基沉降。主桥转体改为工艺更加成熟的墩底转体方案,并在边跨设置转体辅助滑道、在边跨梁端施加配重。

第三节　工程建设面临的挑战

光明桥小角度跨越运营铁路干线,桥梁基础及施工场地邻近运营高铁,桥梁的设计、施工方案都与京沪高铁的正常运营密切相关。主桥跨越既有线路数量多、与运营铁路距离小、铁路设备复杂、涉及多个路局站段,需要在保证铁路安全运营的前提下实现工程的设计施工,项目协调工作难度非常大,同时主桥位于廊坊市中心,地下管线复杂、地质条件差、施工空间小,对设计和施工都提出了挑战。

项目中需要研究新技术、新材料、新设备,对设计、施工、养护维修等方面进行探索,攻克项目难题。

一、复杂的建设环境

1. 小角度斜交跨越多线铁路站场

京沪铁路与京沪高铁将整个廊坊市区一分为二,拟建上跨铁路立交桥北侧为京沪铁路廊坊火车站,南侧为京沪高铁廊坊站,桥梁距离高铁廊坊站站台约220m,立交桥分别上跨京沪高铁四股道(京沪高铁三道、京沪高铁上行线和下行线、京沪高铁四道,京沪高铁为路基段)、既有京沪铁路六股道(从南往北依次为京沪铁路四道、京沪铁路上行线、京沪铁路下行线、京沪铁路三道、京沪铁路五道和京沪铁路七道,京沪铁路为路基段),距既有京沪铁路线间距约45.0m处有一物产集团钢材南货场专用线,共计11股道,道路中心线与铁路交角为32.9°。京沪铁路为繁忙干线,京沪高铁更是作为中国高铁标准示范线,秉持"安全第一,万无一失"的运营理念,对上跨铁路桥梁的设计施工提出了极高的要求。相关安全控制要求,亦是本工程建设的关键控制点。

2. 城市中心地区狭小场地桥梁施工

施工区域紧邻京沪高铁廊坊站和京沪铁路廊坊北站,区域内铁路相关设备众多,地下管线烦琐、水文地质条件复杂,加之位于城市中心,桥梁施工空间有限。施工现场邻近高铁、普速铁路(以下简称"普铁"),需向铁路相关管理部门办理施工审批手续和施工监护协议等,按计划组织施工,转体等跨越铁路还需提前办理营业线施工手续,施工组织繁杂。

二、邻近运营高铁施工新挑战

1. 邻近高铁复杂水文地质条件

上跨高铁的特殊环境对施工提出了更加严苛的要求,桥位处在地质漏斗区,地下水位较高,沉降影响大。施工过程中,机械和人员的作业、基坑开挖卸载、基坑止水效果、主体永久结构施工等均会对既有京沪高铁线路沉降产生影响,极易引发铁路沉降报警、停工风险,从而影响项目整体的实施进度。

2. 邻近运营高铁施工安全管理

钢桁梁最高点距离地面60.0m,桥面距离铁路声屏障9.2m,距离京沪高铁四道16.2m,

施工过程中安全风险高。上跨高铁钢桁梁从拼装至成桥,需要经历五次体系转换和空间坐标变化,施工过程中任一环节的失误均会给后续施工造成很大的影响,任何材料的坠落均可能引发下方铁路碰撞接触网事故、砸到运行列车事故、破坏既有铁路设备事故等,导致一系列不可估计的影响,因此对上跨高铁桥梁施工控制和安全防护措施提出了更高的要求。

3. 施工涉及多次多线要点施工,对铁路运输影响大,施工协调难度大

钢桁梁横移、转体、合龙施工需向京沪高铁、京沪铁路要点垂停封锁,要点封锁施工涉及北京铁路局业务处室5家、站段10家,又跨越11条既有线路和2个铁路站场,涉及京沪高铁、京沪铁路既有铁路设备众多,协调工作难度大;营业线要点施工过程中,若在铁路局已下达的营业线施工计划点内发生转体停滞不能完成、纵移突发状况未就位、防护小车未能到达指定位置出现停滞等状况时,将延误京沪高铁和京沪铁路列车开行时间,会对既有铁路的运输造成巨大影响。

上跨高铁桥梁应以减小施工及运营对桥下铁路干扰为原则,针对复杂环境下上跨高铁桥梁设计、施工、运营养护等各种需要解决的技术难题开展研究,提出先进可靠的施工方案,结合新材料、新工艺和新技术,解决设计施工面临的关键技术难题,确保高铁的安全运营,实现大跨径钢结构桥梁在上跨高铁桥梁中的应用,为后期同类或更大跨度桥梁跨高铁施工提供借鉴。

第四节 技术标准及工程规模

1. 采用的技术标准
(1)道路等级:城市主干路。
(2)设计速度:主线50km/h,辅路30km/h。
(3)路面类型:沥青混凝土路面。
(4)路面设计荷载标准:BZZ-100。
(5)沥青混凝土路面设计基准期:15年。
(6)路拱横坡:主线2%(双向),辅路车行道2%(坡向人行道)、人行道1%(坡向车行道)。
(7)抗震设计标准:抗震设防烈度为Ⅷ度,设计基本地震加速度值为$0.2g$。
(8)净空高度:上跨城市道路净空5.5m;掉头车道净空4.5m。
(9)红线宽度:红线宽度60m,局部根据现场条件进行微调。
(10)平面线形技术指标见表1-1-2。

平面线形技术指标　　　　表1-1-2

项　目	单　位	技　术　指　标	
设计速度	km/h	50	30
不设超高的最小圆曲线半径	m	400	150

续上表

项　　目		单　位	技术指标	
设超高的最小圆曲线半径	一般值	m	200	85
	极限值	m	100	40
缓和曲线最小长度		m	45	25
平曲线最小长度	一般值	m	130	80
	极限值	m	85	50
圆曲线最小长度		m	40	25
停车视距		m	60	30
最大超高横坡度		%	4	2
超高渐变率			1/160(中线)	1/125(中线)

（11）纵断面线形技术指标见表1-1-3。

纵断面线形技术指标　　　　表1-1-3

项　　目		单　位	技术指标	
设计速度		km/h	50	30
最大纵坡	一般值	%	5.5	7
	极限值	%	6	8
最小坡长		m	130	85
凸形竖曲线最小半径	一般值	m	1350	400
	极限值	m	900	250
凹形竖曲线最小半径	一般值	m	1050	400
	极限值	m	700	250
竖曲线最小长度	一般值	m	100	60
	极限值	m	40	25

2. 工程规模

设计道路起点为常青路路口东侧50m，依次跨越银河路、解放路、京沪高铁、京沪铁路、西牵出线、新华路，终点接于建设路路口，全长2.056km。

第二章 工程建设条件

第一节 桥址概况

工程沿光明西道与光明东道敷设,在廊坊站西北角与京沪高铁和京沪铁路小角度相交,交点处既有京沪高铁里程 K60+165.148、既有京沪铁路里程 K75+130.4,斜交角度分别为32.9°和31.4°,既有京沪高铁与京沪铁路基本平行走向,线间距约为11.6m,轨顶高差约1.3m(京沪高铁路基较高)。

拟建桥位处,既有京沪高铁四股道,分别为京沪高铁三道、京沪高铁上行线和下行线、京沪高铁四道,股道间距分别为6.9m、5.0m、6.5m,此段京沪高铁为路基段,平面位于缓和曲线上;既有京沪铁路六股道,并设有京沪铁路廊坊站站台,路基段,电气化铁路(均为硬横梁),钢筋混凝土枕,60kg/m 钢轨,从南往北依次为京沪铁路四道、京沪铁路上行线、京沪铁路下行线、京沪铁路三道、京沪铁路五道和京沪铁路七道,线间距分别为13.4m、4.9m、5.3m、13.6m 和4.9m,平面位于直线上。桥位处东侧为京沪高铁车站,并有一处人行通道,距既有京沪铁路线间距约21.0m 处有西牵出线一股道。桥址平面图及相交线路现状见图 1-2-1~图 1-2-5。

图 1-2-1 桥址平面图

图1-2-2　京沪高铁现状

图1-2-3　京沪铁路现状

图1-2-4　接触网现状

图1-2-5　西牵出线现状

第二节　自然条件

一、地形地貌

本工程位于廊坊市光明道与京沪铁路、京沪高铁相交处,冲积平原区,地势开阔,地形平坦,交通便利。

二、场地工程地质条件

依据地质调绘、工程地质钻探揭示,工程区地层岩性主要为第四系人工堆积层填筑土,第四系全新统新近沉积层淤泥质粉质黏土、粉质黏土及粉土,第四系全新统冲积层粉质黏土、粉土、粉砂,第四系上更新统冲积层粉质黏土、粉土、粉砂、细砂。其分布及特征由新到老分述如下:

1. 第四系人工堆积层(Q_4^{ml})

①$_1$ 填筑土(Q_4^{ml}):杂色,稍湿~饱和,中密,全线广泛分布,主要成分以砾石、粉质黏土、粉土为主,表层0.3m为沥青和混凝土,层厚0.9~1.2m,Ⅱ级普通土。

2. 第四系全新统新近沉积层

①$_{21}$ 淤泥质粉质黏土(Q_4^{al1}):灰褐色,流塑,主要分布在 K0+000~K0+260、K0+492.5~

K0+578.5、K1+800~K2+056 段,土质较均匀,层厚 1.0~3.5m,Ⅱ级普通土。

①$_{22}$ 粉质黏土(Q_4^{al1}):黄褐色、灰褐色,软塑~可塑,分布在填筑土之下,土质较均匀,见少量铁锰质锈斑,层厚 1.6~7.7m,Ⅱ级普通土。

①$_{31}$ 粉土(Q_4^{al2}):黄褐色,稍密,稍湿~很湿,分布在填筑土之下,手搓砂感明显,土质较均匀,见少量铁锰质锈斑,层厚 0.7~5.4m,Ⅱ级普通土。

3. 第四系全新统冲积层(Q_4^{al})

②$_{23}$ 粉质黏土(Q_4^{al1}):黄褐色为主,局部为灰褐色,可塑,全线广泛分布,土质较均匀,见少量铁锰质锈斑,局部含有泥炭夹层,层厚 2.5~12.2m,Ⅱ级普通土。

②$_{32}$ 粉土(Q_4^{al2}):黄褐色,中密,很湿,呈层状或透镜体状夹于粉质黏土内,手搓砂感明显,土质较均匀,见少量铁锰质锈斑,层厚 0.9~3.7m,Ⅱ级普通土。

②$_{33}$ 粉土(Q_4^{al2}):黄褐色,密实,很湿,呈层状或透镜体状夹于粉质黏土内,手搓砂感明显,土质较均匀,见少量铁锰质锈斑,层厚 1.1~8.9m,Ⅱ级普通土。

②$_{732}$ 粉砂(Q_4^{al4}):黄褐色,中密,饱和,呈层状或透镜体状夹于粉质黏土与粉土之间,成分主要为石英、长石,砂质不匀,厚度 1.0~5.9m,Ⅰ级松土。

4. 第四系上更新统冲积层(Q_3^{al})

③$_{24}$ 粉质黏土(Q_3^{al1}):黄褐色,可塑~硬塑,全线广泛分布,土质较均匀,见少量铁锰质锈斑,层厚 0.7~17.5m,Ⅱ级普通土。

③$_{25}$ 粉质黏土(Q_3^{al1}):灰褐色,坚硬,局部硬塑,全线广泛分布,土质较均匀,见少量铁锰质锈斑,揭露层厚 0.6~2.5m,Ⅱ级普通土。

③$_{33}$ 粉土(Q_3^{al2}):黄褐色,密实,很湿,呈层状或透镜体状夹于粉质黏土内,手搓砂感明显,土质较均匀,见少量铁锰质锈斑,层厚 0.6~12.3m,Ⅱ级普通土。

③$_{733}$ 粉砂(Q_3^{al4}):黄褐色,密实,饱和,呈层状或透镜体状夹于粉质黏土与粉土之间,成分主要为石英、长石,砂质不匀,厚度 0.9~19.8m,Ⅰ级松土。

③$_{843}$ 细砂(Q_3^{al4}):黄褐色,密实,饱和,呈透镜体状夹于粉质黏土内,成分主要为石英、长石,砂质不匀,厚度 2.0~3.8m,Ⅰ级松土。

③$_{943}$ 中砂(Q_3^{al4}):黄褐色,中密,饱和,成分主要为石英、长石,砂质不匀,厚度 4.7~12.4m,Ⅰ级松土。

根据测试和试验成果数据,综合统计得出的各土层物理力学指标设计参数见表 1-2-1。

常规物理力学指标设计参数统计汇总表　　　　表 1-2-1

地层编号	岩土名称	岩土状态	岩土施工工程分级	地基承载力基本容许值 $[f_{a0}]$(kPa)	钻孔灌注桩桩侧土摩阻力标准值 q_{ik}(kPa)
①$_{21}$	淤泥质粉质黏土	流塑	Ⅱ	80	20
①$_{22}$	粉质黏土	软塑~可塑	Ⅱ	110	35
①$_{31}$	粉土	稍湿~很湿,稍密	Ⅱ	110	25
②$_{23}$	粉质黏土	可塑	Ⅱ	140	50
②$_{32}$	粉土	很湿,中密	Ⅱ	150	40

续上表

地层编号	岩土名称	岩土状态	岩土施工工程分级	地基承载力基本容许值 $[f_{a0}]$ (kPa)	钻孔灌注桩桩侧土摩阻力标准值 q_{ik} (kPa)
②$_{33}$	粉土	很湿,密实	Ⅱ	180	60
②$_{732}$	粉砂	饱和,中密	Ⅰ	110	40
③$_{24}$	粉质黏土	可塑~硬塑	Ⅱ	180	60
③$_{25}$	粉质黏土	坚硬,局部硬塑	Ⅱ	240	80
③$_{33}$	粉土	很湿,密实	Ⅱ	180	60
③$_{733}$	粉砂	饱和,密实	Ⅰ	200	60
③$_{843}$	细砂	饱和,密实	Ⅰ	300	60
③$_{943}$	中砂	饱和,中密	Ⅰ	370	60

三、场地土类型和场地类别

根据勘探揭示,本工点第四系覆盖层厚度大于80m。综合分析波速测试结果和钻孔资料,依据《建筑抗震设计规范》(2016年版)(GB 50011—2010),判定本场地土类型为中软土,场地类别为Ⅲ类。本地区地震动峰值加速度为0.2g,基本地震动反应谱特征周期为0.55s,地震基本烈度为Ⅷ度。

四、水文地质特征

根据场区内地层岩性组合及地下水赋存条件,地下水类型主要为第四系松散岩类孔隙水,主要含水层为粉土、粉砂,水量受季节影响大,主要受大气降水的补给,水量丰富,渗透性较好。勘察期间地下水位埋深1.8~3.7m,地下水位高程8.38~10.51m,水位年变化幅度1~3m。

五、气象条件

拟建工程位于暖温带半湿润~半干旱季风气候区,受季风影响,具有春季干旱多风、夏季炎热多雨、秋季秋高气爽、冬季寒冷干燥四季分明的气候特点。根据多年气象资料,年平均气温为11.9℃,最冷月(一月份)平均气温为-4.7℃,最热月(七月份)平均气温为26.2℃,极端最低温-16.7℃,极端最高温40.6℃,年平均降水量554.9mm,最大年降水量758.7mm,最小年降水量367.6mm。年平均无霜期183d,年平均风速2.4m/s,最大风速23m/s。最大积雪厚度44cm,最大土壤冻结深度0.7m。

六、区域地质构造

1. 不良地质作用

工程建设场地位于Ⅲ类场地基本地震动峰值加速度为0.20g的高烈度地震区,地下水位埋藏较浅,一般为1.8~3.7m,通过对工程建设场地20m以内的饱和粉土取样试验及标准贯入试验测试,综合判定工程建设场地内①$_{31}$饱和、稍密的粉土为地震液化层,本场地为轻微液化场地,液化指数 I_{le} = 1~5,地震液化层的力学指标应进行相应折减。

2. 特殊性岩土

区内主要特殊岩土为填土和软土。

(1)填土主要为填筑土,主要分布在既有道路路基上,成分以砾石、粉质黏土、粉土为主,其中表层 0.8m 为公路路面及碎石垫层,中密,层厚 0.9～1.2m。

(2)软土主要为①$_{21}$淤泥质粉质黏土,灰褐色,流塑。软土具有压缩性高、灵敏度高、天然含水率高、天然孔隙比大、固结排水慢等特征,工程性质差,设计时应考虑其影响。

七、环境水、土的腐蚀性评价

根据《公路工程地质勘察规范》(JTG C20—2011)附录 K 判定,受环境类型影响,地表土对混凝土结构的腐蚀性评价定为弱腐蚀;受地层渗透性影响,对混凝土结构的腐蚀性评价定为微腐蚀,综合评价场区地表土对混凝土结构的腐蚀性等级为弱腐蚀,对钢筋混凝土结构中钢筋的腐蚀性等级为微腐蚀。

第三节 道路交通设施现状

拟建项目位于廊坊市中心,引桥、引道线路走向与既有光明道基本重合,两侧建筑物密集,道路地下管线密布。

既有光明道断面为 49.5m,具体布置为 4m(人行道)+4m(非机动车道)+1.5m(侧分带)+0.5m(路缘带)+3.5m×2(机动车道)+3.25m(机动车道)+0.5m(路缘带)+8m(中央分隔带)+0.5m(路缘带)+3.25m(机动车道)+3.5m×2(机动车道)+0.5m(路缘带)+1.5m(侧分带)+4m(非机动车道)+4m(人行道),详见图 1-2-6、图 1-2-7。

图 1-2-6 光明西道开工前状

图 1-2-7 开工前光明东道状

本工程为挖除既有路新建道路。

第三章
涉铁工程建设要点

第一节　行业管理规定

一、国家铁路局、中国国家铁路集团有限公司涉铁工程相关规定

1.《铁路营业线施工安全管理办法》(国铁运输监〔2021〕31号)

铁路运输企业应当明确施工方案审核部门和权限、审核流程,组织对施工方案的安全性、完整性、准确定进行审核,重点审核涉及行车组织和人身、行车、营业线施工安全的内容,科学优化施工方案。施工方案提交、审核的时间,应当满足相关单位(部门)工作需要。

施工方案应当包括:施工项目基本情况(含作业内容、地点和时间、影响及限制行车条件范围、设备变化等)、技术标准、施工方式及流程、施工过渡方案、施工组织、施工安全和质量的保障措施、施工防护办法、列车运行条件、验收安排、指挥体系、应急预案等基本内容。

2.《国铁集团工电部关于开展跨越铁路的道路立交桥设置路灯杆等情况排查及加快道路立交桥移交工作的通知》

要加强新建跨越铁路的道路立交桥、铁路线路安全保护区内的道路施工方案审查。新建道路立交桥跨铁路桥跨、铁路线路安全保护区内的道路均不得设置路灯杆、交通监控及交通标志支撑装置等倾倒后可能影响铁路行车安全的设施。

3.《国铁集团工电部关于加强穿(跨)越铁路营业线和邻近营业线工程方案等审查和施工安全管理的通知》(工电桥房函〔2020〕48号)

(1)铁路局集团公司应制定完善监管办法,规范项目的申请、审批、工程验交、资产移交和设计、施工方案审查,明确项目管理机构及职责、监管主要内容,以及施工安全协议、施工计划审批和作业要求,落实好施工安全考核和责任追究制度。

(2)穿(跨)越普速铁路营业线的交叉设计方案,由铁路局集团公司审查批准。

(3)穿(跨)越高速铁路营业线及其相关联络线和动车走行线的交叉设计方案,由铁路局集团公司审查批准。当上跨高速铁路及其相关联络线和动车走行线的路基、桥涵地段,无法采用转体施工方案的桥梁设计方案,在铁路局集团公司审查并提出审查意见后,报国铁集团工电部审查同意。

4.《国铁集团关于加强涉铁工程管理的指导意见》(铁工电〔2021〕85号)

(1)明确涉铁工程管理职责:铁路局集团公司是涉铁工程管理的责任主体,负责涉铁工程项目的审批决策、组织实施和管理协调,要完善涉铁工程决策程序,涉及高铁和主要干线的重大涉铁工程项目,须经分管运输、安全、经营开发、涉铁工程的铁路局集团公司领导人员共同签认。

(2)明确涉铁工程建设模式:涉铁工程建设原则上应采用代建模式,特殊情况确不具备代建条件的,经铁路局集团公司履行决策程序后可采用代管模式,铁路局集团公司要与业主单位平等协商签订相关合同。

代建模式即业主单位将涉铁工程委托铁路局集团公司建设实施的建设模式。

代管模式即业主单位委托铁路局集团公司按铁路有关规定进行建设管理,协助业主单位开展协议签订、方案审查、施工配合、施工要点、竣工验收等综合协调工作的建设模式。

(3)明确涉铁工程建设程序。

①项目申请。涉铁工程的业主单位要在工程规划、可研等前期阶段向铁路局集团公司提出书面申请,经复函同意后方可开展后续工作。书面申请原则上应包含:工程批准立项的依据,工程的性质、规模、标准和规划,与铁路位置关系图等资料。属国铁集团审批事项,按规定程序办理。

涉铁工程业主单位应具有法人资格或为法人授权的法人分支机构(地方政府部门、军队单位除外)。

②设计审查。涉铁工程设计文件一般由铁路局集团公司涉铁办、建设管理单位根据不同阶段分别组织技术审查并提出审查意见。设计文件未经审查同意,不得擅自开展下阶段工作。

涉铁工程由业主单位自主选择具有相应资质、业绩的设计单位编制设计文件,报铁路局集团公司审查。

涉铁工程设计文件应有安全专篇,针对涉铁工程引起的安全风险,提出科学合理、成熟可靠的技术和安全措施。对可能影响高速铁路安全或施工技术难度大的工程,业主单位应选择有资质的咨询单位对技术方案进行咨询。

③工程实施。建设管理单位组织施工图设计审查通过后,由建设管理单位或业主单位按规定组织招标,中标施工单位编制施工方案,由建设管理单位组织预审、涉铁办组织审查,并按《铁路营业线施工安全管理办法》等有关规定履行审批程序后方可实施。

施工前,建设管理单位应组织施工单位与铁路设备管理和行车组织单位,按规定签订施工安全协议、办理设备变动手续等,明确工程内容、影响范围、双方职责、配合费用等事项。

施工单位应严格按照审定的施工方案纳入施工计划后组织实施,建设管理单位、监理单位、设备管理单位要加强监督检查。

铁路局集团公司设备管理单位承担的施工项目,可按照《铁路营业线施工安全管理办法》等有关规定,纳入施工计划实施。

④涉铁工程验收。涉铁工程竣工后,建设管理单位应会同业主单位,组织相关部门、单位进行工程验收,确保工程符合铁路相关规定,并提供相关竣工资料。

涉铁工程验收应当对照国家、国铁集团现行设计规范、技术标准、管理规定和批准的设计文件进行。工程实施阶段(含施工图审查)如有新颁设计规范、技术标准、管理规定,建设管理单位应及时组织履行变更手续,协调业主单位落实相关费用并组织参建单位实施。

涉铁工程安全设施(含高铁灾害监测系统)、配套工程应与主体工程同步建成、同步验收。

涉铁工程竣(交)工验收合格,明确涉铁工程投产后设备维护、资产管理、安全管理等方面责任后,方可开通使用。

二、中国铁路北京局集团有限公司涉铁工程相关规定

1.《北京铁路局路外工程建设管理办法》(京铁师〔2013〕731号)

(1)明确管理机构及职责

①路局路外工程管理协调办公室(以下简称路外办)是路外工程的归口管理部门,负责受理路外工程项目的申请,组织设计文件以及施工组织设计审查、工程实施的监督管理,组织竣工验收等工作。未经路局同意,其他处室及设备站段不得自行承办路外工程。

②路局相关处室按照专业负责、系统负责的原则,对路外工程设计、施工中涉及本专业、本系统的工作进行审核把关。其中,工务、电务、供电处等专业处室负责对有关本专业的设备拆改过渡、防护方案和标准进行审核把关;建设管理处负责对建设系统承担路外工程的项目管理机构进行统筹协调和行业指导;土地房产处负责路外工程建设占用铁路用地的审批和管理;企业管理和法律事务处负责相关合同的审核;经营开发处是局属施工企业的主管部门,负责对承担路外工程的局属施工企业进行安全监督管理。

③铁路项目管理机构负责路外工程营业线施工现场管理,制定项目管理实施规划,协调铁路设备设施拆改及施工配合工作,掌握工程的安全、质量、进度等情况,参与路外工程全过程管理。

(2)明确建设管理程序

①路外工程的建设管理程序包括项目申请、方案与设计审查、工程实施、竣工验收等阶段。

②项目申请。路外工程的建设单位应向路局提出正式申请函(附建设单位联系人及联系方式),涉及合资铁路或专用线时,应附产权单位书面意见,经路局主管局领导批示后,由路外办负责受理申请。

③方案与设计审查。路外工程设计文件由路局与建设单位共同组织审查,审查意见函告建设、设计及相关单位。

上跨、下穿铁路立交桥工程一般采用两阶段设计,即方案设计和施工设计,对铁路安全影响大、设计施工难度大、技术复杂的工程,应增加初步设计阶段。

④工程实施阶段。在初步设计或施工设计审查通过后,由建设单位(委托铁路代建工程由铁路项目管理机构)按规定组织施工与监理的招标投标,中标的施工单位编制施工组织设计。路外办与建设单位组织对施工组织设计进行审查,以会议纪要的形式出具审查意见。

施工单位在施工组织设计审查通过后,应按照路局营业线施工有关规定及时与相关设备站段签订监护、安全协议并办理营业线施工审批手续。

⑤竣工验收。路外工程竣工后应组织竣工验收,上跨铁路结构物及附属设施由地方建设单位负责组织,下穿铁路立交桥及管涵由路局负责组织。

建设单位应根据路局铁路用地管理有关规定,在施工前与路局土地管理部门办理路外工程占用铁路用地手续,在施工期间接受路局土地管理部门的监管,在工程竣工验收前完成场地平整和清理工作。

(3)设计及设计文件审查

①承担路外工程的设计单位必须具备相应的勘察设计资质。上跨、下穿铁路的工程设计(电力跨越工程除外)应由具备铁路行业相应资质的设计单位承担,严格按照设计资质证书规定的业务范围承担设计,否则不予审查;下穿高铁的工程设计原则上由原高铁的设计单位承担。

②上跨、下穿铁路立交桥设计文件审查。

a.建设单位应委托铁路规划设计单位提出桥位处铁路规划书面意见,作为设计依据。

b.上跨、下穿立交桥实行施工图审核制。审核单位由建设单位委托具有与立交桥设计同等及以上资质的设计院或咨询单位承担,审核结果抄送路局。

c.增加初步设计阶段的工程,在施工图设计审核后,路局不再组织审查。

③铁路设备拆改过渡及防护加固工程应与主体工程同步设计、同步实施。由具备铁路资质的设计单位进行专项设计,设计单位应与铁路设备管理单位共同调查;在施工设计审查前,由路外办与建设单位共同组织对专项设计进行审查;铁路设备单位的监护、配合费用纳入专项设计概算。

④路外工程施工设计审查前,建设单位应与路局共同协商,拟定工程实施计划。

⑤路外工程的设计文件经审查批准后不得随意修改,如确需变更时应经原审查单位同意;设计文件审查批准之日起两年内未实施的工程,再实施时需由路局组织复审。

设计文件未经审查批准,不得擅自施工。

(4)施工

①上跨下穿铁路立交桥、隧道、管涵等工程的施工单位应具备相应的铁路施工资质及从事铁路营业线同类工程的施工业绩;项目经理、主管安全副经理及项目总工程师应具有铁路营业线施工管理业绩;电力跨越工程的项目经理应具有铁路营业线施工管理业绩。建设单位应与路局共同对施工单位资质和业绩的条件设置进行审核。

严禁施工单位越级承揽路外工程施工任务,不得转包及违规分包,确需分包的工程,应在投标文件中载明,并在签订合同中约定。

②施工项目部应严格按照铁路总公司、路局关于营业线施工的相关要求编制施工组织设计,并经所属公司及监理单位审查同意,报项目管理机构初审后,由路外办与建设单位共同组织相关单位及部门审查。对于运输安全影响大、施工难度大、技术复杂的工程,应组织专家论证。

③铁路项目管理机构在工程开工前应组织施工、设计、监理及相关站段进行现场安全技术交底,组织涉及营业线施工的开工、中途停复工、完工及下穿结构物穿越前、上跨结构物跨越前等关键节点确认,未经确认不得进行下阶段工作。

2.《北京局集团公司上跨铁路结构物管理办法》(京铁工〔2019〕414号)

(1)新建上跨铁路结构物时,应按照国家、国铁集团、集团公司相关规定办理;没有规定的,由建设单位与集团公司协商,不得危及铁路运输安全。

(2)对路外单位新建上跨铁路结构物:由集团公司计划统计部组织方案设计审查;由集

团公司建设部组织施工图、施工组织审查,并组织施工;集团公司相关部室、站段参加。设计、施工、监理单位必须具备相应铁路资质。

(3)路外单位新建上跨铁路结构物时,需在工程设计文件或向地方单位的复函中明确上跨设备产权归属,工程实施前,建设单位需提供产权归属和后期维护单位的相关材料。

(4)路外上跨铁路结构物验收前,其产权或维护单位需与铁路监管单位签订运营维护安全管理协议,明确联合检查、维修、养护范围和内容等,并制定隐患处理、故障抢修等相关预案。

(5)施工单位应当遵守铁路施工规范,不得影响铁路运输安全。施工前办理相关手续,并按集团公司营业线施工文件组织实施。集团公司相关业务部室按照《营业线施工安全管理实施细则》施工等级的划分进行盯控,相关站段做好施工监护。

(6)新建上跨铁路结构物,应严格按批复的设计文件组织实施。主体结构、防护设施未达到设计要求时,应整改达标后方可开通使用。

(7)作为临时过渡工程修建的上跨铁路结构物,应在施工完成后,由建设单位负责组织拆除。

3.《中国铁路北京局集团有限公司营业线施工管理实施细则》(京铁施工〔2021〕300号)

(1)施工方案由施工单位制定,经相关设备管理单位和行车组织单位会签后,上报集团公司主管业务部室(建设项目施工方案应先报项目管理机构预审,再报集团公司主管业务部室)。提报的施工方案应包括:施工项目及负责人、作业内容、地点和时间、影响范围及限制行车条件、设备变化和行车方式变化、技术标准、施工方式及流程、施工过渡方案、施工组织、施工安全和质量的保障措施、施工防护办法、列车运行条件、验收安排、指挥体系、应急预案等基本内容。

(2)施工方案由集团公司主管业务部室负责组织审查,初步确定施工等级。Ⅰ、Ⅱ级施工分别报Ⅰ、Ⅱ级施工协调小组审定,Ⅲ级施工由主管业务部室组织有关业务部室共同审定。

(3)在实施过程中遇施工方式或施工组织发生变化、营业线运营条件或外部环境发生变化等特殊情况须对施工方案进行调整时,施工单位应制定补充方案或调整方案并重新办理审核手续。不改变技术标准、列车运行条件等较小的方案调整,在确保安全和施工质量的前提下由施工单位提出申请,经相关单位和部门同意并盖章后,可作为直接调整施工计划的依据,施工单位和相关单位应针对调整后的计划制定安全措施。

(4)施工方案审查重点:施工方案的审查部门对施工中的安全技术措施、行车条件负审查责任,凡是把关不严、审查不细,施工发生问题要追究有关审查部门的责任。需多个部门审查的项目,各有关部门要按照各自的职责范围严格审查,不能漏项。

(5)施工方案审核通过后,施工单位应与设备管理单位和行车组织单位按施工项目分别签订施工安全协议。设备管理单位在自管范围内进行的维修作业,不需签订施工安全协议,涉及非自管设备时应与相关单位签订施工安全协议。

(6)施工单位在提报施工计划申请时,应同时提报施工安全协议。未签订施工安全协议的施工计划申请,集团公司主管业务部室不予审核,严禁施工。

第二节 建设管理程序

为确保铁路运营安全,根据《铁路安全管理条例》(国务院令第639号)等法规和中国铁路总公司铁路技术管理规程、铁路营业线施工安全管理有关规定,地方涉铁工程需报所属区域铁路集团公司审批,并执行其建设程序。各区域铁路集团公司机构设置有所不同,但建设程序基本类似,下文以中国铁路北京局集团有限公司为例编制涉铁工程建设程序。

1. 第一阶段:获得原则穿越位置可行的函

地方业主单位(或政府部门、建设单位)首先应向项目所属区域铁路集团公司行文,申请办理地方涉铁工程设计审查手续,然后由铁路集团公司统一受理。

函件受理后,地方业主单位向铁路集团公司提供可行性研究报告后,由铁路集团公司涉铁工程管理办公室确定项目代建单位,组织参建单位现场踏勘,完成设备调查,形成原则性意见反馈给涉铁工程管理办公室。

地方涉铁工程由地方业主单位自主择优选择具有铁路相应资质的设计、咨询、安全评估等单位,本阶段主要由咨询单位完成。咨询单位应按照现行铁路建设项目预可行性研究、可行性研究和设计文件等编制办法以及铁路总公司、项目所属区域铁路集团有关规定对地方业主单位提供的可行性研究报告完成咨询审核,提出原则性意见形成咨询报告报送涉铁工程管理办公室。

根据项目代建单位反馈意见及咨询报告,涉铁工程管理办公室研究后,确定穿越铁路是否可行,回函给地方业主单位。

2. 第二阶段:获得方案设计审查意见的函

本阶段由设计单位按照现行铁路建设项目预可行性研究、可行性研究和设计文件等编制办法以及铁路总公司、项目所属区域铁路集团有关规定编制方案设计文件,保证设计文件深度和质量,方案设计需达到初步设计深度。涉铁工程设计文件应有安全专篇,全面分析涉铁工程引起的铁路营业线安全风险,并逐条提出科学合理、成熟可靠的技术措施和安全措施。方案设计完成后送咨询单位进行技术方案咨询,安全评估单位进行安全评估,提出咨询及安全评估意见反馈设计单位。

设计单位根据方案咨询、安全评估完成修改,形成方案设计送审稿文件,咨询单位形成方案设计咨询报告,安全评估单位形成安全评估报告,报送涉铁工程管理办公室,由地方业主向铁路集团公司发送请求方案审查的函。函件受理后,由涉铁工程管理办公室牵头部门组织相关部门召开方案审查会。

设计单位根据会议意见再次修改设计文件,形成方案设计鉴修稿文件后报送涉铁工程管理办公室。涉铁工程管理办公室梳理相关部门审查意见,汇总形成方案设计审查意见,签发后回函给地方业主单位。

设计单位还应当参照现行铁路基本建设工程设计概(预)算编制办法以及铁路总公司、集团公司有关规定编制项目概算。项目代建单位根据项目概算,与地方业主签订项目代建框架协议。

3. 第三阶段：获得施工图审查意见的函

设计单位根据第二阶段方案设计审查意见、铁路设计文件编制办法及铁路相关规定编制施工图设计文件。施工图设计完成后送咨询单位进行施工图设计咨询，提出咨询意见反馈设计单位。

设计单位根据咨询报告修改完善施工图设计，由项目代建单位组织施工图预审。设计单位根据施工图预审意见修改完成后，形成施工图设计送审稿文件，咨询单位形成施工图设计咨询报告，报送项目代建单位。由项目代建单位牵头部门组织铁路集团公司相关部门，召开施工图评审会。

设计单位根据会议意见再次修改设计文件，形成施工图设计文件后报送项目代建单位。项目代建单位梳理相关部门审查意见，汇总形成施工图设计审查意见，报送铁路集团公司签发后回函给地方业主单位。

设计单位还应当参照现行铁路基本建设工程设计概（预）算编制办法以及铁路总公司、集团公司有关规定编制项目预算。项目代建单位根据项目预算，与地方业主签订项目代建合同（含线路加固、四电拆改、铁路损运及配合费）。

4. 第四阶段：获得施工组织设计审查意见的函

由代建单位根据施工图预算编制清单，组织具有铁路相应资质的施工、监测单位进行施工招投标，确定施工及第三方监测单位。

中标单位编制施工组织设计、第三方监测方案，由项目代建单位组织施工组织设计、第三方监测方案预审。施工单位、第三方监测单位根据会议意见再次修改设计文件，形成施工图组织设计、第三方监测方案，上报铁路集团公司建设部，由建设牵头部门组织铁路集团公司相关部门，召开施工图组织设计、第三方监测方案评审会。

施工单位、第三方监测单位根据会议意见再次修改设计文件，形成施工组织设计、第三方监测方案后报送铁路集团公司建设部。建设部梳理相关部门审查意见，汇总形成施工组织设计、第三方监测方案审查意见，签发后回函给地方业主单位。

地方业主单位开始办理铁路用地手续，代建单位组织施工单位签订营业线施工安全协议，开始施工。

5. 第五阶段：竣工验收管理

由项目代建单位牵头负责工程实施管理的地方涉铁工程，竣工验收应当执行铁路营业线施工安全管理有关规定以及当地建设项目竣工验收管理有关规定，并落实以下要求：

地方涉铁工程竣工验收分为铁路验收、地方验收两个阶段，铁路验收未通过的不得进行地方验收；其中铁路验收由项目代建单位牵头组织，地方验收由地方业主单位牵头组织。铁路安全保护区外的地方涉铁工程，可由项目代建单位、地方业主单位联合组织一阶段验收。

地方涉铁工程竣工后及时成立铁路验收工作组，由项目代建单位担任组长，地方业主单位担任副组长，铁路集团公司相关专业部门和行车组织、设备管理单位以及设计、监理、施工单位参加。铁路验收通过后，项目代建单位负责印发铁路验收会议纪要，明确验收依据、验收范围、工程概况、建设经过、验收结论等。

地方涉铁工程地方验收由地方业主单位牵头组织，按照当地建设项目竣工验收管理有关规定履行竣工验收程序;项目代建单位组织与验收交接相关的铁路设备管理单位以及设计、监理、施工单位参加,并负责协调办理交接手续。地方涉铁工程竣工验收合格并办理交接手续(含竣工资料),且地方设备主管单位与铁路设备管理单位签订安全协议、明确各自安全职责后,方可开通使用。

6. 其他注意事项

各阶段最终文件应当同时报送纸质版、电子版,并确保完全一致。

铁路集团公司出具的各阶段回函有效期原则上为两年。地方涉铁工程实施过程中设计方案如有重大变更(含延期实施),应当参照现行铁路建设项目变更设计管理有关规定,经铁路集团公司原牵头部门审查同意后方可实施。

7. 建设流程图

建设流程见图 1-3-1。

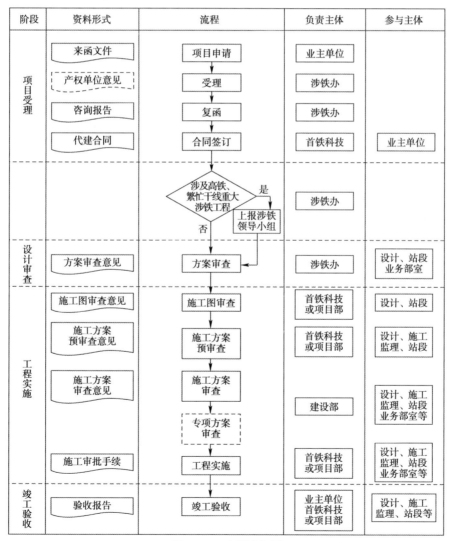

图 1-3-1　建设流程图

第三节　控制要素

一、涉铁设计方案的选择

1.《铁路安全管理条例》(国务院令第639号)

(1)新建、改建设计开行时速120km以上列车的铁路或者设计运输量达到国务院铁路行业监督管理部门规定的较大运输量标准的铁路,需要与道路交叉的,应当设置立体交叉设施。

(2)新建、改建高速公路、一级公路或者城市道路中的快速路,需要与铁路交叉的,应当设置立体交叉设施,并优先选择下穿铁路的方案。

2.《国铁集团工电部关于加强穿(跨)越铁路营业线和邻近营业线工程方案等审查和施工安全管理的通知》(工电桥房函〔2020〕48号)

(1)公路、城市轨道交通和道路、人行过道与高速铁路及其相关联络线和动车走行线交叉工程应优先采用下穿铁路的方案。

(2)公路、城市轨道交通和道路上跨高速铁路及其相关联络线和动车走行线的路基、桥涵地段,以及上跨开行客车的普速铁路的路基、桥涵地段,桥梁施工应优先采用转体施工方案。受场地条件限制,上跨桥梁施工无法采用转体施工方案时,设计文件中必须充分说明理由,并经专家论证会论证。

3.《北京铁路局路外工程建设管理办法》(京铁师〔2013〕731号)

(1)新建、改建公路及城市道路,需要与铁路交叉时,优先选择下穿铁路方案。

(2)上跨铁路立交桥应预留电气化、规划线位、规划双层集装箱运输条件,满足施工安全防护距离等要求。上跨干线及繁忙干线立交桥,优先采用转体方案。

4.《高速铁路设计规范》(TB 10621—2014)

高速铁路与客货共线铁路或货运铁路、公(道)路以桥梁形式交叉跨越时,宜采用高速铁路上跨的方式。困难条件下经技术经济比选采用高速铁路下穿方式时,应按有关规定采取可靠的安全防护措施。

5.《公路铁路交叉路段技术要求》(JT/T 1311—2020)

(1)铁路与既有公路交叉时,应优先采用铁路上跨公路的方式,原则上不应改变既有公路高程并满足公路远期改扩建的条件。

(2)公路与既有铁路交叉时,应优先利用既有铁路桥孔下穿;困难条件下,应进行技术、经济和安全等综合比选后,合理选用交叉方式。

综上所述,交叉处为廊坊高铁站,路基地段,综合考虑隧道下穿及转体上跨方案,经技术经济比选,最终采用(119.3 + 268 + 119.3)m上加劲连续钢桁梁,转体施工,满足相关要求。

二、总体设计的选择

1. 平面设计的选择

《公路铁路交叉路段技术要求》(JT/T 1311—2020)规定：

(1)公铁立体交叉的交叉角度不宜小于30°；小于30°时，应进行专项论证。

(2)公铁立体交叉范围内的路线线形应连续、均衡、顺适，平、纵技术指标不宜低于公路(铁路)相关标准规定的一般值。

(3)公铁立体交叉范围内的平面线形宜为直线或大半径曲线。

综上所述，主桥均位于直线上，与京沪高铁交叉角度为32.9°，满足相关要求。

2. 纵断面设计的选择

(1)《公路桥涵设计通用规范》(JTG D60—2015)

①桥上纵坡不宜大于4%，桥头引道纵坡不宜大于5%；桥头两端引道的线形应与桥梁的线形相匹配。

②位于城镇混合交通繁忙处的桥梁，桥上纵坡及桥头引道纵坡均不得大于3%。

③对易结冰、积雪的桥梁，桥上纵坡不宜大于3%。

(2)《公路铁路交叉路段技术要求》(JT/T 1311—2020)

①公铁立体交叉范围内的公路纵坡不宜小于0.3%。

②上跨铁路的公路跨线桥最大纵坡不宜大于3%，困难条件下，不应大于公路设计最大坡度。

(3)《城市桥梁设计规范》(CJJ 11—2011)

①桥面最小纵坡不宜小于0.3%。

②桥面最大纵坡、坡度长度与竖曲线布设应符合现行行业标准《城市道路设计规范》(CJJ 37)的规定。

(4)《城市道路工程设计规范》(CJJ 37—2012)

①桥上纵坡机动车道不宜大于4.0%，非机动车道不宜大于2.5%；桥头引道机动车道纵坡不宜大于5.0%。

②高架桥桥面应设不小于0.3%的纵坡；当条件受到限制，桥面为平坡时，应沿主梁纵向设置排水管，排水管纵坡不应小于0.3%。

③当桥面纵坡大于3.0%时，桥上可不设排水口，但应在桥头引道上两侧设置雨水口。

综上所述，主桥位于人字坡上，小里程2%的上坡，大里程-2%的下坡，满足相关要求。

3. 横断面设计的选择

(1)《高速铁路设计规范》(TB 10621—2014)

上跨高速铁路立交桥的新建公(道)路桥梁，其安全防护应符合下列规定：安全防护范围内桥梁护栏应采用两道防护，并按不低于《公路交通安全设施设计规范》(JTG D81)规定的最高防护等级进行特殊设计。

(2)中国铁路总公司《关于完善高速铁路桥梁附属检查设施和改进异物侵限现场监测

装置安装方式的通知》(铁总运〔2014〕127号)

异物侵限现场监测装置顶面距邻近侧的行车道路面相对高度不应小于2m;并在防抛网与异物侵限现场监测装置之间设置专用检修通道,且净宽不应小于0.75m。

(3)中国铁路总公司《关于完善高速铁路桥梁附属设施有关工作的通知》(铁总建设〔2014〕143号)

上跨铁路的道路桥梁应通过加宽桥面的方式设置异物侵限监测装置检修通道,通道净宽不应小于0.75m;异物侵限监面应高于桥面2m及以上。

综上所述,本项目主桥横向在满足功能的前提下,在机动车及人行道外侧设置双层HA级防撞护栏,高铁影响区域设置防异物侵限装置,宽度1m,含0.25m监测网基础及0.75m检修道。

三、跨度及净空的选择

1.《铁路技术管理规程》(普速铁路部分)

(1)接触网带电部分至固定接地物的距离,不小于300mm;至机车车辆或装载货物的距离,不小于350mm。跨越电气化铁路的各种建(构)筑物与带电部分最小距离,不小于500mm。当海拔超过1000m时,上述数值应按规定相应增加。大风、严寒地区应预留风力、覆冰对绝缘距离影响的安全余量。

在接触网支柱及距接触网带电部分5000mm范围内的金属结构物须接地。天桥及跨线桥跨越接触网的地方,应按规定设置安全栅网。

有大型养路机械作业的路基地段,接触网支柱内侧与线路中心距离不小于3100mm。

(2)为保证人身安全,除专业人员执行有关规定外,其他人员(包括所携带的物件)与牵引供电设备带电部分的距离,不得小于2000mm。

2.《中国铁路北京局集团有限公司营业线施工管理实施细则》(京铁施工〔2021〕300号)营业线设备安全限界:

(1)高速铁路。路基地段线路防护栅栏(桥梁地段为桥面最外侧)为营业线设备安全限界。当接触网支柱在线路防护栅栏以外(桥梁地段为桥面最外侧)时,接触网支柱外侧2m(接触网支柱外侧附加悬挂外2m,有下锚拉线地段时在下锚拉线外2m)为营业线设备安全限界。

(2)普速铁路。电气化铁路接触网支柱外侧2m(接触网支柱外侧附加悬挂外2m,有下锚拉线地段时在下锚拉线外2m)、非电气化铁路信号机立柱外侧1m为营业线设备安全限界。

综合考虑施工过程、成桥状态、后期维养对铁路的影响,确保施工安全距离,主桥跨度采用268m,桥下净高13.9m。

四、主要技术标准的采用

1.设计荷载的采用

(1)《铁路桥涵设计规范》(TB 10002—2017)

上跨铁路的公路桥,其跨线及相邻桥跨结构设计除应满足公(道)路相关设计标准的规定外,尚应符合下列规定:汽车设计荷载采用相应标准设计荷载的1.3倍。

(2)《高速铁路设计规范》(TB 10621—2014)

桥梁结构设计除应满足公(道)路相关设计标准的规定外,尚应符合下列规定:跨线桥跨及其相邻两边跨的汽车设计荷载采用相应标准设计荷载的1.3倍。

(3)《公路铁路交叉路段技术要求》(JT/T 1311—2020)

公路跨线桥及其边跨的结构设计满足下列要求:汽车设计荷载应采用相应标准设计车道荷载的1.3倍。

2. 抗震设防等级的采用

(1)《铁路桥涵设计规范》(TB 10002—2017)

上跨铁路的公路桥,其跨线及相邻桥跨结构设计除应满足公(道)路相关设计标准的规定外,尚应符合下列规定:抗震设防类别应按不低于公路(城市)桥梁抗震设计标准中规定的B(乙)类采用,并满足《铁路工程抗震设计规范》(GB 50111)的相关要求。

(2)《高速铁路设计规范》(TB 10621—2014)

桥梁结构设计除应满足公(道)路相关设计标准的规定外,尚应符合下列规定:抗震设防类别应按不低于公路(城市)桥梁抗震设计标准中规定的B(乙)类采用,并满足《铁路工程抗震设计规范》(GB 50111)的相关要求。

(3)《公路铁路交叉路段技术要求》(JT/T 1311—2020)

公路跨线桥及其边跨的结构设计满足下列要求:抗震设防类别不应低于JTG/T B02-01规定的B(乙)类,并满足GB 50111的相关要求。

3. 设计安全等级的采用

(1)《城市桥梁设计规范》(CJJ 11—2011)

根据表3.0.14要求,特大桥设计安全等级为一级。

(2)《铁路桥涵设计规范》(TB 10002—2017)

上跨铁路的公路桥,其跨线及相邻桥跨结构设计除应满足公(道)路相关设计标准的规定外,尚应符合下列规定:安全等级采用一级,结构重要性系数为1.1。

(3)《高速铁路设计规范》(TB 10621—2014)

桥梁结构设计除应满足公(道)路相关设计标准的规定外,尚应符合下列规定:跨线桥跨及其相邻两边跨的安全等级采用一级,结构重要性系数为1.1。

(4)《公路铁路交叉路段技术要求》(JT/T 1311—2020)

公路跨线桥及其边跨的结构设计满足下列要求:设计安全等级应采用JTG D60规定的一级,结构重要性系数为1.1。

4. 结构设计基准期的采用

《城市桥梁设计规范》(CJJ 11—2011)第3.0.8条规定,桥梁结构的设计基准期应为100年。

5. 结构使用年限的采用

《城市桥梁设计规范》(CJJ 11—2011)第3.0.9条规定,桥梁结构的设计使用年限应按表3.0.9的规定采用,特大桥设计使用年限为100年。

五、安全防护措施的采用

1. 防撞墙的采用

(1)《高速铁路设计规范》(TB 10621—2014)

上跨高速铁路立交桥的新建公(道)路桥梁,其安全防护应符合下列规定:安全防护范围内桥梁护栏应采用两道防护,并按不低于《公路交通安全设施设计规范》(JTG D81)规定的最高防护等级进行特殊设计。

(2)《公路铁路交叉路段技术要求》(JT/T 1311—2020)

上跨铁路的公路跨线桥应设置护栏,并符合下列规定:

①上跨高速铁路和城际铁路的公路跨线桥路侧护栏应采用两道护栏,两道护栏间距不宜小于1.5m;

②上跨其他等级铁路的公路跨线桥路侧护栏宜采用两道护栏,两道护栏间距不宜小于1.0m,已建公路加宽困难或新建公路受条件限制时,经技术论证后可采用一道护栏;

③不同类型的公铁立体交叉,公路路侧护栏的防护等级应按表2的规定选取;

④路侧护栏除在铁路正上方的桥梁路段进行设置外,还应在车辆来向方向和去向方向一定距离内连续设置,跨线桥护栏车辆来向设置长度可参见附录A,跨线桥护栏车辆去向设置长度应沿铁路线路安全保护区宽度向外延长20m;

⑤护栏与相邻路段的结构形式或防护等级不同时,应进行过渡段设计;

⑥护栏设置还应符合JTG D81的相关规定。

主桥全桥范围在机动车及人行道外侧均采用HA级防撞护栏。

2. 防落网的采用

(1)《高速铁路设计规范》(TB 10621—2014)

上跨高速铁路立交桥的新建公(道)路桥梁,其安全防护应符合下列规定:桥上应设置防落物网。

(2)《铁路桥涵设计规范》(TB 10002—2017)

上跨铁路立交桥的新建公(道)路桥梁,其安全防护应符合下列规定:桥上应设置防落物网。

(3)《铁路工程设计防火规范》(TB 10063—2016)

上跨铁路的人行天桥应设置防护网,并应符合下列规定:

①防护网应延伸至距最外铁路线路外侧轨道6.0m以外。

②与铁路贴邻的人行天桥应在天桥的铁路侧设置防护网。

③铁路站场范围内的天桥,防护网应延引至桥下。

④防护网高度不应小于2.2m,网眼不应大于$0.25cm^2$。

(4)《公路铁路交叉路段技术要求》(JT/T 1311—2020)

上跨铁路的公路跨线桥应设置防落物网,并符合下列规定:

①公路跨线桥路侧护栏采用两道护栏时,防落物网宜设置在外侧护栏上;

②上跨高速铁路和城际铁路的公路跨线桥防落物网距路面的高度不应低于4m,上跨铁

路的公路跨线桥防落物网距路面的高度不应低于 2.5m;

③上跨铁路电气化区段的公路跨线桥防落物网应设置"高压危险"警示标志;

④防落物网设置还应满足 JTG D81 的规定。

3. 异物侵限监测装置的采用

(1)《高速铁路设计规范》(TB 10621—2014)

①为确保铁路行车安全,应在公跨铁立交桥上安装异物侵限监控装置,监控抛掷物因故越过护栏(防撞墙)、护网(防抛网)而侵入铁路限界并控制列车运行;

②桥梁设计应为上跨铁路的道路桥梁预留异物侵限监测装置的安装条件及检修通道。

(2)《高速铁路防灾安全监控系统—公跨铁立交桥异物侵限监测方案》(运技基础〔2010〕739 号)

①为确保高速铁路行车安全,应在公跨铁立交桥上安装异物侵限监控装置,监测机动车、大型货物因故越过护栏(防撞墙)、护网(防抛网)而侵入高速铁路限界并控制列车运行;

②公跨铁立交桥异物侵限监测,采用简单、可靠的双电网方案,按照《关于印发〈信号系统与异物侵限监控系统接口技术条件〉的通知》(运基信号〔2010〕719 号)的规定与列控系统连接,发生异物侵限灾害时,使动车组自动停车。

(3)《中国铁路总公司关于完善高速铁路桥梁附属检查设施和改进异物侵限现场监测装置安装方式的通知》(铁总运〔2014〕127 号)

异物侵限现场监测装置顶面距邻近侧的行车道路面相对高度不应小于 2m;并在防抛网与异物侵限现场监测装置之间设置专用检修通道,且净宽不应小于 0.75m。

(4)《中国铁路总公司关于完善高速铁路桥梁附属设施有关工作的通知》(铁总建设〔2014〕143 号)

上跨铁路的道路桥梁应通过加宽桥面的方式设置异物侵限监测装置检修通道,通道净宽不应小于 0.75m;异物侵限监面应高于桥面 2m 及以上。

(5)《公路铁路交叉路段技术要求》(JT/T 1311—2020)

上跨高速铁路和城际铁路的公路跨线桥应设置异物侵限监测系统和视频监控系统,并符合下列规定:

①异物侵限监测装置宜垂直安装在桥面上,且设置专用检修通道,净宽不应小于 0.75m;

②异物侵限监测装置顶面距桥面高度不应低于 2m。

4. 桥面排水的设置

(1)《高速铁路设计规范》(TB 10621—2014)

上跨高速铁路立交桥的新建公(道)路桥梁,其安全防护应符合下列规定:桥面应采用集中排水方式,引出铁路范围以外。

(2)《铁路桥涵设计规范》(TB 10002—2017)

上跨铁路立交桥的新建公(道)路桥梁,其安全防护应符合下列规定:桥面宜采用集中排水方式,引出铁路范围以外。

(3)《工务系统路外单位营业线施工安全管理办法》(京铁工〔2021〕75 号)

跨越铁路桥梁孔跨位置不得在既有铁路上方设置直排水和外挂排水管道。

(4)《公路铁路交叉路段技术要求》(JT/T 1311—2020)

公路跨线桥应设置完整通畅的排水系统,并将水引至铁路范围以外排出。公路排水系统应与铁路排水系统各自独立。

本项目跨铁路孔不设纵横向泄水管,在主桥边孔设置集中收水管,将雨水收集排入市政排水管线。

5. 标志、标线及接地的设置

(1)《高速铁路设计规范》(TB 10621—2014)

上跨高速铁路立交桥的新建公(道)路桥梁,其安全防护应符合下列规定:桥上应设置安全警示标志和接地系统。

(2)《铁路桥涵设计规范》(TB 10002—2017)

上跨铁路立交桥的新建公(道)路桥梁,其安全防护应符合下列规定:桥上应设置安全警示标志和接地系统。

(3)《公路铁路交叉路段技术要求》(JT/T 1311—2020)

①公路路段应设置禁止跨越同向车行道分界线和禁止跨越对向车行道分界线,并在路侧设置禁止超车标志。

②公路跨线桥上的所有金属物均应接地,接地电阻应小于10Ω。

(4)《桥梁防雷技术规范》(GB/T 31067—2014)

应利用桥墩基础、桥台基础内的钢构体或钢筋混凝土内钢筋作为防雷接地装置,主桥各桥墩接地电阻不宜大于10Ω。

(5)《铁路防雷及接地工程技术规范》(TB 10180—2016)

跨越电力牵引供电铁路区段的建筑物、构筑物外露的金属防护栅网及护栏应与贯通地线连接;条件不具备时,应设置独立的接地装置,接地电阻不应大于10Ω。

6. 过桥管线的设置

(1)《城市桥梁设计规范》(CJJ 11—2011)

桥上或地下通道内的管线敷设应符合下列规定:不得在桥上敷设污水管、压力大于0.4MPa的燃气管和其他可燃、有毒或腐蚀性的液、气体管。条件许可时,在桥上敷设的电信电缆、热力管、给水管、电压不高于10kV配电电缆、压力不大于0.4MPa燃气管必须采取有效的安全防护措施。

(2)《公路铁路交叉路段技术要求》(JT/T 1311—2020)

公路跨线桥不应铺设高压电缆、燃气管和其他可燃(易爆)、有毒或有腐蚀性液(气)体管道。本项目除弱电过桥外,无其他管线上桥跨越铁路,满足管线过桥设置条件。

7. 路灯设置

(1)《公路铁路交叉路段技术要求》(JT/T 1311—2020)

公路跨线桥跨越范围内桥面灯杆不宜设在桥面外侧,并采取防止灯杆倾覆侵入桥下铁路建筑限界的措施。

(2)《国铁集团工电部关于开展公跨铁立交上电杆灯杆等设施排查的通知》

要加强新建跨越铁路的道路立交桥、铁路线路安全保护区内的道路施工方案审查。新建道路立交桥跨铁路桥跨、铁路线路安全保护区内的道路均不得设置路灯杆、交通监控及交通标志支撑装置等倾倒后可能影响铁路行车安全的设施。

本项目跨铁路主桥不采用灯杆类照明方式,不存在倾覆影响铁路安全的风险。

第四节 安全评估

一、安全评估工作的必要性

在涉铁工程中,由于铁路,特别是高铁的安全等级高,经济效益大,社会影响广,因此保障铁路安全愈发重要。2013年,国务院颁布了《铁路安全管理条例》(国务院令第639号),明确了铁路安全管理坚持安全第一、预防为主、综合治理的方针。

《安全评价通则》(AQ80001—2017)中规定,安全评价(Safety Assessment)是以实现安全为目的,应用安全系统工程原理和方法,辨识与分析工程、系统、生产经营活动中的危险、有害因素,预测发生事故或造成职业危害的可能性及其严重程度,提出科学、合理、可行的安全对策措施建议,做出评价结论的活动。安全评价按照实施阶段的不同分为三类:安全预评价、安全验收评价、安全现状评价。涉铁工程的安全评估,属于安全评价通则中的预评价一类。其工作内容是针对工程的方案及施工图设计、施工组织设计进行评价,在工程开始建设前全面识别工程对于铁路运营的风险点,给出风险等级,并给出合理化建议。

二、涉铁工程安全评估的行业要求

《北京铁路局路外工程建设管理办法》(京铁师〔2013〕731号)第四十五条规定:对可能影响高铁(电力跨越工程除外)安全的路外工程,应进行安全评估,并由建设单位委托具有相应资质的单位对高铁设施进行第三方监测,监测方案报路局审查。对邻近铁路深基坑施工应进行安全评估,并采取相应的监测与防护措施。

《上海铁路局工务安全管理办法》(上铁工〔2015〕648号)规定:对于以下施工项目,应委托具有铁路专业设计(或相关专业检测、评估)乙级及以上资质的单位进行检算或评估,形成检算资料或评估报告(需要在检测基础上才能进行检算或评估的,应委托具备检测资质的单位或机构事先进行检测),并作为施工方案安全审查的重要依据。

(1)基坑深度在5m(基坑邻近河道时为4m,基坑边缘与路基坡脚水平距离小于5m时为3m)及以上的基坑施工,软弱土层或粉砂土层采取地下降水措施的应进行地面沉降安全评估,施工影响高铁的应对高铁路桥设备变形进行检算。

(2)靠近铁路桥梁基础对穿越铁路的河道进行深挖疏浚、拓宽或河堤改造加固时,对铁路桥梁基础稳定性的影响应进行评估,对铁路防洪安全造成较大影响的应进行铁路防洪安全评估。

(3)在岩溶发育地区铁路附近进行冲击钻等引起地基强烈震动的施工,应在铁路地基物探(必要时钻探)检测的基础上进行地基稳定性评估。

(4)在铁路附近进行爆破施工,应进行路桥设备安全评估。

(5)其他技术复杂为确保安全必须进行检算和评估的施工项目。

国铁集团组织编制的《公路与市政工程下穿高速铁路技术规程》(TB 10182—2017)第3.0.4条规定:高速铁路桥梁墩顶位移应根据下穿工程各阶段工况计算确定,并评估其对高速铁路运营安全的影响。同时规定了高铁有砟轨道桥梁受施工影响产生的附加变形为3mm,无砟轨道桥梁则是2mm,将路外工程对于桥墩产生影响引起的变形控制值大幅收紧。截至2020年前,除特殊复杂工点以外,安全评估主要围绕穿跨越高铁的涉铁工程开展。

《国铁集团工电部关于加强穿(跨)越铁路营业线和邻近营业线工程方案等审查和施工安全管理的通知》(工电桥房函〔2020〕48号)第四条规范方案审查流程规定:严格审查设计方案、方案咨询报告、安全评估报告,认真核查地质勘察资料、设计文件以及专家评审意见和建议的落实情况。明确安全评估工作应从方案设计阶段介入。与此同时,北京局规定在48号文规定的涉铁工程均需要开展安全评估工作。

国铁集团组织编制了《邻近铁路营业线施工安全监测技术规程》(TB 10314—2021),在《公路与市政工程下穿高速铁路技术规程》(TB 10182—2017)的基础上,进一步增加了普速铁路桥梁,高速、普速铁路路基、隧道受到施工引起的附加变形控制标准。并给出了相应的预警值、报警值及监测方法、监测频率等详细要求。目前安全评估主要依照此规范的控制指标作为定量分析的依据。至此,各种等级、各种结构形式的铁路结构受到涉铁工程影响均有确定的评估标准。

目前,中铁第五勘察设计院集团有限公司正在牵头编制团体标准《下穿既有铁路安全性评估技术规范》,以促使涉铁工程安全评估工作规范化、标准化。

三、各类涉铁项目安全评估的标准

1.铁路桥梁相关要求

穿跨越铁路桥梁工程安全评估的评估标准主要是铁路桥墩变形的规范要求。对于铁路桥梁变形,主要采用工程附加影响作为判断标准,但因各铁路局管理要求不同,有些路局涉铁部门审查时会采取附加变形和工后沉降双控的手段。

对于附加变形而言,目前最普适的标准是《邻近铁路营业线施工安全监测技术规程》(TB 10314—2021)。主要控制指标见表1-3-1。

铁路桥梁变形监测预警值、报警值和控制值(单位:mm)　　表1-3-1

监测项目			控制标准		
			累计量预警值	累计量报警值	控制值
高铁	桥墩监测（无砟轨道）	竖向位移	±1.2	±1.6	±2
		顶部、底部横线路水平位移	±1.2	±1.6	±2
		顶部、底部顺线路水平位移	±1.2	±1.6	±2
	桥墩监测（有砟轨道）	竖向位移	±1.8	±2.4	±3
		顶部、底部横线路水平位移	±1.8	±2.4	±3
		顶部、底部顺线路水平位移	±1.8	±2.4	±3

续上表

监测项目		控制标准		
		累计量预警值	累计量报警值	控制值
普铁	桥墩竖向位移	+1.8 -4.8	+2.4 -6.4	+3 -8
	顶部、底部横向水平位移	±4.2	±5.6	±7
	顶部、底部纵向水平位移	±4.2	±5.6	±7

无特殊要求时,安全评估的控制指标可在上表中控制值一列选取,但某些铁路局涉铁部门审查时会要求评估分析结果不得超过预警值。

对于工后沉降而言,则参照《铁路桥涵设计规范》(TB 10002—2017)对于工后沉降的要求,见表1-3-2、表1-3-3。

有砟轨道静定结构墩台基础工后沉降限值(单位:mm)　　　　表1-3-2

设计速度	沉降类型	限　值
250km/h 及以上	墩台均匀沉降	30
	相邻墩台沉降差	15
200km/h	墩台均匀沉降	50
	相邻墩台沉降差	20
160km/h 及以下	墩台均匀沉降	80
	相邻墩台沉降差	40

无砟轨道静定结构墩台基础工后沉降限值(单位:mm)　　　　表1-3-3

设计速度	沉降类型	限　值
250km/h 及以上	墩台均匀沉降	20
	相邻墩台沉降差	5
200km/h 及以下	墩台均匀沉降	20
	相邻墩台沉降差	10

工程开工前应测量墩台均匀沉降和差异沉降数据,并作为工程开工的先决条件之一。某些铁路局要求桥梁现状工后沉降和差异沉降值超限地段严禁穿跨越工程施工。

由于上桥测量轨道几何尺寸困难,接触网杆位于桥上,原则上一般不采用轨道和接触网杆变形作为控制指标。

2. 铁路路基相关要求

对于穿跨越铁路路基段,一般采用铁路路基和轨道变形控制值双控。轨道位移变形监测预警值、报警值和控制值见表1-3-4。

轨道变形控制值是指施工引起的轨道附加变形,而非工务修理规则中的轨道不平顺性要求。铁路路基变形监测预警值、报警值和控制值见表1-3-5。

轨道位移变形监测预警值、报警值和控制值(单位:mm)　　　表1-3-4

监测项目		控制标准		
		累计量预警值	累计量报警值	控制值
高铁	轨道竖向位移	±1.2	±1.6	±2
	轨道水平位移	±1.2	±1.6	±2
普铁	轨道竖向位移	+1.8 -4.8	+2.4 -6.4	+3 -8
	轨道水平位移	±4.2	±5.6	±7

铁路路基变形监测预警值、报警值和控制值　　　表1-3-5

监测项目		控制标准		
		累计量预警值	累计量报警值	控制值
高铁	无砟轨道 路基竖向位移(mm)	+1.2 -3	+1.6 -4	+2 -5
	有砟轨道 路基竖向位移(mm)	+1.8 -4.8	+2.4 -6.4	+3 -8
普铁	路基竖向位移(mm)	±6	±8	±10
	路基水平位移(mm)	±4.2	±5.6	±7
	接触网支柱竖向位移(mm)	±3	±4	±5
	接触网支柱倾斜(%)	0.3	0.4	0.5

表1-3-5规定了不同轨道形式高铁路基的竖向变形值、普铁路基竖向及水平变形值以及接触网变形值,并没有规定高铁路基水平变形值。

3. 铁路隧道相关要求

对于穿跨越铁路隧道工程,《邻近铁路营业线施工安全监测技术规程》(TB 10314—2021)首次提出了附加影响的控制标准,见表1-3-6。

隧道位移变形监测预警值、报警值和控制值(单位:mm)　　　表1-3-6

监测项目		控制标准		
		累计量预警值	累计量报警值	控制值
高铁	隧道结构竖向位移	±3	±4	±5
	隧道结构水平位移	±3	±4	±5
普铁	隧道结构竖向位移	±4.8	±6.4	±8
	隧道结构水平位移	±4.8	±6.4	±8

除了以上控制标准,还应对轨道变形的影响进行评估。

4. 爆破振动相关要求

《铁路安全管理条例》(国务院令第639号)第三十四条规定:在铁路线路路堤坡脚、路堑坡顶、铁路桥梁外侧起向外各1000m范围内,以及在铁路隧道上方中心线两侧各1000m范围内,确需从事露天采矿、采石或者爆破作业的,应当与铁路运输企业协商一致,依照有关法律法规的规定报县级以上地方人民政府有关部门批准,采取安全防护措施后方可进行。

其控制指标应参考《爆破安全规程》（GB 6722—2014）和《铁路工程爆破振动安全技术规程》（TB 10313—2019）。

四、安全评估工作开展

安全评估工作应当采用定量、定性相结合的方法开展。定量分析涉铁工程对于铁路产生的附加影响数值，并与相关评估要求进行比较；定性分析工程实施过程对于铁路的风险点，并评估设计方案对于风险点的控制效果，评价工程残余风险等级。

1. 评估的依据和标准

本工程安全评估开展时，《邻近铁路营业线施工安全监测技术规程》（TB 10314—2021）尚未颁布，因此评估主要针对路基沉降和轨道不平顺两个指标进行控制。

新建桥梁工程邻近既有高速铁路及铁路工程，为保证既有高铁及铁路工程在施工过程中安全运行，应以较为严格的控制标准进行衡量，既有高铁路基安全控制指标主要包括既有高速铁路及铁路工程路基附加沉降。

《铁路路基设计规范》（TB 10001—2016）第 3.3.6 条规定，路基工后沉降量应符合表 1-3-7 的规定。

路基工后沉降控制值　　　　　　　　　　　　　　　　　　　　　表 1-3-7

铁 路 类 别		一般地段沉降（mm）	沉降速率（mm/年）
有砟轨道	客货共线Ⅰ级铁路	≤200mm	≤50
无砟轨道	高速铁路	≤15	—

安全评估单位作为京沪高铁的监测单位，提供了近年路基检测数据作为评估边界条件，见表 1-3-8、表 1-3-9。

京沪高铁路基监测点沉降统计表　　表 1-3-8

运营里程	2019年1月1日—2012年3月1日变化量（mm）
K059+999.10	−430.9
K060+048.10	−439.6
K060+096.10	−448.0
K060+150.10	−441.3
K060+206.10	−433.1
K060+240.10	−433.8
K060+281.10	−427.6
K060+330.10	−422.8

京沪高铁路基平面位移统计表　　表 1-3-9

运营里程	2016年12月—2012年6月变化量（mm）
K059+978.70	0.1
K060+028.70	−2.5
K060+078.60	−4.2
K060+128.70	−5.0
K060+178.80	−6.4
K060+228.80	−6.6
K060+276.60	−6.8
K060+322.70	−5.6

以《高速铁路无砟轨道线路维修规则》（铁运〔2012〕83号）、《高速铁路有砟轨道线路维修规则》（铁运〔2013〕29号）要求的线路轨道静态几何尺寸容许偏差管理值作为控制标准，见表 1-3-10。

250（不含）~350km/h 线路轨道静态几何尺寸容许偏差管理值　　　表 1-3-10

项目	作业验收	经常保养	临时补修	限速(200km/h)
轨距(mm)	+1 −1	+4 −2	+5 −3	+6 −4
水平变形(mm)	2	4	6	7
高低变形(mm)	2	4	7	8
轨向(直线)(mm)	2	4	5	6
扭曲(mm/3m)	2	3	5	6
轨距变化率	1/1500	1/1000	—	—

注：1. 高低和轨向偏差为 10m 及以下弦测量的最大矢度值。
　　2. 扭曲偏差不含曲线超高顺坡引起的扭曲量。

本次评估中，既有京沪铁路工程、货场线路基采用表 1-3-7 中一般地段沉降值作为变形控制标准，即沉降值不大于 200mm；既有京沪高铁路基采用表 1-3-10 中"作业验收"相关数值作为变形控制标准，即高低和水平变形绝对值和 10m 弦长不平顺值不大于 2mm。

2. 评估结论及合理化建议

本次安全评估的主要结论是：京沪高铁和京沪铁路的变形值均可满足规范限值要求，工程对铁路产生的影响可控。

同时，第三方安全评估从保证铁路运营安全的角度，对设计、施工、铁路第三方监测和环境、劳动保护给出了合理化建议和注意事项。

3. 评估经验总结

本项目与安全评估单位协作总体顺畅，工作过程中，从设计和总承包单位角度，总结与第三方安全评估单位配合开展工作的经验如下：

（1）积极主动推进工作，避免因安全评估造成工程进度滞后。
（2）提前收集铁路既有沉降观测资料。
（3）提前开展施工影响分析，减少方案反复的风险。
（4）总体把控，主动交流，充分引导。

设计单位应把控安全评估单位介入的时机，避免评估过早介入，增加稳定方案的难度；设计和总承包单位应充分重视评估工作，确保报告中没有"隐藏缺陷"；同时应与评估单位建立畅通的沟通机制。

第四章
建设管理模式

第一节 涉铁工程 EPC 模式

一、涉铁工程特点

涉铁工程,俗称"路外"工程。随着当前国内经济发展与铁路里程的增长,运营铁路尤其是高铁,由于跨行业协调难度大,工程建设影响铁路运输组织甚至危及铁路行车安全,已成为城市基础建设中难以逾越的瓶颈。根据铁路主管部门的行业规定,涉铁工程的设计、咨询单位必须具有相应铁路设计资质,而施工单位也要求具有相应的铁路施工资质。

涉铁工程的报建需要得到铁路主管部门的行政与技术许可,在过程实施中需要铁路各级部门的支持与配合,且建成后需铁路部门进行验收,从工程建设的角度看,涉铁工程有如下特点:

1. 建设审批周期长

国内自从7·23甬温线特别重大铁路交通事故后,铁路主管部门强化自身安全管理,审批地方涉铁项目更加谨慎,对报批的方案进行反复研究、审查。同时地方建设单位对涉铁工程管理流程和安全要求较陌生,尤其是对铁路部门费用收取不理解,双方信息沟通不畅,加上涉铁审批部门签字盖章层次多,导致工程审批总是"在路上"迟迟不能落地。一些地方道路工程在铁路两端均已建成,但由于铁路控制节点没打通形成断头路,主要原因是对涉铁工程审批的复杂性考虑不足。

2. 沟通协调难度大

由于涉铁工程需跨系统沟通,建设单位或施工单位在建设过程中沟通协调复杂,困难重重。加上涉铁工程因自身的特殊性,所涉及的项目关联部门与人员非常多,如在项目立项阶段,涉及地方的发改、规划,铁路主管审批部门及下属工务、车务等;在项目的实施阶段,涉及质监、安监等各家单位;在项目的验收运营阶段,需取得上述各家单位的签认,涉及铁路的部分工程要委托铁路相关部门进行管养。另外随着远程监控系统的应用,铁路电务部门的话语权较以往有所增加,在报施工月计划时,需注意与电务部门提前沟通。

3. 迁改拆建,施工周期长,安全风险大

地方新建工程在穿、跨越铁路时,要对铁路线路、"四电"迁改或迁移。铁路是一个系统性的工程,除站前主体构造物,站后设备有接触网、电力、通信信号等,所涵盖专业面广、接口复杂,且铁路沿线的管线分散,涉及产权单位多,具有前期工程量确认难度大、现场管理难度大、协调难度大、整体施工周期长等特点。在主体工程施工过程中,因涉及"要点"施工,特别是繁忙铁路干线,天窗点时间有限,只能不停中断施工作业,造成工程建设周期大大加长,各方面临着巨大的安全压力,尤其是铁路列车运行安全方面的压力。最近两年极端天气增加,更是加重了涉铁工程的安全隐患。

转体跨越既有铁路线时,还可能对沿线铁路站段功能房屋先进行拆建过渡,待转体就位后进行还建,由于历史问题,在办理还建手续时会面临地方与铁路各方复杂的手续。

二、涉铁工程建设模式

受建设工程传统模式影响,涉铁工程采用的模式一般有三种:

1. 地方建设单位主导模式

建设单位自行组建指挥部,负责建设期间的设计、采购、施工等管理工作,建成后移交设施管理单位负责运营。由于涉及铁路运营安全等问题,建设指挥部常常因为专业欠缺而束手无策,不同建设阶段中的各项任务交给不同的分包方来完成,容易造成各个环节相互脱节、相互制约,不利于项目的整体优化和全过程控制,难以实现专业化的管理。加上地方建设单位或相应的施工单位对铁路行业管理及安全管理认知不深,与铁路主管部门沟通协调不顺畅,甚至与铁路之间产生矛盾,事倍功半,工程工期与造价不可控。

2. 委托铁路局代建模式

《国铁集团关于加强涉铁工程管理的指导意见》(铁工电〔2021〕85号)中明确指出,铁路局集团是涉铁工程管理责任主体,负责涉铁工程的审批、决策、组织实施与管理协调。涉铁工程原则上采用代建模式。

在此种模式下,地方建设单位负责项目立项、征地拆迁,铁路局所属单位负责铁路内部协调及工程建设。这种模式可充分保证铁路运营的安全,也减轻了地方建设单位协调的难度,但地方对铁路内部建设程序不了解且无法监控,在投资控制与工期进度方面偏弱。路局评审与地方项目建设程序也需要磨合。

3. EPC总承包模式

随着城市化进程的不断加快,涉铁工程必将越来越多,如都采用以上两种模式,铁路局管理部门将不堪重负,安全问责压力给涉铁工程管理带来困难。《国铁集团关于加强涉铁工程管理的指导意见》(铁工电〔2021〕85号)中指出,建设管理单位或业主单位应根据项目情况与自身管理能力,合理选择工程建设组织实施方式,对内容明确、技术方案成熟的项目,可依法采用工程总承包方式。

而EPC总承包模式在保证铁路运营安全的前提下,兼顾地方和铁路的利益,减轻地方业主与铁路部门的安全压力,保证工程顺利推进。

这种铁路局代建条件下的EPC总承包模式将会成为涉铁工程的主流。

三、涉铁工程EPC优势

铁路工程EPC总承包模式从20世纪90年代开始,但由于种种原因并未得到广泛推广。

直到2016年,住建部《关于进一步推进工程总承包发展的若干意见》(建市〔2016〕93号)明确提出优先采用工程总承包模式,中国铁路总公司积极响应,在盐通、杭绍台,金建等铁路项目建设中采用了EPC总承包模式。在此前后,一些地方涉铁项目跟进采用EPC模式取得了不错的效果,住建部2020年3月实施的《房屋建筑和市政基础设施项目总承包管理办法》,将继续推动并发挥EPC建设模式的优点,即保铁路安全、保证工期、减少业主管理成本、降低工程风险等。

涉铁工程EPC一般倡导由铁路设计院牵头,加强设计和施工的协调配合,有利于设计工作及后续施工工作的顺利开展。此种模式有如下优势:

1. 充分发挥设计引领作用

一般涉铁项目业主和铁路运营单位都要求项目工期短平快,尽量缩短因项目施工给铁路正常营运带来的影响。因此前期方案比选设计时就要充分考虑施工工期、铁路运营安全因素对方案及施工工艺流程的制约。按照铁路运营单位的相关规定,凡是涉及上跨铁路或者下穿铁路的项目主体结构都必须先报设计方案给铁路部门进行审查,铁路部门审查的着眼点是项目与铁路交叉部分主体结构是否能够确保铁路行车的运营安全,维修养护是否方便。审查合格由铁路部门出具同意批文后方可开展项目的初步设计工作。在项目初步设计过程中,根据批复意见,组织设计、施工尤其是铁路行业专家再就设计方案的合理性、安全性以及项目的工期、施工工艺等进行充分讨论,因初步设计阶段的工作将会对项目的质量、成本、工期等的控制和后期安全运营起到至关重要的作用。因此,EPC总承包单位应整合资源,尽早地开展初步设计工作,积极联系协调铁路行政主管部门及铁路设备管护单位,商谈相关涉铁协议,摸清涉铁迁改工作量,提前明确涉铁费用,在编制初步设计概算时一并纳入,务必考虑周全,为后续的施工图设计和施工提供有利条件。

2. 施工分包单位的合理选择

EPC总承包的优势在于设计与施工可以高度的提前配合,在设计阶段施工方参与到设计中,充分利用各自优势,努力使设计更加贴近实际,减少施工过程中因现场情况与设计不符的变更设计工作,提高工作效率。因此EPC总承包项目在设计之初就要选取施工分包单位,配合好设计工作。总包单位(一般为设计院)在选取施工分包单位时要充分与铁路主管部门进行协商,在依法合规的基础上确定施工分包单位,虽然这样选取施工分包单位的选择面较窄,但通过这种经铁路主管部门认可的方式选取的施工分包单位都具有较强的铁路运营线路施工经验,这样可以降低施工过程中的安全风险,对设计工作也有较大帮助,在后期工程实施过程中施工单位在报施工计划时也会更加顺利。

3. 职责明确一体化管理

作为EPC总承包单位,要充分考虑各方需求,多站在业主立场,履行并兑现EPC合同约定,是承担工程建设安全及风险的主体。但同时,项目参建各方如建设单位、铁路管理部门及各分包商,均有自己的利益诉求。地方建设单位的诉求为加快工程建设进度、降低工程投资。市政项目受传统模式影响,各地对国家政策的理解贯彻存在差异,在推进工程总承包项目时体现出规范程度、相关要求参差不齐。比如,总包单位承担项目一体化管理角色,发包人并不愿意支付项目总承包管理费用;在项目结算时,有的项目既要求固定价合同,又要求以审计为结算依据。铁路方则将铁路安全放在第一位,遵循"要点"施工、增加相关安全措施,两者必然存在一定矛盾。由铁路设计院组织实施的 EPC 工程总承包作为两者间的桥梁,既可以发挥专业优势充分保证铁路运营安全,又可以站在一个客观公正的立场上,充分保证进度和投资等控制目标的实现。

第二节　管理目标及组织机构

一、管理目标

作为北京铁路局首个转体跨越高铁 EPC 工程总承包项目,廊坊光明桥项目管理总目标是:坚持以国家及行业发布的各项法律、法规、规章为依据,以项目总承包管理办法为抓手,树立一流的目标,创新一流的管理,打造一流的团队,高标准、严要求,全面精细化管理,将本工程建设成优良工程。总目标为"三优三零",三优即:施工方案优化,工程质量优良,项目管理优秀;三零即:重大、严重质量事故为零,重大、较大安全事故为零,重大环保事故为零。

1. 工期目标

严格遵守合同约定工期,以月、周为工期管理节点,严格控制分项工程工期进度满足总体要求,确保工程阶段目标和总进度如期完成。

2. 质量目标

(1)严格遵守国务院颁发的《建设工程质量管理条例》及国家和各部委现行的规范和质量验收标准,认真执行国家和行业、业主有关加强质量管理的法规与文件。

(2)分项工程一次合格率100%,主体工程优良率100%,非主体工程优良率90%以上,项目竣工验收综合评分在95分以上。

(3)优化工程设计质量、设计成品合格率100%。

(4)杜绝勘察设计、施工重大质量事故和一般质量事故;杜绝质量问题所引起的不良影响事件。

(5)建设质量管理标准化工地,树立企业良好形象。

(6)保证交工验收质量评定等级为合格,争创优质工程。

3. 安全目标

(1)不发生重伤及以上生产安全事故,无责任死亡事故,工伤频率控制在3‰以下,生产安全事故经济损失控制在3‰以下。

(2)不发生重大及以上交通责任事故。

(3)不发生火灾事故、爆炸事故和群体性食物中毒事件。

(4)不发生治安刑事案件。

(5)确保铁路营运线行车安全,杜绝事故发生;不发生铁路营业线线缆破坏事故。

(6)安全教育培训、安全技术交底率100%。

4. 环保目标

重大环保事故为零,严格遵守河北省廊坊市关于建筑施工环保及文明施工要求,严控场内扬尘、污水、污染物的排放,生活垃圾集中无害化处理。

5. 成本管理目标

(1)以"适时投入,科学管理,精打细算,节省成本"为原则,在项目实施中始终坚持以经济效益为中心,在确保工程质量及外部观感和设计标准的前提下,对工程项目分包、材料采购、管理费开支等主要支出类建立项目预算管理体制,层层落实成本控制责任,严格控制成本。

(2)在保证工程功能与设计标准的前提下,优化设计,从源头上节约成本。

(3)加强与项目分包单位合作,提出合理化建议,减少工程变更费用。

(4)保证在投标报价内完成合同规定范围的全部项目,力争实现集团公司要求的利润目标。

(5)按照项目费用—进度进行综合评估的原则合理控制成本。即将已完成工作的预算值与计划预算值对比分析,已完成工作的预算值与实际成本对比分析。根据对比分析结果采取相应的措施。

二、组织机构

1. 项目经理部主要职责

(1)履行与业主签订的合同,负责项目设计、采购、施工、试运行、竣工验收和保修等各阶段的组织实施和管理工作,控制项目风险;

(2)建立完善的项目运行管理体系,按照集团公司管理制度和办法,制定项目管理各项管理办法和内部控制制度,负责项目部各项工作的规范化管理;

(3)负责项目部预算管理及成本控制工作;

(4)编制项目各级进度计划和进度报告,并对计划执行情况进行跟踪、分析和控制,负责总承包合同、分包合同实施全过程的进度、费用、质量、HSE[健康(Health)、安全(Safety)和环境(Environment)三位一体的管理体系]管理与控制;

(5)承担项目实施协调和技术管理工作,负责项目实施总体部署和资源的动态管理,负责竣工资料汇编、组卷工作;

(6)负责项目实施全过程文件信息管理与控制;

(7)负责统一协调整个项目的试运行工作;

(8)负责正确处理和协调相关方关系、项目内外部各方利益关系,有效实施项目管理,确保项目顺利完成;

(9)负责协调设计、施工工作,并对其运行监督、检查、控制和管理。

2. 项目组织机构

项目部全权代表集团公司向建设单位负责,全面履行合同协议、兑现合同承诺。项目经理部全权负责资源调配、生产指挥和控制、安全、质量、合同以及内外协调等各项工作。

项目均设置完整的管理团队,由项目经理、项目总工程师、项目副经理、设计管理部、施工管理部、计划合同部、安全质量部、财务部、综合办公室组成,各职能部设部长1人,见图1-4-1。

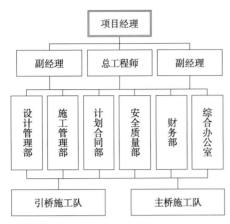

图1-4-1 光明桥项目组织构成

3.涉铁项目管理机构与制度

涉铁工程EPC项目管理,除按照常规的EPC总承包管理办法进行规范化和标准化管理外,还应制定有针对性的管理措施和办法。根据工作实践,可按下列步骤进行涉铁EPC项目管理:

(1)组建EPC项目部并建立好五部一室的组织机构,根据组织机构中相对应的职务确立好相对应的岗位职责,在项目经理牵头下各自履行好对应的岗位职责。

(2)积极组织各专业设计人员进行项目的方案设计、外业资料的收取、初步设计及施工图设计工作,缩短设计周期。

(3)协调潜在的施工分包单位提前进场,配合业主做好征地拆迁、三通一平工作,为下一步施工争取时间、提供保障。

(4)积极做好项目的投标工作及EPC合同的拟定。

(5)与施工单位制定并签署合理的标前分工协议书或标后施工分包合同,明确责、权、利的划分,以便对施工进程有效管控。

(6)完善与铁路主管部门的技术服务协议,取得铁路部门对项目的大力支持。

(7)完善铁路用地及相关铁路站段设备迁改协议。

(8)现场派驻人员与施工分包单位实行联合办公,与业主单位进行积极联系,并根据工程进度进行协调。

(9)定期组织施工分包单位管理人员以及施工人员进行QHSE管理体系[指在质量(Quality)、健康(Health)、安全(Safety)和环境(Environmental)方面指挥和控制组织的管理体系]的培训。不定期组织相关人员对施工现场进行安全隐患排查,确保施工安全。

CONSTRUCTION TECHNOLOGY FOR
SWIVELING AND OVER-CROSSING
OPERATING HIGH-SPEED RAILWAY
OF LANGFANG GUANGMING BRIDGE

CONSTRUCTION TECHNOLOGY FOR
SWIVELING
AND OVER-CROSSING
OPERATING HIGH-SPEED RAILWAY
OF LANGFANG GUANGMING BRIDGE

PART TWO
第二篇
工程设计

廊坊光明桥项目为综合市政工程，连接既有光明西道与光明东道，于廊坊站附近上跨京沪高铁与京沪铁路，桥型采用上加劲连续钢桁梁。

工程位于廊坊市市区中心，横跨廊坊市广阳区和安次区。既有光明道为城市主干道，双向六车道。道路两侧建筑物密集且拆迁困难，地下管线繁多，方案设计时线路走向、桥墩位置需综合考虑各方因素，避免施工阶段由于拆迁、管线迁改引起方案变动。

光明桥主桥上跨京沪高铁和京沪铁路等11条既有铁路线路，与铁路线路小角度斜交，桥梁跨度大。光明桥项目顺接既有市政道路，受道路纵坡和铁路限界影响，光明桥主桥建筑高度受限。加劲连续钢桁梁桥型建筑高度低，造型优美，可以满足大跨度上跨多条线路的要求。主桥采用转体法施工，在铁路两侧拼装钢梁后转体，并在中跨跨中进行合龙，转体时除中墩位置的转体支座外，在边跨设置转体辅助滑道，增加桥梁转体的安全系数，最大程度减小桥梁施工对既有铁路的影响。考虑涉铁因素，桥梁设置上跨高铁异物侵限监测系统，桥面设置双层防撞护栏。项目完成了桥梁健康监测及桥梁养护的设计工作，为桥梁的安全性和耐久性提供保障。

第一章
总体设计

第一节 总体布置

设计道路起点为常青路路口东侧50m,终点接于建设路路口,全长2.056km。

既有光明西道为四幅路,路面全宽50m,双向六车道,中间有8m宽的绿化带。既有光明东道为三幅路,路面全宽50m,双向六车道,中间为双黄线。规划光明道等级为城市主干道,设计行车速度为50km/h,一般路段红线宽度60m。上跨铁路桥梁宽度为34.2m,双向六车道,桥下两侧设辅道,一般路段的桥下辅道为双向四车道。

一、主要设计标准

(1)道路等级:城市主干路。
(2)设计行车速度:主路50km/h,辅路30km/h。
(3)设计基准期:100年。
(4)设计安全等级:一级。
(5)设计荷载:汽车荷载为城-A级,上跨铁路主桥活载考虑1.3倍放大系数;人群荷载按照《公路桥涵设计通用规范》(JTG D60—2015)第4.3.6条取值。
(6)标准路面横坡:主线2%(双向),辅路车行道2%(坡向车行道),人行道1%(坡向人行道)。
(7)铁路限界:京沪铁路净高≥7.96m、京沪高铁净高≥7.25m;市政道路净高≥5.5m。
(8)道路平曲线:主桥位于直线段,其余路段位于直线段或曲线半径为15000m、1000m、3700m的圆曲线上。
(9)道路纵断面:最大纵坡3.0%。
(10)抗震设防烈度:本地区地震动峰值加速度为0.2g,场地类别为Ⅲ类,场地特征周期为0.55s,地震基本烈度为Ⅷ度。

二、平面布置

新建工程需连接既有光明道西道和光明东道,工程位于廊坊市中心,道路两侧建筑物较多,拆迁困难,因此采用新建道路设计中心线与既有光明道中心线基本重合的方案,且保证上跨铁路范围内平面线形为直线,从设计起点沿既有光明道,依次跨越银河路、解放路、京沪高铁、京沪铁路和西牵出线共11条既有铁路、新华路,终点接于建设路口,见图2-1-1。

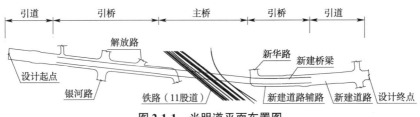

图 2-1-1　光明道平面布置图

三、立面布置

根据《城市道路工程设计规范》（CJJ 37—2012）、《城市道路路线设计规范》（CJJ 193—2012）等要求，主线桥梁应满足沿线银河路、解放路、新华路的道路净空要求和京沪高铁、京沪铁路的铁路净空要求，其中铁路接触网杆要求满足大修条件。新建项目起终点与既有光明道顺接位置受项目范围限制，线路纵断面在满足道路、铁路净空的前提下，还需满足起终点与既有道路高程相适应，见图 2-1-2。

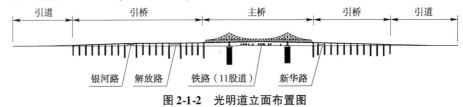

图 2-1-2　光明道立面布置图

四、横断面布置

横断面布置需综合考虑红线宽度、主辅路断面布置以及平面交叉口交通组织等因素，按照起终点路基段、挡墙段、引桥段及跨铁路主桥段分别布设。其中主线采用双向六车道加人非混行道，上跨铁路主桥局部还需考虑灾害监测装置所需的检修通道；地面辅路采用双向四车道加人非分行道，根据红线宽度局部有所调整。横断面具体布置见图 2-1-3 ~ 图 2-1-7。

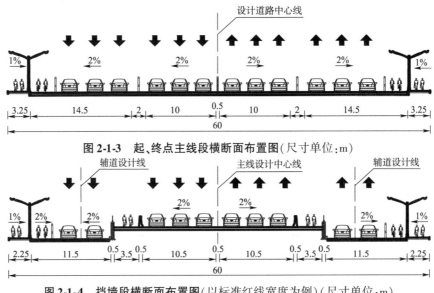

图 2-1-3　起、终点主线段横断面布置图（尺寸单位：m）

图 2-1-4　挡墙段横断面布置图（以标准红线宽度为例）（尺寸单位：m）

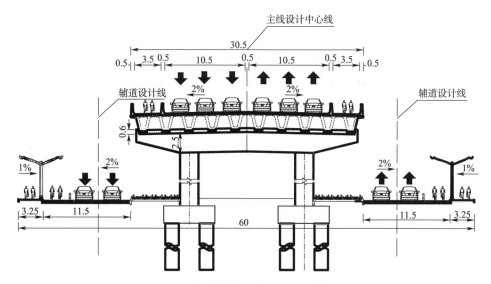

图 2-1-5 引桥段横断面布置图(尺寸单位:m)

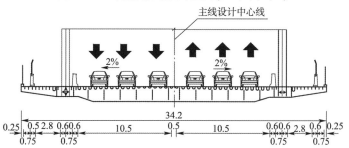

图 2-1-6 主桥横断面布置图(上跨京沪高铁段)(尺寸单位:m)

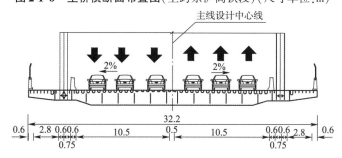

图 2-1-7 主桥横断面布置图(一般段)(尺寸单位:m)

第二节 桥梁工程

桥梁段全长1466.3m,全桥共10联,孔跨布置为$2\times4\times30m+1\times55m+5\times30m+1\times55m+(4\times26)m+(118+268+118)m+(20+3\times30)m+2\times4\times30m$,其中,跨铁路主桥采用(118+268+118)m上加劲连续钢桁梁,平面转体法施工。引桥采用$5\times30m$、$4\times26m$、$(20+3\times30)m$、$4\times30m$先简支后连续预应力混凝土箱梁及$1\times55m$钢混结合梁,均为预制

架设施工。主桥桥面桥宽32.2m,主桥上跨京沪高铁段桥宽34.2m,引桥标准断面桥宽30.5m。

一、主桥设计

1. 主桥结构

(1)上部结构

主桥采用(118+268+118)m上加劲连续钢桁梁,边支座中心至梁端为1.3m,桥长506.6m。平弦桁高12.0m,中墩处加劲弦高30m。主梁布置两片桁,采用N形桁架,两片主桁横向中心距为24.2m,主桁外侧对称设置挑臂,桥面全宽32.2m,上跨京沪高铁位置设置异物侵限监测装置,桥面两侧各加宽1m,桥面总宽34.2m。主桥采用转体法施工,图2-1-8~图2-1-10为主桥桥型图、主桥平面图和主桥横断面图。

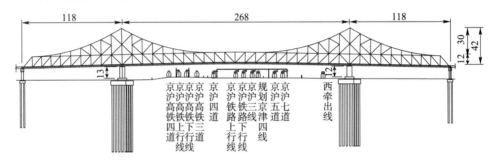

图2-1-8 主桥桥型图(尺寸单位:m)

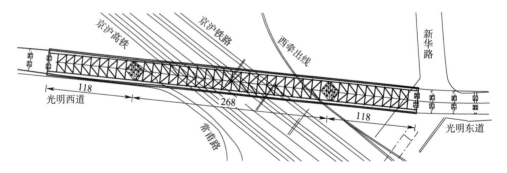

图2-1-9 主桥平面图(尺寸单位:m)

(2)下部结构

主桥中墩采用倒梯形空体墩,墩身顺桥向宽6m,横桥向顶宽29.6m,底宽14m,墩高分别为13m和12m。转盘结构采用环道与中心支承相结合的转动体系;转盘结构基础采用20根直径1.8m的钻孔灌注桩,桩间距4.5m,下承台尺寸为20.9m×16.4m×5.0m,见图2-1-11。

主桥边墩采用双柱式门式墩,墩高均为13.5m。盖梁采用预应力混凝土盖梁,矩形截面,宽度分别为3.9m和3.7m,高度为1.8~3.2m。墩柱采用矩形截面柱,横桥向宽2.8m,顺桥向宽2.6m,柱间距12m。单柱采用4根直径1.5m钻孔灌注桩基础,桩间距3.8m,承台尺寸为6.3m×6.3m×2.5m。

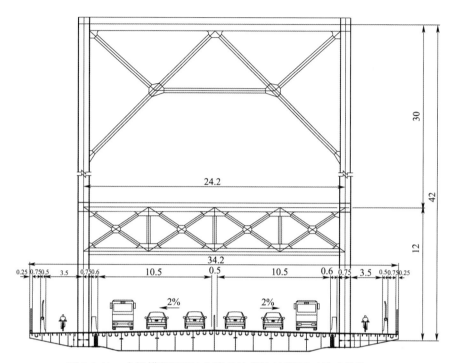

图 2-1-10　主桥横断面图(上跨京沪高铁处桥面)(尺寸单位:m)

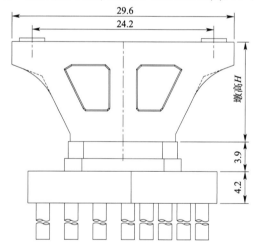

图 2-1-11　主桥中墩立面图(尺寸单位:m)

2. 主桥施工方法

为保证既有铁路尤其既有高铁的正常运营,桥梁的施工方法是本桥设计的关键。桥址处京沪高铁与既有京沪铁路为平行走向,线间距约为11.6m,均为路基段。结合桥位处现场实际情况,本桥在京沪高铁西侧以及西牵出线侧拼设钢梁,双向转体对接合龙成桥的施工方法。

为了减小施工对京沪高铁的影响,京沪高铁侧拼设钢梁时向远离高铁侧预偏15m,拼设完成后通过钢梁下方的四道横移滑道梁横移至钢梁设计位置进行转体;普铁侧拼设钢梁时向边跨侧预偏0.3m,转体到位后向跨中顶推0.3m后进行合龙,主桁不设中跨合龙段,减少铁路上方合龙的工作量。

钢梁采用非对称转体,转体长度分别为(119.3+138)m和(130+119.3)m,为了解决大悬臂非对称钢桁梁转体的稳定问题和线形控制问题,设计过程中打破常规单点支撑、T形转体的思路,除主墩墩底的转体系统外,在边跨距主墩60m位置设置辅助弧形滑道,梁底设置辅助支腿,转体辅助滑道系统具有抗拉、抗压及调节高度的功能,配合梁体压重,形成双支点支撑的转体体系,解决长悬臂非对称转体倾覆稳定和钢桁梁结构临时固结困难的技术难题。

主要施工步骤如下:

(1)对地下光电缆进行保护,对受影响的铁路设备、管线进行改移或防护施工,对沿线影响钢梁拼装的房屋进行拆除,实现临时过渡。

(2)主桥基础施工;拼装支架施工、高铁侧横移滑道施工、转体辅助滑道施工,钢梁拼装完成后,高铁侧钢桁梁向高铁侧横移15m,并落梁就位,拼装钢梁及横移平面图见图2-1-12。

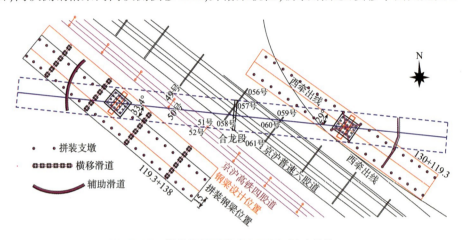

图 2-1-12　拼装钢梁及横移平面图(尺寸单位:m)

(3)转体就位,转体前将合龙防护小车悬挂在钢桁梁中跨悬臂端并固定,转体后京沪铁路侧钢桁梁向跨中顶推0.3m,调整线形后通过防护小车对主桥进行合龙。

(4)附属施工,荷载试验。

3. 与铁路相对位置关系

涉铁桥梁工程的跨度和高程主要受桥梁结构与铁路线路设备的平、立面关系影响。

(1)跨铁路范围桥梁高程需满足施工及运营期间铁路设备的净空要求。

(2)结合安全评估结果确定桥梁跨度及桥梁结构的平面位置,桥梁平面布置要考虑邻近铁路施工方案的可行性。

主桥与铁路相对位置关系见图2-1-13~图2-1-16。

4. 主要建筑材料

(1)上部结构:主桁采用Q420qE、Q345qE、Q345qE-Z35钢材,桥面系及联结系采用Q345qE钢材,均采用热机械控制工艺(Thermo Mechanical Control Process,TMCP)+回火状态交货,中跨桥面系采用M22、M24拉铆钉,其余采用M22、M24、M30高强度螺栓连接;桥面铺装采用5cm超高性能混凝土(Ultra-High Performance Concrete,UHPC)+3cm沥青玛蹄脂碎石混合料(Stone Mastic Asphalt,SMA)。

(2)下部结构:主墩墩身及承台采用 C50 混凝土,边墩墩身及承台采用 C40 混凝土;钻孔桩采用水下 C30 混凝土,支座垫石采用 C50 混凝土;采用 1×7-15.2mm-1860MPa 高强度低松弛预应力钢绞线,钢筋直径≥12mm 时,均采用带肋螺纹钢筋,钢筋直径<12mm 时,采用光圆钢筋,其种类分别为 HRB400 和 HPB300。

图 2-1-13 主桥横移前与京沪高铁相对位置关系图(平面)

图 2-1-14 主桥横移后与京沪高铁相对位置关系图(平面)

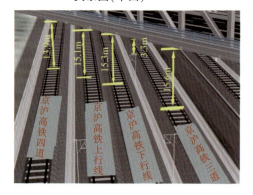
图 2-1-15 主桥与京沪高铁相对位置关系图(立面)

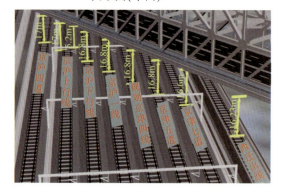
图 2-1-16 主桥与京沪铁路相对位置关系图(立面)

二、引桥设计

1. 钢-混结合梁

上跨银河路口和解放路口引桥采用 1×55m 钢-混结合梁。上部结构横向布置 7 片主梁,由 2 片边梁、5 片中梁组成,结合梁桥面全宽 30.5m,梁间距 4.3m,见图 2-1-17。钢梁由上翼缘板、腹板和底板焊接而成,钢梁上翼缘通过剪力钉与混凝土桥面板连接,各片梁中心线处支点处梁高为 2.55m,跨中处梁高为 2.554m。每片钢梁共分为三个节段,梁段之间工地连接采用焊接连接。采用预制架设法施工。

桥墩采用双柱式门式墩,盖梁采用预应力混凝土盖梁,矩形截面,宽度 2.5m,高度 1.2~2.5m,每侧变化段长度 7.1m。墩柱采用矩形截面柱,横桥向宽 2.4m,顺桥向宽 2.2m,柱间距 12m。单柱采用 4 根直径 1.5m 钻孔灌注桩基础,桩间距 3.8m,承台尺寸为 6.3m×6.3m×2.5m,见图 2-1-17。

2. 先简支后连续预应力混凝土箱梁

除上跨银河路口和解放路口位置外,其余引桥均采用先简支后连续预应力混凝土箱梁,跨度分别采用 5×30m、4×26m、(20+3×30)m、4×30m。预应力混凝土箱梁整幅设置,采用等高度箱梁,梁高为1.8m,顶板、底板和腹板厚度均为0.18m。单片预制边梁顶板宽度为2.85m,底板宽度为1.0m;单片预制中梁顶板宽度为2.4m,底板宽度为1.0m。横向布置为10片预制箱梁,湿接缝宽度为0.622m,见图2-1-18。采用预制架设法施工。

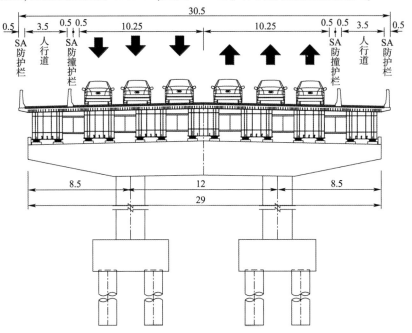

图 2-1-17　引桥 1×55m 简支钢混结合梁横断面图(尺寸单位:m)

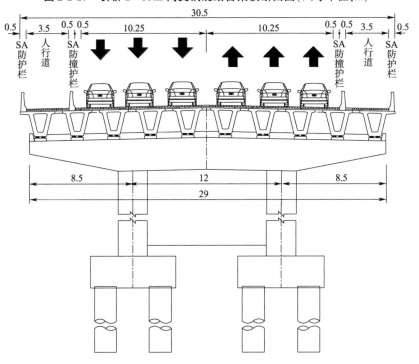

图 2-1-18　引桥小箱梁横断面图(尺寸单位:m)

桥墩采用双柱式门式墩,盖梁采用预应力混凝土盖梁,矩形截面,宽度2.5m,高度1.2～2.5m,每侧变化段长度7.1m。墩柱采用矩形截面柱,横桥向宽2.4m,顺桥向宽2.2m,柱间距12m。单柱采用4根直径1.5m钻孔灌注桩基础,桩间距3.8m,承台尺寸为6.3m×6.3m×2.5m。

桥台采用一字台,背墙厚度0.7m,台身长度1.8m,侧墙厚度0.5m,承台尺寸采用30.7m×5.7m×2.0m,基础采用14根直径1.2m钻孔灌注桩。

引桥小箱梁横断面见图2-1-18。

3.主要建筑材料

(1)上部结构

钢梁主体结构采用Q345D钢材,先简支后连续预应力混凝土箱梁及结合板采用C50混凝土,桥面铺装采用沥青混凝土;调平层采用C50防水混凝土。

(2)下部结构

墩台身、承台、支座垫石、防撞护栏采用C40混凝土;钻孔桩采用水下C30混凝土。

梁体和基础预应力采用1×7-15.2mm高强度低松弛预应力钢绞线,钢筋直径≥12mm时,均采用带肋螺纹钢筋,钢筋直径<12mm时,采用光圆钢筋,其种类分别为HRB400和HPB300。

第二章 主桥转体钢桁梁设计

第一节 主桥桥式方案

20世纪30年代,国外各种大跨度钢结构桥梁开始修建,日本为目前钢结构桥梁应用最多的国家,主跨400m生月桥为最大跨度连续梁体系钢桁梁桥。1917年加拿大修建的主跨549m的魁北克大桥(Quebec Bridge)为最大跨度钢桁梁桥。我国钢桁梁桥梁结构相比国外起步晚,主要应用于铁路桥梁。近年来钢桁梁桥开始在我国公路和城市道路上逐步推广应用,新形式的钢桁梁结构也不断涌现,刚性悬索加劲钢桁梁桥就是其中之一,见图2-2-1。我国已经建成通车的采用该类结构的桥梁有东莞东江大桥、曾家岩嘉陵江大桥和济南黄河桥,东莞东江大桥为主跨208m双层公路桥,济南黄河桥为主跨180m双层公铁两用桥,曾家岩嘉陵江大桥为270m双层公轨两用桥。上加劲弦体系既克服了传统悬索桥刚度低的缺点,又继承了钢桁梁建筑高度小、造型优美的特点,在上跨运营铁路限界要求高、小角度斜交等复杂条件下具有很好的适应性。

a) 东莞东江大桥

b) 曾家岩嘉陵江大桥

c) 济南黄河桥

图2-2-1 我国刚性悬索加劲钢桁梁桥

1. 总体设计

光明桥转体跨越廊坊站咽喉区,铁路运营安全尤为重要,在设计中要充分考虑减小桥梁施工对铁路运营的干扰,不仅要满足铁路限界的要求,而且要为铁路的发展预留良好的技术条件。光明桥位于廊坊市中心,为廊坊市的标志性建筑,在考虑经济性、适用性、安全性的同时,也需考虑造型美观、与周围环境相协调。

综合研究考虑,本桥主桥桥式采用曲线上加劲弦变高连续钢桁梁方案,主桥跨度布置为(118+268+118)m,其中主跨268m上跨既有京沪铁路、京沪高铁及远期规划铁路,主桥整体桥面全宽34.2m,采用转体法施工。主梁立面位于半径2500m的竖曲线上,变坡点设置在主梁跨中,两侧纵坡为2%,跨中曲线范围下弦以折代曲形成竖曲线,平面位于直线上。

主梁布置两片桁,采用N形桁架,主桁横向间距24.2m,外侧对称设置5m宽挑壁,全桥宽度34.2m。平弦高度为12m、加劲弦中墩处高度为30m。全桥共42个节间,节间距为11.2m、12.2m、12m三种,自小里程向大里程节间布置形式为(4×11.2+6×12.2+10×12.2+12+12+10×12.2+6×12.2+4×11.2)m。除平联和部分腹杆采用H形截面外,其他构件均采用带肋箱形截面,按整体节点设计,加劲弦与上弦采用四面对拼连接,下弦与桥面连接顶板采用熔透焊接,其他三面采用对拼连接,腹杆均采用内插与节点板两面连接。主桥总体布置见图2-2-2。

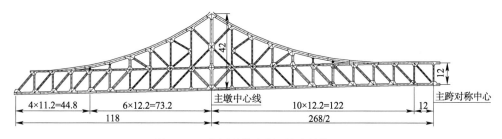

图2-2-2 主桥总体布置(尺寸单位:m)

2. 桥面布置

(1)跨铁路桥面安全防护要求

由于高铁的特殊性,上跨高铁桥梁的桥面布置也受到多种因素制约,桥面布置既要满足功能需求,更要满足桥下高铁运营的安全要求。以《高速铁路设计规范》(TB 10621—2014)和《公路铁路交叉路段技术要求》(JT/T 1311—2020)为例,对上跨铁路桥梁桥面的安全防护措施提出了相应的要求。上跨铁路桥一般情况下宜优先采用整幅桥面进行设计,当必须采用分幅上跨时,宜将照明灯杆设在内侧防撞墙上(内侧防撞墙之外还有非机动车道、人行道),尽量避免倒杆危及铁路安全,并满足城市桥梁路面照明要求,此时照明可采用双肢照明,使机动车道与非机动车道、人行道照明能够互相兼顾。上跨高铁和城际铁路的跨线桥安全防护范围内应采用两道护栏,两道护栏间距不宜小于1.5m。外侧防撞护栏主要承受非机动车以及非法驶入的小型机动车意外撞击,内侧防撞护栏位于机动车道侧,采用现行最高防撞等级进行护栏设计。

公跨铁桥梁除设置防撞护栏外,还应设置防抛系统和防异物侵限监测系统。防抛网应设置在外侧防撞墙顶上,并采用刚性防抛网。防抛网在路面以上高度对高铁、城际铁路应≥4.0m、对其他铁路应≥2.5m;异物侵限监测系统应直立锚固在桥梁结构顶板顶上(不得采用角钢悬挂在桥梁结构之外),并接入项目所在铁路局总调度室。当公路或城市道路有非机动车道、人行道时,人行道及非机动车道可作为防撞缓冲带。能承托机动车撞击护栏后的抛掷物,安全防护措施设置范围内两侧各加宽1m桥面,用作0.75m检修通道与0.25竖直监测电网的基础,考虑上跨铁路因数影响后,桥梁的横断面一般布置如图2-2-3所示。

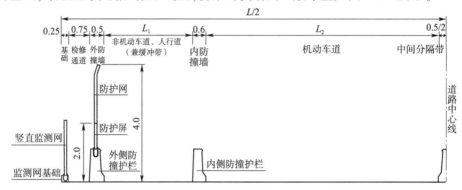

图2-2-3 上跨铁路桥面横断面一般布置(尺寸单位:m)

(2)主桥桥面布置

既有光明道为双向六车道,行车速度50km/h,新建桥梁采用相同行车速度50km/h作为设计标准,同时考虑机动车、非机动车和人行过桥。机动车单向为1条3.5m的混行车道和2条3.25m的小客车专用道。主桥采用2片主桁的钢桁梁,行车道设在主桁之间,人行道和非机动车道设置在主桁外侧,结合功能需求和铁路安全防护要求,主桥桥面宽34.2m,其中桁间距24.2m,桁外悬臂长5m。桥面组成为:0.25m(监测网)+0.75m(检修通道)+0.5m(外侧防撞护栏)+2.5m(人行道和非机动车道)+0.25m(栏杆)+1.5m(主桁杆件)+0.6m(内侧防撞护栏)+0.5m(路缘带)+10m(机动车道)+0.5m(栏杆)+10m(机动车道)+0.5m(路缘带)+0.6m(内侧防撞护栏)+1.5m(主桁杆件)+0.25m(栏杆)+2.5m(人行道和非机动车道)+0.5m(外侧防撞护栏)+0.75m(检修通道)+0.25m(监测网),主桥断面如图2-2-4所示。

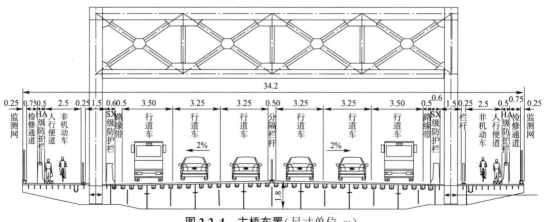

图2-2-4 主桥布置(尺寸单位:m)

(3)桥面布置优化设计

结合功能需求和铁路安全防护措施要求,主桥桥面宽度布置为34.2m。根据《铁路自然灾害及异物侵限监测系统工程技术规范》(TB 10185—2021)要求,对设计速度大于160km/h区域内上跨铁路的道路桥梁处应设置异物侵限现场采集设备。主桥自小里程向大里程方向依次跨越京沪高铁四股道、京沪铁路六道、西迁出线共计11条既有线路。桥梁中线与京沪高铁斜交角度为32.9°,与京沪铁路斜交角度为31.4°,如图2-2-5所示。该区域范围内,京沪铁路的设计运营速度为120km/h,因此仅需要在京沪铁路范围内进行防异物侵限桥面的加宽设计。

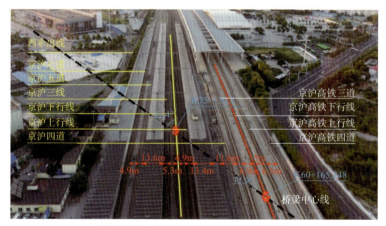

图2-2-5　主桥跨越既有线路平面图

电网传感器的长度应结合工程特点及现场的实际情况,根据上跨铁路的道路桥梁防撞护栏的防撞性能、铁路轨面至上跨铁路的道路桥梁桥面的高度、铁路线路与上跨铁路的道路桥梁的交叉角度、上跨铁路的道路桥梁上机动车的走向等因素计算确定。

$$L = 10.9 \times \sqrt{\frac{2H}{g}} \times \left(\cos20° + \frac{\sin20°}{\tan\alpha}\right) + \frac{8.2 + L_X}{\sin\alpha} \tag{2-2-1}$$

式中:L——异物侵限监测现场电网传感器长度(m);
　　H——从钢轨面至公跨铁立交桥桥面的高度(m);
　　g——重力加速度(m/s^2);
　　L_X——线间距(m);
　　α——上跨铁路的道路桥梁与铁路线路的相交角度,为钝角斜交,如图2-2-6所示。

图2-2-6中来车方向电网传感器安装起始点至建筑限界的距离D_P和来车方向电网传感器安装起始点至邻近铁路线路外轨内侧的距离L_T的计算公式如下:

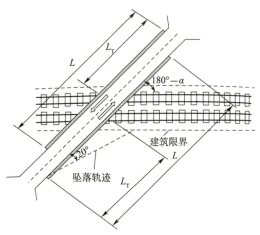

图2-2-6　上跨铁路的道路桥梁与铁路线路斜交示意图(钝角)

$$D_{\mathrm{P}} = 10.9 \times \sqrt{\frac{2H}{g}} \times \left(\cos 20° + \frac{\sin 20°}{\tan \alpha} \right) \qquad (2\text{-}2\text{-}2)$$

$$L_{\mathrm{T}} = D_{\mathrm{P}} + \frac{1.72}{\sin \alpha} \qquad (2\text{-}2\text{-}3)$$

本项目的计算参数取值:$H=15.7\mathrm{m}$,$L_{\mathrm{X}}=18.3\mathrm{m}$,$\alpha=180°-32.9°=147.1°$。

计算得到异物侵限监测现场电网传感器长度 $L=56.8\mathrm{m}$。

来车方向电网传感器安装起始点至邻近铁路线路外轨内侧的距离 $L_{\mathrm{T}}=11.2\mathrm{m}$。

主桥断面在上跨高铁两侧各 56.8m 范围内进行桥面加宽设计,其他范围桥面宽度优化为 32.2m,如图 2-2-7 所示。

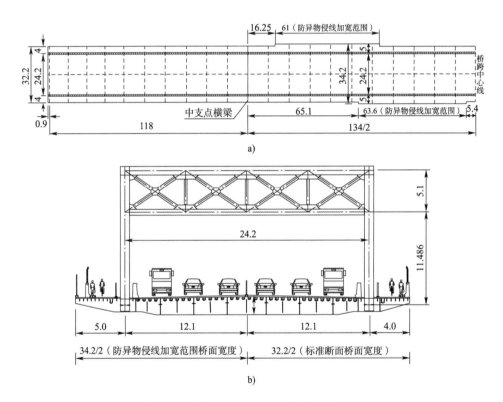

图 2-2-7 主桥桥面布置范围(尺寸单位:m)

第二节 上部结构

一、主桥钢桁梁设计参数研究

1. 桁式选取

国内外已建成的连续变高钢桁梁,曲线加劲弦桁式是目前大跨度连续钢梁采用的桁式发展方向,该种桁式主要考虑桁高沿跨度变化以适应全跨弯矩的变化,有较好的经济性并且有较好的外观造型,主桁的结构形式均采用 N 形桁或 K 形桁,变高段采取上加劲或下加劲形式,见表 2-2-1。

变高连续钢桁梁桥梁统计表　　　　　　　　　　表 2-2-1

桥　　名	国家	跨度(m)	结构形式	桁式	附　　注
奥本(Auburn)桥	美国	194.767 + 262.738 + 194.767	下加劲变高	N 形	公路
切斯特(Chester)桥	美国	250.5 + 501.1 + 250.5	下加劲变高	K 形	公路
港大桥	日本	235 + 510 + 235	下加劲变高	K 形	双层公路
黑之濑户大桥	日本	100 + 300 + 100	下加劲变高	N 形	公路
大岛濑户大桥	日本	200 + 325 + 200	下加劲变高	N 形	公路
穗莞深城际铁路东江南特大桥	中国	143 + 264 + 143	上加劲变高	N 形	城际铁路
曾家岩嘉陵江大桥	中国	135 + 270 + 135	上加劲变高	N 形	公轨合建

主桥跨越货场线、既有京沪铁路、京沪高铁及远期规划铁路,净空受限,采用上加劲下承式变高连续钢桁梁结构,设计对主梁斜腹杆的两种结构形式进行了计算,结构形式布置见图 2-2-8。

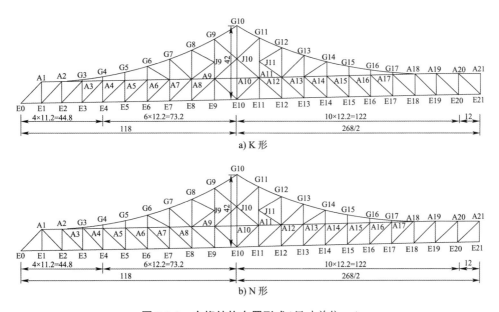

图 2-2-8　主桁结构布置形式(尺寸单位:m)

计算模型未改变杆件的截面尺寸,根据两种布置形式的计算得到主桁架杆件应力结果见图 2-2-9。

主梁下弦受压控制,K 形桁式布置形式较 N 形下弦应力略有增加,部分节点应力增加约 18%,跨中应力增大不超过 13%;变高连续钢桁梁结构形式,上弦杆件受力较小,两种桁式布置形式对上弦杆应力影响不超过 10%;加劲弦始终处于受拉状态,两种斜腹杆的布置形式对加劲弦应力分布影响较小,差异不超过 5%。

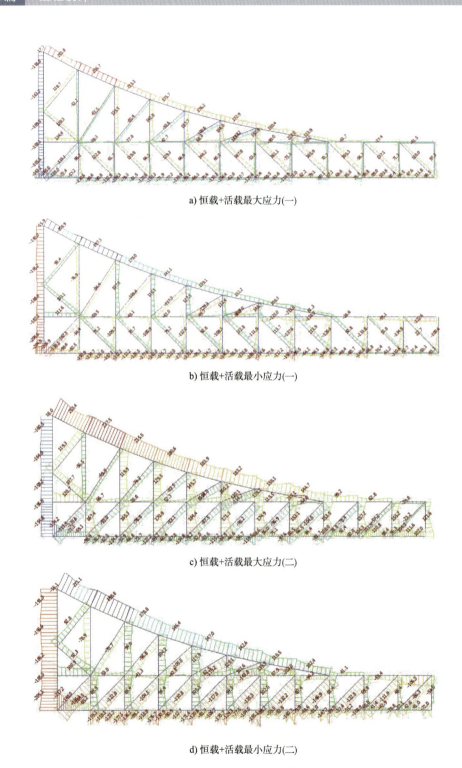

a) 恒载+活载最大应力(一)

b) 恒载+活载最小应力(一)

c) 恒载+活载最大应力(二)

d) 恒载+活载最小应力(二)

图 2-2-9 主桁结构布置形式(单位:MPa)

两种桁式布置形式主要影响主桁腹杆的受力,K 形布置斜腹杆受拉、竖腹杆受压、而 N 形布置斜腹杆受压、竖腹杆受拉,K 形布置增大了斜腹杆的拉应力,改善了竖腹杆的受力,改变了杆件的受力状态,长杆件受拉,短杆件受压,受力形式更为合理。

2. 节间长度研究

一般情况下,中小跨度的钢桁梁桥,节间长度为 8～10m;大跨度钢桥节间长度为 12～15m,特大型钢桁梁节间长度往往更大,目前已有采用 19m 的工程实例(港大桥)。现在大量使用整体节点,每个节间都采用拼装,供料长度可满足要求。大跨度连续钢桁梁主梁杆件由于内力较大,需要采用较大的截面尺寸和较小的节间长度,造成分节长度较多,弦杆的焊接和拼装较多,焊缝密集,疲劳问题突出。同时大截面短杆件的设计也会使得节点次弯矩较大,桁架式轴心受力构件弯矩影响较为明显,造成材料浪费。如果节间长度过大,对于密横梁体系而言,同样会造成桥面处主桁杆件弯矩增大较为明显。

在选用钢板厚度受到限制条件下,只能增大杆件外形尺寸以满足强度要求,根据工点孔跨以及横断面布置,初步计算下主桁下弦杆件需采用内宽 0.8m、内高 1.0m,加劲弦的内高需采用 1.6m,基本无法满足规范规定铰接计算的条件(按 1/15 的规定,节间长度须做到 24m 以上),因此在设计中必须考虑节点刚性引起的次应力影响。

主桥设计孔跨布置为(118 + 268 + 118)m 连续钢桁梁,对钢梁采取以下三种节间划分方式进行分析:①边跨 3×10m + 8×11m,主跨 10×11m + 4×12m + 10×11m;②边跨 4×11.2m + 6×12.2m,主跨 10×12.2m + 2×12m + 10×12.2m;③边跨 12.4m + 8×13.2m,主跨 20×13.4m。

(1)主桁下弦受力影响

选取①、②两种节间划分方式建立全桥模型计算,提取与中支点节间相连的三个节间下弦杆件恒 + 活载作用下内力,见表 2-2-2。

不同节间长度弦杆内力比较　　　　表 2-2-2

杆件	位置	分节方案一		分节方案二		轴力比值	弯矩差比值
		轴力(kN)	弯矩(kN·m)	轴力(kN)	弯矩(kN·m)		
E11E12	节点	-10386.8	-1580.5	-9678.9	-1931.1	0.93	1.22
E11E12	节间	-9454.3	452.9	-8737.3	538.2	0.92	1.19
E11E12	节间	-9569.1	1221.1	-8941.2	1437.3	0.93	1.18
E11E12	节点	-10653.5	1172.0	-10393.0	1418.6	0.98	1.21
E12E13	节点	-8670.8	899.5	-7795.3	1094.4	0.90	1.22
E12E13	节间	-8432.2	1102.5	-7541.5	1290.3	0.89	1.17
E12E13	节间	-9454.3	452.9	-8737.3	538.2	0.92	1.19
E12E13	节点	-10006.5	-1980.4	-9620.9	-2371.6	0.96	1.20
E13E14	节点	-7895.8	861.5	-6889.0	1050.1	0.87	1.22
E13E14	节间	-7741.0	1081.3	-6705.3	1268.1	0.87	1.17
E13E14	节间	-8070.9	1245.2	-7107.5	1486.5	0.88	1.19
E13E14	节点	-9450.8	1210.7	-8886.0	1463.0	0.94	1.21

通过两种分节方案计算结果可以看到:分节长度增加后,下弦杆件的轴向受力略有

减小,弯矩均有所增加,轴力变化在2%~12%之间,弯矩增加基本都在21%左右,相比而言弯矩增加较为明显。由于本次设计桥面采用密横梁体系,下弦纵梁本身承受较大的弯矩,分节方案二与方案一相比下弦杆件节间长度增加1.11倍,弯矩增加约1.21倍。采用13.4m分节长度弯矩效应增加达到48%,因此采用密横梁体系也不宜采用过大的节间长度。

(2)横梁受力影响

横梁按桁架中线距简化为简支梁进行验算,根据三种节间长度划分分别对横梁受力进行验算,计算结果表2-2-3。

不同节间长度横梁受力计算 表2-2-3

节间长度(m)	11	12.2	13.4
横梁两端高度(m)	1	1	1
横梁跨中高度(m)	1.7	1.7	1.7
横梁跨中上缘应力(MPa)	122.8	124.4	135.4
横梁跨中下缘应力(MPa)	−204.3	−218.1	−225.4
横梁跨中下缘疲劳应力幅(MPa)	47.8	49.1	52.1
横梁两端上缘应力(MPa)	−130.8	−132.0	−144.3
横梁两端下缘应力(MPa)	236.8	253.0	261.2
横梁两端上缘疲劳应力幅(MPa)	33.1	30.6	36.0
横梁容许应力(MPa)	270	270	270
横梁跨中下缘疲劳应力幅值容许值(MPa)	51.4	51.4	51.4
横梁两端上缘疲劳应力幅值容许值(MPa)	48.6	48.6	48.6

从横梁验算结果可以看到,在横梁高度相同的情况下,节间长度越大,横梁的上下缘应力以及疲劳应力幅值均在增加,采用13.4m节间分段时横梁跨中下缘的疲劳应力幅值已超过限值要求。

(3)桥面板刚度影响

桥面板纵向取三个节间长度,分别建立板单元模型(图2-2-10),研究车辆活载作用下,正交异性钢桥面板的挠跨比,见表2-2-4。活载按1.2m间距、2根轴重140kN的车辆活载考虑,车轮荷载作用面积按0.2m×0.6m考虑,为了研究车辆活载作用桥面钢板的局部效应,模型仅考虑主桁下弦和桥面系,在节点位置施加位移约束。

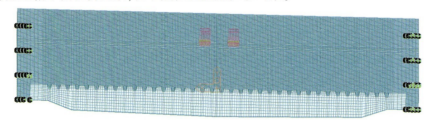

图2-2-10 桥面车辆活载局部效应计算模型

不同节间长度正交异性桥面板的挠跨比　　　　表2-2-4

节间长度(m)	11	12.2	13.4
桥面挠度(mm)	0.275	0.288	0.317
加劲肋计算跨度(mm)	300	300	300
挠跨比	1/1091	1/1042	1/946
挠跨比容许值	1/700	1/700	1/700

节间长度越大，正交异性钢桥面板的挠跨比越大，以上三种节间划分长度，车辆活载作用下，正交异性钢桥面板的挠跨比均能满足规范要求。通过对三种节间划分长度的必选分析，节间长度11m和12.2m都能较好地满足要求，相比11m节间长度，采用12.2m节间长度方案没有增加主桁构件的用料，但减少了横梁的用量，最终选用12.2m的节间长度方案。

3. 主桁高度研究

桁高作为钢桁梁设计的主要控制参数，主要由净空、结构受力、结构挠度和节点构造细节等决定。桁高的大小影响斜杆的倾角大小，斜杆的倾角影响腹杆的用钢量和节点的构造。倾角过小，腹杆数量少，但腹杆变长且内力变大；倾角过大，腹杆数量多，但内力小。另外，倾角过小或过大均使斜杆端部无法深入节点中心，节点板变长或变高，使节点板的平面外刚度变差。为使斜杆能有效地承受竖向力，斜杆与弦杆的夹角不应小于45°，在无竖杆的桁架桥中夹角为60°左右。

根据前面分析研究，杆件的节间长度控制在12.2m，考虑斜杆与弦杆的角度和节点板的构造，桁高按不小于12m考虑。计算分析选取12m、15m、18m三种桁高，加劲弦顶距离梁底的高度42m保持不变。不同桁高不同位置处杆件的内力对比和用钢量见表2-2-5～表2-2-8。

不同桁高加劲弦内力对比　　　　表2-2-5

杆件	位置	桁高 12m		桁高 15m				桁高 18m			
		轴力(kN)	弯矩(kN·m)	轴力(kN)	弯矩(kN·m)	轴力比值	弯矩比值	轴力(kN)	弯矩(kN·m)	轴力比值	弯矩比值
G10G11	节点	50823	-6320	48763	-5112	0.96	0.81	48420	-4928	0.95	0.78
G11G12	节点	53406	-3196	53086	-3469	0.99	1.09	52689	-3258	0.99	1.02
G12G13	节点	50824	-4020	50044	-4266	0.98	1.06	48588	-4231	0.96	1.05
G13G14	节点	46105	-1367	44654	-1622	0.97	1.19	42141	-1715	0.91	1.26
G14G15	节点	39765	-297	37305	474	0.94	-1.60	33891	829	0.85	-2.79
G15G16	节点	31582	1733	28143	3479	0.89	2.01	24538	3836	0.78	2.21
G16G17	节点	20758	5660	16742	4811	0.81	0.85	13870	4173	0.67	0.74

不同桁高下弦内力对比　　　　　　　　　　　　　　　　表 2-2-6

杆件	位置	桁高 12m		桁高 15m				桁高 18m			
		轴力（kN）	弯矩（kN·m）	轴力（kN）	弯矩（kN·m）	轴力比值	弯矩比值	轴力（kN）	弯矩（kN·m）	轴力比值	弯矩比值
E11E12	节点	-11899	-2188	-12039	-2303	1.01	1.05	-12083	-2392	1.02	1.09
E12E13	节点	-10499	1476	-10677	1468	1.02	0.99	-10500	1494	1.00	1.01
E13E14	节点	-10000	1457	-10237	1469	1.02	1.01	-9924	1521	0.99	1.04
E14E15	节点	-9194	1498	-9273	1547	1.01	1.03	-8666	1630	0.94	1.09
E15E16	节点	-7838	1443	-7400	1563	0.94	1.08	-6571	1657	0.84	1.15
E16E17	节点	-7267	1537	-6629	1642	0.91	1.07	-5790	1692	0.80	1.10
E17E18	节点	-4788	1827	-4113	1840	0.86	1.01	-3395	1839	0.71	1.01

不同桁高斜腹杆内力对比　　　　　　　　　　　　　　　表 2-2-7

杆件	位置	桁高 12m		桁高 15m				桁高 18m			
		轴力（kN）	弯矩（kN·m）	轴力（kN）	弯矩（kN·m）	轴力比值	弯矩比值	轴力（kN）	弯矩（kN·m）	轴力比值	弯矩比值
A11E12	节点	6949	-407	7625	-488	1.10	1.20	9168	-593	1.32	1.46
A12E13	节点	6278	-489	7493	-627	1.19	1.28	9344	-792	1.49	1.62
A13E14	节点	6971	-501	8840	-674	1.27	1.34	10874	-852	1.56	1.70
A14E15	节点	8160	-513	10805	-710	1.32	1.38	12789	-883	1.57	1.72
A15E16	节点	9799	-568	12658	-696	1.29	1.23	14004	-819	1.43	1.44
A16E17	节点	13359	-588	14690	-781	1.10	1.33	15018	-963	1.12	1.64
A17E18	节点	11560	-192	13078	-545	1.13	2.84	13006	-715	1.13	3.73

不同桁高主桁用钢量　　　　　　　　　　　　　　　　表 2-2-8

桁高（m）	12	15	18
用钢量（t/m）	17.9	18.4	19.2

计算结果表明，主桁高度改变对加劲弦末端靠近主梁平直度后面两个节间的加劲弦和下弦杆受力有所改善，桁高增加至18m，后两个节间杆件受力可减小20%~30%，靠近中支点附近的杆件受力基本没有变化。相比而言，随着桁高增加，腹杆的受力明显增加，桁高增加至18m，斜腹杆轴力增加10%~50%，直腹杆轴力增加40%~120%。

桁高增加后，用钢量增加约7%，本桥整体刚度不受控制，综合考虑，选用12m桁高。

4. 上加劲弦高度研究

曲线加劲弦桁式作为目前大跨度连续钢梁采用的桁式发展方向，一般来说，加劲弦增高能够改善杆件受力，但是会造成支点位置受压竖腹杆杆件长度较长，稳定性计算折减较大，不能充分发挥材料特性。针对加劲弦高度，分别按主桁以上 $L/10$、$L/9$ 和 $L/8$ 考虑（其中 L 为主跨长度），支点以上高度分别为38.5m、42m和45.5m，加劲曲线采用圆曲线。不同加劲弦高不同位置杆件内力对比见表2-2-9~表2-2-12。

不同加劲弦高加劲弦内力对比　　　　　　　　　　　　　　　　　　　　　　表 2-2-9

杆件	位置	加劲弦高 42m		加劲弦高 45.5m				加劲弦高 38.5m			
		轴力 (kN)	弯矩 (kN·m)	轴力 (kN)	弯矩 (kN·m)	轴力 比值	弯矩 比值	轴力 (kN)	弯矩 (kN·m)	轴力 比值	弯矩 比值
G10G11	节点	50823	-6320	48722	-7414	0.96	1.17	53112	-5435	1.05	0.86
G11G12	节点	53406	-3196	51535	-3226	0.96	1.01	57454	-3507	1.08	1.10
G12G13	节点	50683	424	49594	-516	0.98	-1.22	54627	-513	1.08	-1.21
G13G14	节点	46105	-1367	45978	-1517	1.00	1.11	49654	-1932	1.08	1.41
G14G15	节点	39857	-2503	40527	-2707	1.02	1.08	42556	-3253	1.07	1.30
G15G16	节点	31582	1733	32514	2488	1.03	1.44	32980	3657	1.04	2.11
G16G17	节点	20815	-5822	21133	-6376	1.02	1.10	20462	-6373	0.98	1.09

不同加劲弦高下弦内力对比　　　　　　　　　　　　　　　　　　　　　　表 2-2-10

杆件	位置	加劲弦高 42m		加劲弦高 45.5m				加劲弦高 38.5m			
		轴力 (kN)	弯矩 (kN·m)	轴力 (kN)	弯矩 (kN·m)	轴力 比值	弯矩 比值	轴力 (kN)	弯矩 (kN·m)	轴力 比值	弯矩 比值
E11E12	节点	-11899	-2188	-11386	-2216	0.96	1.01	-12707	-2215	1.07	1.01
E12E13	节点	-10499	-2240	-10289	-2240	0.98	1.00	-11605	-2292	1.11	1.02
E13E14	节点	-10000	-2330	-10001	-2336	1.00	1.00	-11300	-2404	1.13	1.03
E14E15	节点	-9194	-2225	-9471	-2255	1.03	1.01	-10485	-2278	1.14	1.02
E15E16	节点	-7838	1443	-8169	1423	1.04	0.99	-8629	1499	1.10	1.04
E16E17	节点	-7267	1537	-7652	1553	1.05	1.01	-7825	1626	1.08	1.06
E17E18	节点	-4788	1827	-5094	1848	1.06	1.01	-5097	1877	1.06	1.03

不同加劲弦高斜腹杆内力对比　　　　　　　　　　　　　　　　　　　　　表 2-2-11

杆件	位置	加劲弦高 42m		加劲弦高 45.5m				加劲弦高 38.5m			
		轴力 (kN)	弯矩 (kN·m)	轴力 (kN)	弯矩 (kN·m)	轴力 比值	弯矩 比值	轴力 (kN)	弯矩 (kN·m)	轴力 比值	弯矩 比值
A11E12	节点	7056	-324	5784	-327	0.82	1.01	6383	-336	0.90	1.04
A12E13	节点	6385	-190	5278	-202	0.83	1.06	6325	-206	0.99	1.08
A13E14	节点	6971	-501	6002	-478	0.86	0.95	7657	-554	1.10	1.11
A14E15	节点	8160	-513	7709	-511	0.94	1.00	9843	-585	1.21	1.14
A15E16	节点	9907	-257	10325	-281	1.04	1.09	12223	-327	1.23	1.27
A16E17	节点	13507	-787	14093	-864	1.04	1.10	15077	-878	1.12	1.12
A17E18	节点	11560	-192	13051	-287	1.13	1.50	13685	-372	1.18	1.94

不同加劲弦高支点腹杆内力对比　　　　表2-2-12

杆件	位置	加劲弦高42m		加劲弦高45.5m				加劲弦高38.5m			
		轴力(kN)	弯矩(kN·m)	轴力(kN)	弯矩(kN·m)	轴力比值	弯矩比值	轴力(kN)	弯矩(kN·m)	轴力比值	弯矩比值
G10J10	节点	-44247	-117	-49602	-100	1.12	0.85	-44600	-99	1.01	0.85
J10A10	节点	-44880	25	-50560	35	1.13	1.41	-45292	25	1.01	1.00
A10E10	节点	-44281	-235	-46943	-247	1.06	1.05	-43474	-232	0.98	0.99
A10E10	节点	-44998	956	-47631	1012	1.06	1.06	-44196	1015	0.98	1.06

计算结果表明,相比加劲弦高度30m(高跨比$L/9$),加劲弦高度采用33.5m(高跨比$L/8$)和26.8m(高跨比$L/10$),加劲弦轴力影响约5%,弯矩影响为10%～20%。支点附近轴力与弯矩变化相反,结构应力基本相当,其他区域轴力与弯矩均呈增加趋势。下弦杆件轴力变化趋势与加劲弦相似,三种情况的弯矩基本没有变化。

结合腹杆本身的内力分布规律,靠近支点位置腹杆内力小,远离支点位置腹杆内力大;相比加劲弦高度30m,加劲弦高度变化引起斜腹杆和直腹杆受力变化趋势相似,靠近中支点区斜腹杆轴力减小,远离支点轴力逐渐增加,斜腹杆轴力变化更为显著,加劲弦高度减小至26.8m比加劲弦高度增加至33.5m对杆件受力影响更为明显;调整加劲梁高度引起的腹杆的受力变化规律与杆件自身的受力规律一致,反而对腹杆的设计不利。

相比加劲弦高度30m,中支点腹杆的内力采用33.5m加劲弦高度增加了约12%,采用26.8m加劲弦高度基本不变。综合比较,设计采用加劲弦高度30m,高跨比$L/9$。

5. 加劲弦曲线设计

主桥位于廊坊市区,桥梁结构设计既要满足功能需求,同时还必须兼顾桥梁景观需要,设计采用曲线上加劲弦钢桁梁设计方案,钢梁的磅礴气势与曲线的柔美飘逸互相辉映,使整体桥型刚柔并济,和谐统一。

钢桁梁结构整体节点弦杆构造复杂,连接关系多,且制造精度要求高。曲线上加劲弦的设计方案极大地增加了杆件安装制作和加工的难度,针对加劲弦曲线以及加劲弦曲线起点的选取主要从结构外形美观、杆件加工安装方便、结构受力合理等方面进行考虑,见图2-2-11。

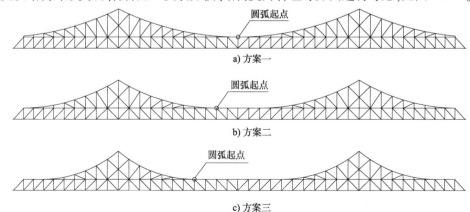

图2-2-11 三种圆弧长度分段方案

根据节间长度分布,分别选取了三种圆弧长度分段形式,方案一~方案三,圆弧段跨越的节间分段分别为11、9、7段。

(1)桥梁景观效果

视觉上看,方案一加劲弦为连续圆曲线,线条流畅,视觉效果较好;方案二存在部分直线段,连续性稍有不足;方案三曲线陡峭,曲率变化较大,直线段较长,视觉效果较差。

(2)节点构造

由于线路条件受限,桥梁边中跨比小于0.5,主梁属于非对称分段,为降低加工制造难度,尽量保证杆件结构尺寸统一,减少特殊复杂节点的数量,主桥边中跨加劲曲线选取相同半径的圆弧曲线。由于边中跨长度不对称,方案一会使得边跨侧圆弧末端连接杆件的结构尺寸过于庞大,较为不合理。圆曲线采用方案二在边跨第2节间、中跨侧第8节点设置加劲弦上下节点连接构件,能够较为平滑合理地实现曲线加劲弦与桁架上弦的连接过渡,如图2-2-12所示。

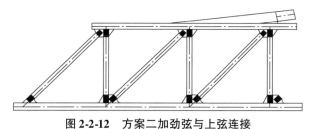

图2-2-12　方案二加劲弦与上弦连接

(3)结构受力

不同加劲弦高结构受力见表2-2-13~表2-2-16。

不同加劲弦高加劲弦内力对比　　　　　　　　　　　　表2-2-13

单元	位置	方案二		方案一				方案三			
		轴力(kN)	弯矩(kN·m)	轴力(kN)	弯矩(kN·m)	轴力比值	弯矩比值	轴力(kN)	弯矩(kN·m)	轴力比值	弯矩比值
G10G11	节点	47139	6514	46843	5860	0.99	0.90	46958	7889	1.00	1.21
G11G12	节点	49429	-2963	48536	-2852	0.98	0.96	51220	-3385	1.04	1.14
G12G13	节点	46335	-3916	45121	-3957	0.97	1.01	49296	-3901	1.06	1.00
G13G14	节点	41057	-1279	39656	-783	0.97	0.61	44819	-3015	1.09	2.36
G14G15	节点	33805	-2420	32419	-2225	0.96	0.92	37421	-3476	1.11	1.44
G15G16	节点	21165	1105	20202	729	0.95	0.66	22211	3059	1.05	2.77
G16G17	节点	20067	6522	18501	6590	0.92	1.01	30602	11762	1.53	1.80

不同加劲弦高下弦内力对比　　　　　　　　　　　　表2-2-14

单元	位置	方案二		方案一				方案三			
		轴力(kN)	弯矩(kN·m)	轴力(kN)	弯矩(kN·m)	轴力比值	弯矩比值	轴力(kN)	弯矩(kN·m)	轴力比值	弯矩比值
E11E12	节点	-11203	-2186	-11197	-2159	1.00	0.99	-11440	-2287	1.02	1.05
E12E13	节点	-9670	-2246	-9354	-2185	0.97	0.97	-10733	-2451	1.11	1.09

续上表

单元	位置	方案二		方案一				方案三			
		轴力(kN)	弯矩(kN·m)	轴力(kN)	弯矩(kN·m)	轴力比值	弯矩比值	轴力(kN)	弯矩(kN·m)	轴力比值	弯矩比值
E13E14	节点	-8921	-2252	-8451	-2210	0.95	0.98	-10406	-2390	1.17	1.06
E14E15	节点	-8682	-2617	-8055	-2559	0.93	0.98	-10821	-3009	1.25	1.15
E15E16	节点	-8087	1447	-7668	1396	0.95	0.96	-9485	1609	1.17	1.11
E16E17	节点	-5308	1761	-5260	1719	0.99	0.98	-5531	2082	1.04	1.18
E17E18	节点	-3627	1804	-3356	1789	0.93	0.99	-5017	1816	1.38	1.01

不同加劲弦高斜腹杆内力对比　　　　表 2-2-15

单元	位置	方案二		方案一				方案三			
		轴力(kN)	弯矩(kN·m)	轴力(kN)	弯矩(kN·m)	轴力比值	弯矩比值	轴力(kN)	弯矩(kN·m)	轴力比值	弯矩比值
A11E12	节点	7630	-311	8385	-302	1.10	0.97	5540	-335	0.73	1.08
A12E13	节点	6751	-178	7189	-171	1.06	0.96	5364	-209	0.79	1.17
A13E14	节点	7132	-242	7181	-245	1.01	1.01	6723	-262	0.94	1.08
A14E15	节点	6544	-595	6158	-558	0.94	0.94	7276	-702	1.11	1.18
A15E16	节点	16228	-1180	14369	-1158	0.89	0.98	21613	-4080	1.33	3.46
A16E17	节点	13406	-774	13437	-761	1.00	0.98	12597	-832	0.94	1.07
A17E18	节点	11017	436	10767	507	0.98	1.16	12042	1127	1.09	2.58

不同加劲弦高支点腹杆内力对比　　　　表 2-2-16

单元	位置	方案二		方案一				方案三			
		轴力(kN)	弯矩(kN·m)	轴力(kN)	弯矩(kN·m)	轴力比值	弯矩比值	轴力(kN)	弯矩(kN·m)	轴力比值	弯矩比值
G10J10	节点	-41837	20	-38497	19	0.92	0.94	-50154	23	1.20	1.16
J10A10	节点	-42107	23	-38742	22	0.92	0.95	-50491	27	1.20	1.13
A10E10	节点	-43248	-259	-42046	-249	0.97	0.96	-46154	-272	1.07	1.05
A10E10	节点	-43750	-145	-42567	-137	0.97	0.95	-46609	-155	1.07	1.07

主桥采用大悬臂转体施工,结构受力相比常规支架施工拼装钢桁梁有所不同,中支点区域弯矩较大,相应的杆件内力也较大,跨中区域结构内力相对较小。加劲弦圆曲线方案二与方案一相比内力影响较小,约为3%;方案三相比方案一,下弦杆与支点腹杆的内力变化相对较大,杆件内力增加10%~20%。综合比较,加劲弦圆曲线采用设计方案二。

6. 加劲弦腹杆压杆稳定研究

刚性悬索加劲钢桁梁桥受力性能复杂,钢主桁、刚性悬索(加劲弦)与塔柱(桥门架)共同组成受力体系,塔柱为其关键受力构件。从受力角度看,刚性悬索相当于主桁的第3弦杆,在中支点附近实现了截面的变化,可以有效地降低支点附近负弯矩对主桁弦杆的作用,减少材料用量;塔柱实为桁架的大竖杆,在恒载和活载作用下,塔柱承受较大的竖向压力,当压力达到一定值时,塔柱就可能产生屈曲变形,进而失稳,这直接关系到全桥的安全。通过受力计算可以看到,立柱的轴向压力较大,曲线上加劲弦设计方案能够有效地控制主梁支点上下弦的受力,同时也造成支点腹杆立柱的杆件长度较长(主桁以上30m)。目前,国内外学者对悬索桥、斜拉桥的桥塔与主梁的稳定性已进行了较多的研究,并提出了一些简化计算公式,但由于加劲弦与斜腹杆均为刚性连接约束,压杆立柱稳定性受到与之相连杆件刚度的影响,压杆立柱的稳定性计算长度系数选取没有计算依据。

学者刘世忠以双层桥面三桁刚性悬索加劲连续钢桁梁桥——东莞东江大桥为依托,通过引入等效弹簧约束,建立塔柱纵向稳定简化计算模型,采用解析法与有限元数值分析相结合的方法,进行塔柱纵向稳定计算长度系数研究,得到塔柱纵向稳定计算长度系数合理范围为0.65~0.8。本书研究采用有限元计算方法,通过计算结构的临界稳定系数,然后采用欧拉公式来反算立柱压杆的计算长度系数。

(1)单立柱压杆稳定计算长度系数

以支点立柱杆件为例,按一端固结一端自由计算,截面尺寸采用1400mm×800mm(内高×内宽),板厚48mm,四周各设一道200mm×48mm加劲肋。$I_y = 0.07403\text{m}^4$,$I_z = 0.03174\text{m}^4$,杆件长度$L = 30\text{m}$,材料弹性模量$E = 206 \times 10^6 \text{kPa}$,考虑施加$F = 30000\text{kN}$的竖向力,见图2-2-13。

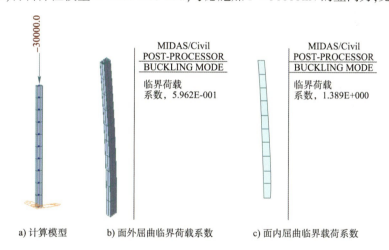

a) 计算模型　　b) 面外屈曲临界荷载系数　　c) 面内屈曲临界载荷系数

图2-2-13　单立柱压杆稳定计算

临界荷载系数用k表示,根据欧拉公式:

$$F_{cr} = \frac{\pi^2 EI}{(\mu l)^2} \quad (2\text{-}2\text{-}4)$$

则杆件稳定计算长度系数为:

$$\mu = \frac{\pi}{l}\sqrt{\frac{EI}{F_{cr}}} = \frac{\pi}{l}\sqrt{\frac{EI}{kF}} \quad (2\text{-}2\text{-}5)$$

$$\mu_y = \frac{\pi}{l}\sqrt{\frac{EI}{kF}} = \frac{3.14159}{30} \times \sqrt{\frac{206 \times 10^6 \times 0.07403}{1.389 \times 30000}} = 2.003$$

$$\mu_z = \frac{\pi}{l}\sqrt{\frac{EI}{kF}} = \frac{3.14159}{30} \times \sqrt{\frac{206 \times 10^6 \times 0.03174}{0.5962 \times 30000}} = 2.002$$

采用两端固结计算得到的屈曲稳定临界载荷系数分别为22.11和9.427。

相应的杆件稳定计算长度系数为：

$$\mu_y = \frac{\pi}{l}\sqrt{\frac{EI}{kF}} = \frac{3.14159}{30} \times \sqrt{\frac{206 \times 10^6 \times 0.07403}{22.11 \times 30000}} = 0.502$$

$$\mu_z = \frac{\pi}{l}\sqrt{\frac{EI}{kF}} = \frac{3.14159}{30} \times \sqrt{\frac{206 \times 10^6 \times 0.03174}{9.427 \times 30000}} = 0.503$$

根据屈曲稳定临界载荷系数的计算结果，采用一端悬臂一端固结约束方式得到杆件的稳定计算长度系数均为 2.0，采用两端固定约束方式得到杆件的稳定计算长度系数均为 0.5，与经典材料力学压杆稳定理论求解得到的稳定理论计算长度系数相同，说明借助有限元方法具有可行性。

(2) 桁架约束悬臂杆件压杆稳定计算长度系数

以钢主梁计算模型为例，模型中仅考虑钢桁梁约束作用，桁架以上杆件长度 $L = 30\text{m}$，不考虑上加劲弦和上加劲弦斜腹杆的影响，计算模型如图 2-2-14 所示。

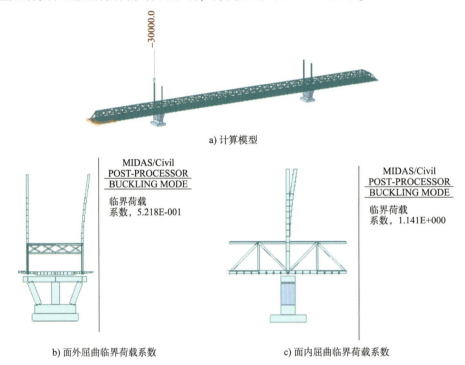

图 2-2-14　桁架约束悬臂杆压杆稳定计算

$$\mu_y = \frac{\pi}{l}\sqrt{\frac{EI}{kF}} = \frac{3.14159}{30} \times \sqrt{\frac{206 \times 10^6 \times 0.07403}{1.141 \times 30000}} = 2.21$$

$$\mu_z = \frac{\pi}{l}\sqrt{\frac{EI}{kF}} = \frac{3.14159}{30} \times \sqrt{\frac{206 \times 10^6 \times 0.03174}{0.5218 \times 30000}} = 2.14$$

根据屈曲稳定系数的计算结果，底部采用桁架约束，计算得到两个方向压杆稳定长度计算系数均大于 2.0，说明底部桁架的约束效应达不到固结约束效应，计算结果趋势正确。

(3) 加劲弦约束杆件压杆稳定计算长度系数

以钢主梁计算模型为例，模型中考虑钢桁梁、上加劲弦和竖杆的约束作用，不考虑上加劲弦斜腹杆约束作用，桁架以上杆件长度 $L = 30\mathrm{m}$，计算模型如图 2-2-15 所示。

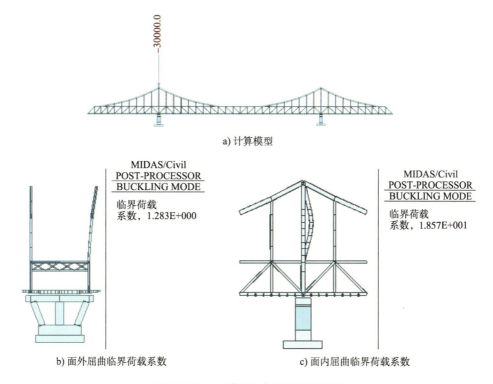

图 2-2-15 加劲弦约束压杆稳定计算

考虑加劲弦作用后，施加 30000kN 的竖向力，竖向腹杆的轴压力 $F = 25671\mathrm{kN}$，根据有限元计算得到的屈曲稳定临界荷载系数，可以计算出压杆稳定长度计算系数：

$$\mu_y = \frac{\pi}{l}\sqrt{\frac{EI}{kF}} = \frac{3.14159}{30} \times \sqrt{\frac{206 \times 10^6 \times 0.07403}{18.57 \times 25671}} = 0.593$$

$$\mu_z = \frac{\pi}{l}\sqrt{\frac{EI}{kF}} = \frac{3.14159}{30} \times \sqrt{\frac{206 \times 10^6 \times 0.03174}{1.283 \times 25671}} = 1.48$$

考虑加劲弦的影响后，面内的压杆稳定计算长度系数由悬臂状态的 2.21 减小为 0.593，面外的压杆稳定计算长度系数由悬臂状态的 2.14 减小为 1.48。说明了加劲弦对面内杆件的约束较为明显，近似于固结约束，相比而言对面外约束较小。该计算结果与学者刘世忠针对东江大桥关于刚性悬索加劲钢桁梁桥塔柱纵向稳定计算长度系数研究的结果一致，钢塔柱的稳定计算长度基本接近 0.62，调整相关影响参数，钢塔柱的纵向稳定计算长度系数基本在 0.55～0.72 之间变化。

（4）整体模型压杆稳定计算长度系数

采用整体计算模型，考虑上加劲弦、直腹杆、斜腹杆以及横联的约束影响，结合运营阶段杆件的受力，在需要研究的受压杆件节点位置施加一定的竖向荷载，然后根据杆件的受力和相应的屈曲稳定临界荷载系数，计算相应压杆的稳定计算长度系数，见图 2-2-16、表 2-2-17。

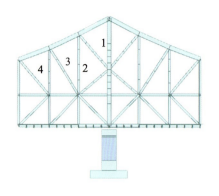
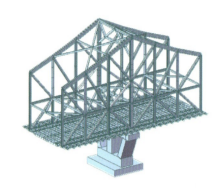

图 2-2-16　整体模型压杆稳定计算模型

1-支点立杆;2-受压直腹杆;3、4-受压斜腹杆

上加劲先受压腹杆稳定计算长度系数　　　　　　　　　　　　表 2-2-17

杆件	支点立杆 1	受压直腹杆 2	受压斜腹杆 3	受压斜腹杆 4
弹性模量 E(kPa)	206000000	206000000	206000000	206000000
屈服方向刚度 I(m^4)	0.03174	0.0081	0.0081	0.0081
杆件长度 L(m)	30	23.8	22.1	18.4
静力计算杆件压力(kN)	22254.1	4142.9	6622	6316
midas 计算屈服稳定系数 k	15	20.87	14.1	17.1
临界屈服荷载 F_{cr}(kN)	333811.5	86462.323	93370.2	108003.6
计算自由长度系数 μ	0.463	0.580	0.601	0.671
压杆稳定方向	面外	面外	面外	面外
横向约束方式	横联	横平联米撑	横平联 K 撑	无

按刚性节点约束处理,考虑横平联和横联约束影响,加劲弦受压斜杆和腹杆受压稳定计算长度系数在 0.46～0.67 之间变化,考虑一定的安全系数,斜腹杆的计算长度系数可取 0.9。

7. 施工控制对结构受力影响

主桥造型美观,结构新颖,受力性能复杂,设计独特,主桥上跨多条既有铁路,采用左右墩不等跨非对称转体施工,钢梁制造及施工的难度很大,架设及合龙精度要求高,施工控制对结构线形和结构内力影响较大,为了更好地控制结构线形和内力,设计考虑了三种施工合龙控制方案,分别为自由合龙、加设临时拉索辅助合龙、刚性旋转辅助合龙。

(1)自由合龙方案

为保证高铁安全,施工采用非对称转体方案,转体跨度布置分别为:高铁侧(118+140)m,货场线侧(128+118)m。由于跨中两侧的钢梁拼装长度不同,合龙端在大悬臂状态下自重引起的竖向变形存在一定高差,并且两侧钢梁恒载应力也略有差异,为了能够精确地控制结构线形,保证主梁顺利合龙,采用自由合龙方案需通过在两侧设置不同的预拱度拼装方案来实现跨中的顺利合龙。

(2)加设临时拉索辅助合龙方案

转体前通过设置临时拉索,一端锚固于主墩支点立柱上,一侧锚固于梁端,通过张拉临时拉索,调整悬臂端主梁高程,使得左右两侧主梁合龙口高程相同,保证主梁顺利合龙。

(3)刚性旋转辅助合龙方案

钢桁梁拼装完成,拆除拼装支架后,主梁支承于主墩和辅助滑道,通过调整辅助滑道支点高度,实现主梁绕主墩刚性旋转来调整悬臂端合龙口高程,实现主梁顺利合龙。主梁合龙后通过调整边跨支点的高度来调整主梁结构内力。

(4)施工控制过程

经过初步计算,大悬臂状态下,左右侧合龙口梁端支点高差为160mm,为了实现顺利合龙,三种方案分别采用如下控制方式:①采用自由合龙方案通过在高铁侧的钢梁悬臂拼接过程中,预拱度先考虑160mm的高差,实现大悬臂状态下两侧高程相同;②采用加设临时拉索辅助合龙方案,待拼装配重完成后,在高铁侧安装临时拉索,调整张拉索力至9200kN,可以实现合龙口两侧高程相等;③采用刚性旋转辅助合龙方案,待装配重拆除支架完成后,调整辅助滑道支点,将辅助墩支点下降71mm,此时主梁绕主墩支点刚性旋转,悬臂端上升,可调整合龙口梁端高程,实现合龙口两侧高程相等。待主梁跨中合龙后可再通过调整主梁边跨支点高度来调整结构线形和内力。

(5)施工控制计算结果影响

通过对三种方案分别计算分析来研究施工控制对结构受力的影响。

①合龙前主梁位移,见表2-2-18。

不同控制方案梁部位移　　　　表2-2-18

位　置	自由合龙(mm)	加设临时拉索辅助合龙(mm)	刚性旋转辅助合龙(mm)
高铁侧边跨梁端	−128.3	−94.6	−272.5
高铁侧辅助滑道	−19.9	−20.1	−92.6
高铁侧合龙端	−577.1	418.6	−419.4
货场线侧合龙端	−417.0	−417.0	−419.7
货场侧辅助滑道	−20.5	−20.7	−20.8
货场侧边跨梁端	−103.2	−106.6	−106.1

注:计算位移不含预拱度。

②合龙前支点反力,见表2-2-19。

不同控制方案合龙前支点反力　　　　表2-2-19

位　置	自由合龙(kN)	加设临时拉索辅助合龙(kN)	刚性旋转辅助合龙(kN)
高铁侧辅助滑道	1989.1	2009.2	2100.1
高铁侧支点	50898.5	51433.1	51085.4
货场线侧支点	47105.4	47333.7	47314.3
货场侧辅助滑道	2052.2	2071.5	2084.7

注:表中支点反力为单个支点反力。

③合龙前主梁应力,见图2-2-17～图2-2-19。

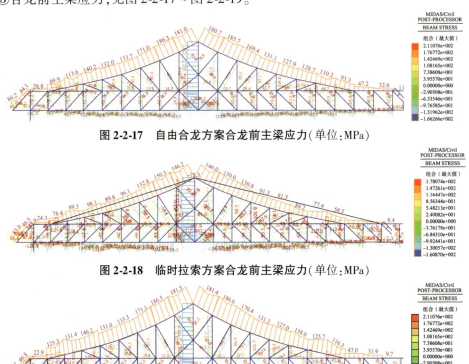

图 2-2-17　自由合龙方案合龙前主梁应力(单位:MPa)

图 2-2-18　临时拉索方案合龙前主梁应力(单位:MPa)

图 2-2-19　刚性旋转方案合龙前主梁应力(单位:MPa)

④成桥状态支点反力,见表2-2-20。

不同控制方案成桥状态支点反力　　　　　　表2-2-20

位　　置	自由合龙(kN)	临时拉索辅助合龙(kN)	刚性旋转辅助合龙(kN)
高铁侧辅助滑道	3864.2	5444.0	5173.1
高铁侧支点	60788.7	58524.4	59019.1
货场线侧支点	57430.4	59361.2	58892.0
货场侧辅助滑道	5685.2	5038.5	5282.6

注:表中支点反力为单个支点反力。

⑤运营状态主梁内力,见表2-2-21、表2-2-22。

不同控制方案运营状态加劲弦内力一　　　　　　表2-2-21

方　案	高铁侧加劲弦	轴力(kN)	弯矩(kN·m)	方　案	货场侧加劲弦	轴力(kN)	弯矩(kN·m)
自由合龙方案	G10G11	42493.3	5864.3	自由合龙方案	44223-I	37258.9	4958.0
	G11G12	44968.3	-4373.6		44224-I	39036.0	-4017.9
	G12G13	42495.1	-3371.8		44225-I	36471.1	-3122.4
	G13G14	38502.7	-1138.2		44226-I	32350.9	-892.8
	G14G15	33231.0	-2077.6		44227-I	27324.0	-1947.0
	G15G16	26341.2	-2646.8		44228-I	20722.1	-2108.8

续上表

方 案	高铁侧加劲弦	轴力（kN）	弯矩（kN·m）	方 案	货场侧加劲弦	轴力（kN）	弯矩（kN·m）
加设临时拉索辅助合龙方案	G10G11	38163.5	5128.4	加设临时拉索辅助合龙方案	44223-I	39185.9	5252.9
	G11G12	40040.0	-4202.8		44224-I	41075.3	-4202.1
	G12G13	37161.6	-3255.4		44225-I	38366.9	-3281.2
	G13G14	32612.1	-1007.7		44226-I	33842.5	-998.0
	G14G15	26416.2	-1929.9		44227-I	27868.8	-2168.8
	G15G16	15689.9	-5388.1		44228-I	17041.1	-5117.0
刚性旋转辅助合龙方案	G10G11	38934.3	5256.0	刚性旋转辅助合龙方案	44223-I	38515.9	5142.9
	G11G12	40901.0	-4244.2		44224-I	40331.3	-4161.4
	G12G13	38063.6	-3285.7		44225-I	37604.7	-3249.5
	G13G14	33553.8	-1031.5		44226-I	33083.9	-967.8
	G14G15	27407.5	-1979.3		44227-I	27166.5	-2137.5
	G15G16	16800.2	-5295.9		44228-I	16583.2	-4873.3

不同控制方案运营状态加劲弦内力二　　　　　表 2-2-22

加 劲 弦	自由合龙方案		加设临时拉索辅助合龙方案		刚性旋转辅助合龙方案	
	轴力（kN）	弯矩（kN·m）	轴力（kN）	弯矩（kN·m）	轴力（kN）	弯矩（kN·m）
G10G11	50829.3	7134.6	46362.9	6385.4	47138.5	6514.1
G11G12	53815.0	-5218.1	48726.3	-5054.3	49592.9	-5096.1
G12G13	50930.8	-3991.8	45426.0	-3885.4	46335.1	-3916.0
G13G14	46223.6	-1374.7	40105.0	-1255.7	41056.8	-1278.6
G14G15	39989.1	-2506.1	32793.2	-2369.3	33805.0	-2420.5
G15G16	31788.9	-3252.7	20066.9	-6882.8	21229.0	-6745.4

注：表中弯矩仅给出了面内弯矩，表中内力荷载组合系数均为1。

通过计算对比分析可以看到：①通过采取合理的控制方案，均能较好地控制主梁结构线形实现跨中顺利合龙；②通过预拱控制自由合龙方案在转体和成桥运营状态结构内力和支点反力均不对称，上加劲弦左右侧内力差异约15%，采用加设临时拉索合龙方案上加劲弦左右内力侧差异可控在5%以内，刚性旋转方案差异可控制在5%以内；③转体过程中拉索方案能较好地控制结构受力，成桥合龙后，刚性旋转辅助合龙方案通过合理的施工控制，能改善结构受力，使得结构受力更为合理。

三种方案都可以实现主梁的顺利合龙，采用自由合龙方案可控性较差，且由于不对称转体使得左右侧的结构内力和支点反力均有差异，对称设计结构最终受力状体不对称；采用加设临时拉索和刚性旋转辅助合龙方案，通过合龙的控制方法能够较好地控制结构线形和调整结构内力，考虑本桥采用的上加劲弦本身即为结构的主要受力构件，转体过程中已经具有承载能力，而采用加设临时拉索辅助需要在高铁转体墩两侧各张拉两根920t临时拉索，临时拉索的施工、防护安全性要求较高，施工难度相对较大，综合比较，推荐采用刚性旋转辅助合龙方案。

二、主桥上部结构杆件截面设计

整体节点的弦杆全部采用箱形截面,箱形杆抗压性能较好,整体节点全部在节点外拼装,可使箱形杆件四个面的拼接很方便。腹杆根据受力采用箱形杆和 H 形杆。

主桁上弦杆采用箱形截面,截面内宽 1000mm,内高 800～1200mm,板厚 20～44mm 不等;

主桁下弦杆采用箱形截面,截面内宽 1000mm,内高 1200mm,板厚 20～48mm 不等;

主桁加劲弦杆采用箱形截面,截面内宽 1000mm,内高 1600mm,板厚 32～48mm 不等;

主桁支点立杆采用箱形截面,截面内宽 1000mm,内高 1600mm,板厚 44mm;

主桁腹杆采用箱形截面,截面外宽 998mm,高 800～1100mm,板厚 20～40mm 不等;

主桁腹杆采用 H 形截面,截面外宽 998mm,高 720～900mm,板厚 24～32mm 不等。

三、计算分析

1. 计算说明

空间桁架结构在竖向荷载作用下,主桁产生挠曲。主桁的上、下弦杆相应缩短和伸长,上、下平纵联和桥面系将随同弦杆一起缩短和伸长,纵联的所有杆件和纵梁将产生轴力,横梁将承受水平弯矩;横梁在竖向荷载作用下挠曲时,横向刚架的所有杆件也将发生挠曲;在横向荷载作用下,钢桁梁发生扭转时,也会在钢桁梁的所有杆件中产生内力,这些均为空间作用。

实践证明,杆件的截面尺寸在大多数情况下取决于主应力。设计钢桁梁时一般先按主应力确定截面尺寸,然后再计入次内力进行验算。当次应力很小时可以忽略不计,当杆件截面的高跨比大于 1/15 时,次内力应与主力叠加进行杆件截面验算。对于密横梁体系的正交异性钢桥面钢桁梁,桥面板结构参与纵向受力的效应与桥面宽度和结构跨度密切相关,采用空间模型计算分析,桥面板采用板单元结构模式,能够真实地模拟结构的内力分布。

钢桁梁的计算分析主要包括支反力、结构变形、杆件内力、结构稳定性以及局部受力计算,荷载包括一期恒载、二期恒载、活载(汽车、人行和非机动车)、温度、风荷载、支座沉降以及施工临时荷载等。

2. 基本参数

(1)恒载

主梁钢结构自重,钢材重度取 $\gamma = 78.5 \text{kN/m}^3$,根据结构设计自重换算,主梁杆件自重系数为 1.4,平联杆件的自重系数为 1.1。

二期恒载为结构体系合龙之后作用的恒载,主要包括桥面铺装、防撞护栏、人行道栏杆、分隔带栏杆、防护屏等,见表 2-2-23。

二期恒载加载　　　　　　　　　　　　　　　表2-2-23

位置	荷载	说明	面压强(kN/m²)	作用宽度(m)	换算线荷载(kN/m)
行车道	桥面铺装	按8cm厚度沥青混凝土铺装考虑	2.300	22.08	50.784
	栏杆	中间设一道(含铺装)	2.15	1	2.15
	SX防撞护栏	弦杆附件按0.6m面荷载计	28.25	1.2	33.9
	荷载施加方式	桥面荷载,按有铺装位置面荷载计	2.30	22.08	50.784
		SX防撞护栏,弦杆附件按0.6m面荷载计	28.25	1.2	33.9
		栏杆荷载,按1m宽度计压强	4.30	0.5	2.15
检修道	人行道铺装	按6cm铺装计		0.4	2.7
	非机动车道	按6cm铺装计		2.54	4.674
	HA防撞护栏	外侧设一道		0.6	12.09
	检修道铺装	6cm调平层混凝土		0.75	1.44
	防护屏	一侧			2.5
	检测电网	结构			1.0
		基础			1.5
	荷载施加方式	监测网、外侧栏杆	10.03	0.25	2.508
		检修道铺装	1.92	0.75	1.440
		HA防撞护栏	24.32	0.6	14.590
		人行道铺装(按6cm)	6.75	0.4	2.700
		非机动车道铺装	1.84	2.54	4.674
人群荷载	荷载施加方式		3		

(2)活载

①桥梁荷载标准,城-A级,并考虑1.3倍安全储备。

②汽车活载冲击系数,冲击系数 μ 按《公路桥涵设计通用规范》(JTG D60—2015)第4.3.2条取值:

当 $f < 1.5\,\mathrm{Hz}$ 时,$\mu = 0.05$;

当 $1.5\,\mathrm{Hz} \leqslant f \leqslant 14\,\mathrm{Hz}$ 时,$\mu = 0.1767\ln f - 0.0157$;

当 $f > 14\,\mathrm{Hz}$ 时,$\mu = 0.45$。

式中,f 为结构基频(Hz)。

本桥钢桁梁结构基频 $f = 0.55\,\mathrm{Hz}$,故取 $\mu = 0.05$,$1 + \mu = 1.05$。

③活载偏载,活载的偏载通过自定义多车道偏载在模型中自动计算考虑。

(3)支座沉降

不均匀沉降差均以2cm计。

(4)温度

体系温度取值按升温35℃、降温-45℃计算温度应力影响,桥面板与主梁温差按10℃考虑。

(5)风荷载

按照《公路桥梁抗风设计规范》(JTG/T 3360-01—2018),100年一遇风速28.7m/s,与活载共同作用风速取 25m/s。

（6）荷载组合

根据《公路桥涵通用设计规范》（JTG D60—2015）以及《公路桥梁抗风设计规范》（JTG/T 3360-01—2018）的规定，成桥阶段分析主要考虑以下四种组合。

①组合一：恒载 + 活载 + 支座沉降。

②组合二：恒载 + 活载 + 支座沉降 + 温度。

③组合三：恒载 + 活载 + 支座沉降 + 温度 + W1 风。

④组合四：恒载 + 支座沉降 + 温度 + W2 风。

3. 主桥上部结构静力计算

（1）计算模型

桥面采用整体钢桥面，钢桥面是结构的一部分，整体计算中考虑钢桥面参与受力，且安装时，钢桥面与主桁基本同时安装，安装工况中也考虑钢桥面参与结构受力。

采用空间有限元分析软件 Midas 建立空间模型对本桥进行受力分析。模型离散后共 7622 个节点，全桥共 8466 个梁单元，6422 个板单元。全桥模型见图 2-2-20，全桥支座编号见图 2-2-21。

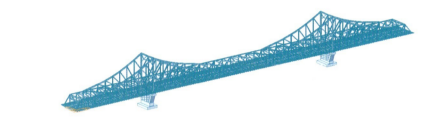

图 2-2-20　Midas 计算模型

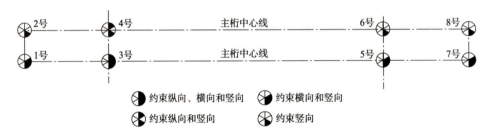

图 2-2-21　全桥支座约束简图

（2）转体大悬臂工况计算结果

钢梁转体在引起侧设辅助转体墩，引桥侧转体辅助墩距离主墩 61m。转体过程中，梁端均在 2 个节间范围内配重，京沪高铁侧配重 46.4t/m，货场线侧配重 31.8t/m（表 2-2-24）。

转体大悬臂状态支点反力　　表 2-2-24

位置	高铁侧辅助滑道	主墩1	主墩2	普铁侧辅助滑道
支点反力(kN)	4010.8	95710	89718	4036.8

大悬臂状态下，辅助滑道的支点反力为 4000kN 左右，满足抗倾覆稳定验算条件。

大悬臂状态下主梁应力见图 2-2-22。

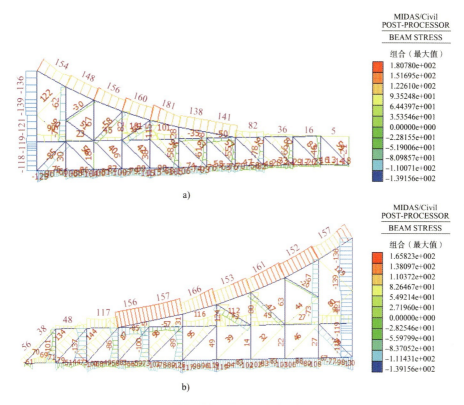

图 2-2-22 大悬臂状态下主梁应力(单位:MPa)

转体大悬臂状态下,杆件最大应力为 180MPa,杆件验算能够满足规范要求。拆完支架后转体大悬臂状态下,主梁跨中的向下最大竖向挠度为 63.4mm。

(3)成桥运营阶段支座反力

成桥运营阶段支座反力见表 2-2-25。

成桥运营阶段支座反力(单个支座)(单位:kN)　　　表 2-2-25

桥墩	恒载	活载最大	活载最小	横向风力	支座沉降最大	温度	主力	主+附(最大)	主+附(最小)
1	4475.1	2325.8	-1769.5	459.0	291.2	336.5	7086.6	7577.9	1613.4
2	58259.7	7751.8	-321.8	1955.9	547.5	343.4	69159.1	71458.4	57992.6
3	58157.9	7748.7	-322.3	1943.4	547.5	341.9	69054.1	71339.4	57905.0
4	4528.8	2222.4	-1769.4	456.6	291.2	336.9	7036.9	7526.0	1669.3

成桥状态按两侧边墩附近 22.4m 范围内考虑配重,配重为 51.1t/m。计算成桥状态未出现负反力。主墩最大支座吨位 7500t,边墩最大支座吨位 900t。

(4)结构刚度

主梁活载位移计算见表 2-2-26。

主梁活载位移计算　　　表 2-2-26

边跨活载位移(mm)	挠跨比	跨中活载位移(mm)	挠跨比	挠跨比容许值
32.8	1/3597	127	1/2078	1/500

桥梁在汽车荷载作用下的最大竖向挠度为 $127\text{mm} < L/500 = 536\text{mm}$,满足规范要求。

(5)钢桁梁杆件计算(公路规范)

①钢桁梁杆件应力

基本组合作用下,钢梁的应力见图2-2-23。

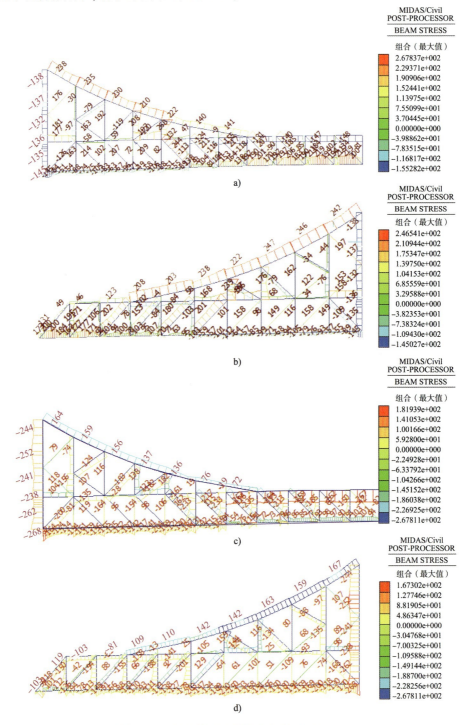

图2-2-23 基本组合作用最小应力(单位:MPa)

②钢桁梁杆件内力

主梁杆件内力计算见表 2-2-27。

主梁杆件内力计算 表 2-2-27

杆件	编号	轴力（kN）	面内弯矩（kN·m）	面外弯矩（kN·m）	杆件	编号	轴力（kN）	面内弯矩（kN·m）	面外弯矩（kN·m）
加劲弦	G3-G4	33470	777.8	42.3	上弦杆件	A4-A5	-10635.1	-735.3	-96.1
	G4-G5	33504.7	210	-161.7		A5-A6	5579.3	-2327.8	9.3
	G5-G6	34315.9	-9574.3	-140.8		A6-A7	14709.1	-1091.9	-59.3
	G6-G7	49695.1	-2434.1	-111.9		A7-A8	4650.2	-272	-30
	G7-G8	56676.9	-4322	273.4		A8-A9	-4625.9	-624.8	-124.4
	G8-G9	61261.3	-5393.8	639		A9-A10	11852.3	-335.6	-119.7
	G9-G10	56141.1	7046.3	101.3		A10-A11	12135.5	-522.1	-220.2
	G10-G11	54559.6	7147.3	180.6		A11-A12	-7297.4	-843.1	-134.6
	G11-G12	58167.2	-5799.5	-176.7		A12-A13	3006.1	-402.4	-48.6
	G12-G13	51423.7	-4765.9	123.9		A13-A14	16800.9	-1452	-57.3
	G13-G14	41336.6	2298.5	-106.6		A14-A15	-3707.1	-2508.6	-85.2
	G14-G15	20619.5	-8750.2	-45.3		A15-A16	-22441.8	-1589.1	-96
	G15-G16	20109.5	1436.4	-24.6		A16-A17	-36887.6	1968.2	36.1
	G16-G17	20141.5	1488.3	-7		A17-A18	-37271.9	1879.6	40.1
下弦杆件	E1-E2	6513.9	-3766.6	-565		A18-A19	-46611.1	2079.4	-221.5
	E2-E3	-8034.9	-2456.8	-100.5		A19-A20	-52250.4	1981.8	484.5
	E3-E4	-5358.1	2303.3	707.9		A20-A21	-52524.3	2184.8	-531
	E4-E5	-10432.5	-2032.3	-811.6	桁梁竖腹杆	E1-A1	4137.3	481	4278.2
	E5-E6	-14352.6	-3786.9	-636.8		E2-A2	-3214.6	846.8	2305.1
	E6-E7	-13384.9	-4595.2	-335.7		E3-A3	-6607.7	1735.7	-799.2
	E7-E8	-16676.2	-2212	-108.1		E4-A4	-9871.2	2186.2	-928.2
	E8-E9	-18538.6	-2446.7	108.7		E5-A5	-8025.9	2056.9	2186.9
	E9-E10	-25421.3	-9709.1	-1762.3		E6-A6	1789.5	-1456.4	-36.8
	E10-E11	-22417.9	-10939	-1274.8		E7-A7	-2134.3	935.8	140.6
	E11-E12	-15428.9	-3211.4	-555.8		E8-A8	789.2	-1671.3	156.5
	E12-E13	-13947.3	-3254.5	-691.6		E9-A9	3055.8	-1671.8	154.5
	E13-E14	-14284.9	-4716.3	-614.3		E10-A10	-50848.7	-591.8	5464.3
	E14-E15	-13428.9	-2615.9	-1183.8		E11-A11	3044.3	-1673.6	-225.2
	E15-E16	-5214.7	2916.4	1086.2		E12-A12	-2852.5	-926.4	-344.2
	E16-E17	1706.6	3405.5	865.2		E13-A13	-3682.8	-843.7	-258.1
	E17-E18	6190.7	3357.9	762.6		E14-A14	-622.1	-1628.8	-91.9
	E18-E19	16307.8	-3522.1	398.9		E15-A15	-14779.2	-4089.1	2562.4
	E19-E20	22354.4	4114	345.4		E16-A16	-12989.9	-3174.8	2309.5
	E20-E21	26146.4	4545.7	285.2		E17-A17	-8649.9	-2760.7	2118.9
上弦杆件	A1-A2	-6211.2	-280.4	-354.2		E18-A18	-8123	-2050.6	2163.2
	A2-A3	7861.6	-584.5	-54		E19-A19	-6488.6	-2332.6	747.3
	A3-A4	-17808.7	-799.1	-116.5		E20-A20	-1416.9	-757.7	1975.2

续上表

杆件	编号	轴力 (kN)	面内弯矩 (kN·m)	面外弯矩 (kN·m)	杆件	编号	轴力 (kN)	面内弯矩 (kN·m)	面外弯矩 (kN·m)
加劲弦 竖腹杆	G7-A7	10854.9	1825.3	508.5	桁梁 斜腹杆	E13-A12	10242.5	272.4	10.4
	G8-A8	7066.1	-338	131.3		E14-A13	7627	-602.2	-241.7
	G9-A9	-9994.3	146.3	486.6		E15-A14	28763.8	-3298.5	-265.2
	G10-A10	-55136.4	102.7	-3993.1		E16-A15	26190.6	-1510.4	1122.3
	G11-A11	-11715.6	-405	188.2		E17-A16	19722.2	-862.5	844.3
	G12-A12	9061.5	245	152.5		E18-A17	20071.3	-1224.3	885.5
	G13-A13	14671.2	2717.5	-172.7		E19-A18	14816.9	-784.3	732.8
	G14-A14	19476.1	10031	-24.7		E20-A19	9743.6	-644.5	-274.4
桁梁 斜腹杆	E0-A1	-8726.3	2090	-3456.5	加劲弦斜 腹杆	G6-A7	-15556.7	-400	108.2
	E1-A2	9564.9	-500.2	-751.8		G7-A8	-8606.4	-731.3	162.8
	E2-A3	16241.8	-1859	-624.7		G8-AG3	-4521.6	-381.6	39.6
	E3-A4	10264.4	-433.1	-1133.8		A8-AG3	5090.5	-4.4	-178.8
	E4-A5	12394.7	169.4	285		G9-AG1	8354.6	-563.7	-478.3
	E5-A6	15932.8	-752.3	-1258.8		A9-AG1	3845.4	300.4	-256.6
	E6-A7	19170.3	-2458.1	529		G11-AG1	3395.8	283	-309.4
	E7-A8	4069.1	788.6	-188		A11-AG1	5789.9	286.8	-292.9
	E8-A9	6523.1	-342.2	-370.5		G12-AG3	-6931.6	-560	-10.1
	E10-A9	5746.4	-336.3	-187.9		A12-AG3	7073.3	-22.1	-214.7
	E10-A11	-18598	-1354.7	321.1		G13-A12	-12539.9	-928.4	-80.6
	E12-A11	8945.2	-609.9	-174.6		G14-A13	-22843.3	-501.3	-45.6

③钢桁梁杆件验算

从整体模型中读取主桁杆件内力,依据《公路钢结构桥梁设计规范》(JTG D64—2015),对主桁杆件进行受力检算。考虑刚性节点次力矩效应,将由节点刚性引起的次力矩乘以0.8进行折减。主要检算内容如下:

a.检算杆件长细比是否满足构件容许最大长细比的要求。构件容许最大长细比见表2-2-28。

构件容许最大长细比   表2-2-28

类 别	杆 件	长 细 比
主桁架	受压弦杆	100
	受压或受拉-压腹杆	
	受拉力的弦杆	130
	受拉力的腹杆	180
联结系构件	纵向联结系、支点处横向联结系和制动联结系的受压或受拉构件	130
	中间横向联结系的受压或受拉构件	150
	各种联结系的受拉构件	200

主桥主桁架杆件长细比最大值为 84.6,满足规范不大于 100 的要求,联结系构件长细比最大值 102,满足规范不大于 130 的要求。

b. 将杆件视为轴心受力构件,进行强度和整体稳定性检算。

高强度螺栓摩擦型连接处承载力应满足下式要求:

$$\left(1-0.5\frac{n_1}{n}\right)r_0 N_d \leqslant A_0 f_d \tag{2-2-6}$$

式中:r_0——结构重要性系数;

N_d——轴心拉力设计值;

A_0——净面积;

n——在节点或拼接处,构件一端连接的高强螺栓数目;

n_1——所计算截面(最外列螺栓处)上的高强螺栓数目;

f_d——钢材的抗拉、抗压和抗弯强度设计值。

轴心受压构件的强度应满足下式要求:

$$r_0 N_d \leqslant A_{\text{eff,c}} f_d \tag{2-2-7}$$

式中:N_d——最不利截面轴心压力设计值;

$A_{\text{eff,c}}$——考虑局部稳定影响的有效截面面积。

轴心受压构件的稳定性应满足下式要求:

$$r_0\left(\frac{N_d}{\chi A_{\text{eff,c}}}+\frac{N_d e_z}{W_{y,\text{eff}}}+\frac{N_d e_y}{W_{z,\text{eff}}}\right)\leqslant f_d \tag{2-2-8}$$

式中: N_d——最不利截面轴心压力设计值;

χ——轴心受压构件整体稳定折减系数,按《公路钢结构桥梁设计规范》(JTG D64—2015)附录 A 计算,取两主轴方向的最小值;

$A_{\text{eff,c}}$——考虑局部稳定影响的有效截面面积;

e_y、e_z——有效截面形心在 z 轴、y 轴方向距离毛截面形心的偏心距,如图 2-2-24 所示;

$W_{y,\text{eff}}$、$W_{z,\text{eff}}$——考虑局部稳定影响的有效截面相对于 y 轴和 z 轴的截面模量。

将主桁杆件视为轴心受力构件进行检算时,若杆件为轴心受拉构件,则需进行强度检算,检算时采用净截面特性,计入杆件纵向加劲肋;若杆件为轴心受压构件,则需进行强度及整体稳定性检算,检算时采用考虑局部稳定影响的有效截面特性,计入杆件纵向加劲肋。经检算主桁杆件均满足轴心受力要求。

c. 将杆件视为拉弯或压弯构件,进行强度和整体稳定性检算。

实腹式拉、压弯构件强度应满足下式要求:

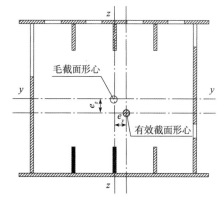

图 2-2-24 轴心受压构件有效截面偏心距

$$r_0\left(\frac{N_d}{N_{\text{Rd}}}+\frac{M_y+N_d e_z}{M_{\text{Rd},y}}+\frac{M_z+N_d e_y}{M_{\text{Rd},z}}\right)\leqslant 1 \tag{2-2-9}$$

$$N_{\text{Rd}}=A_{\text{eff}} f_d \tag{2-2-10}$$

$$M_{\text{Rd},y}=W_{y,\text{eff}} f_d \tag{2-2-11}$$

$$M_{\text{Rd},z}=W_{z,\text{eff}} f_d \tag{2-2-12}$$

式中：N_d——轴心力设计值；
M_y、M_z——绕 y 轴和 z 轴的弯矩设计值；
A_{eff}——有效截面面积，其中受拉翼缘仅考虑剪力滞影响，受压翼缘同时考虑剪力滞和局部稳定影响；
$W_{y,eff}$、$W_{z,eff}$——有效截面相对于 y 轴和 z 轴的截面模量，其中受拉翼缘仅考虑剪力滞影响，受压翼缘同时考虑剪力滞和局部稳定影响。

弯矩作用在两个主平面内的压弯构件整体稳定应按下式计算：

$$r_0 \left[\frac{N_d}{\chi_y N_{Rd}} + \beta_{m,y} \frac{M_y + N_d e_z}{M_{Rd,y}\left(1 - \frac{N_d}{N_{cr,y}}\right)} + \beta_{m,z} \frac{M_z + N_d e_y}{\chi_{LT,z} M_{Rd,z}\left(1 - \frac{N_d}{N_{cr,z}}\right)} \right] \leq 1 \quad (2\text{-}2\text{-}13)$$

$$r_0 \left[\frac{N_d}{\chi_z N_{Rd}} + \beta_{m,y} \frac{M_y + N_d e_z}{\chi_{LT,y} M_{Rd,y}\left(1 - \frac{N_d}{N_{cr,y}}\right)} + \beta_{m,z} \frac{M_z + N_d e_y}{M_{Rd,z}\left(1 - \frac{N_d}{N_{cr,z}}\right)} \right] \leq 1 \quad (2\text{-}2\text{-}14)$$

式中：N_d——构件中间1/3范围内最大轴心力设计值；
χ_y、χ_z——轴心受压构件绕 y 轴和 z 轴弯曲失稳模态的整体稳定折减系数，按《公路钢结构桥梁设计规范》（JTG D64—2015）附录A计算；
$\chi_{LT,y}$、$\chi_{LT,z}$——分别为 x-y 平面内的弯矩和 x-z 平面内的弯矩作用下，构件弯扭失稳模态的整体稳定折减系数；
$N_{cr,y}$、$N_{cr,z}$——轴心受压构件绕 y 轴和 z 轴弯曲失稳模态的整体稳定欧拉荷载；
M_y、M_z——所计算构件段范围绕 y 轴和 z 轴的最大弯矩设计值；
$\beta_{m,y}$、$\beta_{m,z}$——相对 M_y、M_z 的等效弯矩系数。

将主桁杆件视为拉弯或压弯构件进行强度及两个主平面内的整体稳定性检算，检算时采用同时考虑剪力滞和局部稳定影响的有效截面特性，计入杆件纵向加劲肋。经检算，主桁杆件均满足规范要求。

d. 对截面会出现拉应力的杆件，进行疲劳检算。

采用疲劳荷载计算模型Ⅰ，疲劳活载按0.7倍车辆活载折减，疲劳验算时考虑1.3倍荷载放大系数。

根据模型计算结果，钢桁梁上弦、加劲弦以及加劲弦斜腹杆的活载应力幅值较小，均不超过35MPa，活载应力幅较大杆件主要为下弦杆、竖腹杆和斜腹杆。

下弦杆件采用焊接，螺栓对拼，疲劳细节等级 $\Delta\sigma_C = 90$ [参考《公路钢结构桥梁设计规范》（JTG D64—2015）中表C.0.1，构造细节图示11]。

正应力疲劳极限 $\Delta\sigma_D = 0.737 \times \Delta\sigma_C = 66.34 \text{MPa}$。

根据模型计算结果，$\Delta\sigma_p = \sigma_{pmax} - \sigma_{pmin} = 35.1 \text{MPa}$，根据杆件净截面计算，净截面轴向和抗弯刚度折减均小于0.8，疲劳验算时折减系数取0.8。

$$\gamma_{Ff} \Delta\sigma_p = 1 \times 35.1/0.8 = 43.8 \text{MPa} < \frac{K_s \Delta\sigma_D}{\gamma_{Mf}} = 49.1 \text{MPa}$$

腹杆件采用焊接，螺栓内插，疲劳细节等级 $\Delta\sigma_C = 90$ [参考《公路钢结构桥梁设计规范》（JTG D64—2015）中表C.0.1，构造细节图示11]。

正应力疲劳极限 $\Delta\sigma_D = 0.737 \times \Delta\sigma_C = 66.34 \text{MPa}$。

根据模型计算结果：

$$\Delta\sigma_p = \sigma_{pmax} - \sigma_{pmin} = 35.4\text{MPa}$$

$$\gamma_{Ff}\Delta\sigma_p = 1 \times 35.4/0.8 = 44.2\text{MPa} < \frac{K_s\Delta\sigma_D}{\gamma_{Mf}} = 49.1\text{MPa}$$

四、加劲弦短竖腹杆设计

为了加强抗风、抗震能力，同时使钢桁梁具有良好的动力性能，主桥加劲弦采用带斜腹杆的刚性吊杆，并与上弦和加劲弦连接，见图2-2-25。

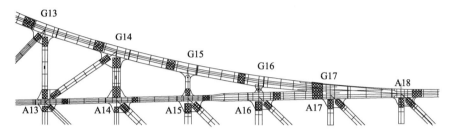

图2-2-25　加劲弦与上弦连接示意图

根据上加劲弦结构的受力特点，加劲弦受轴拉力，钢梁上弦受轴压力，加劲弦与上弦杆件交叉区域，由于角度较小，没有设置斜腹杆的条件，加劲弦与上弦分叉处，由于吊杆短和节点的刚性，截面高度与杆件长度比值超过1/15，节点次弯矩效应明显，若采用刚性吊杆连接设计，G15A15、G16A16两根长度较短的吊杆面内弯矩较大，是以受弯为主的拉弯杆件，其截面形式和连接措施极为关键。设计中选取H形截面和箱形截面进行了计算比较，采用H形截面时，弯矩略有减小，但因抗弯刚度小，应力远不满足强度要求；采用箱形截面时，弯矩极大，截面应力同样不能满足强度要求。

为减小加劲弦段竖杆的弯矩，设计加劲弦与上弦连接过渡区域两个节点短腹杆连接采用铰接，通过在连接耳板上开设椭圆形销孔，采用轴销连接，见图2-2-26。G15A15采用H形截面短杆，杆件与主梁上弦之间通过螺栓拼接，杆件与加劲弦耳板通过轴销连接，G16A16之间不设置杆件，主桁上弦与加劲弦之间设置交叉耳板，采用轴销连接；销孔采用椭圆形的孔可以释放水平方向的剪力和弯矩，消除节点次内力，杆件仅承受竖向力作用。

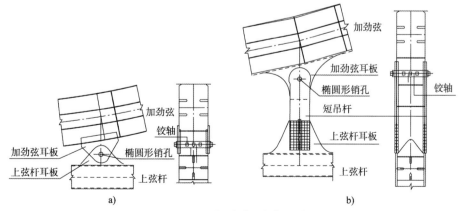

图2-2-26　加劲弦短竖杆设计

五、加劲弦与上弦连接设计

主桥上加劲高度1.6m,主桁上弦高1.2m,加劲弦杆与主桁上弦杆连接特殊,该特殊节点处加劲弦杆具有很大的拉力,而上弦杆具有很大的压力,因此在加劲弦杆和上弦杆的交接处形成了错位,具有扭转的趋势,节点受力较为复杂。1995年4月建成的京九线孙口黄河大桥,在我国首次采用了整体节点技术,随后建成的芜湖长江大桥也采用了整体节点技术。但整体节点的设计和验算并无规范可遵循,在缺少实践经验的情况下,模型试验就显得尤为重要,孙口黄河大桥和芜湖长江大桥都通过模型试验的方法验证节点设计的合理性和安全性。

主桥加劲弦与上弦连接整体节点连接尺寸较大,给杆件的加工制造以及运输都造成了较大的困难,广东东江大桥为我国首座刚性悬索加劲钢桁梁桥,加劲弦与上弦采用整体拼接板进行连接,上加劲弦、左侧上弦杆以及右侧上弦杆三根杆件通过一张整体拼接板进行连接,同时将加劲弦底板与上弦杆件的顶板之间采用螺栓进行拼接。该桥通过模型试验验证了结构的总体安全性及设计的合理性。设计引用了同类节点的连接方案,主桥加劲弦与上弦杆件的连接见图2-2-27。

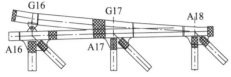

图2-2-27 加劲弦与上弦连接设计

六、主桁平联的设计

1. 我国规范横向联结系设计要求

钢桁梁桥是由主桁平面、上下平纵联(含桥面系)与横向联结系组成的空间箱形结构。平纵联主要承受并传递水平荷载,如地震力、车上的横向风力与横向摇摆力等;另一个作用是横向支撑弦杆,缩短弦杆平面外自由长度。平纵联对桥梁横向刚度及横向自振频率影响较大。

横向联结系分为桥门架和中横联,主要作用是增加钢桁梁的抗扭刚度。一般钢桁梁桥的横向联结系设在桥跨结构的横向平面内,当桥跨受到车辆荷载的偏载或横向荷载时,横联可以调整2片主桁的受力不均状况。上承式钢桁梁桥一般在各节点处设置带斜撑的全断面横联;对于下承式钢桁梁桥,因为车辆从中穿过,不能设置带斜撑的全断面横联,而是由上平纵联的横撑、桥面系横梁及竖杆形成框架横联。上平纵联的横撑同时也是横联的楣杆。主桁架没有竖杆时,横联可设在斜杆平面内,斜杆实质上参与并形成横联框架。下承式钢桁梁桥的桥门架与中横联,应尽可能使楣部杆件的下缘逼近桥梁建筑限界,以缩短腿杆的自由长度,增强闭合框架的刚度。分析发现,下承式钢桁梁桥的横向刚度主要由桁宽和桥门架刚度决定,尤其是重载铁路窄桥与高速铁路桥梁需注意这点。

由于桥门架与钢桁梁的横向刚度密切相关,因此我国的钢桁梁桥设计规范均对横向联结系的设置作了一定的要求。我国《铁路桥梁钢结构设计规范》(TB 10091—2017)第7.2.2条规定:"下承式钢桁梁应设置合适的横向联结系及加强的桥门架"。我国《公路钢结构桥梁设计规范》(JTG D64—2015)第9.4.2条规定:"下承式桁梁应在两端设桥门架,跨间设门架式横向联结系,其间距不宜超过2个节间"。横向联结系的设置能够增强桥梁的横向刚度,但是从整体的行车视角来看通透性较差,如图2-2-28所示。

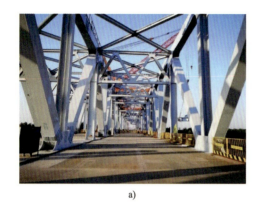
a)

b)

图 2-2-28　大跨度钢桁梁横向联结示意

2. 美国规范横向联结系设计要求

《美国国家公路与运输协会桥梁设计规范》(第 8 版)第 6.14.2.7 条规定:"钢桁梁中横联须根据需求进行调查和设计;下承式钢桁梁桥应设置带斜撑的桥门架端横联,当钢桁梁系统的强度与刚度满足要求时,可不设置带斜撑的桥门架端横联;要求带或者不带斜撑的桥门架端横联能传递上平纵联传来的水平力,端柱能传递该反力到桁架的支座"。桥门架端横联与端柱的作用是承受上平纵联的水平力并传递到支座。横联取消斜撑后横向刚度有所降低,但只要刚接形成的框架能承受上平纵联的水平力并传递到支座,保证钢桁梁体系的刚度与强度,也可满足美国规范要求。

1992 年建成通车的唐·霍尔特桥(Don N. Holt Bridge)位于美国南卡罗来纳州查尔斯顿,是州际公路 I-526 上跨越库珀河的桥梁,并且还跨越了 2 个小岛、3 条街道、1 条干线公路及 2 条铁路,是台风季节疏散的主要通道。主桥为(122 + 244 + 122)m 下承式钢桁梁桥(图 2-2-29),三跨连续。桥面净宽 28.4m,双向六车道。钢桁梁高 16.8m,上下弦平行,桥面系横梁间距 17.42m。主桥钢桁梁桥面系建筑高度小,降低了引桥纵坡或接线长度;通过取消钢桁梁竖杆、中横联和桥门架端横联的斜撑,增加了桥面的通透性;采用更刚性的上平纵联与下平纵联体系,桥面系横梁、斜杆的连接采用刚性节点;仅在中墩顶的负弯矩区(上弦压应力最大处)的上平纵联内增设 2 道横撑。该桥已经运营了 20 多年,目前使用正常。

a) 主桥钢桁梁

b) 主桥钢桁梁横联构造

图 2-2-29　唐·霍尔特桥

3. 主桥横联设计

公路桥荷载小于铁路桥,采用更刚性的上平纵联与下平纵联,桥面系横梁、斜杆等的连接采用刚性节点形成刚性框架,以代替中横联与端横联的斜撑。廊坊光明道主桥通过空间有限元软件精确分析了活载偏载与横向荷载等影响,在满足强度及刚度要求的前提下,主桥钢桁梁取消了传统的中横联与端横联的斜撑,仅在边支点和中支点位置设置横联结构,见图 2-2-30、图 2-2-31。

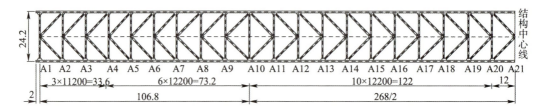

图 2-2-30 主桥横平联设计(尺寸单位:m)

图 2-2-31 主桥横平联整体效果

主梁位于竖曲线,竖曲线半径 $R=2500$m,变坡点设在主梁跨中两侧纵坡均采用 2.0%,钢梁按纵坡设计,跨中曲线范围下弦以折代曲形成竖曲线。主桥结构线形采用无应力状态法进行控制,将预拱度叠加到结构的设计线形中,施工过程中不需要考虑预拱度拼装。由于曲线和叠加效应,钢桁梁实际为以折代曲的连续结构,杆件折角的变化在钢桁梁节点位置变化处理,因此相连的节间平联位于不同的水平面,为了保证平联的拼装精度,主桥的平联采用 K 形平联的设计形式,见图 2-2-32,横向直撑与斜杆均采用高 600mm、宽 560mm 的焊接工字钢。

采用 K 形平联的设计形式,通过在平联接头板上设置与节点系统线相同的折角,可以较为方便地实现 K 形平联共面,减小平联撑杆的面内自由计算长度系数,同时能够形成稳定的三角形桁架结构,降低了横平联的加工制造难度。采用 X 形交叉撑结构,折弯线需要与横平联撑杆轴心重合,折角位于撑杆范围内,增加了横联撑杆的拼装难度。因此主桥横平联采用 K 形平联的设计形式。

七、加劲弦平联设计

主桥设计为上加劲连续钢桁梁,横平联主要设置在钢桁上弦,加劲弦仅在主墩支点左右侧各相连两个节间内设置横平联,采用 K 形平联的布置形式,总体布置见图 2-2-33。

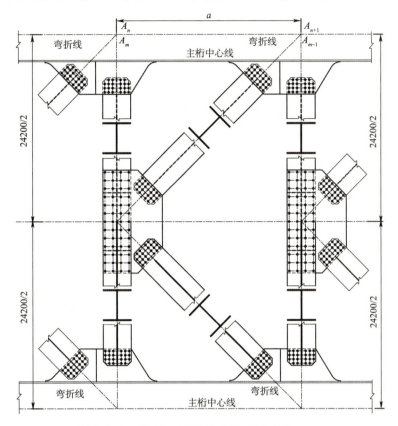

图 2-2-32　主桥上平联细节设计(尺寸单位:mm)

注:a 为节点板螺栓系统线参考点的距离,A_n、A_{n+1}、A_m、A_{m-1} 为上弦节点的编号。

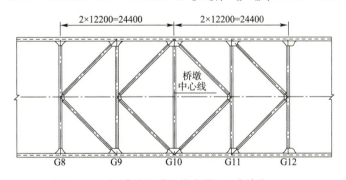

图 2-2-33　加劲弦平联总体布置(尺寸单位:mm)

与上弦平联的设置原理相同,加劲弦平联同样采用 K 形斜撑,通过在平联接头板上设置与节点系统线相同的折角,可以较为方便地实现 K 形平联共面,上加劲弦设置范围较小,端头板的折弯仅需要设置在与中支点相连的节点处。加劲弦平联立面图见图 2-2-34,上加劲弦的横平联细节设计见图 2-2-35。中支点横撑采用高 1200mm、宽 800mm 的箱形截面,横撑采用高 600mm、宽 560mm 的焊接工字钢,斜撑均采用高 600mm、宽 600mm 的焊接工字钢。

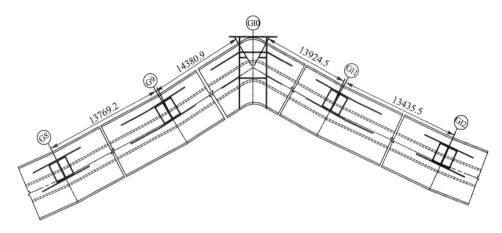

图 2-2-34 加劲弦平联立面图(尺寸单位:mm)

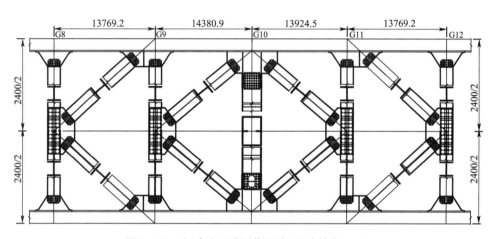

图 2-2-35 加劲弦平联细节设计(尺寸单位:mm)

第三节 下部结构

一、下部结构选型

1. 桥墩选型

转体桥梁一般采用混凝土墩。对于转体系统设置在墩底的平面转体桥梁,桥墩顶、底面轮廓尺寸与主梁宽度、转体系统轮廓尺寸相对应,按不同情形可采用矩形墩、圆柱墩、倒梯形墩、V形墩等,见图 2-2-36、图 2-2-37。

光明桥采用两片主桁的宽幅钢桁梁结构,桁间距 24.2m,墩梁间设置支座。由于梁部轮廓尺寸远大于转体系统轮廓,桥墩横断面宜采用内收式的倒梯形或 V 形,纵向可采用等截面布置形式。主桥桥墩断面形式选择主要考虑以下原则:

(1)安全可靠,经济适用,传力途径明确;

(2)在满足受力要求的基础上,尽量减小墩身体积,以降低转体墩位;
(3)结合桥址处8度地震区特点,适当降低桥墩的横向刚度,以减小基础规模;
(4)具有良好的景观效果,兼顾施工便利性。

图 2-2-36　多瑙河运河桥的倒梯形墩

图 2-2-37　山东潍日高速公路上跨铁路桥的V形墩

结合以上因素拟定了多种桥墩横断面形式,如图 2-2-38 所示。经综合比选,通过经济型、景观效果、施工便利性等综合比选,最终选用图 2-2-38a)所示横断面形式。

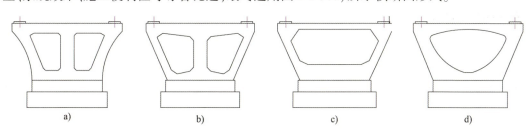

图 2-2-38　转体墩横断面方案

2. 基础选型

结合桥址处软土地基特点和结构受力需求,选用大直径钻孔灌注桩基础。方案阶段针对转体墩拟定了 4 种桩基础形式,如图 2-2-39 所示。综合考虑经济性及与墩身结构的匹配性,选用 20 根 $\phi1.8m$ 钻孔灌注桩基础方案。

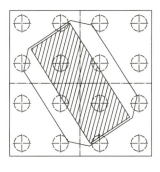

a) 16根ϕ2.0m桩

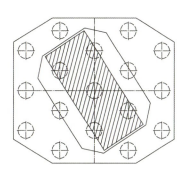

b) 17根ϕ2.0m桩

图　2-2-39

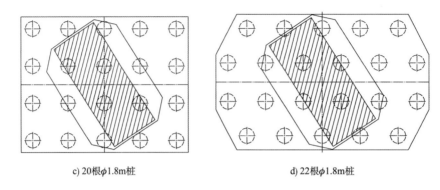

c) 20根φ1.8m桩　　　　　　d) 22根φ1.8m桩

图 2-2-39　转体墩基础方案

二、下部结构设计

1. 转体墩

主桥转体墩采用带上、下横梁的三柱式变截面混凝土墩,墩身顺桥向宽6m,横桥向顶宽29.6m,底宽14m。两处转体墩墩高分别为13m、12m。主墩转盘结构采用环道与中心支承相结合的转动体系;转盘结构基础采用20根φ1.8m钻孔灌注桩,桩间距4.5m,下承台尺寸为20.9m×16.4m×5.0m。

主桥转体墩墩身、承台采用C50混凝土,钻孔桩采用水下C30混凝土,支座垫石采用C50混凝土。墩身预应力采用1×7-15.2mm高强度低松弛预应力钢绞线,墩身钢筋采用HRB400和HPB300钢筋。

主桥转体墩结构及预应力布置见图2-2-40、图2-2-41。

2. 交接墩

主桥交接墩采用双柱式门式墩,墩高为13.5m(含盖梁高度)。盖梁采用预应力混凝土盖梁,矩形截面,宽度分别为3.9m和3.7m,高度为1.8~3.2m,每侧变化段长度7.65m。墩柱采用矩形截面柱,横桥向长2.8m,顺桥向宽2.6m,柱间距12m。单柱采用4根φ1.5m钻孔灌注桩基础,桩间距3.8m,承台尺寸为6.3m×6.3m×2.5m。

主桥交接墩墩身、承台、盖梁采用C40混凝土,钻孔桩采用水下C30混凝土,支座垫石采用C50混凝土。盖梁预应力采用1×7-15.2mm高强度低松弛预应力钢绞线。

主桥交接墩结构及预应力布置见图2-2-42、图2-2-43。

三、下部结构计算

1. 计算方法

主桥转体墩采用带上、下横梁的三柱式墩,属异形结构,采用常规方法(杆系有限元方法)进行结构内力计算和规范检算,采用实体有限元方法进行应力计算和验证。交界墩为双柱墩加盖梁形式,采用常规方法进行静力计算和检算即可。

下部结构计算主要考虑以下工况:

(1)成桥状态,对下部桥墩、桩基础、承台进行计算。

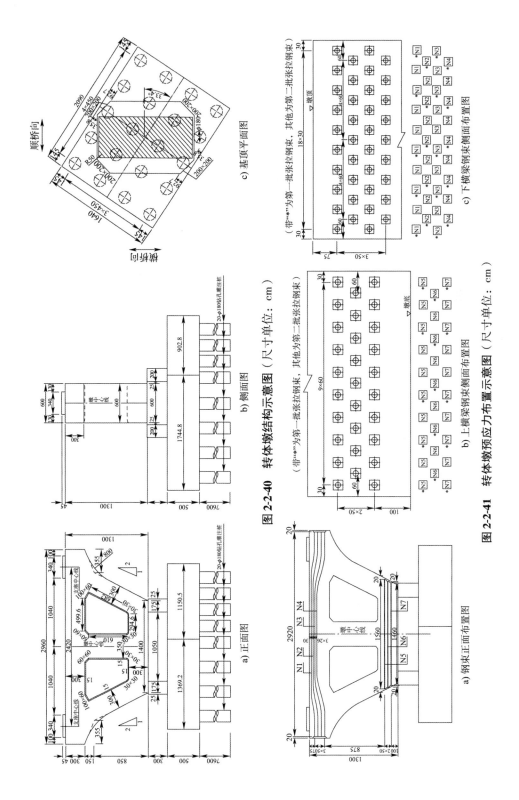

图 2-2-40 转体墩结构示意图（尺寸单位：cm）

图 2-2-41 转体墩预应力布置示意图（尺寸单位：cm）

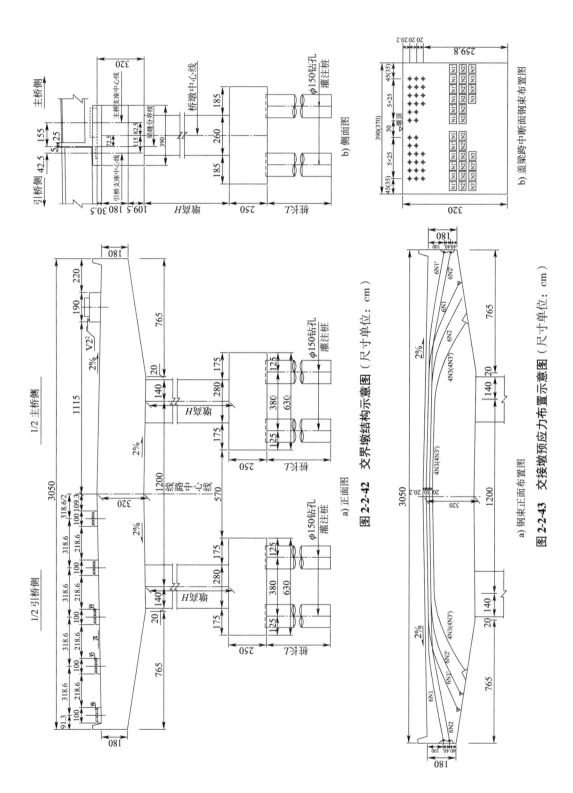

图 2-2-42 交界墩结构示意图（尺寸单位：cm）

图 2-2-43 交接墩预应力布置示意图（尺寸单位：cm）

(2)转体前状态,对转体墩及承台进行计算。
(3)转体完成状态,对交界墩及桩基础进行计算。

2. 杆系计算

(1)结构建模

采用空间三维有限元软件 MIDAS CIVIL 对转体墩和交界墩进行静力计算。分析转体墩和交界墩在关键施工工况和成桥运营荷载下横梁(盖梁)及墩柱的受力,并按规范进行检算。

转体墩按横梁、墩柱、承台离散为梁单元杆系模型,交接墩按盖梁、墩柱、承台离散为梁单元杆系模型,桩基础刚度采用 m 法计算得到的等效六弹簧单元模拟。转体墩和交接墩计算模型如图 2-2-44、图 2-2-45 所示。

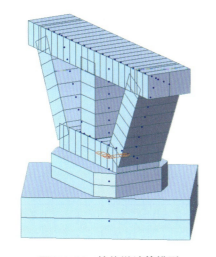

图 2-2-44 转体墩计算模型

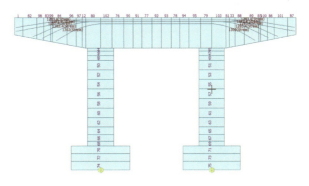

图 2-2-45 交接墩计算模型

(2)主要检算内容

①转体墩上、下横梁以及交接墩盖梁均按全预应力混凝土构件设计,按规范要求对结构承载能力极限状态、正常使用极限状态等状态下的强度、应力等指标进行检算,见表 2-2-29。

桥墩横梁、盖梁设计控制指标　　表 2-2-29

设 计 状 态	检 算 项 目	控 制 条 件
承载能力极限状态	正截面承载力验算	$\gamma_0 S \leq R$
	斜截面抗剪承载力验算	$\gamma_0 S \leq R$
	抗扭验算	$\gamma_0 S \leq R$
正常使用极限状态	正截面抗裂验算	$\sigma_{st} - 0.8\sigma_{pc} \leq 0$
	斜截面抗裂验算	$\sigma_{tp} \leq 0.4 f_{tk}$
	裂缝宽度验算	不允许
持久状况构件的应力计算	混凝土的正截面法向压应力	$\sigma_{kc} + \sigma_{pt} \leq 0.5 f_{ck}$
	混凝土的斜截面主压应力	$\sigma_{cp} \leq 0.6 f_{ck}$
	受拉区钢筋的拉应力	$\sigma_{pe} + \sigma_p \leq 0.65 f_{pk}$

续上表

设计状态	检算项目	控制条件
短暂状况构件的应力计算	混凝土的法向压应力	$\sigma_{cc}^t \leq 0.70 f'_{ck}$
	混凝土的法向拉应力	$\sigma_{ct}^t \leq 1.15 f'_{tk}$

注:表中 γ_0 表示结构重要性系数,S 表示作用组合的效应设计值,R 表示构件承载力设计值,σ_{st} 表示在作用频遇组合下构件抗裂验算截面边缘混凝土的法向拉应力,σ_{pe} 表示扣除全部预应力损失后的预加力在构件抗裂验算边缘产生的混凝土预压应力,σ_{tp} 表示由作用频遇组合和预加力产生的混凝土主拉应力,σ_{kc} 表示由作用标准值产生的混凝土法向压应力,σ_{pt} 表示由预加力产生的混凝土法向拉应力,σ_{cp} 表示构件混凝土中的主压应力,σ_{pe} 表示截面受拉区纵向预应力钢筋的有效预应力,σ_p 表示由作用标准组合引起的预应力钢筋应力,σ_{cc}^t、σ_{ct}^t 分别表示按短暂状况计算时截面预压区、预拉区边缘混凝土的压应力、拉应力,f'_{ck}、f'_{tk} 分别表示短暂状况施工阶段的混凝土轴心抗压、抗拉强度标准值,f_{tk} 表示混凝土的抗拉强度标准值,f_{ck} 表示混凝土轴心抗压强度标准值,f_{pk} 表示预应力钢筋抗拉强度标准值。

②转体墩和交接墩的墩柱按钢筋混凝土构件设计,按规范要求对结构在承载能力极限状态、正常使用极限状态下的强度、应力、裂缝等指标进行检算,见表 2-2-30。

桥墩墩柱设计控制指标　　　表 2-2-30

设计状态	荷载组合	控制条件
承载能力极限状态	基本组合	$\gamma_0 S \leq R$ 轴心受压验算 双向偏心受压验算
	风荷载组合	
	偶然组合	
	地震荷载组合	
正常使用极限状态	频遇组合	$W_f < 0.2mm$
	准永久组合	

注:W_f 表示裂缝最大宽度计算值。

③转体墩和交接墩的桩基础按钢筋混凝土构件、摩擦桩设计,按规范要求对结构在承载能力极限状态、正常使用极限状态下的强度、应力、裂缝等指标进行检算,对桩基础的竖向承载力进行验算,见表 2-2-31。

桩基础设计控制指标　　　表 2-2-31

设计状态	荷载组合	控制条件
承载能力极限状态	基本组合	$\gamma_0 S \leq R$ 轴心受压验算 双向偏心受压验算
	风荷载组合	
	偶然组合	
	地震荷载组合	
正常使用极限状态	频遇组合	$W_f < 0.2mm$
	准永久组合	
	弹性阶段组合	桩基竖向承载力验算

④转体墩和交接墩的承台按钢筋混凝土构件设计,按规范要求对结构的极限承载力、上冲切承载力和下冲切承载力等指标进行检算。

3. 转体墩实体分析

(1)计算原则

转体墩主要考虑以下两种计算状态(简称状态1、2):

状态1:成桥状态,此时上、下承台浇筑完毕,形成永久结构;

状态2:转体状态,此时上承台及以上结构由转体支座支承。

上部结构反力按恒载+活载+温度+风荷载的标准组合考虑,计算按两种状态分别开展桥墩及上、下承台的应力分析,计算均不考虑普通钢筋作用。

计算采用空间三维实体有限元计算软件 MIDAS FEA 进行。垫石、桥墩和承台均采用四面体实体单元模拟,支座反力按面荷载加载在垫石顶面,边界条件按约束节点自由度考虑。

(2)成桥状态桥墩计算(不计钢束)

该工况主要考察桥墩受力,仅建立垫石、桥墩和上承台模型,未计入预应力钢束。结构有限元模型如图2-2-46 所示。

结构应力计算结果如图2-2-47、图2-2-48 所示。

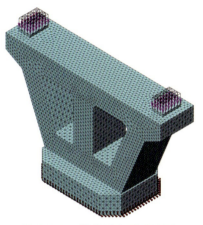

图 2-2-46 转体墩有限元模型

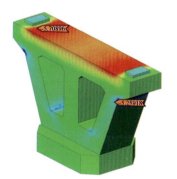  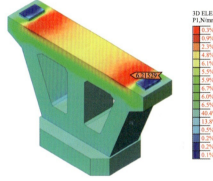 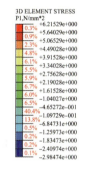

图 2-2-47 横向正应力结果(单位:MPa)   图 2-2-48 主拉应力结果(单位:MPa)

计算结果表明,成桥状态下桥墩在不设置预应力钢束时,上部荷载传递至桥墩后,墩顶将出现较大的横向拉应力和主拉应力,最大值约 6.2MPa,不满足规范要求。此时通过设置普通钢筋难以满足墩顶受力要求,因此在墩顶设置横向预应力钢束是必要的。

(3)转体状态桥墩计算(不计钢束)

该工况主要考察桥墩受力,模型建立垫石、桥墩和上承台,未计入预应力钢束。按转体支座上钢板尺寸($4m \times 4m$矩形)约束上承台底面相应范围节点自由度,如图2-2-49 所示。

结构应力计算结果如图2-2-50、图2-2-51 所示。

计算结果表明,转体状态下桥墩不设置预应力钢束时,上部荷载传递至桥墩后,墩顶和墩底均将出现较大的横向拉应力和主拉应力,最大值约3.5MPa。因此在墩顶和墩底设置横向预应力钢束是必要的。

图 2-2-49 转体墩计算模型

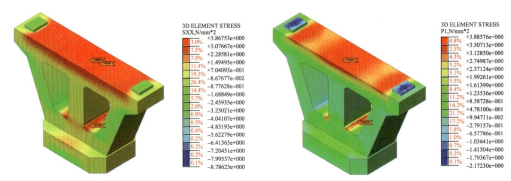

图 2-2-50　横向正应力结果(单位:MPa)　　　　图 2-2-51　主拉应力结果(单位:MPa)

(4)成桥状态桥墩计算(计钢束)

在第 2 小节模型的基础上,计入预应力钢束,如图 2-2-52 所示。桥墩计算时不考虑上承台预应力钢束。桥墩增设预应力钢束后,主要考察桥墩的横向应力和主应力,计算结果见图 2-2-53。从计算结果可以看到,增设预应力后,桥墩在转体状态下的横向正应力和主应力计算结果均满足规范要求,桥墩基本处于受压状态。

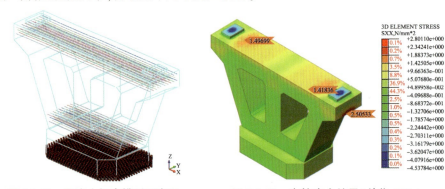

图 2-2-52　预应力钢束模型示意图　　　　图 2-2-53　主拉应力结果(单位:MPa)

(5)转体状态桥墩计算(计钢束)

在第 3 小节模型的基础上,计入预应力钢束,如图 2-2-54 所示。计算结果见图 2-2-55。从计算结果可以看到,增设预应力后,桥墩在转体状态下的横向正应力和主应力计算结果均满足规范要求,桥墩基本处于受压状态。

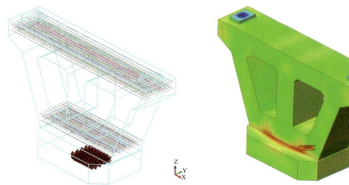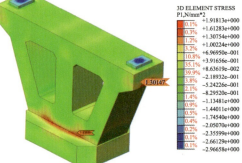

图 2-2-54　预应力钢束模型示意图　　　　图 2-2-55　主拉应力结果(单位:MPa)

(6)转体状态上承台计算

考虑承台和桥墩的施工过程,上承台计算时应同时考虑上承台和桥墩的预应力钢束,如图2-2-56所示。上承台纵横向各布置2排预应力钢束,竖向布置预应力螺纹钢筋。计算结果见图2-2-57。

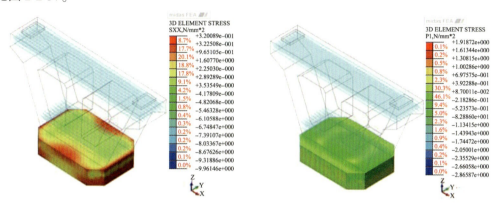

图2-2-56 横向正应力结果(单位:MPa)　　图2-2-57 主拉应力结果(单位:MPa)

从计算结果可以看到,在仅考虑上承台纵横向预应力情况下,转体状态上承台最大横向拉应力为0.3MPa,最大纵向拉应力为1.9MPa,最大主拉应力为1.9MPa,受力满足要求,竖向预应力可作为安全储备。

(7)转体状态下承台计算

计算考虑转体前和转体就位两种情况,计算模型如图2-2-58所示;计算结果见图2-2-59。计算结果表明,转体过程中承台主应力计算结果满足规范要求。

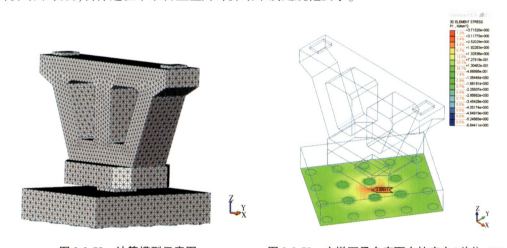

图2-2-58 计算模型示意图　　图2-2-59 主墩下承台底面主拉应力(单位:MPa)

四、抗震设计与对策

1. 抗震设防标准

主桥按《城市桥梁抗震设计规范》(CJJ 166—2011)进行抗震设计。

(1) 设防等级

根据规范对于城市桥梁结构形式及重要性的分类,本桥属于除甲类桥梁以外的交通网络中枢纽位置的桥梁和城市快速路上的桥梁,抗震设防分类为乙类。

(2) 设防环境

根据国家标准《中国地震动参数区划图》(GB 18306—2015),桥址区地震动峰值加速度为 $0.2g$,地震动反应谱特征周期分区为 2 区,Ⅱ类场地,地震动反应谱特征周期为 0.40s。

(3) 设防标准及目标

根据抗震设防分类,按照规范确定抗震设防分类,见表 2-2-32。

抗 震 设 防 标 准　　　　　　　　　表 2-2-32

E1 地震作用		E2 地震作用	
震后使用要求	损伤状态	震后使用要求	损伤状态
立即使用	结构总体反应在弹性范围,基本无损伤	经抢修可恢复使用,永久性修复后恢复正常运营功能	有限损伤

根据抗震设防分类和地震动参数,按照规范确定 E1 和 E2 作用的地震调整系数 C_i 分别为 0.61 和 2.0。

(4) 设计方法及目标性能

根据桥梁场地地震基本烈度和桥梁结构抗震设防分类,按照规范确定本桥设计方法分类为 A 类,应进行 E1 和 E2 地震作用下的抗震分析和验算,并满足桥梁抗震体系及相关构造和抗震措施的要求。

规范对于 A 类抗震设计方法的桥梁,可采用的抗震体系有类型Ⅰ(延性抗震设计)和类型Ⅱ(减隔震设计),本桥采用类型Ⅱ抗震体系。

规范对于抗震分析方法的要求见表 2-2-33。

抗 震 分 析 方 法　　　　　　　　　表 2-2-33

地 震 作 用	采用 A 类抗震设计方法		采用 B 类抗震设计方法	
	规则	非规则	规则	非规则
E1 地震作用	SM/MM	MM/TH	SM/MM	MM/TH
E2 地震作用	SM/MM	MM/TH	—	—

注:TH 为线性或非线性时程计算方法;SM 为单振型反应谱法;MM 为多振型反应谱法。

本桥属非规则桥梁,在满足规范要求前提下,确定 E1 地震作用分析采用多振型反应谱法,E2 地震作用分析采用非线性时程计算方法。

结合主桥结构形式,确定具体验算内容(目标性能)为:在减隔震体系下,桥墩、基础整体处于弹性状态,对桥墩、基础进行 E1、E2 作用下的强度验算。

2. 计算参数及分析模型

(1) 地震输入资料

E1 地震采用反应谱法计算,依据地震动参数按抗震规范采用设计反应谱,如图 2-2-60 所示。其中,$S_{max} = 2.25 \times 0.61 \times 0.2g = 0.2745g$。

E2 地震采用非线性时程反应分析法计算,依据地震动参数采用人工合成方式生成加速度时程曲线,如图2-2-61所示。其中,$S_{max} = 2.0 \times 0.2g = 4.0 \text{m/s}^2$。

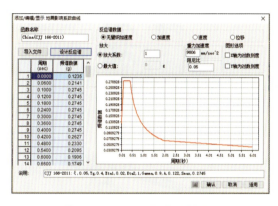

图 2-2-60　E1 地震设计反应谱

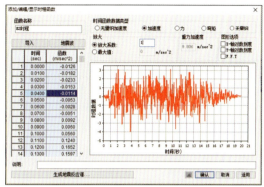

图 2-2-61　E2 地震加速度时程曲线

(2)计算模型

采用 MIDAS CIVIL 软件建立全桥三维有限元模型,梁、墩、承台均采用梁单元模拟,二期恒载转化为质量加至主梁上,桩基础采用等效六弹簧单元模拟。主桥模型见图 2-2-62。

图 2-2-62　全桥空间计算模型

3. 振型分析

桥梁结构动力特性的分析是进行桥梁抗震性能分析的基础。本节采用前述的计算模型,对主桥结构进行动力特性分析。采用前述计算模型进行成桥动力特性分析,列出前10阶振型频率和前3阶振型特征,见表 2-2-34 和图 2-2-63 ~ 图 2-2-65。

结构自振特性汇总表　　　　　　　　　　表 2-2-34

阶　　次	频率(Hz)	周期(s)	振型描述
1	0.615	1.626	主梁一阶扭转(对称)
2	0.633	1.581	主梁一阶竖弯
3	0.776	1.288	主梁二阶扭转(反对称)
4	0.852	1.174	主梁一阶横弯
5	0.908	1.101	主梁二阶竖弯
6	1.119	0.894	主梁三阶扭转
7	1.120	0.893	边墩纵弯
8	1.153	0.867	边墩纵弯
9	1.200	0.833	主梁四阶扭转
10	1.262	0.793	主梁五阶扭转

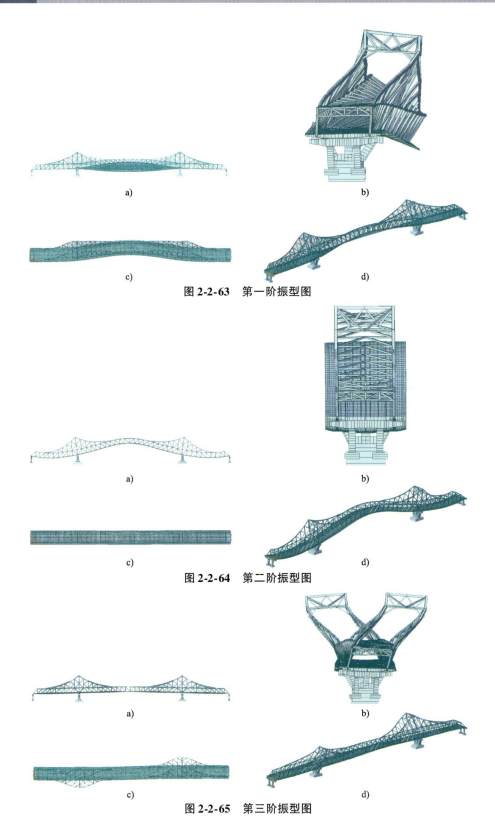

图 2-2-63 第一阶振型图

图 2-2-64 第二阶振型图

图 2-2-65 第三阶振型图

4.设计对策

主桥下部结构抗震设计的总体思路为:E1地震作用下结构处于弹性状态;E2地震作用下结构处于基本弹性状态,即截面的地震组合弯矩小于截面的屈服弯矩。

主桥支座布置为一处主墩位置设纵向固定支座、其他墩位置为纵向活动支座。结合桥址区地震动峰值加速度$0.2g$、地震动反应谱特征周期$0.40s$,当采用常规方案时下部结构设计难以满足规范要求。基于上述情况,主要设计对策如下:

(1)采用减隔震支座

在主桥各墩的墩、梁间采用摩擦摆减隔震支座,降低地震作用效应,减小下部基础规模。

主墩(固定墩)布置一个固定型摩擦摆支座和一个横向活动型摩擦摆支座,另一主墩(活动墩)布置一个纵向活动型摩擦摆支座和一个多向活动型摩擦摆支座,吨位均为75000kN;交接墩各布置一个纵向活动型摩擦摆支座和一个多向活动型摩擦摆支座,吨位均为9000kN,如图2-2-66、图2-2-67所示。

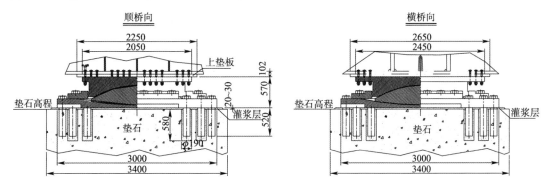

图2-2-66 主墩75000kN支座布置示意图(仅示意固定型支座,尺寸单位:cm)

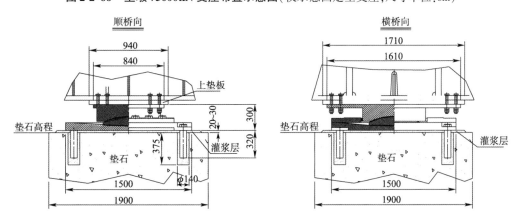

图2-2-67 交接墩9000kN支座布置示意图(仅示意纵向型支座,尺寸单位:cm)

在正常工况下,支座支承梁体,适应梁端自由转动和水平滑动,释放梁体内应力,满足桥梁正常行车平稳性要求。水平力通过支座限位装置传导到墩身。

在地震工况下,限位装置被剪断,支座按设计的屈后刚度和摩擦系数进行滑移,延长桥梁振动周期,降低桥梁受到的冲击力。滑移过程中将动能转化为势能,同时通过摩擦,逐步消耗地震能量。

（2）降低下部结构自重与刚度

桥墩采用类似三柱墩的结构形式，有效降低了结构自重与刚度，有利于减小基础规模。

（3）制定合理的减震体系

一般情况下，桥梁设置减隔震支座主要用于减小 E2 地震作用下的地震效应，其 E1 地震效应仍全由固定墩承担，即 E1 地震作用下减隔震支座不参加工作。

由于桥址处地质条件较差，若 E1 地震作用全由固定墩承担，设计桩长将达到 95m，而两处主墩在静力作用下的设计桩长仅为 70m 左右。一方面导致基础规模大幅增加，投资增加较多；另一方面两主墩的桩长差异较大，可能导致较大沉降差，不利于上部结构受力；此外，纵向固定支座在 E1 作用下水平力将达到设计竖向承载力的 20% 左右，支座设计较为困难。

经研究，设计采用 E1 地震作用下减隔震支座参加工作的方案。在支座上设置带固定剪断力的限位装置，剪断力按竖向承载力的 10% 考虑，限位装置剪断后可快速修复。此时 E1、E2 地震作用下的设计桩长与静力作用下的设计桩长基本相当，下部结构其他各项验算指标也都满足规范要求，实现了结构受力与经济性的平衡。

第四节　转体系统

一、转体桥梁简介

1. 转体方式

作为一种跨越障碍物的构造物，桥梁按施工位置可分为原位施工和异位施工两类。桥梁异位施工指桥梁结构在非设计位置制作，然后通过移动、旋转等方式就位。桥梁转体施工即为桥梁结构在邻近设计位置浇筑或拼装后，通过转动就位的一种施工方法。它可以将在障碍物上方的施工作业转化到其他位置，在跨越深沟和既有公路、铁路的桥梁工程中应用广泛。

按照转动方向的不同，桥梁转体施工一般分为竖向转体施工（图 2-2-68、图 2-2-69）、平面转体施工（图 2-2-70、图 2-2-71）以及平面转体和竖向转体相结合的施工方案。其中，平面转体施工法应用最为广泛。

图 2-2-68　拱肋竖转施工

图 2-2-69　桥塔竖转施工

图 2-2-70 墩底平转施工

图 2-2-71 墩中平转施工

2. 常规平转系统

桥梁平面转体施工的原理类似于磨盘,其通常以沿桥梁下部结构平面中心的轴承为转动中心,利用转体支承结构实现桥梁上、下部结构的分离,通过施加外力完成桥梁上部结构的平面转动,见图 2-2-72。

常规平转桥梁一般采用墩底转体方案,其转体系统主要包括上转盘、转动台、球铰、下转盘、滑道、撑脚、牵引系统等。

上转盘连接桥墩与转体系统;转动台连接上转盘与球铰,是施加外力形成转动力偶的结构;实际工程中一般采用上层承台兼作上转盘

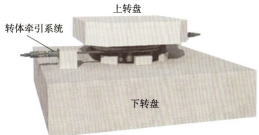
图 2-2-72 墩顶转体系统示意图

和转动台。球铰是转体系统的核心,其连接上、下转盘,是实现结构转动功能的部件,目前一般采用钢球铰或类似原理的转体钢支座。下转盘连接球铰与基础,一般采用下层承台兼作下转盘。撑脚和滑动是转体辅助装置,用以平衡上部结构落架后产生的不平衡弯矩。牵引系统包括牵引钢索、千斤顶和反力座等,为桥梁结构的平面转动提供动力。

二、转体系统设计

1. 总体设计

为保证钢梁转体的稳定性、降低倾覆风险、便于钢梁竖向线形的调整,主桥施工采用带辅助滑道简支体系非对称转体施工方案。主墩承台安装转体支座及牵引系统,边跨侧距中墩 5 个节间处(61m)设辅助滑动系统,调整边支点压重,控制辅助滑道单支点反力约为 2000kN,保证非对称转体稳定性。上部结构非对称不平衡问题表现为辅助滑道和主墩支座的竖向反力差异,球铰受力明确。钢板梁竖向位移的调整可通过辅助支点的下沉实现主梁的刚性旋转,调整大悬臂状态下两侧悬臂端的高程相同,合龙完成后再将边支点顶回至设计高程,调整主梁结构的线形和内力。转体系统总体布置见图 2-2-73。

2. 主墩转体系统设计

转体结构:转体结构由下转盘、转体支座、上转盘、转体牵引系统组成,见图 2-2-74、图 2-2-75。

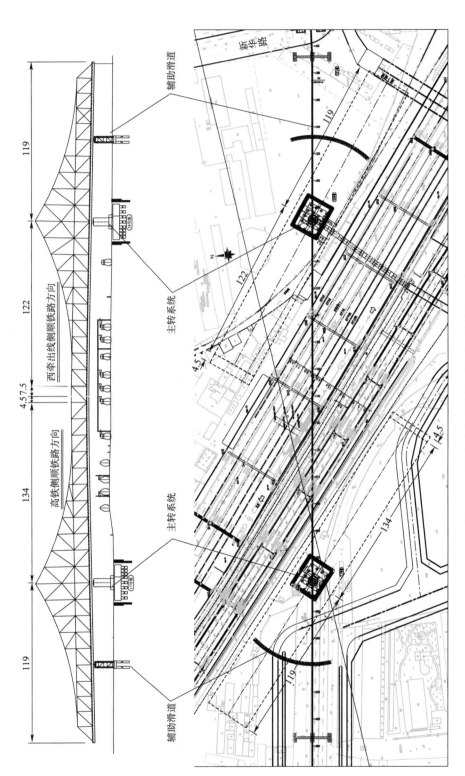

图 2-2-73 转体系统总体布置图（尺寸单位：m）

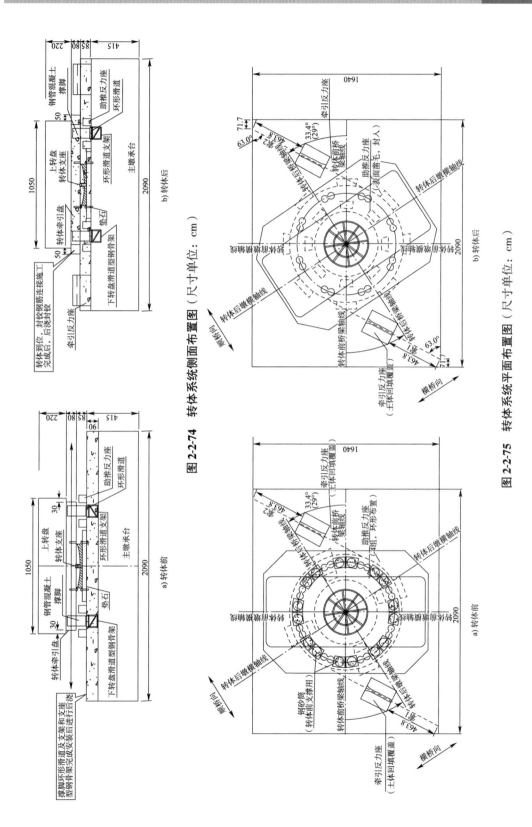

图 2-2-74 转体系统侧面布置图（尺寸单位：cm）

图 2-2-75 转体系统平面布置图（尺寸单位：cm）

(1)下转盘

下转盘为支承转体结构全部重力的基础,转体完成后,与上转盘共同形成基础。下转盘采用C50混凝土。下转盘上设置转体系统的转体支座、钢管混凝土撑脚的环形滑道及转体拽拉千斤顶反力座等。

(2)转体支座

转体支座采用转体球形支座160MN,组合高度为460mm。技术指标如下:

支座设计转角:0.005rad。

支座设计水平力:转体支座设计水平力为竖向承载力的10%。

支座设计摩擦系数:支座设计动摩擦系数不大于0.03,初始静摩擦系数不大于0.05。

温度适用范围:$-40 \sim +60$℃。

支座的选材:转体支座设计中依据国内相关规范,同时参照欧洲标准EN1337、PREN15129进行全面检算。支座所涉及的铸件需要进行超声波探伤。

支座的表面涂装:涂装需满足桥梁所处地区的大气环境要求。

支座组装高度:支座组装高度(无荷载状态下)与支座图纸中偏差不大于5mm。

(3)转体上转盘撑脚与滑道

上转盘撑脚即为转体时支撑转体结构平稳的保险腿。从转体时保险腿的受力情况考虑,转台对称的两个保险腿之间的中心线重合,使8个保险腿对称分布于纵轴线的两侧。在撑脚的下方(即下盘顶面)设有1.1m宽的滑道,滑道中心半径4.25m,转体时保险撑脚可在滑道内滑动,以保持转体结构平稳。要求整个滑道面在一个水平面上,其相对高差不大于2mm。

上转盘下设有8对撑脚和8对砂箱。每个撑脚为双圆柱形,撑脚底下设24mm厚钢板。圆柱为两个$\phi 800mm \times 28mm$的钢管,撑脚钢管内灌注C45微膨胀混凝土。撑脚在工厂整体制造后运进工地,在上转盘施工时安装撑脚,并在撑脚走板下支垫石英砂或钢楔块,转体前抽掉垫钢板。

(4)转体上转盘

上转盘是转体的重要结构,在整个转体过程中形成多向、立体的受力状态。上转盘长宽分别为10.5m(顺桥向)、14.5m(横桥向),高3.0m。转台直径9.9m,高度为0.8m。转台是支座、撑脚与上转盘相连接的部分,又是转体牵引力直接施加的部分。转台内预埋转体牵引索,牵引索的预埋端采用P型锚具,同一对索的锚固端在同一直径线上并对称于圆心,每根索的预埋高度和牵引方向应一致。每根索埋入转盘长度不小于3m,每根索的出口点对称于转盘中心。牵引索外露部分圆顺地缠绕在转盘周围,搁置于预埋钢筋上,互不干扰,并做好保护措施,防止施工过程中钢绞线损坏或生锈。

3.辅助转体滑道体系设计

为保证转体过程安全,满足主跨长悬臂状态的倾覆稳定,在边跨侧距离主墩5个节间(约61m)范围设置转体辅助滑道。辅助滑道设置在地面,基础采用条形扩大基础,结构宽4.5m、高2m,弧形设置。京沪高铁侧滑道中心半径为62.189m、京沪铁路侧滑道中心半径为62.287m。同时在钢桁梁拼装完成后,对边跨进行压重,压重范围在边跨梁端2个节间范围内,压重采用铁砂混凝土。通过在边跨侧梁端两个节间压重,使得转体过程中钢梁始终向边跨侧倾覆。辅助滑道平面布置见图2-2-76。

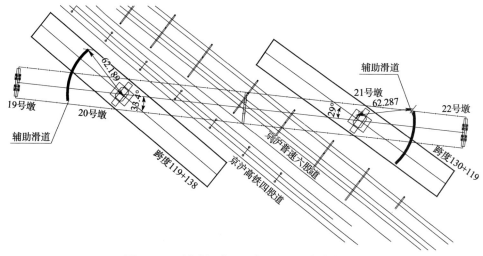

图 2-2-76 辅助滑道平面布置图(尺寸单位:m)

(1)转体辅助支腿

辅助支腿采用钢管桁架结构,顺桥向呈直角三角形,上部宽度 3.0m,横向宽度与主桁宽度相同,支腿竖向直杆采用直径 800mm、壁厚 16mm 的钢管,支腿斜杆及横向连接钢管规格为 630mm×10mm,材质均为 Q345。支腿直杆与斜杆上部分别与下弦节点及下弦杆件焊接连接,支腿斜杆通过焊接在支腿直杆上的法兰连接,支腿直杆下部与走行支撑系统通过法兰连接。转体辅助支腿构造见图 2-2-77。

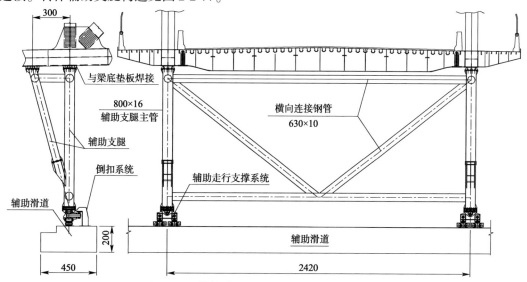

图 2-2-77 转体辅助支腿构造图(尺寸单位:mm)

(2)辅助走行支撑系统

辅助支腿下方设置走行支撑系统,单侧两个,全桥共设置四个。转体辅助走行支撑系统由走行机构、轨道板及反力座组成,走行机构包括调整座、调整垫板、过渡座、小车座、行走轮系、轨道板等部分。走行机构设计高度1460mm,与反力座立板水平净距96mm。每套轮系设计四套轮组,每套轮组固定轴轴线指向转动中心。滚轮滚动面采用圆台形状,即滚轮外侧直径较内侧直径略大,用于平衡内外圈滚动距离差,实现滚轮纯滚动。为使滚轮在水平滚道上滚动,滚轮轴倾斜安装,外侧较内侧略高,实现了滚轮运行轨迹与回转轨迹拟合,辅助走行支腿自转向,避免了转向力矩的产生。

支撑桁架与走行轮组间设计有调整垫板、连接螺栓和橡胶垫。设备高度可通过增减调整垫板进行调节,调节范围为1260～1660mm,调节间距10mm。橡胶垫板用于缓冲调整支撑桁架与走行轮系之间的结构应力。

为确保转体过程中的抗倾覆安全系数,并避免在边跨设置过大的压重使辅助支腿产生过大的反力,进而增大辅助滑道处的摩擦阻力,在转动轴的外侧设置反扣装置,反扣装置可提供2000kN的上拔力,确保了足够的抗倾覆安全系数。辅助走行支撑系统构造见图2-2-78。

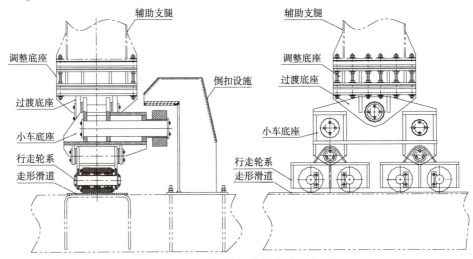

图2-2-78 辅助走行支撑构造示意图

第五节 钢桥面结构

一、钢桥面铺装

目前,我国公路钢桥面主要采用正交异性钢桥面,钢桥面铺装主要采用双层SMA结构、浇筑式混凝土、双层环氧沥青混凝土三种结构形式,钢桥面铺装受到荷载、建设成本、施工以及养护维修等多种因素限制,我国钢桥面铺装主要通过借鉴国外的技术进行发展,1990年前后,奥地利改性沥青技术的引进,带来了SMA混合料技术。SMA混合料以其优良的抗车辙能力得以迅速地推广,在市政道路、机场跑道和高速公路等工程项目中应用。国内虎门大桥、海沧大桥、白沙洲大桥、宜昌大桥、鹅公岩大桥等众多桥梁采用了双层SMA铺装。

正交异性钢桥面板空间结构受力情况复杂,疲劳破坏与理论分析存在较大差异,铺装层随钢箱梁顶板反复挠曲变形容易出现疲劳开裂,尤其是我国的车辆超载现象极为严重,且铺装材料性能研究与桥梁受力状态的分析相互脱节,缺少较为系统的理论依据和试验数据支撑。近十多年来，国内多座大跨径正交异性钢桥出现了钢桥面板疲劳开裂、铺装层开裂、拥包、脱层等病害，严重影响到桥面的行车通行能力及交通安全，针对这些病害，光明桥基于UHPC超高性能混凝土材料，研发了专用于钢桥面的超高性能混凝土组合桥面结构，见图2-2-79。

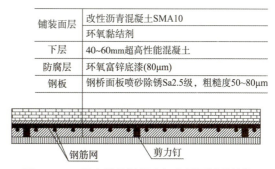

图2-2-79 超高性能混凝土组合桥面铺装结构

超高性能混凝土组合桥面体系的结构特点如下：

①超高的力学性能和超高的耐久性能，特别是超高的抗折强度和抗拉疲劳强度，能够满足超高性能混凝土组合桥面体系的设计目标。

②超高性能混凝土层与正交异性板通过剪力钉能形成组合结构，混凝土层与钢面板共同作用，可使得正交异性板主要构造细节应力幅降至疲劳以下，满足无限寿命设计要求。

③超高性能混凝土层与正交异性板形成了组合结构，桥面刚度大幅提高，改善了桥面柔性铺装的工作条件，可解决沥青混合料面层的滑移、脱层、拥包和车辙等问题。

超高性能混凝土组合轻型桥面具有超高的力学性能和耐久性，可提高桥面局部刚度40倍以上，延长正交异性钢桥面抗疲劳寿命，对解决钢桥面铺装问题具有较好的效果，且全寿命周期工程经济效益良好。同时考虑到光明桥上跨高铁的特殊环境，为减小桥面铺装养护维修对桥下高铁的影响，主桥设计采用新型超高性能混凝土组合桥面结构，关于组合桥面结构的研究成果参见第四篇第二章第八节内容。

二、主桥钢桥面结构设计

1. 主桥横梁结构设计（普通横梁、压重区横梁）

桥面采用密横梁形式的正交异性钢桥面结构，桥面铺装采用UHPC超高性能混凝土铺装结构（图2-2-80），每节间内设置3道横梁，主桁间横梁采用工字形截面，支点横梁采用箱形截面，横梁内高1200～1800mm。主梁梁端两个节间范围为压重范围，压重范围内的横梁同样采用箱形横梁结构，压重区底板为全半封闭底板，底板与下弦未连接，仅与压重横梁连接，见图2-2-81。

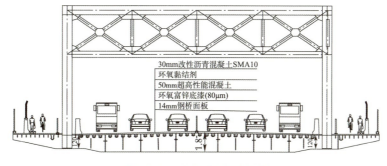

图2-2-80 主桥桥面结构设计

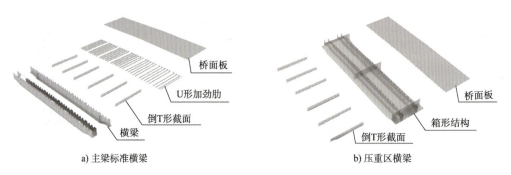

a) 主梁标准横梁　　　　　　　　　　　b) 压重区横梁

图 2-2-81　压重区横梁结构

2. 桥面系横梁计算

(1) 强度验算

桥面横梁按主桁弦杆支承,横梁桥面板有效宽度的变化按《公路钢结构桥梁设计规范》(JTG D64—2015)第5.1.8条计算。

$$\begin{cases} b_e^s = b & \dfrac{b}{L} \leqslant 0.05 \\ b_e^s = \left(1.1 - 2 \times \dfrac{b}{L}\right) \times b & 0.05 < \dfrac{b}{L} < 0.3 \\ b_e^s = 0.15L & \dfrac{b}{L} \geqslant 0.3 \end{cases} \quad (2\text{-}2\text{-}15)$$

等效跨径取钢横梁弦杆横向间距:$L = 24.2\text{m}$。

横梁间距取$2b = 3.05\text{m}$,则$b/L = 0.0619$,$b_e^s = (1.1 - 2 \times 0.0619) \times 1.5 = 1.293\text{m}$。

横梁简化为工字形截面,桥面板厚度$t_{f1} = 14\text{mm}$,下缘宽$B_2 = 0.64\text{m}$,厚度$t_{f2} = 32\text{mm}$,腹板厚度$t_w = 18\text{mm}$。桥面铺装采用UHPC超高性能混凝土,混凝土与横梁按钢混结合梁计算,结合施工过程,梁自重以及铺装恒载由钢梁承受,活载由钢混结合梁共同承受。

横梁等效计算模型见图2-2-82。

图 2-2-82　横梁等效计算模型

恒载取横梁3.0m范围内自重和二期恒载,$q_1 = 11.2\text{kN/m}$,$q_2 = 8.02\text{kN/m}$。

活载分别按7~1车道横向加载,计入相应车道的横向分布系数。

计算恒载作用下跨中最大弯矩$M_1 = 1724\text{kN}\cdot\text{m}$。

计算活载作用下跨中最大弯矩$M_2 = 2848\text{kN}\cdot\text{m}$。

跨中恒载最大弯矩设计值$M = 1.1 \times (1.2 \times 1724) = 2275.7\text{kN}\cdot\text{m}$。

跨中活载最大弯矩设计值$M = 1.1 \times (1.8 \times 1.3 \times 1.3 \times 2848) = 9529.9\text{kN}\cdot\text{m}$。

主梁横梁强度计算见表2-2-35。

主梁横梁强度计算 表2-2-35

项目		标准节间位置横梁强度		压重区位置横梁强度	
		跨中位置	主梁连接位置	跨中位置	主梁连接位置
一半横梁间距(m)	b	1.525	1.525	1.525	1.525
计算跨度(m)	L	24.2	24.2	24.2	24.2
间距与计算跨度比值	b/L	0.06302	0.06302	0.06302	0.06302
有效半宽(m)	b_{es}	1.49	1.49	1.49	1.49
有效宽度(m)	$2b_{es}$	2.97	2.97	2.97	2.97
有效宽度(m)	B_1	2.9	2.9	2.9	2.9
UHPC 厚度(m)	h_c	0.05	0.05	0.05	0.05
横梁底宽(m)	B_2	0.64	0.54	0.9	0.9
横梁高度(m)	h_s	1.8	1.2	1.8	1.2
横梁腹板厚度(m)	t_w	0.018	0.018	0.036	0.036
桥面板厚度(m)	t_s	0.014	0.014	0.014	0.014
横梁下缘厚度(m)	t_x	0.032	0.032	0.032	0.032
组合截面全高(m)	h	1.896	1.296	1.896	1.296
钢横梁截面高度(m)	h_s	1.846	1.246	1.846	1.246
有效UHPC面积(m)	A_c	0.145	0.145	0.145	0.145
钢横梁面积(m)	A_s	0.09348	0.07948	0.1342	0.1126
有效UHPC抗弯刚度(m⁴)	I_c	3.02E-05	3.02E-05	3.02E-05	3.02E-05
钢横梁面积抗弯刚度(m⁴)	I_s	0.0558	0.0216	0.0743	0.0307
UHPC形心高度(m)	y_{cc}	0.025	0.025	0.025	0.025
钢横梁形心高度(m)	y_{ss}	0.7708	0.4879	0.8862	0.6027
混凝土与钢横梁形心距离(m)	a	0.7458	0.4629	0.8612	0.5777
弹模比	n	4.5682	4.5682	4.5682	4.5682
换算截面面积(m²)	A_0	0.1252	0.1112	0.1659	0.1443
换算截面形心至混凝土形心距离(m)	a_c	0.5567	0.3308	0.6965	0.4507
换算截面形心至钢横梁形心距离(m)	a_s	0.1890	0.1321	0.1647	0.1270
换算截面抗弯刚度(m⁴)	I_0	0.0690	0.0265	0.0933	0.0389
换算截面上缘至形心距离(m)	s_{0s}	0.5817	0.3558	0.7215	0.4757
换算截面下缘至形心距离(m)	s_{0x}	1.3143	0.9402	1.1745	0.8203
钢横梁上缘至形心距离(m)	s_{ss}	0.7208	0.4379	0.8362	0.5527
钢横梁下缘至形心距离(m)	s_{sx}	1.1252	0.8081	1.0098	0.6933
换算截面上缘抗弯模量(m³)	W_{0s}	0.1187	0.0745	0.1293	0.0818
换算截面下缘抗弯模量(m³)	W_{0x}	0.0525	0.0282	0.0794	0.0474
钢横梁上缘抗弯模量(m³)	W_{ss}	0.0775	0.0494	0.0888	0.0555
钢横梁下缘抗弯模量(m³)	W_{sx}	0.0496	0.0268	0.0735	0.0442
恒载弯矩(kN·m)	M_d	2275.7	-1365.4	6797.0	-4078.2

续上表

项目		标准节间位置横梁强度		压重区位置横梁强度	
		跨中位置	主梁连接位置	跨中位置	主梁连接位置
活载弯矩(kN·m)	M_h	9529.0	−5717.4	9529.0	−5717.4
恒载上缘弯矩应力(MPa)	σ_{sd}	29.4	−27.6	76.5	−73.5
恒载下缘弯矩应力(MPa)	σ_{xd}	−45.9	51.0	−92.4	92.2
活载上缘弯矩应力(MPa)	σ_{sh}	80.3	−76.7	73.7	−69.9
活载下缘弯矩应力(MPa)	σ_{xh}	−181.4	202.8	−120.0	120.5
钢横梁上缘应力(MPa)	σ_s	109.7	−104.3	150.2	−143.4
钢横梁下缘应力(MPa)	σ_x	−227.3	253.8	−212.4	212.8
UHPC 换算应力(MPa)	σ_c	17.6	−16.8	16.1	−15.3
钢梁允许应力(MPa)	$[\sigma_s]$	275.0	275.0	275.0	275.0
UHPC 允许拉应力(MPa)	$[\sigma_c]$	19.0	19.0	19.0	19.0
验算结果		满足要求	满足要求	满足要求	满足要求

(2)横梁疲劳验算

采用疲劳荷载计算模型Ⅰ,疲劳按活载按 0.7 倍车辆活载折减。

疲劳验算时考虑 1.3 倍载荷放大系数。

跨中疲劳活载跨中最大弯矩 $M = 0.7 \times 1.3 \times 2848 = 2592.0 \text{kN} \cdot \text{m}$。

主梁横梁疲劳计算见表 2-2-36。

主梁横梁疲劳计算　　　　表 2-2-36

项目		标准节间位置横梁强度		压重区位置横梁强度	
		跨中位置	主梁连接位置	跨中位置	主梁连接位置
一半横梁间距(m)	b	1.525	1.525	1.525	1.525
计算跨度(m)	L	24.2	24.2	24.2	24.2
间距与计算跨度比值	b/L	0.06302	0.06302	0.06302	0.06302
有效半宽(m)	b_{es}	1.49	1.49	1.49	1.49
有效宽度(m)	$2b_{es}$	2.97	2.97	2.97	2.97
有效宽度(m)	B_1	2.9	2.9	2.9	2.9
UHPC 厚度(m)	h_c	0.05	0.05	0.05	0.05
横梁底宽(m)	B_2	0.64	0.54	0.9	0.9
横梁高度(m)	h_s	1.8	1.2	1.8	1.2
横梁腹板厚度(m)	t_w	0.018	0.018	0.036	0.036
桥面板厚度(m)	t_s	0.014	0.014	0.014	0.014
横梁下缘厚度(m)	t_x	0.032	0.032	0.032	0.032
组合截面全高(m)	h	1.896	1.296	1.896	1.296
钢横梁截面高度(m)	h_s	1.846	1.246	1.846	1.246
有效 UHPC 面积(m)	A_c	0.145	0.145	0.145	0.145

续上表

项目		标准节间位置横梁强度		压重区位置横梁强度	
		跨中位置	主梁连接位置	跨中位置	主梁连接位置
钢横梁面积(m)	A_s	0.09348	0.07948	0.1342	0.1126
有效UHPC抗弯刚度(m⁴)	I_c	3.02E-05	3.02E-05	3.02E-05	3.02E-05
钢横梁面积抗弯刚度(m⁴)	I_s	0.0558	0.0216	0.0743	0.0307
UHPC形心高度(m)	y_{cc}	0.025	0.025	0.025	0.025
钢横梁形心高度(m)	y_{ss}	0.7708	0.4879	0.8862	0.6027
混凝土与钢横梁形心距离(m)	a	0.7458	0.4629	0.8612	0.5777
弹模比	n	4.5682	4.5682	4.5682	4.5682
换算截面面积(m²)	A_0	0.1252	0.1112	0.1659	0.1443
换算截面形心至混凝土形心距离	a_c	0.5567	0.3308	0.6965	0.4507
换算截面形心至钢横梁形心距离	a_s	0.1890	0.1321	0.1647	0.1270
换算截面抗弯刚度(m⁴)	I_0	0.0690	0.0265	0.0933	0.0389
换算截面上缘至形心距离(m)	s_{0s}	0.5817	0.3558	0.7215	0.4757
换算截面下缘至形心距离(m)	s_{0x}	1.3143	0.9402	1.1745	0.8203
钢横梁上缘至形心距离(m)	s_{ss}	0.7208	0.4379	0.8362	0.5527
钢横梁下缘至形心距离(m)	s_{sx}	1.1252	0.8081	1.0098	0.6933
换算截面上缘抗弯模量(m³)	W_{0s}	0.1187	0.0745	0.1293	0.0818
换算截面下缘抗弯模量(m³)	W_{0x}	0.0525	0.0282	0.0794	0.0474
钢横梁上缘抗弯模量(m³)	W_{ss}	0.0775	0.0494	0.0888	0.0555
钢横梁下缘抗弯模量(m³)	W_{sx}	0.0496	0.0268	0.0735	0.0442
恒载弯矩(kN·m)	M_d	0.0	0.0	0.0	0.0
活载弯矩(kN·m)	M_h	2592.0	-1555.2	2592.0	-1555.2
恒载上缘弯矩应力(MPa)	σ_{sd}	0.0	0.0	0.0	0.0
恒载下缘弯矩应力(MPa)	σ_{xd}	0.0	0.0	0.0	0.0
活载上缘弯矩应力(MPa)	σ_{sh}	21.8	-20.9	20.0	-19.0
活载下缘弯矩应力(MPa)	σ_{xh}	-49.4	55.2	-32.6	32.8
钢横梁上缘应力(MPa)	σ_s	21.8	-20.9	20.0	-19.0
钢横梁下缘应力(MPa)	σ_x	-49.4	55.2	-32.6	32.8
UHPC换算应力(MPa)	σ_c	4.8	-4.6	4.4	-4.2

横梁跨中下缘疲劳细节等级 $\Delta\sigma_C = 100$ [参考《公路钢结构桥梁设计规范》(JTG D64—2015)中表 C.0.2,构造细节图示 7]。

正应力疲劳极限 $\Delta\sigma_D = 0.73 \times \Delta\sigma_C = 73 \text{MPa}$。

横梁跨中下缘疲劳应力 $\gamma_{Ff}\Delta\sigma_p = 1 \times 49.4 = 49.4 \text{MPa} < \dfrac{K_s \Delta\sigma_D}{\gamma_{Mf}} = 51.4 \text{MPa}$。

横跨梁端疲劳细节等级 $\Delta\sigma_C = 90$ [参考《公路钢结构桥梁设计规范》(JTG D64—2015)中表 C.0.3,构造细节图示 8]。

正应力疲劳极限 $\Delta\sigma_D = 0.73 \times \Delta\sigma_C = 65.7\text{MPa}$。

横梁梁端上缘疲劳应力 $\gamma_{Ff}\Delta\sigma_p = 1 \times 20.9 = 20.9\text{MPa} < \dfrac{K_s\Delta\sigma_D}{\gamma_{Mf}} = 48.6\text{MPa}$。

横梁梁端活载剪应力 $\tau_p = 20.1\text{MPa}$。

疲劳细节等级 $\Delta\tau_C = 80$（参考公路钢结构桥梁设计规范中表 C.0.5，构造细节图示 8）。

剪应力疲劳极限 $\Delta\tau_L = 0.457 \times \Delta\sigma_C = 36.6\text{MPa}$。

横梁梁端剪应力疲劳应力 $\gamma_{Ff}\Delta\tau_p = 1 \times 20.8 = 20.1\text{MPa} < \dfrac{K_s\Delta\sigma_D}{\gamma_{Mf}} = 27.1\text{MPa}$。

（3）悬臂端强度验算

非机动车桥面横梁按主桁弦杆悬臂支承梁计算，横梁桥面板有效宽度的变化按《公路钢结构桥梁设计规范》(JTG D64—2015)第 5.1.8 条计算，计算公式同式(2-2-1)。

等效跨径取钢横梁弦杆横向间距：$L = 4.5\text{m}$。

横梁间距取 $2b = 3.05\text{m}$，则 $b/L = 0.34$，$b_e^s = 0.15L = 0.15 \times 4.5 = 0.675\text{m}$。

横梁简化为工字形截面，桥面板厚度 $t_{f1} = 14\text{mm}$，上缘宽度 1.35m，下缘宽 $B_2 = 0.48\text{m}$，厚度 $t_{f2} = 20\text{mm}$。腹板厚度 $t_w = 14\text{mm}$。

计算恒载作用下悬臂根部最大弯矩 $M_1 = 303.7\text{kN}\cdot\text{m}$；

计算活载作用下悬臂根部最大弯矩 $M_2 = 154.4\text{kN}\cdot\text{m}$；

跨中最大弯矩设计值 $M = 1.1 \times (1.2 \times 303.7 + 1.3 \times 1.4 \times 154.4) = 709.9\text{kN}\cdot\text{m}$；

悬臂根部上缘应力 $\sigma_{1s} = \dfrac{M_{y1s}}{I_1} = \dfrac{709.9 \times 0.49}{0.0119} = 29.23\text{MPa} < 275\text{MPa}$；

悬臂根部下缘应力 $\sigma_{1x} = \dfrac{M_{y1x}}{I_1} = \dfrac{709.9 \times 0.744}{0.0119} = 44.4\text{MPa} < 275\text{MPa}$。

非机动车悬臂桥面验算强度满足规范要求。

3. 桥面板局部计算

前面结构设计采用密横梁，正交异形板钢桥面，横梁间距为 3.05m，U 肋间距 0.6m。桥面结构计算时不仅要考虑整体纵向第一体系受力，还需要考虑车辆局部载荷作用下第二体系受力，见图 2-2-83、图 2-2-84。

图 2-2-83　局部计算模型

整体模型在计算过程中桥面采用板单元模拟，U 肋采用换算截面和换算刚度模拟。局部模型计算主要为了研究车轮局部活载作用下桥面结构的第二体系受力，局部模型建立选取三个节间长度,桥面、主梁、U肋以及横梁全部均采用板单元模拟,在钢桁梁节点位置施加竖向约束,选取四种荷载工况进行局部加载。

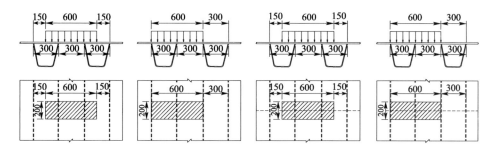

图 2-2-84　桥面板计算加载图示(尺寸单位:mm)

顶板局部应力计算采用车辆荷载,轴重采用200kN,车辆作用面积为0.6m×0.25m。桥面板局部应力考虑1.4倍冲击系数,桥面板应力见表2-2-37。

桥面板应力　　　　　　　　　　　　　　　　　　表2-2-37

分　　类	荷　载	应力(MPa)
第一体系	恒载	61.3
	活载	10.1
第二体系(16mm桥面)	活载	78.0
第二体系(14mm钢桥面+50mmUHPC)	活载	45.5

根据整体计算和局部计算结果,桥面板考虑两体系组合,16mm 厚钢板桥面板应力为 $1.1×(1.2×61.3+1.4×10.1+1.8×78.0)=250.9$ MPa<275 MPa,采用14mm钢桥面+50mmUHPC桥面板应力为 $1.1×(1.2×61.3×1.05+1.4×10.1×1.05+1.8×45.5)=191.4$ MPa<275 MPa,满足规范要求。

桥面相对变形计算见表2-2-38。

桥面相对变形计算　　　　　　　　　　　　　　　表2-2-38

桥　　面	加载模式一		加载模式二		d/L限值
	计算相对变形d(mm)	d/L	计算相对变形d(mm)	d/L	
正交异性钢桥面	0.3264	1/919	0.35055	1/856	1/700
UHPC+正交异性钢桥面	0.02995	1/10016	0.033135	1/9053	1/1000

桥面板变形计算结果显示,本桥的桥面局部刚度满足《公路钢结构桥梁设计规范》(JTG D64—2015)的要求。

4. 压重区钢桥面计算

在压重区横梁均采用800mm内宽的箱形截面,箱形截面腹板厚度为16mm,封底板与横梁底板采用整体32mm厚钢板。采用通用有限元软件建立压重区局部模型。模型模拟范围包含边跨端部的3个节间。其中桥面系采用壳单元模拟,桁架部分采用梁单元模拟,计算模型见图2-2-85,计算结果见图2-2-86。压重区底板最大应力为64MPa,小于规范容许应力。

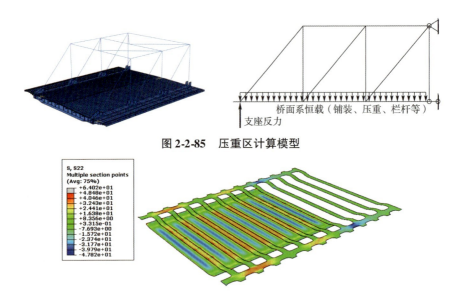

图 2-2-85　压重区计算模型

图 2-2-86　压重区底板应力云图(单位:MPa)

第六节　附属结构

为方便主体结构检查、保证维修养护工作的正常进行及桥下京沪高铁和京沪铁路的运营安全,专门设置了相关检查设施,附属结构的立面及横断面总体布置见图 2-2-87 和图 2-2-88。

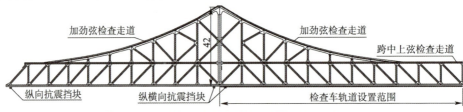

图 2-2-87　附属结构立面总体布置图(尺寸单位:m)

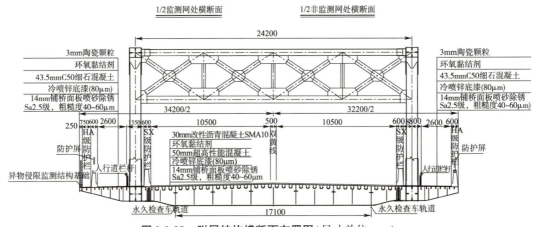

图 2-2-88　附属结构横断面布置图(尺寸单位:mm)

一、上弦及加劲弦纵向检查走道

本工程为市政桥梁,桥上设有非机动车道及人行道,人员流动难以控制,为避免行人刻意攀爬至高空处,造成意外伤害,不设端斜杆爬梯,仅在 A1-A2、A18-A18′、A2′-A1′ 上弦杆及所有的加劲弦杆件设置纵向检查走道;养护单位可通过登高车至检查走道处。

检查走道设置在主桁杆件外侧,有效通行宽度 92cm。走道为 Q235B 型钢焊接而成,外侧设置扶手栏杆,顶面设置直径 12mm 的圆钢踏步,间距 50mm。组焊件通过与主桁杆件栓合发送的连接钢板栓接连接。检查走道标准横断面见图 2-2-89。

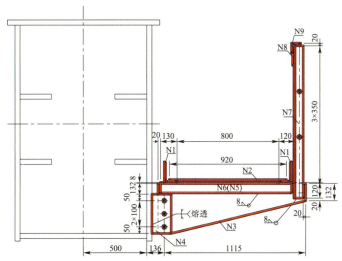

图 2-2-89 检查走道横断面布置图(尺寸单位:mm)

二、桥面梁端伸缩装置

在主桥两交接墩位置设置大位移伸缩缝,梁缝大小分别为 30cm 和 40cm,两内侧护栏中间部分为机动车道,外侧护栏及内侧护栏中间为人行道侧,伸缩装置在车行道及人行道部分分开布置,其中车行道伸缩缝宽度 21.5m,两侧人行道部分伸缩缝宽度 4.15m。伸缩缝平面布置见图 2-2-90。

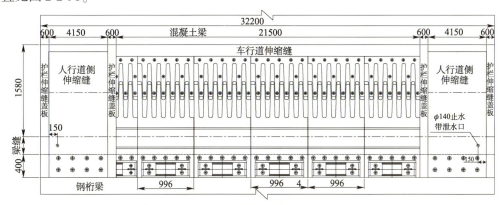

图 2-2-90 伸缩缝平面布置图(尺寸单位:mm)

车行道小里程梁端及大里程梁端分别设置 D560 和 D640 型单元式多向变位伸缩装置,采用浅埋式结构形式,为实现多向变位功能,主桥桥面铺装厚度 8cm,不满足伸缩缝最小安装空间要求。设计通过在钢桁梁桥面系梁端设置牛腿平台来满足伸缩缝的安装需求,平台宽度 400mm。车行道部分伸缩缝布置断面见图 2-2-91。

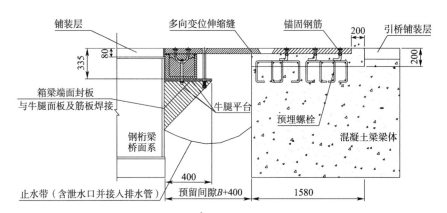

图 2-2-91　车行道侧伸缩缝布置断面(尺寸单位:mm)

考虑人行道侧伸缩缝受力需求相对简单,在满足梁端伸缩功能的前提下,在两侧人行道宽度范围内设置简便的伸缩装置。伸缩钢板一端与固定在钢桁梁悬臂上的牛腿平台连接,另一端放置在预埋到混凝土梁表面上的不锈钢板上,过渡钢板与伸缩钢板焊接连接,实现伸缩功能,构造简单,便于养护维修。车行道及人行道伸缩缝止水带连续通长布置,并在止水带横向端头设置泄水管并入桥梁排水系统。人行道侧伸缩缝布置断面见图 2-2-92。

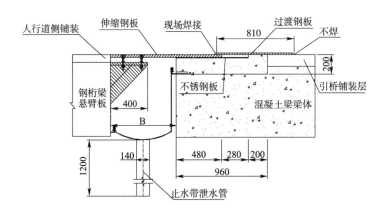

图 2-2-92　人行道侧伸缩缝布置断面(尺寸单位:mm)

三、防撞护栏

由于京沪高铁的重要性和安全性,设计所选取的护栏形式在强度上必须具有能有效吸收设计碰撞能量,阻止相应失控车辆越出桥外的功能。根据《公路交通安全设施设计规范》(JTG D81—2017),公路路侧护栏按防撞等级可分为 C、B、A、SB、SA、SS、HB、HA 八级,路面到护栏顶部的高度为 74.0~130.0cm。

设计中,参照《高速铁路设计规范》(TB 10621—2014)条文说明第 7.6.2 条中关于防撞护栏的要求执行。防护范围内桥梁防撞护栏应按不低于《公路交通安全设施设计规范》(JTG D81—2017)规定的最高防撞等级进行特殊设计,并应采用两道防护。

考虑到上跨京沪高铁桥梁的重要性和特殊性,在防撞安全性上应考虑在上跨铁路孔桥外侧设置 HA 级防撞护栏、SX 级防撞护栏。HA 级护栏高出桥面 1.3m,SX 级护栏高出桥面 1.4m,防撞护栏范围内的钢桥面板上设置带孔钢板与防撞护栏连接,以确保防撞护栏与钢梁的整体性。SX 级及 HA 级防撞护栏剖面图见图 2-2-93。

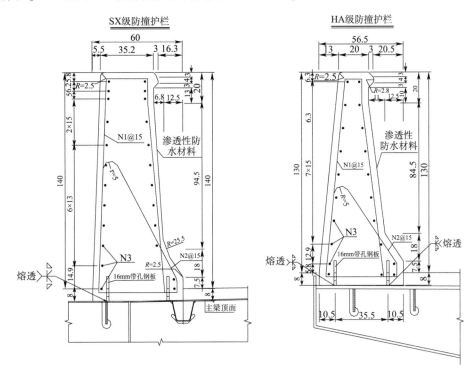

图 2-2-93 SX 级及 HA 级防撞护栏剖面图(尺寸单位:cm)

四、多功能防落梁挡块设计

本地区地震动峰值加速度为 $0.2g$,地震设防烈度Ⅷ度,应采用合理的限制位移措施,以控制结构相邻构件之间的相对位移。挡块是防落梁构造的一种,其设计理念要求挡块在地震中要能够可靠地传递上部结构对下部结构的作用,这种作用通过墩台传递给基础,可用于桥梁纵向和横向防落。

本工程在交接墩位置设置横向挡块系统,梁端端横梁结构中心处设置钢挡块,盖梁顶钢挡块两侧设置混凝土挡块,组合形成横向防落梁系统。交接墩处防落梁布置见图 2-2-94。

在中墩设置纵横向防落梁,钢挡块分别与主桁下弦杆底板和桥面系横梁底板熔透焊接。挡块下端与支座垫石留有一定间隙,实现中墩处的纵横向防落梁体系。中墩处防落梁横向及纵向布置分别见图 2-2-95 和图 2-2-96。

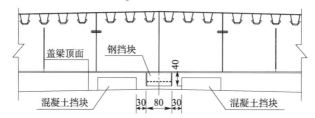

图 2-2-94　交接墩处防落梁布置图（尺寸单位：cm）

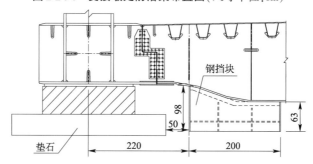

图 2-2-95　中墩处防落梁横向布置图（尺寸单位：cm）

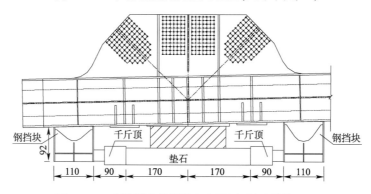

图 2-2-96　中墩处防落梁纵向布置图（尺寸单位：cm）

考虑到本工程转体施工后，需经一端纵移施工、合龙线形调整步骤方可进行高精度合龙并完成体系转换，钢挡块尺寸需综合考虑防落梁及纵移施工的受力和构造需求。纵移施工时，千斤顶作用于钢挡块和垫石之间，纵向前后分别设置两台千斤顶，同向前行实现纵向顶推，对角反向顶实现平面线形精确调整，实现了一端钢桁梁的纵向顶推及合龙线形的精确调整。

第三章
健康监测及养护设计

第一节 总体系统方案设计

一、设计原则

结构健康监测系统应立足于稳定可靠、经济实用,同时结合桥梁的结构特点和地理环境、系统的建设规模和造价要求等因素综合考虑,满足桥梁管理和维护系统的需要。大跨径钢桁架主桥结构健康监测系统基于统一性、经济性、可靠性、实用性、前瞻性、安全性、持久性等原则进行设计。

二、总体方案

光明桥健康监测系统主要由长期监测传感器子系统、数据采集与传输子系统、数据管理与控制子系统和结构预警与评估子系统四个子系统组成,见图2-3-1、图2-3-2。

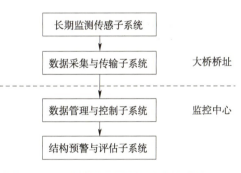

图2-3-1 主桥健康监测系统结构示意图

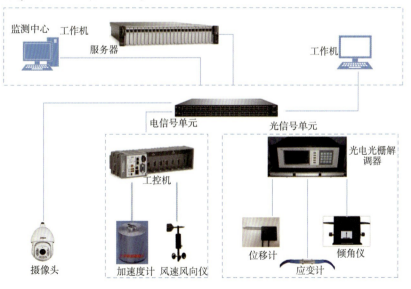

图2-3-2 主桥健康监测系统网络拓扑图

健康监测系统工作步骤如下:第一步是长期监测传感器子系统的各传感器在线拾取桥梁关键部位信号;第二步是实时采集与间断采集相结合获取数据,通过平板电脑、无线或传输光缆将数据传输到数据采集与传输子系统,将采集到的数字信号通过无线网络发射回控制中心;第三步是由计算机服务器与工作站组成的数据管理与控制子系统完成数据的后处理、归档、显示及存储,并根据结构预警与评估指令为其提供特定格式的数据和处理结果;第四步是结构预警与评估子系统根据监测系统送来的数据进行分析、统计、阈值判别,给出评估意见及报警信息,并为养护工作提出建议。

第二节　子系统方案设计

一、长期监测传感器子系统

结合光明桥结构受力特性与构造特点,监测项目划分为环境监测、结构响应监测两部分。

(1)环境监测:环境温湿度监测、环境风荷载监测、地震监测。

(2)结构响应监测:结构应力及应变监测、结构温度监测、结构变形监测、动力特性监测。

根据《公路桥梁结构监测技术规范》(JT/T 1037—2022),制定监测内容。根据设计图纸,同时参考同类型大桥健康监测系统的监测内容,确定本项目中钢桁架桥的健康监测内容。对每项内容选取重要监测截面和部位进行监测(图 2-3-3),在掌握环境、交通荷载作用下,要有利于分析、计算、评估重要构件的工作状态,建立荷载源与结构响应的关系,以便于进行结构的可靠度分析,同时也与结构设计校核。故障维修具体操作细则见表 2-3-1。

故障维修具体操作细则　　　　　表 2-3-1

监测类型	检测项目	传感器类型	测点数量	测点截面号	监测截面
环境监测	环境风荷载	风速风向仪	2	7	主跨跨中
	环境温湿度	温湿度计	1	7	主跨跨中
	地震	三向加速度计	2	4、9	主墩承台
结构响应监测	结构应力	应变温度传感器	42	3、4、5、6、8、9、10	边跨跨中、主跨 4 分点、20 号主墩、21 号主墩
	结构温度				
	结构变形	倾角仪	14	2、4、5、7、8、9、11	边跨跨中和主跨 4 分点、20 号主墩、21 号主墩
		位移传感器	4	1、12	19 号、22 号墩处伸缩缝
	动力特性	加速度计	15	2、5、7、8、11	边跨跨中和主跨 4 分点
交通视频监控		摄像头	10	1、4、7、9、12	19 号墩、20 号墩、21 号墩、22 号墩、主跨跨中
合计			90		

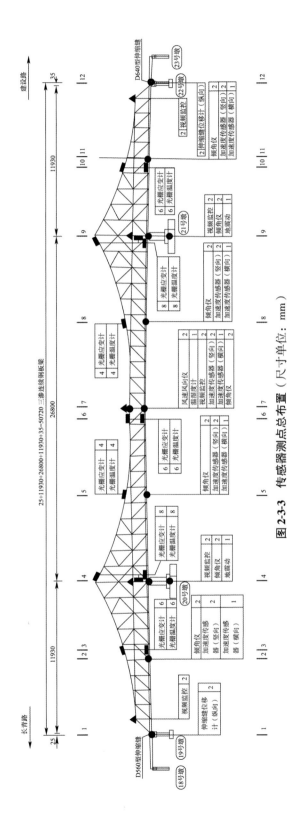

图 2-3-3 传感器测点总布置（尺寸单位：mm）

二、数据采集与传输子系统

数据采集与传输子系统由数据采集单元(工作站)和数据传输网络,以及数据采集与传输软件组成。

数据采集单元(工作站):考虑到传感器信号的传输距离不能太远,子系统中应在桥址处设立数据采集单元(Data Acquisition Unit,DAU),DAU 的设置数量应根据传感器具体布点情况决定。

数据采集单元内主要有如下设备:工业用控制计算机、各种信号调理器与读数仪、数据传输网络、数据采集与传输软件。

三、数据处理与管理子系统

数据处理与管理子系统部署于监控中心,是整个结构健康监测系统的核心。该子系统主要负责对数据采集的控制,对采集数据的处理、分析、统计及显示。该子系统由数据处理与管理计算机工作站、服务器、数据库及相关应用分析、报警软件构成。

四、结构预警与评估子系统

结构预警与评估子系统基于监测系统采集和存储的数据对桥梁的工作环境、桥梁的结构状态以及桥梁在车载等各类外部荷载因素作用下的响应进行实时监测、分析和研究,及时掌握桥梁的结构状态,可实现对桥梁结构状态的有效评估。

系统的主要作用为:

(1)进行桥梁工作环境、交通荷载状况的统计分析;
(2)进行桥梁主要构件结构响应(振动、应力、变形等)的统计分析;
(3)基于异常状态下(包括荷载、工作环境和结构响应)的结构预警;
(4)基于概率的构件承载能力分析及安全评估。

结构安全状态评估通过相应的评估软件来实现数据分析与解释、结构状况评估、结果数据管理及报告的功能。结构安全状态评估流程如图 2-3-4 所示。

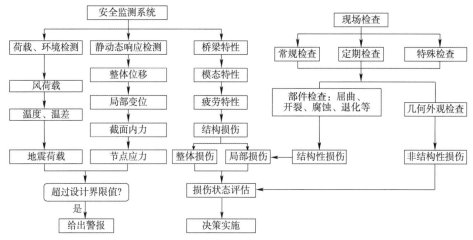

图 2-3-4　结构安全状态评估流程图

第三节 平台软件设计

一、软件架构

健康监测系统由长期监测传感器子系统、数据采集与传输子系统、数据管理与控制子系统、结构预警与评估子系统组成,如图2-3-5所示。

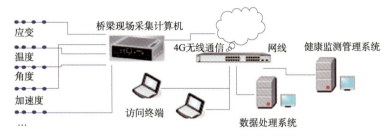

图 2-3-5 软件架构

数据分析处理系统与健康监测管理系统共享数据源,均采用 MS SQL Sever2012 关系型数据库。健康监测管理系统采用 B/S 架构;数据分析处理系统采用 C/S 架构,两者共同组建服务端平台。

服务端平台与数据采集系统共同构建完整的监测解决方案,支持数据采集系统平台化参数维护功能。

二、系统特点

数据采集与传输子系统将传感器数据通过有线/无线方式发送至服务器,由数据分析处理系统进行分析、预警、存储(图2-3-6)。数据采集软件支持自动备份、自动恢复网络连接、自动丢包续传等功能,根据传感器系统的特点,可以针对性地开展物理量转换、温度修正、基准点修正、频谱分析、峰值识别等计算分析过程。

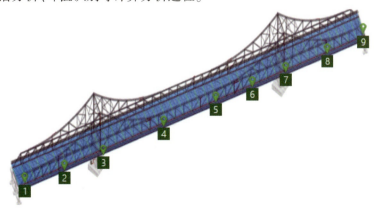

图 2-3-6 数据分析处理系统界面

数据管理与控制子系统提供了数据采集系统的通信接口,支持数据采集系统数据采集、上传频率的自适应调整,支持远程更新数据采集系统运行参数,提高了数据采集系统的可维护性和扩展性。

数据管理与控制子系统接收数据采集系统的数据,对数据进行相关处理后存储至数据库,由健康监测管理系统进行数据可视化、数据管理等工作。

数据管理与控制子系统实时接收数据采集系统通过有线/无线通信发送过来的数据包,进行数据包解析、统计分析、自适应权重分析、实时评估分析、预警分析等计算处理后,将数据存储于数据库中。

三、系统功能

管理系统具备如下功能:

(1)支持各桥梁管理部门自行维护桥梁的预警管理制度、预警流程机制,以及相应人员、部门的报警处理权限等工作管理制度;

(2)支持预警事件流程管理机制;

(3)支持用户权限管理机制,不同用户权限具有不同的软件界面效果和功能模块;

(4)支持传感器安装方案调整机制;

(5)提供了功能强大的数据曲线分析功能;

(6)支持用户自定义报表生成功能。

四、软件操作说明

软件界面及功能模块由用户权限动态决定。

1. 软件登录

登录网站界面如图 2-3-7 所示。

2. 登录后主页面

登录后主页面界面如图 2-3-8 所示。

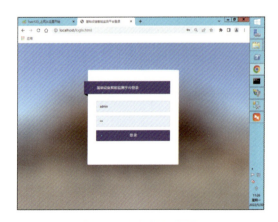

图 2-3-7　登录网站界面

图 2-3-8　登录后主页面界面

3. 角色管理

角色管理界面如图 2-3-9 所示。

图 2-3-9　角色管理界面

角色设置的目的在于对桥梁管理人员进行分组,在定义桥梁的默认预警收件人以及预警信息的转发处理时需要指定部门,属于该角色的所有人员均能收到、查阅和处理报警信息。

4. 用户管理

用户管理界面如图 2-3-10 所示。

图 2-3-10　用户管理界面

新增管理用户后,应继续为其分配权限。通过点击权限分配,为该用户指定相应的管理桥梁,以及相应的角色。

5. 权限管理

角色的定义由平台管理员维护。

系统目前定义有三种权限:
(1) 访客:具有浏览图片、数据、报表等功能。
(2) 项目管理员:具有监测项目管理以及访客浏览功能。
(3) 平台管理员:具有全部模块的增、删、改功能。

权限管理界面如图 2-3-11 所示。

图 2-3-11 权限管理界面

6. 桥梁图像

桥梁图像可自行定义各图集的分类名称。各分类图集名称在"基础设置"中的"数据字典"中定义。

桥梁影像中的图片可在"基础设置"中的"图形管理"中进行新增、编辑和删除操作。

7. 基本信息

显示当前桥梁的基本信息。

8. 监测数据

全桥传感器的布点示意图,如图 2-3-12 所示。

监测数据右侧为面板切换及节点选择。面板切换支持在传感器安装位置示意图、数据曲线、数据表格、传感器信息等模块间切换;节点选择支持用户通过传感器安装位置分类列表、传感器类型分类列表等方式选择传感器。

选中某传感器后,该传感器对应的安装截面及当前传感器图表均高亮显示,便于直观查看具体位置,如图 2-3-13 所示。

图 2-3-12 传感器布置图 1

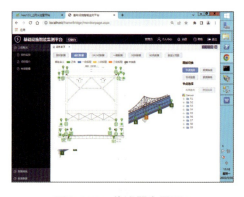
图 2-3-13 传感器布置图 2

选择某传感器后,可点击"面板切换区"的数据曲线按钮,查看该传感器数据曲线图。曲线图可同时对当前值、最大值、最小值、平均值进行显示。

当前值、最大值、最小值、平均值与数据正常上传周期值有关。若上传周期为 5min,则当前值表示为最后一组实时采集数据值,最大值、最小值、平均值为 5min 内全部采集数据的相应统计值。

曲线图支持范围缩放,可进行曲线区框选缩放,以及X轴上的进度条拉伸缩放。

9.基础设置

(1)阈值设置

阈值设置分3级分别设置各级的上、下限值。其中,1级预警表示"注意",2级预警表示"警告",3级预警表示"危险"。

1级预警值为根据有限元最不利荷载组合下理论计算极限值的70%进行设定;

2级预警值为根据有限元最不利荷载组合下理论计算极限值的100%进行设定;

3级预警值为根据有限元最不利荷载组合下理论计算极限值的120%进行设定。

(2)预警策略

为避免单个传感器因设备故障、信号干扰等原因发生误报警事件,系统提供了组合报警功能。当且仅当多个传感器同时触发报警时,该预警策略才会触发报警,且报警级别取决于所有传感器中的最低预警级别的传感器。

(3)存储策略

存储策略按不同类型分别定义有正常上传周期(s)、异常上传周期(s)、异常退出周期(s)三个参数。其含义为:

正常上传周期:在该周期内,定时进行该类型数据上传。

异常上传周期:当实测数据超出1级预警限值时,自动按异常上传周期补充上传数据。

异常退出周期:异常上传数据持续该周期时长后,自动结束异常数据上传。

(4)权重设置

可采用层次分析法进行健康状态评估,评估层次分为4层,从高到低分别为全桥评估(4级)、结构评估(3级)、类型评估(2级)、传感器测点评估(1级)。其中,传感器测点评估为实时评估;其余三种评估为定时评估,评估时间为次日凌晨5点至5点20分。评估计算工作由数据分析处理软件进行。

10.分布图设置

在指定的X轴不同位置上,将多个传感器数据连线绘制的曲线为分布曲线(图2-3-14)。播放不同时刻的分布曲线,可以形成类似分帧动画的显示效果,在表现全桥桥面线形时尤为形象直观。

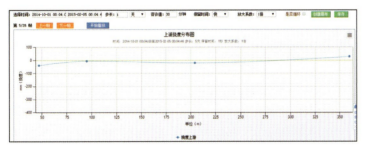

图2-3-14 分布图效果

11.对比图设置

在对比图中,可以将任意多个不同类型传感器数据集中绘制在同一坐标系图形中

(图2-3-15),便于查看数据之间的关联性。

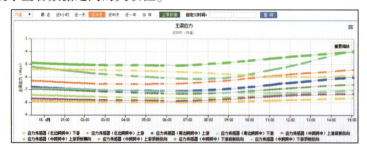

图 2-3-15　对比曲线图

12. 报警设置

报警设置包括报警处理和报警建议。

报警处理具备报警的处理、转发、查询、跟踪等功能。当报警默认接收人收到报警通知时,可以采取处理、转发两种方法进行操作。仅当报警得到处理后,该报警事件才能得以解除报警。若报警接收人因为时间、工作安排等各种因素无法直接处理该报警事件时,可将该报警通知转发给其他部门进行处理。

13. 报警建议

报警建议为报警事件的分析功能,将分析结果形成模式化建议范文。建议范文可人工事先录入,亦可通过设置相关参数由系统自动生成建议范文。

自动生成报警建议范文主要针对预警策略所触发的报警事件,系统根据预警策略所定义的多个传感器数据,通过有限元分析、往期定期检查结论、荷载试验报告等资料信息综合分析检算,验证报警事件理论上的可能性大小来自动生成范文。

此外,对某些传感器的预警,尚需进行特别处理,在突发事件发生时,除了即时的状况评估外,还需迅速进行现场检查。

第四节　系统运营和维护

城市桥梁养护包括城市桥梁及其附属设施的检测评估、养护工程、安全防护及建立档案资料,并根据城市桥梁的养护类别、养护等级和技术状况级别进行养护。

根据《城市桥梁养护技术标准》(CJJ 99—2017)中对养护类别和养护等级的规定,廊坊市交通中心上跨京沪高铁、京沪铁路立交桥养护类别为Ⅰ类、养护等级为Ⅰ等,应进行重点养护,其技术状况根据完好状态进行评定,对于Ⅰ类养护的城市桥梁,其完好状态分为下列两个等级:合格级——桥梁结构完好或结构构件有损伤,但不影响桥梁安全,需进行保养小修;不合格级——桥梁结构构件损伤,影响结构安全,需立即修复。城市桥梁须定期进行检测评估,及时掌握桥梁的基本状况,并采取相应的养护措施。

光明桥设专人负责日常巡检、定期检测及必要的特殊检测,并设自动化健康监测系统随时掌握桥梁技术状况和中长期发展趋势。

1. 日常巡检

本桥为Ⅰ类养护桥梁,每日进行巡检,且指定经过培训的专职桥梁管理人员或有一定经验的工程技术人员负责,主要对结构变异、桥梁及桥梁安全保护区域施工作业情况和桥面系、限载标志、限高标志、交通标志及其他附属设施等状况进行日常巡检。

日常巡检主要检查内容如下:

(1)桥梁各组成结构的完好状态,主要检查内容见表2-3-2。

各组成结构的检查要点　　　　　　　　表2-3-2

组成结构	部位	检查要点
桥面系及附属结构	桥面铺装	平整性及裂缝、坑槽、拥包、车辙、积水、沉陷、碎边、桥头跳车等
	伸缩装置	连接松动、异常变形、破损、脱落、漏水、阻塞等;是否造成明显跳车
	排水设施	泄水孔堵塞;排水设施缺损等
	人行道铺装	裂缝、松动或变形、残缺等
	栏杆、防撞护栏	污秽、破损、缺失、露筋、锈蚀、断裂、松动等
	防护网、声屏障	锈蚀、破损、变形、松动等
	挡墙	开裂、破损、塌陷、倾斜等
上部结构、下部结构		异常变化、缺陷、变形、沉降、位移等
人行梯道、照明设施等		异常变化、缺陷、积水等

(2)城市桥梁安全保护区域内的施工作业情况。

(3)城市桥梁限载标志及交通标志设施等各类标志完好情况。

(4)其他较明显的损坏及不正常现象。

(5)日常巡检主要以目测检查为主,并填写桥梁日常巡检报表,登记所检查桥梁病害的损坏类型、损坏程度、损坏位置等,提出相应的评价意见及养护措施。当巡检过程中发现设施明显损坏,影响车辆和行人安全时,立即设置警示标志,及时向主管部门报告并采取相应的维护措施。

2. 定期检测

本桥定期检测包括常规定期检测和结构定期检测,常规定期检测每年1次,结构定期检测3~5年1次。

(1)常规定期检测

常规定期检测设专职桥梁养护工程技术人员或实践经验丰富的桥梁工程技术人员负责,并根据检测结果按影响结构安全状况进行评估。常规定期检测以目测为主,配备照相机、裂缝观测仪、探查工具及辅助器材等量测仪器和设备,本桥常规定期检测主要包括桥面系、上部结构、下部结构、桥梁结构变位和桥梁的沉降等。并根据检测结果,按影响结构安全状况进行评估。

(2)结构定期检测

养护单位开展结构定期检测时,需结合桥龄、交通量、车辆载重、桥梁使用历史、已有技术评定、自然环境以及桥梁临时封闭的社会影响制定详细计划(包括采用的测试技术与组织方案),并根据检测结果按损坏状况进行桥梁技术状况评估。

3. 特殊检测

当桥梁遭受车辆撞击、地震、风灾、火灾、化学剂腐蚀、车辆荷载超过桥梁限载的车辆通过等特殊灾害造成结构损伤、常规定期检测中桥梁被评为不合格级,以及常规定期检测发现加速退化的桥梁构件需补充检测时应进行特殊检测。特殊检测由专业人员采用专门技术手段,并辅以现场和实验室测试等特殊手段进行详细检测和综合分析。

特殊检测主要包含下列内容:结构材料缺损状况诊断、结构整体性能和功能状况评估。

4. 桥梁养护

(1)光明道主桥上跨京沪高铁,实现主跨检修功能是桥梁养护的重点。为便于桥梁养护,本桥在钢桁梁主跨梁底设置智能可视化巡检小车,可进行无人自动巡检。同时预留安装人工检查小车条件,供检修人员检查维修,可视化巡检小车与人工检查小车共用同一套梁底轨道系统。

(2)钢桁梁养护

①运营期间对各部分连接节点及杆件、铆钉、销栓、焊缝进行检查、养护。

②保持钢结构外观清洁,冬季及时清除冰雪。桥面铺装应无坑洼积水现象,渗漏部位及时修补完好。

③每年保养一次钢结构。

④结构定期检测时,对现场拼接焊缝等关键部位焊缝进行无损探伤检查。

⑤当钢梁杆件伤损容许限度超限时,及时整修、加固或更换。

⑥当铆钉存在松动、裂纹、钉头部分或全周浮高时应及时更换,并做好记录。

⑦当钢桁梁高强螺栓有松动、缺失时,应及时拧紧、补充。需要更换高强螺栓时,大型节点同时更换的数量不得超过该节点螺栓总数的10%,对螺栓少的节点应逐个更换。

⑧涂装养护:

a. 运营中钢梁保护涂装起泡、裂纹或脱落的面积达到10%以上时,需进行整桥重新涂装。

b. 局部涂装用涂料,应与原桥用涂料一致。

c. 当涂膜维护涂装时,应对局部风化部位按要求进行清理,按原涂装体系逐层进行涂装,新旧涂层间应有 50~80mm 宽的过渡带,局部修理时干膜总厚度不应小于原涂装干膜的厚度。涂装后应检测漆膜厚度,漆膜厚度不满足设计要求时应重新喷涂。

d. 钢梁表面清理不得在雨、雪、凝露和相对湿度大于80%及风沙天气进行。本桥采用冷喷锌防锈底漆+氟碳面漆相结合的长效防护体系,涂装维护时无机富锌防锈底漆和氟碳面漆不得在环境温度5℃以下施工。涂装后 4h 内应采取措施保护,不得遭受雨淋。

(3)桥面铺装养护

①桥面沥青混凝土修补碾压作业时,应采取静压或水平振荡碾压方式。

②桥面结构长期含水浸泡造成的脱落、拥包,应采取有效的排水措施,修补面干燥后,再进行面层修补。

③修补沥青混凝土前,应检查桥面防水层,如有病害应先处置。

④沥青混凝土修补时的新旧立面接缝处(包括沥青层与防撞墙或伸缩缝保护带混凝土

立面接缝处)应采取防水措施。

⑤沥青混凝土桥面可定期采取微表处、雾封层等预养护措施。

⑥损坏的防水层应及时进行修补。修补后的防水层,其防水性能、整体强度、与下层黏结强度和耐久性等指标,应满足原设计要求。

(4)伸缩装置养护

伸缩装置应平整、直顺、伸缩自如,处于良好的工作状态。有堵塞时及时清除,出现渗漏、变形、开裂,行车有异常响声、跳车时应及时维修。

①每月进行一次伸缩缝清缝工作,伸缩装置下方的梁端缝隙每年清理不少于两次,伸缩装置的固定螺栓每季度保养一次,松动时及时拧紧。

②伸缩装置的密封橡胶带(止水带)损坏后及时更换。密封橡胶带的选择,应满足原设计的规格和性能要求。

③当伸缩装置的钢板松动、开焊、翘曲和脱落时,及时修复。

④当伸缩装置出现损坏而无法修复时,优先选用原型号伸缩装置产品进行整体更换。伸缩装置锚固预埋件如有缺损,应补植连接锚筋。

⑤伸缩装置保护带应完好,不得有开裂、破损现象,坑洞的面积不得大于 $0.01m^2$,深度不得大于20mm。已松散和有坑洞的保护带,应及时修复。保护带小面积维修宜采用快速修复材料。保护带与桥面的接缝高差不应大于2mm。

⑥在每年气温最高和最低时,应及时测量伸缩装置的间隙,且不得小于设计最小间距和大于设计最大间距;每季度宜对伸缩装置的水平错位、相对高差进行观测。

(5)支座养护

①支座每半年检查、清扫一次,每年养护一次。

②支座各部分应完整、清洁、有效,支座垫板应平整、紧密、锚固牢固。支座周边应干燥、洁净,无积水、油污,支座周边积水应检查积水原因,及时处理,必要时可做散水坡。

③支座养护前检查支座状况,并与前一次检查养护结果进行比较,并留存记录。

④检查支座锚栓的坚固性,螺母不得缺失和松动,防尘罩应保持完好,活动支座应保持灵活,实际位移量应符合设计规定。

⑤支座外露金属构件不得锈蚀,应定期清洁、除锈、刷防锈漆,局部除锈刷漆颜色宜和原色一致。

⑥滑移的支座应及时复位,损坏或状态达不到设计使用要求的支座应及时更换。

(6)附属设施养护

①桥面泄水管和排水槽应完好、畅通,外观整洁美观。雨季前应全面检查和疏通,降水较多地区可加大检修频率,出现堵塞、残缺破损应及时疏通或维修更换。冬季悬挂冰凌应及时清除。

②桥梁护栏应完整、牢固、美观、有效,有松动、变形、缺损、锈蚀时,及时维修更换。

③桥梁亮化缺损时及时恢复。

④应经常检查桥梁防抛网的锚固部位,及时修复锚固区缺陷。对存在安全隐患的防抛网应及时更换,并确保检查门保持完好。

⑤定期检查主桁两侧检修通道,包括除锈、涂漆、修理损坏的构件等,保持检修通道的牢

固、完好。

⑥定期检查桥梁永久观测点,保持桥梁监测系统完好,运行正常。

⑦桥梁避雷设施应保持完好,避雷针接地线附近严禁堆放物品和修建设施,严禁挖掘地线的覆土,并采取防冲刷措施。在雷雨季节前对避雷针和引下线及地线进行检查,发现缺损及时修理。

5.安全防护

(1)桥梁养护单位接养后,应结合桥梁结构形式等具体情况划定桥梁安全保护区域范围,编制监督管理方案,发现桥梁安全隐患时及时处置。

(2)在桥梁安全保护区域内,从事可能影响桥梁安全的施工作业时,需由具有相应资质的专业检测单位进行桥梁结构检测,编制检测报告,并编制检测方案,施工作业期间对桥梁进行动态监测,并定期报送桥梁动态监测记录。

(3)在实施桥梁动态监测前,需结合使用情况、现有状态及设计要求制定其沉降、位移的监控值及报警值。

第四章
灾害监测系统设计

第一节 灾害监测系统设计

一、系统构成

灾害监测系统由京沪高铁天津西监控数据处理设备、现场监测设备及系统网络等构成。

二、异物侵限监测设备设置原则

1. 中心系统

利用京沪高铁天津西监控数据处理设备,并对其进行数据调整。

2. 现场监测设备

现场监测设备由监控单元和现场采集设备组成。

(1)监控单元:在廊坊高铁站房通信机械室新设异物侵限监控单元,监控单元由监控主机、异物侵限监测功能模块、防雷单元、电源、机柜等组成。

(2)现场采集设备:异物侵限现场采集设备包括异物侵限现场监测装置、现场控制器等设备,设置于公跨铁桥梁处,现场控制器设置于铁路用地界内,且不得侵入铁路建筑限界。异物侵限现场监测装置采用双电网传感器,设置于上跨铁路的道路桥梁两侧,双电网传感器规格、安装高度、安装角度参照《高速铁路防灾安全监控系统——公跨铁立交桥异物侵限监测方案》(运技基础〔2010〕739号)及《中国铁路总公司关于完善高速铁路桥梁附属检查设施和改进异物侵限现场监测装置安装方式的通知》(铁总运〔2014〕127号)。电网长度应大于异物侵限监测装置的长度,两端各延伸不小于1m,并设置备品备件10m。

(3)终端:利用工务调度处既有监测业务终端、维护终端,并修改终端数据配置。

三、通信通道

异物侵限系统需利用独立通道。设置监控单元处通过通信传输系统提供 $1 \times 2 \text{Mbit/s}$ 的以太网透传通道构成主、备用双网结构,车站至天津西站灾害监测系统中心采用双网结构,主备用通道带宽为 $2 \times 2 \text{Mbit/s}$。

四、视频监控系统

在公跨铁桥梁两侧铁路轨道旁设置高清摄像机2台,对公路桥来车方向异物坠落情况进行监控,利用光口接入廊坊站高铁通信机械室既有综合视频监控系统交换机。既有交换机接口满足接入条件。

五、通信线路

本工程高铁通信机械室至室外灾害监测系统采用低烟无卤阻燃型16芯信号电缆,至视频监控现场监测点采用低烟无卤阻燃型12芯光缆。在铁路两侧利用既有光电缆槽道敷设,利用既有过轨处过轨。

六、电源、防雷及接地

1. 电源

本次新设的异物侵限系统监控单元自带不间断电源(Uninterruptible Power System,UPS),利用通信机械室既有电力配电箱供电。UPS蓄电池供电时间不小于3h。视频监控设备利用既有UPS供电。

2. 防雷

进、出建筑物的信号电缆、电力电缆设置适配浪涌保护器,室外现场采集设备设置浪涌保护器,浪涌保护器可靠接地。视频监控室外设备箱中设置防雷设备。

3. 接地

根据《高速铁路信号工程施工技术规程》(Q/CR 9607—2015)相关要求,防灾电缆引入机房时,应在电缆引入口处将电缆钢带切断(铝护套不得断开),电缆钢带及铝护套做接地处理,用双根$1.5mm^2$的绝缘电线与预留的防雷接地排连接。

现场采集设备通过敷设接地缆线与预留在路基、梁端电缆槽内的接地端子相连,室外电缆钢带(铝护套)应采取分段单端接地方式,每段电缆长度不宜小于1km,不得超过3km,外皮单点就近接入综合接地端子,机房内设备通过接地缆线与室内接地端子排连接,纳入综合接地。

设置于室内外的灾害监测系统设备均纳入综合接地系统,接地电阻值≤1Ω。现场设备接地与牵引网中防雷接地装置在贯通地线上的接入点的间距不应小于15m,与其他弱电设备在贯通地线上的接入点的间距不应小于5m。视频监控立杆新设接地系统,阻值≤10Ω。若视频立杆处与既有贯通地线间距在20m范围内,新设接地应与综合接地系统等电位连接。

第二节 信号接口设计

本工程新上跨京沪高铁处设置1处异物侵限监测点,京沪铁路(时速160km)不设。按照相关规定,在异物侵限监控系统检测到异物侵限时,其报警信息传输至列控系统进行列车安全防护。本次工程需对既有京沪高铁廊坊站计算机联锁、列控中心、无线闭塞中心、信号集中监测系统进行相应修改,按照《高速铁路联调联试及运行试验实施细则》(铁总办〔2013〕107号)要求,需采用动车组对本次修改的无线闭塞中心(RBC)管辖范围进行防灾安全监控系统专项动态检测。

车站站内以轨道电路区段为防护单元。当站内发生公跨铁桥梁异物侵限报警时,站内轨道电路由列控中心设备编码,由列控中心设备将报警信息对应的轨道区段无条件发H码,同时关闭有关站内进路防护信号机(点亮禁止信号)。车站计算机联锁软件应防止异物侵限报警时错误解锁。

对于CTCS-3级列控系统,计算机联锁应负责将所属范围内的异物侵限信息发送至无线闭塞中心,无线闭塞中心按照无条件紧急停车区处理异物侵限灾害。

异物侵限监测报警信息通过接口,纳入信号集中监测系统,按一级报警信息处置。具体实现方案如下:

在公跨铁桥梁异物侵限报警范围内的轨道电路所在车站设置异物报警继电器(YWJ)。列控系统对管辖范围内(本站列控中心管辖范围)的所有异物侵限报警信息进行采集,并传送给本站联锁系统。

YWJ由异物侵限监控系统驱动,常态为吸起,落下时信号系统按发生异物侵限灾害进行防护。列控中心负责采集YWJ条件,具体实现如图2-4-1所示。

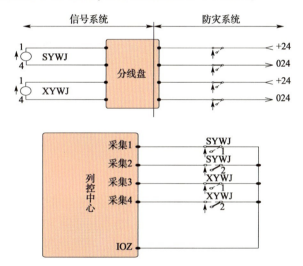

图2-4-1　YWJ励磁及列控中心采集示意图

信号集中监测系统直接采集异物侵限报警继电器接点作为监测报警的输入信息,并采集防灾系统与列控系统分界处接口直流电压。

第五章 四电迁改

第一节 接触网工程

施工过程中及成桥状态下,主桥主跨均需满足接触网上跨建筑物绝缘距离要求,结合桥梁施工方案需对接触网进行防护并更换部分腕臂绝缘子。

一、既有接触网概况

1. 供电方式：
京沪高铁:AT 供电方式。
京沪铁路:带回流线直供方式。

2. 接触网悬挂类型
京沪高铁:采用全补偿弹性链形悬挂。
京沪铁路:采用全补偿简单链形悬挂。

3. 接触网承力索及导线
京沪高铁:正线 JTMH120 + CTMH150(20kN + 31.5kN),站线 JTMH95 + CTS120(15kN + 15kN)。
京沪铁路:正线 CTHA-120 + THJ-95(15kN + 15kN),站线 CTHA-85 + THJ-70(8.5kN + 15kN)。

4. 结构高度及导线高度
京沪高铁:结构高度为 1600mm。接触线工作支悬挂点距轨面连线高度为 5300mm。
京沪铁路:结构高度为 1400mm。接触线工作支悬挂点距轨面连线高度为 6450mm。

5. 腕臂绝缘子
京沪高铁:瓷质绝缘子。
京沪铁路:复合绝缘子。

二、防护方案

根据《普速铁路接触网运行维修规则》第一百五十六条的规定,对上跨处承力索、附加线安装铠装护线条。预绞丝铠装护线条材料及规格类型参见《电气化铁路接触网用预绞式铠装护线条暂行技术条件》(铁总运〔2016〕54 号)。

根据《普速铁路接触网运行维修规则》第一百七十一条的规定,将上跨处两侧腕臂绝缘子更换为复合绝缘子。更换范围:京沪高铁47~54号支柱腕臂绝缘子。

第二节 通信工程

桥梁施工前,铁路两侧光、电缆按整盘割接,光缆2km、电缆0.5km,并采用钢筋混凝土槽防护,埋设于不受施工影响区域。

线路北侧既有管道为8孔,通过人孔割接,按既有光缆同标准迁改敷设。

第三节 信号工程

本工程对既有京沪高铁和京沪铁路相关信号电缆造成影响。为保证既有铁路在施工过程中的安全运营,须对施工期间受到影响的铁路信号设备及电缆进行迁移、防护。

根据《铁路技术管理规程》(普速部分)(TG/01—2014)第142条规定:"在信号、通信线路及设备附近进行施工或作业时,应会同设备维护部门,采取安全防护措施"。站前专业施工前,施工单位应会同相关电务部门对既有信号设施进行调查、核实。对施工过程中可能会影响到的信号设施进行安全防护,在电务部门确认防护完成后,方可进行施工,确保既有铁路运输安全。为配合工程施工,上述信号电缆需根据电缆弯曲度、余长等因素做相应防护。具体方案如下:

(1)先探测地下电缆,然后将受影响的信号电缆及贯通地线与新敷设电缆进行切割接续,接续长度按500m考虑,将电缆移到安全地区。新敷设电缆采用复合型电缆槽进行防护,保证信号设备及线路的安全可靠使用。

(2)在桥梁的施工过程中,工程作业范围内所有信号设备均须进行安全防护。工程作业影响范围内电缆采用阻燃型复合材料电缆槽进行防护,待桥梁施工完毕后放入桥梁预制电缆槽内,盖板后两端用水泥封堵。

第四节 电力工程

既有电力设施有两座箱变、两条高压电缆及两条箱变馈出低压电缆受影响。

电力迁改方案:20号桥墩处80kVA 10/0.4kV箱变及10kVA 10/0.4kV箱变改移至施工影响范围外。拆除施工影响范围内既有高压电缆,改电缆敷设YJV22-8.7/10kV 3×70型电缆;新设高压电缆开关箱2台,与既有自闭电缆对接。拆除施工影响范围内箱变馈出既有低压电缆,改电缆敷设VV22-0.6/1kV 2×16型电缆及VV22-0.6/1kV 3×50+1×35型电缆;新设低压电缆开关箱2台,与既有低压电缆对接。

CONSTRUCTION TECHNOLOGY FOR
SWIVELING
AND OVER-CROSSING
OPERATING HIGH-SPEED RAILWAY
OF LANGFANG GUANGMING BRIDGE

PART THREE
第三篇
工程施工

廊坊市光明桥项目上跨京沪高铁、京沪铁路、西牵出线共11条股道,施工区域紧邻京沪高铁廊坊站和京沪铁路廊坊北站,所处区域铁路相关设备较多、地下管线纵横交错、地质条件复杂。根据铁路部门要求,邻近铁路施工需向铁路相关管理部门申请办理施工审批手续和施工监护协议等,按计划组织施工,转体等跨越铁路项目还需提前办理营业线施工手续,施工组织复杂。

按照北京铁路局有关管理办法,邻近营业线涉及可能因翻塌、坠落等意外而危及营业线行车安全的工程施工,列为B类施工。本工程涉及B类施工的分部分项工程有:桩基工程施工、基坑开挖、承台施工、转体支座施工、桥墩施工、钢桁梁拼装支架及横移支架施工、门式起重机拼装及钢桁架架设施工。

根据现场施工条件及专项审查方案意见拟定,涉及Ⅱ级既有线天窗施工(繁忙干线和干线封锁2h以内的大型上跨铁路结构物施工)的分部分项工程有:钢桁梁转体施工、钢桁梁纵移施工、合龙段防护小车撤离施工。涉及Ⅲ级既有线天窗施工(Ⅰ级、Ⅱ级以外的上跨铁路结构物施工)的分部分项工程有:合龙施工、桥面铺装施工、防灾减灾系统施工。

第一章
总体施工组织

第一节 施工场地布置

一、总体施工场地布置

主桥施工场地被京沪高铁、京沪铁路一分为二,为利于组织施工,按京沪高铁侧(高铁侧)、京沪铁路侧(普铁侧)划分为两个施工区域,分别进行集中管理。高铁侧施工区域为19号边墩、20号主墩、横移滑道、辅助滑道、拼装支架、钢梁拼装、钢梁转体施工场地;普铁侧施工区域为21号主墩、22号边墩、辅助滑道、拼装支架、钢梁拼装、钢梁转体施工场地。施工场地内包含运输通道、钢桁梁拼装场、钢筋加工棚、施工区域硬化、排水设施、给水管道、工程标识标牌、变压器等。与工程所配套的项目部设在高铁侧,主桥施工场地布置见图3-1-1。

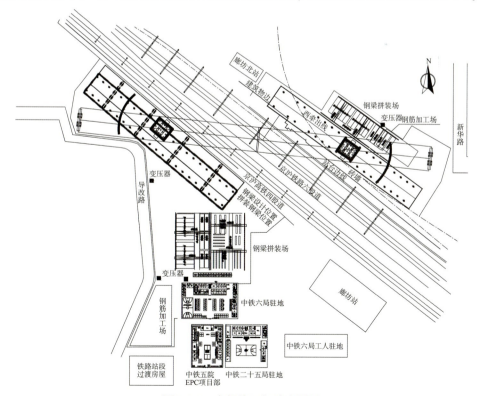

图3-1-1 主桥施工场地布置图

二、钢桁梁加工场布置

高铁侧钢桁梁加工场设置在 20 号墩南侧,紧邻项目部驻地,占地约为 7840m²,内设主桁杆件存放与拼装区、平联杆件存放与拼装区、桥面板拼装区及存放区,并设置 70t 门式起重机 2 台、60t 门式起重机 2 台,分别用于杆件的装卸、桥面板的拼装焊接。高铁侧钢桁梁加工场布置见图 3-1-2。

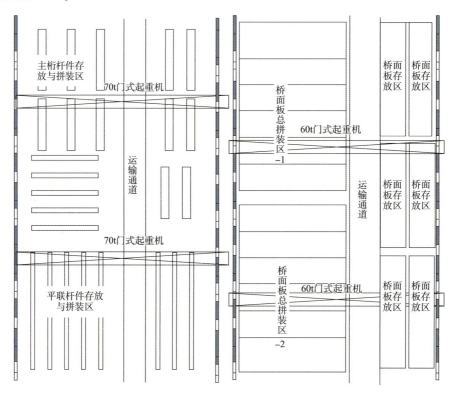

图 3-1-2　高铁侧钢桁梁加工场布置图

普铁侧钢桁梁加工场设置在 21 号墩东北侧,占地约为 4584m²,内设主桁杆件存放与拼装区、平联杆件存放与拼装区、桥面板拼装区及存放区,并设置 70t 门式起重机 2 台、60t 门式起重机 1 台,分别用于杆件的装卸、桥面板的拼装焊接。普铁侧钢桁梁加工场布置见图 3-1-3。

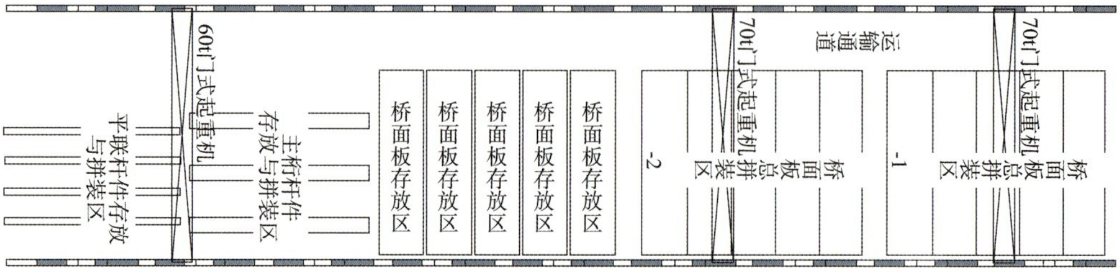

图 3-1-3　普通侧钢桁梁加工场布置图

第二节 总体施工方案

一、下部结构总体施工方案及工艺流程

1. 下部结构总体施工方案

结合具体地质条件,桩基础施工采用反循环钻机、旋挖钻机成孔,泥浆护壁,钢筋笼分节加工,直螺纹套筒连接,采用25t/50t起重机吊装就位,导管法连续灌注桩身混凝土。

承台基坑采用钻孔桩+止水帷幕+钢支撑的支护方式,在基坑底部设置封底旋喷桩,使基坑达到整体封闭止水的效果,防护桩顶部设置冠梁,基坑四周挂网喷射混凝土作为护壁;基坑开挖采用人工配合挖掘机的方式分3次开挖到位。承台钢筋在钢筋场集中下料,基坑内完成安装,模板采用大块组合钢模板。

转动体系钢骨架、转体支座、钢板滑道按照设计图纸由专业厂家进行加工,在施工下承台和上承台时采用250t汽车式起重机进行安装。

墩身和盖梁钢筋由钢筋加工场集中加工,墩身及盖梁模板采用定型钢模板,混凝土分3次浇筑。

大体积混凝土施工采取控制水化热、灌注时间、入模温度,设置循环水管道降温,加强养护等措施,防止混凝土开裂。

2. 下部结构施工工艺

主桥主墩基础及下部结构施工顺序为:施工准备(涉铁施工手续办理、临建施工等工作)→基坑防护桩→基坑止水帷幕→防护桩冠梁→主墩桩基础→基坑承压封底→基坑分层、分段开挖→基坑封底混凝土施工→凿除桩头→下承台浇筑第一次混凝土→安装环形滑道浇筑第二次混凝土→支座垫石→安装转体支座→千斤顶反力座、撑脚、牵引反力座→上承台→墩柱→垫石、安装支座。下部结构施工流程见图3-1-4。

二、上部结构总体施工方案

上跨结构总体采用转体法施工,分别在高铁侧(20号主墩处)、西牵出线侧(21号主墩处)拼装钢桁梁主体,钢桁梁拼装跨度为高铁侧(119+138)m、西牵出线侧(130+119)m。拼装钢桁梁时高铁侧钢桁梁向远离高铁侧预偏15m,西牵出线侧钢桁梁向边跨侧预偏30cm。转体前需将高铁侧钢桁梁横移15m至设计位置。西牵出线侧钢桁梁需逆时针转体29°,转体吨位约14500t,高铁侧钢桁梁需逆时针转体33.4°,转体吨位约15000t。转体结束后连接防护小车并固定,将西牵出线侧钢桁梁向中跨侧顶推30cm,进行合龙段施工。

钢桁梁拼装施工先吊装中墩处桥面板,对称安装桥面板两侧下弦杆与桥面板连接,然后依次对称安装中墩前后各两个节间下弦杆件,桥面板紧随其后安装,使底部形成一个整体。然后自中墩处向两侧依次对称安装竖杆,在竖杆安装完成后立即安装斜杆,使之成为三角稳定结构。自中墩处向两侧依次安装上弦杆,然后安装平联杆件,安装靠近铁路侧挑臂。

中墩处四个节间平弦成为整体桁架结构后,两台门式起重机分别向两侧按照下弦杆→桥面板→竖杆→斜杆→上弦杆→平联杆件→挑臂的顺序完成平弦钢桁梁的拼装。加劲弦安装施工自中墩处开始,先安装中墩两侧各两个节间的竖杆、斜杆,下部形成稳定结构后再安装上部竖杆、加劲弦杆,然后向两侧同步按照竖杆、斜杆、加劲弦杆的顺序完成加劲弦的安装。最后吊装远离铁路侧挑臂,完成整个钢桁梁的拼装工作。上部结构钢桁梁拼装立面见图3-1-5。

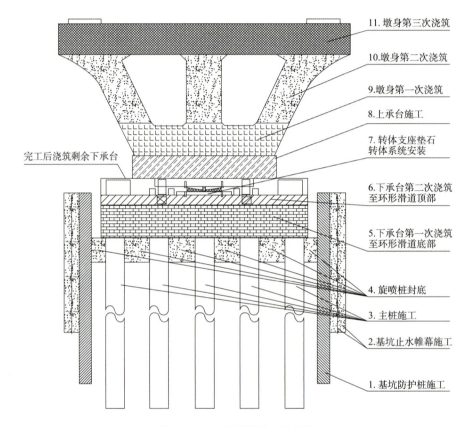

图3-1-4 下部结构施工流程图

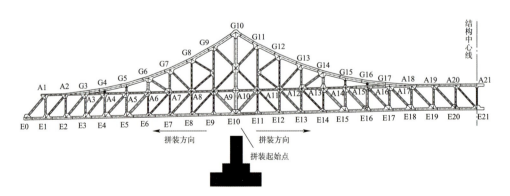

图3-1-5 上部结构钢桁梁拼装立面图

第三节 主要工程数量及施工机械

一、主桥部分主要工程数量

主桥(19~22号墩)区段主要工程数量见表3-1-1。

主桥(19~22号墩)区段主要工程数量　　　　表3-1-1

部 位	项 目	结构尺寸、规格型号	单 位	数 量
主桥下部结构	主墩桩基	主桩桩径为1.8m,桩长为71m/76m	根	20/20
		防护桩桩径为1.25m,桩长为20m	根	112
	边墩桩基	主桩桩径为1.5m,桩长为47m/51m	根	8/8
	止水帷幕	直径0.7m,长度15m	根/m	1/15
		基坑封底止水帷幕直径0.7m,长度2m	根/m	1/2
	承台	主墩承台下承台尺寸为20.9m×16.4m×5m,上承台尺寸为14.5m×10.5m×3m	个	2
		边墩承台尺寸为6.3m×6.3m×2.5m	个	4
	支座	转体球形支座160MN,组合高度460mm	个	4
		主墩桥面支座	个	4
		边墩B型支座	个	4
		边墩A型支座	个	20
	墩柱	20号主墩墩柱截面尺寸为29.6m×6m×13m,21号主墩截面尺寸为29.6m×6m×12m	个	1/1
		19号、22号边墩墩柱截面尺寸为2.8m×2.6m×10.3m	个	4
	垫石	主墩垫石尺寸为3.4m×3.4m×0.45m	个	4
		边墩垫石尺寸为190cm×190cm×0.7m、100cm×70cm×0.21cm	个	4/20
	盖梁	19号盖梁尺寸为3050cm×390cm×320cm,22号盖梁尺寸为3050cm×370cm×320cm	个	1/1
上部结构	钢材	Q420qE钢材	t	3861.96
		Q420qE-Z35钢材	t	150.92
		Q345qE钢材	t	11767.23
		Q345qE-Z35钢材	t	752.65
	螺栓	M30高强螺栓,材质为35VB	套	665200
		M24高强螺栓,材质为20MnTiB	套	
		M22高强螺栓,材质为20MnTiB	套	
		M24、M22拉铆钉,材质为20MnTiB	套	
	轴销	材质为40Cr	t	2.18
	涂装	底漆:冷喷锌底漆,中间漆:冷喷锌封闭中间漆,面漆:氟碳面漆	m²	207875

续上表

部 位	项 目	结构尺寸、规格型号	单 位	数 量
临时结构	拼装支架	桩基直径1.25m,桩长21m、26m、30m、32m、35m、38.5m、46m	根/m	67/1912
		钢立柱Q235钢	t	338
	辅助滑道	钢立柱Q235钢,直径0.8m,壁厚14mm	t	81.7
		环形基础	个	1
	横移滑道	桩基直径1m,桩长45m、50m	根/m	96/4480
		基础	个	24.00
		横移滑道钢立柱	t	502.29
		钢箱	t	754.40
上部结构附属	防撞护栏		m	2024
	监测网		m	116
管道改移	桩基	桩径1m,桩长10m	根	27
	管道	内径3m,壁厚0.27m钢筋混凝土管	m	42

二、主桥部分主要施工机械

主桥(19~22号墩)区段主要施工机械见表3-1-2。

主桥(19~22号墩)区段主要施工机械 表3-1-2

序号	设备名称	规格型号	数量(台、套)	产地	制造年份	规格	生产能力	用于施工部位
1	长臂挖掘机	卡特320	2	日本	2017	1.0m³	良好	基坑开挖
2	挖掘机	小松220	2	济宁	2016	1.0m³	良好	土方开挖
3	装载机	ZL-50	2	长岭	2018	3.0m³	良好	土方开挖
4	反循环钻机	GF350	4	徐州	2016	150kW	良好	桩基础
5	旋喷桩机	PH-5D	4	徐州	2016		良好	止水帷幕及封闭
6	旋挖钻	山推250	2	济宁	2016		良好	桩基础
7	汽车式起重机	STC250	2	上海	2015	25t	良好	防护桩
8	汽车式起重机	TG50M	2	上海	2015	50t	良好	桩基、盖梁
9	汽车式起重机	TG200M	1	上海	2015	200t	良好	承台、下滑道
10	履带式起重机	400t	1	常州	2016	350t	良好	钢梁、门式起重机
11	汽车式起重机	300t	1	常州	2016	200t	良好	门式起重机
12	门式起重机	70t	4	新乡	2019	70t	良好	拼装场
13	门式起重机	60t	3	新乡	2019	60t	良好	拼装场
14	门式起重机	70t	4	新乡		70t	良好	钢梁拼装
15	混凝土运输车	XQ5220GJB	20	徐州	2016	18m³	良好	混凝土
16	变压器	630kVA	1	保定	2018	630kVA	良好	拼装场

续上表

序号	设备名称	规格型号	数量（台、套）	产地	制造年份	规格	生产能力	用于施工部位
17	变压器	500kVA	3	保定	2018	500kVA	良好	拼装场
18	发电机	500kVA	2	南京	2018		良好	拼装场
19	混凝土泵车	中联	2	湖南	2018	42m	良好	混凝土
20	千斤顶	400t	6	柳州	2009	400t	良好	纵移
21	千斤顶	500t	6	柳州	2018	500t	良好	转体
22	千斤顶	800t	20	柳州	2010	800t	良好	落梁
23	千斤顶	200t	10	柳州		200t	良好	横移

第四节 主要施工进度

（1）2019年4月，廊坊交通中心工程主桥工程施工队伍陆续进场，进行"三通一平"及修建临时房屋和拼装场地等临时设施的准备工作。

（2）主桥下部结构施工从2019年9月18日施工22号交接墩第一根桩基开始，普铁侧和高铁侧主墩基础于2020年7月1日开钻，至2021年5月4日20号主墩垫石施工完成，历时约20个月。

（3）拼装支架施工于2021年3月5日开始，至2021年9月15日最后一根杆件完成，历时约6个月。

（4）高铁侧钢桁梁拼装施工于2021年5月18日第一块桥面板吊装开始，至2021年9月30日最后一根杆件完成，历时约4.5个月。

（5）普铁侧钢桁梁拼装施工于2021年4月16日第一块桥面板吊装开始，至2021年9月30日最后一根杆件完成，历时约5.5个月。

（6）横移施工于2021年10月12日开始，于2021年10月25日结束，历时14天。

（7）高铁侧落梁施工于2021年10月27日完成。

（8）普铁侧落梁施工于2021年10月27日完成。

（9）高铁侧与普铁侧转体辅助滑道施工于2021年10月27日完成。

（10）转体施工于2021年10月27日完成。

（11）普铁侧纵移施工于2021年11月05日完成。

（12）合龙施工于2021年11月09日完成。

（13）桥面UHPC铺装施工于2021年12月27日完成。

（14）防灾减灾系统施工于2022年03月15日完成。

（15）桥面附属结构（照明亮化、健康监测）施工于2021年12月18日完成。

（16）桥面沥青铺装层施工于2021年11月18日完成。

（17）梁端大位移伸缩缝施工于2022年05月20日开始，于2022年6月3日完成。

（18）2022年6月26日竣工通车。

第二章
转体钢桁梁制造关键技术

第一节 概述

主桥采用(118+268+118)m上加劲连续钢桁梁,加劲弦部分及部分受力较大的杆件采用Q420qE钢,主桁的其他杆件、联结系和桥面部分采用Q345qE钢,用钢量约1.6万t。钢桁梁部分由中铁山桥集团有限公司制造安装。

钢桁梁于2020年10月15日开工制造,当年12月26日完成首件制作,2021年4月16日完成第一块桥面板吊装,2021年9月30日完成所有杆件安装。

第二节 制造规则和焊接工艺评定

一、制造规则

以《铁路钢桥制造规范》(Q/CR 9211—2015)、《公路桥涵施工技术规范》(JTG/T 3650—2011)、设计文件为依据,吸收了我国多年来公路钢桥制造的成功经验和科研成果,参考了一些国内大桥的制造标准并结合本桥的结构特点而制定本桥制造规则。

二、焊接工艺评定

1. 说明

钢桁梁主要材质为Q345qE、Q420qE钢,根据本桥接头的形式、焊接方法、焊接位置等,确定了38组接头(其中对接焊缝13组、熔透角焊缝6组、坡口角焊缝11组、T形角焊缝8组)进行焊接工艺评定试验,编制了焊接工艺评定试验方案,并经过了设计单位及监理单位审批。根据《铁路钢桥制造规范》(Q/CR 9211—2015)的规定,首次采用的钢材和焊接材料必须进行评定,在同一制造厂已评定并批准的工艺,可不再评定。本桥部分焊接工艺评定试验项目引用济青高速公路黄河大桥、商合杭铁路芜湖长江公铁大桥、沪通长江大桥等项目的焊接工艺评定试验结果。焊接工艺评定试验在监理工作人员的见证下进行,试件力学性能试验在中铁山桥集团有限公司理化中心、中冶建筑研究总院有限公司试验室进行,试件均通过了中国合格评定国家认可委员会(CNAS)认可和国家计量认证(CMA)。

2. Q345qE、Q420qE 焊接工艺

1）接头形式和工艺试验

钢桁梁 Q345qE、Q420qE 板进行焊接工艺评定试验 38 组，其中对接焊缝 13 组、熔透角焊缝 6 组、坡口角焊缝 11 组、T 形角焊缝 8 组。焊接预热温度及道间温度见表 3-2-1。

焊接预热温度及道间温度表　　　　表 3-2-1

材质	板厚（mm）	预热温度（℃）		预热范围（mm）	道间温度（℃）	
		焊条电弧焊、气体保护焊（包括定位焊）	埋弧焊		焊条电弧焊、气体保护焊	埋弧焊
Q345qE	≤30	≥5	≥5	—	5~200	5~200
	>30~60	80~120	≥5	≥100	80~200	25~200
Q420qE	≤28	≥5	≥5	—	5~200	5~200
	>28~60	80~120	≥5	≥100	80~200	25~200

注：1. 采用火焰加热或电加热。
　　2. 测温点距离焊缝 30~50mm。
　　3. 不等厚板焊接或异种材质焊接，以厚板或高强度级别钢板要求预热。

2）对接焊缝焊接工艺评定试验

（1）本次试验共焊接 1 组 Q420qE 材质和 1 组 Q345qE 与 Q420qE 混合材质的对接接头，对接焊缝坡口尺寸、焊接方法及代表焊缝见表 3-2-2。

对接焊缝坡口尺寸、焊接方法及代表焊缝　　　　表 3-2-2

序号	板厚组合（材质）	坡口形式（mm）	焊接位置	焊接方法及焊接材料	代表焊缝	备注
D3	52mm + 24mm（Q420qE + Q345qE）	52, 24, 12, 11, 2	平位	实心焊丝气体保护半自动焊 + 埋弧自动焊 HTW-58(ϕ1.2mm) H08Mn2E(ϕ5mm) + SJ101q	板厚 18~36mm 的钢板对接接料	试验
D11	20mm + 20mm（Q420qE）	20, 10, 10, 2	平位	实心焊丝气体保护半自动焊 + 埋弧自动焊 HTW-58(ϕ1.2mm) H60Q(ϕ4mm) + SJ105q	板厚 15~30mm 的钢板对接接料	试验

（2）对接接头施焊状况见表 3-2-3，焊后进行焊缝外观检查，表面质量符合技术要求。焊接 24h 后对 U 形肋对接焊缝进行磁粉探伤，焊缝质量满足《焊缝无损检测　焊缝磁粉检测验收等级标准》(GB/T 26952—2011)2X 级，对其他对接焊缝进行超声波探伤检查，内部质量满足《铁路钢桥制造规范》(Q/CR 9211—2015) Ⅰ 级。

对接接头施焊状况　　　　　　　　　　　表3-2-3

编号	熔敷简图	焊道	道间温度（℃）	电流（A）	电压（V）	焊速（m/h）	焊接方法	备注
D3	（图）	1、2	80、100	220~260	28~30	31、17	135（φ1.2mm）	温度:34℃;湿度:42%;背面清根;平位焊接;CO_2流量:15~20L/min;预热:80℃
		3	120	630~660	30~32	22	121（φ5mm）	
		4、5	140、150	660~690	30~32	24		
		6	100	630~660	30~32	24		
		7	130	660~690	30~32	22		
		8、9	150、80	660~690	30~32	25		
		2、3	90、100	140~160	22~24	6、7		
		4、5	85、125	160~180	24~26	6、8		
		6、7	105、145	160~180	24~26	5、6		
D11	（图）	1	—	220~240	28~30	24	135（φ1.2mm）	温度:34℃;湿度:42%;背面清根;平位焊接;CO_2流量:15~20L/min
		2	60	220~240	28~30	17		
		3	60	560~590	29~31	22	121（φ4mm）	
		4~6	100~160	560~590	29~31	24		
		7	100	530~560	29~31	20		

（3）对接接头各力学试验结果见表3-2-4和表3-2-5。

对接接头拉伸力学性能试验结果　　　　　　　表3-2-4

编号	材质	板厚组合（mm）	焊材	焊接位置	焊缝拉伸			接头拉板	断口位置
					R_{eL}（下屈服强度）（MPa）	R_e（屈服强度）（MPa）	A（延伸率）（%）	R_m（抗拉强度）（MPa）	
D3	Q420qE + Q345qE	52+24	HTW-58 H08Mn2E + SJ101q	平位	556	618	23.5	541	基材
D11	Q420qE	20+20	HTW-58 H60Q + SJ105q	平位	571	642	23	542	基材

对接接头冲击和侧弯试验结果　　　　　　　表3-2-5

编号	材质	板厚组合（mm）	焊材	侧弯180°	-40℃ $KV_2(v)$（J）	
					焊缝金属	热影响区（熔合线外1mm）
D3	Q420qE + Q345qE	52+24	HTW-58 H08Mn2E + SJ101q	$d=3a$ 完好	178,148,167(164)	Q420侧 208,223,271(234) Q345侧 257,231,234(241)
D11	Q420qE	20+20	HTW-58 H60Q + SJ105q	$d=3a$ 完好	94,94,143(110)	222,232,239(231)

注:KV_2:在摆锤刀刃半径为2mm的V形缺口的冲击功;d:弯曲试验的弯心半径;a:钢板厚度。

3) 熔透角焊缝焊接工艺评定试验

试板材质、接头板厚组合、坡口尺寸、焊接方法、焊接材料及代表焊缝,引用既有济青高速公路及芜湖长江公路二桥试板;焊后进行外观检查,焊缝外观及焊角尺寸符合技术要求。对试件分别进行焊缝金属拉伸、低温冲击、断面酸蚀、接头硬度试验,焊缝金属拉伸试验结果、接头低温冲击试验结果及接头硬度试验结果均引用既有济青高速及芜湖长江公路二桥相应试验结果。

4) 坡口角焊缝焊接工艺评定试验

(1) 坡口尺寸、焊接方法及代表焊缝

焊接6组坡口角焊缝试板的材质、接头板厚组合、坡口尺寸、焊接方法、焊接材料及代表焊缝见表3-2-6。

坡口角焊缝坡口尺寸、焊接方法及代表焊缝　　　　　表3-2-6

序号	板厚组合（材质）	坡口形式（mm）	焊接位置	焊接方法及焊接材料	代表焊缝	备注
P1	8mm+14mm（Q345qE）		仰位	药芯焊丝气保护半自动焊 E501T-1L(ϕ1.2mm)	U形肋嵌补段与桥面板坡口角焊缝	试验
P2	24mm+36mm（Q345qE）		平位	实心焊丝气保护半自动焊打底+埋弧自动焊 ER50-6(ϕ1.2mm) H08Mn2E(ϕ5mm)+SJ101q	箱形杆件主角焊缝等	试验
P3	36mm+36mm（Q345qE）		平位	实心焊丝气保护半自动焊打底+埋弧自动焊 ER50-6(ϕ1.2mm) H08Mn2E(ϕ5mm)+SJ101q	箱形杆件主角焊缝等	试验
P4	36mm+36mm（Q345qE）		平位+船位	实心焊丝气保护半自动焊打底+埋弧自动焊 ER50-6(ϕ1.2mm) H08MnA(ϕ5.0mm)+SJ101q	工字形杆件主角焊缝加劲肋坡口角焊缝等	试验
P5	20mm+20mm（Q420qE）		平位	实心焊丝气保护半自动焊打底+埋弧自动焊 ER50-6(ϕ1.2mm) H08Mn2E(ϕ5mm)+SJ101q	箱形杆件主角焊缝等	试验

续上表

序号	板厚组合（材质）	坡口形式（mm）	焊接位置	焊接方法及焊接材料	代表焊缝	备注
P6	20mm+20mm（Q420qE）	（20/9/2/20 图示）	平位	实心焊丝气保护半自动焊 HTW-58（ϕ1.2mm）	平联接头盖板坡口角焊缝	试验

（2）施焊状况及焊缝检验

坡口角焊缝施焊状况见表3-2-7，焊后进行外观检查，焊缝外观及焊脚尺寸符合技术要求。试件焊接24h后对U形肋角焊缝试件进行磁粉探伤，焊缝质量满足《焊缝无损检测 焊缝磁粉检测 验收等级标准》（GB/T 26952—2011）2X级；对其他坡口角焊缝进行超声波探伤检查，内部质量满足《铁路钢桥制造规范》（Q/CR 9211—2015）Ⅱ级。

坡口角焊缝施焊状况　　　　　　　　　表3-2-7

编号	熔敷简图	焊道	道间温度（℃）	电流（A）	电压（V）	焊速（m/h）	焊接方法	备注
P1		1	—	180~200	24~26	33	136（ϕ1.2mm）	温度:34℃；湿度:42%；仰位焊接；CO_2流量：15~20L/min
		2	50	180~200	26~28	24		
		3	70	180~200	26~28	16		
P2		1	80	220~240	28~30	31	135（ϕ1.2mm）	温度:35℃；湿度:34%；平位焊接；CO_2流量：15~20L/min；预热:80℃
		2	80	690~720	28~30	24	121（ϕ5mm）	
		3	100	660~690	26~28	24		
		4	160	660~690	26~28	26		
P3		1	80	220~240	30~32	31	135（ϕ1.2mm）	温度:35℃；湿度:34%；平位焊接；CO_2流量：15~20L/min；预热:80℃
		2、3	80,150	690~720	28~30	20	121（ϕ5mm）	
		4、5	140,130	690~720	26~28	21		
		6、7	160,160	660~690	26~28	26		
P4		1	80	220~240	28~30	30	135（ϕ1.2mm）	温度:35℃；湿度:34%；平位+船位焊接；CO_2流量：15~20L/min；预热:80℃
		2	95	220~240	28~30	28		
		3~5	80~130	660~690	30~32	22	121（ϕ5mm）	
		6	140	720~750	32~34	20		
		7~9	120~160	660~690	30~32	22		
		10	160	690~720	32~34	20		

续上表

编号	熔敷简图	焊道	道间温度(℃)	电流(A)	电压(V)	焊速(m/h)	焊接方法	备注
P5		1	—	220~240	30~32	32	135(ϕ1.2mm)	温度:32℃；湿度:46%；平位焊接；CO_2流量:15~20L/min
P5		2	50	690~720	28~30	24	121(ϕ5mm)	
P5		3	150	630~660	28~30	24	121(ϕ5mm)	
P5		4	130	660~690	28~30	26	121(ϕ5mm)	
P6		1	—	240~260	26~28	26	135(ϕ1.2mm)	温度:35℃；湿度:34%；平位焊接；CO_2流量:15~20L/min
P6		2	95	240~260	28~30	27	135(ϕ1.2mm)	
P6		3	90	260~280	30~32	24	135(ϕ1.2mm)	
P6		4	110	260~280	30~32	25	135(ϕ1.2mm)	
P6		5、6	40,65	260~280	30~32	31,29	135(ϕ1.2mm)	
P6		7、8	80,102	260~280	30~32	31,30	135(ϕ1.2mm)	

（3）试验结果

对坡口角焊缝分别进行焊缝金属拉伸、断面酸蚀、接头硬度试验。焊缝金属拉伸试验结果见表3-2-8，可见接头熔合良好，其中U形肋坡口角焊缝的熔透深度均大于U形肋板厚的80%。

坡口角接焊缝金属拉伸试验结果　　　表3-2-8

编号	材质	板厚组合(mm)	焊材	焊接位置	R_{eL}(MPa)	R_m(MPa)	A(%)
P2	Q345qE	24+36	ER50-6 H08Mn2E+SJ101q	平位	537	606	23
P3	Q345qE	36+36	ER50-6 H08Mn2E+SJ101q	平位	567	604	23
P4	Q345qE	36+36	ER50-6 H08MnA+SJ101q	平位	463	558	25
P5	Q345qE	20+20	ER50-6 H08Mn2E+SJ101q	平位	532	635	26
P6	Q420qE	20+20	HTW-58	平位	496	584	27

3. 结论

所施作的38组焊接工艺评定试验囊括了本工程设计图的各种接头形式、焊接位置和板厚组合。对接焊缝、熔透角焊缝、坡口角焊缝和T形角焊缝焊接工艺评定试验结果表明，焊缝外观质量和内部质量合格，接头力学性能满足标准要求。

焊接工艺评定试验中所用焊接方法、焊接设备、焊接材料和焊接工艺参数可作为编制本工程钢桁梁焊接工艺的依据。

第三节 普通杆件及整体节点制造

一、普通杆件制造

普通杆件包括桥门架、横联、上平纵联的工字形杆件及其连接件。

1. 杆件制造工艺流程

钢板下料、组焊工字形杆件、修整在平台上进行,防止或减少热加工中因杆件自重影响而产生变形。杆件制造工艺流程见图3-2-1。

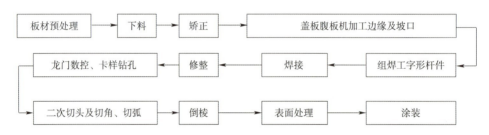

图 3-2-1 杆件制造流程图

杆件制造时,使用专用翻转胎具及吊具,保证杆件在起吊、翻身、打调时平稳安全,防止因吊运、翻转不当造成杆件塑性变形。普通杆件制造示意见图3-2-2。

图 3-2-2 普通杆件制造示意图

2. 连接件工艺流程

连接件主要指节点板、拼接板、填板等,连接件制造工艺流程见图3-2-3。

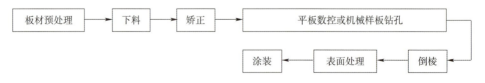

图 3-2-3 连接件制造流程图

3. 技术措施

所有杆件两端切角均在杆件组焊、修整、制孔完成后切除,有利于保证杆件外形尺寸公差。

二、整体节点杆件制造

整体节点杆件是本桥制造的重点和难点。由于杆件结构复杂、焊接量较大,因此,在制造中应重点控制。

整体节点下弦杆箱形截面内高1200mm,内宽1000mm,节点处最大高度3200mm,最长杆件长12840mm,最大板厚56mm(不包括支座板,支座板最后采用100 mm)。主桁间连接采用M30高强度螺栓、φ33mm栓孔。主桁下弦杆构造包括竖板单元、水平板、节点板、横梁接头板等。制造时,将采用专用的胎型组装,并严格控制组装和制孔精度,保证杆件的制造质量符合规范要求。整体节点弦杆示意见图3-2-4。

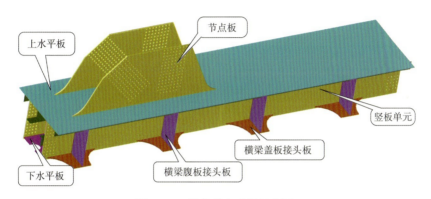

图 3-2-4　整体节点弦杆示意图

1. 杆件制造的主要工艺过程

1)下料

板材经过预处理线完成预处理后,采用数控切割机及划线切割下料。下料时对主要边缘和焊接边等预留机加工量。

(1)一般零件:横梁翼缘板接头板数控切割下料,与弦杆焊接部位预留机加工量。横梁翼缘板接头板示意见图3-2-5。

(2)整体节点板:整体节点板数控切割下料,接料部位注意保证垂直度。整体节点板示意见图3-2-6。

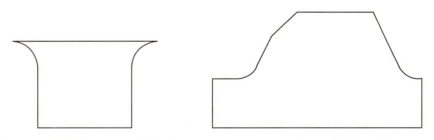

图 3-2-5　横梁翼缘板接头板示意图　　图 3-2-6　整体节点板示意图

2)机加工

(1)节点板:节点板完成下料并经撬板机撬平后,进行精确划线,得到斜杆轴线、下弦杆中心线、竖杆中心线等。

在节点板上加工得到1:10斜坡,以竖杆中心线为基准机加工与节点板平直段对接的端头坡口。机加工节点板示意图见图3-2-7。

(2)平直段竖板:在平直段竖板上划出下弦杆系统中心线,下料时保证对接头与系统中心线的垂直度。机加工平直段竖板示意图见图3-2-8。

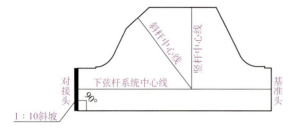 

图 3-2-7　机械加工节点板示意图　　　　图 3-2-8　机加工平直段竖板示意图

(3)水平板:板材下料并擀平后,根据竖板厚度公差对水平板进行配制刨边,以保证箱体尺寸精度,水平板手孔杆件钻孔后切。机加工水平板示意图见图3-2-9。

(4)隔板:隔板对控制杆件的断面尺寸、防止扭曲变形非常重要,加工精度必须严格控制。以槽口为基准划线,加工板材四边,确保槽口位置及四边角度。机加工隔板示意图见图3-2-10。

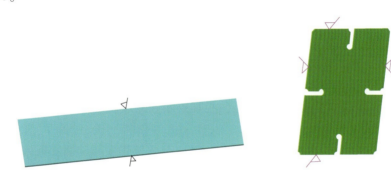

图 3-2-9　机加工水平板示意图　　　　图 3-2-10　机加工隔板示意图

(5)横梁接头板:划线机加工焊接边及坡口,严格控制板边垂直度。机加工横梁接头板示意图见图3-2-11。

3)钻孔制孔精度

钻孔制孔精度是杆件制造的关键控制项目,直接关系到杆件的架设安装精度。

根据杆件的结构特点,非组焊件和结构较为简单且几何尺寸较小的构件可采用先孔法钻制,如拼接板、横梁底腹板接头板、连结系接头板等板件采用平板数控钻床或样板钻制。

横梁接头板需要对边卡样板钻孔,孔至焊接边的距离在样板上留出收缩量。对于横梁接头板,由于要与竖板熔透,且孔群位置受下弦杆直线度的影响较大,采用后出孔方案,即先组焊盖板接头板与杆件竖板间熔透焊缝,再以杆件端头孔为定位孔,卡覆盖式样板钻盖板接头板孔。横梁接头板示意图见图3-2-12。

 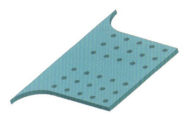 

图 3-2-11　机加工横梁接头板示意图　　　　图 3-2-12　横梁接头板示意图

4）节点板与竖板平直段对接

两板下弦杆中心线重合后进行焊接、修整。节点板与竖板平直段对接处示意见图 3-2-13。

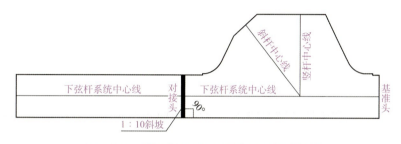

图 3-2-13　节点板与竖板平直段对接处示意图

5）组焊板单元

（1）水平板单元：以两边为基准划线组对纵肋，采用埋弧自动焊船位焊接。组焊板水平板单元示意见图 3-2-14。

（2）竖板单元：以上边为基准划线组对纵肋，采用埋弧自动焊船位焊接。组焊板竖板单元示意见图 3-2-15。

 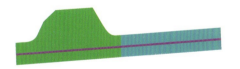

图 3-2-14　组焊板水平板单元示意图　　　　图 3-2-15　组焊板竖板单元示意图

6）组焊

根据杆件的结构特点，采用倒装法组装，以保证组装精度。组装在专用组装胎型上完成。

（1）组焊箱内隔板：水平板基准头由组装胎端头定位挡座定位，水平板中心线与胎型中心线找正对齐后，两侧用挡角卡紧固定，然后划线组装箱内横隔板。

须注意的是，由于节点板穿出盖板，则组装隔板前应先将内侧腹板先穿过盖板就位，待隔板定位后再确定竖板单元位置。组焊箱内隔板示意见图 3-2-16。

（2）组焊两侧的竖板单元：在定位端将竖板用胎型的端头定位挡座定位，调整胎型顶紧装置至顶紧状态。竖板用端头定位挡座定位，通过端头定位挡座来保证两竖板单元的内口尺寸；完成箱内主角焊缝、隔板焊缝的施焊，焊接槽口处箱内焊缝，焊后火焰修整。组焊两侧的竖板单元示意见图 3-2-17。

图 3-2-16　组焊箱内隔板示意图　　　图 3-2-17　组焊两侧的竖板单元示意图

（3）组焊下水平板：以基准端定位组装，保证杆件基准端平齐，平面与内隔板密贴。焊接竖板与下水平板间主角焊缝，竖板与上水平板间外侧主角焊缝。节点板处熔透角焊缝焊接前先从箱外侧坡口处采用碳弧气刨清根，并用砂轮打磨光滑匀顺后采用 CO_2 气体保护焊焊接。焊接过程配合火焰修整，控制变形。组焊下水平板示意图见图 3-2-18。

7）箱体钻孔

杆件焊接修整后，采用整体样板钻孔。

（1）大型覆盖式组合样板钻竖板及节点板栓孔：利用大型覆盖式样板钻制竖板及节点板栓孔。大型覆盖式组合样板钻竖板示意见图 3-2-19。

图 3-2-18　组焊下水平板示意图　　　图 3-2-19　大型覆盖式组合样板钻竖板示意图

（2）钻制下水平板栓孔：将杆件下水平板置于钻床工作平台，保持下水平板处于水平位，以竖板及节点板孔为基准，卡 U 形样板钻制下水平板孔。钻制下水平板栓孔示意见图 3-2-20。

8）组焊横梁盖腹板接头板

先出孔方案：先组装横梁下盖板接头板，再以横梁下盖板接头板孔为基准，组对横梁腹板接头板。后出孔方案：先组装横梁下盖板接头板，以杆件下盖板基准端孔群为定位孔卡覆盖式样板钻横梁下盖接头板孔，再以横梁下盖板接头板孔为基准，组对横梁腹板接头板。组焊横梁盖腹板接头板示意见图 3-2-21。

图 3-2-20　钻制下水平板栓孔示意图　　图 3-2-21　组焊横梁盖腹板接头板示意图

9）非基准端箱口断面二次切头

（1）以栓孔为基准划非节点端二次切头线及手孔线，并进行切割。

（2）杆件经倒棱、表面处理工序后，进行涂装。非基准端箱口断面二次切头示意见图 3-2-22。

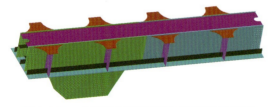

图 3-2-22　非基准端箱口断面二次切头示意图

第四节 桥面系制造

一、制造工艺

桥面采用正交异性板钢桥面,钢桥面板厚14mm,钢桥面板下横桥向车行道范围内设置U形纵肋,板厚8cm,高280mm,横向间距600mm,共计34道;在人行道范围内设板肋加劲,板肋高200mm,板厚20mm。

桥面宽32.2m,其中两侧悬臂部分长4m,横梁内高500~1200mm;中间部分长24.2m,横梁内高1200~1800mm。沿桥纵向每节点之间设置3道横梁,主桁之间中间横梁采用工字形截面,支点横梁采用箱形截面,两侧悬臂部分横梁均采用工字形截面。主桁之间中间横梁腹板厚18mm,底板宽640mm,厚32mm;支点横梁杆件外宽856mm,腹板厚20mm,底板厚16mm。两侧悬臂部分横梁腹板厚18mm,底板宽480mm,厚20mm。悬臂部分与主桁横梁拼接头焊接,主桁之间钢桥面板(兼横梁上翼缘板)与下弦杆伸出肢焊接,横梁腹板及下翼缘板与下弦杆伸出肢之间等强拼接,其中主跨横梁与弦杆采用拉铆钉连接,边跨横梁与弦杆采用高强度螺栓连接。

根据制造要求,在满足《公路桥涵施工技术规范》(JTG/T 3650—2011)和设计要求的前提下,综合考虑供料、运输及批量生产等因素,进行了板单元划分。

1.桥面板单元制造工艺

桥面板单元由U形肋和桥面板组成。桥面板单元的制造工艺流程见图3-2-23。

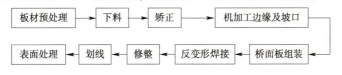

图3-2-23 桥面板单元的制造工艺流程图

2.横梁制造工艺

本桥中间横梁为倒T形结构,横梁构造示意见图3-2-24,横梁制造工艺流程见图3-2-25。

图3-2-24 横梁构造示意图　　图3-2-25 横梁制造工艺流程图

1)下料

为消除因切割而产生的热变形,腹板采用等离子数控切割机切割下料,保证其外形尺寸精度;并注意程切图中要增加工艺拱度,预留焊接收缩量。横梁腹板示意见图3-2-26。

图3-2-26 横梁腹板示意图

2）组焊

（1）在T形组装胎上组焊T形横梁盖腹板,组装以中心线为基准,用埋弧自动焊船位施焊。横梁组焊埋弧自动焊船位施焊示意见图3-2-27。

图3-2-27　横梁组焊埋弧自动焊船位施焊示意图

（2）组焊腹板加劲肋,注意加劲肋焊接顺序和方法,尽量减小焊后的修整量。横梁组焊腹板加劲肋示意见图3-2-28。

图3-2-28　横梁组焊腹板加劲肋示意图

3）钻孔

横梁盖腹板采用后出孔方案,后出孔方案为横梁组焊成丁字形或T形后用龙门数控出孔。横梁组焊横梁钻孔示意见图3-2-29。

图3-2-29　横梁组焊横梁钻孔示意图

3．小纵梁制造工艺

本桥小纵梁为倒T形结构,小纵梁制造示意见图3-2-30。小纵梁由于长度为6m,结构简单,采用先孔方案,两端孔群间预留焊接收缩。

图3-2-30　小纵梁制造示意图

第五节　合龙杆件制造

合龙杆件的制造通常有两种,第一种方案将合龙杆件在厂内预留配切长度,此种方案适用于架设过程中桥长不好控制或者控制不到位,造成全桥合龙时长度相差较大的情况。此方案优点为,全桥长度相差较多时也能很好地将杆件完美相连,缺点为需要把合龙数据返回工厂才能制造完成,工期较长。另一种方案将合龙杆件按照理论长度制造出孔,在合龙口位置的拼接板上留量出半孔,根据现场架设情况给出另一半孔数据,然后将拼接板孔出全,此种方案适合于全桥长度控制较好的情况。此方案优点为,拼接板现场就可出孔,时间短,不影响工期,缺点为在全桥长度相差较多时不可使用。合龙杆件的制造需根据每座桥梁的不同情况选择最为适合的方案,本桥采用拼接板上留出半孔富裕量的方式进行现场配孔。

第六节 样板制造

出孔是栓接桁梁桥制造过程中的关键所在,为了更好地保证桁梁桥的线形,控制栓孔的精度是非常重要的制造环节。杆件超高或其他原因无法通过现有龙门钻床时,需要研究一种适应此类桥梁杆件整体出孔更好的办法,所以产生了样板。由于本桥线形为折线,控制杆件出孔的精度尤为重要,为了保证桥梁线形,大部分杆件采用了样板出孔的方式。

一、主要杆件实物样板

1. 普通覆盖式样板及过桥样板

普通覆盖式样板及过桥样板均主要用于弦杆竖板出定位孔,普通覆盖式样板见图 3-2-31,过桥样板见图 3-2-32。

图 3-2-31 普通覆盖式样板

图 3-2-32 过桥样板

2. U 形样板

U 形样板是借助覆盖式样板及接钻小样板已经出的竖板孔来出弦杆水平板孔群。U 形样板示意见图 3-2-33。

二、实物样板出孔过程

实物样板出孔过程分为四个步骤,首先将覆盖式样板吊装至将要出孔的杆件上,见图 3-2-34;接着将覆盖式样板精调位置固定后钻定位孔,见图 3-2-35;其次将所有立面内的孔群钻制完成,见图 3-2-36;最后利用 U 形样板钻制水平板孔群,见图 3-2-37。通过这四步即可完全解决大型杆件出孔问题。

图 3-2-33 U 形样板

图 3-2-34　覆盖式样板放置在杆件上

图 3-2-35　覆盖式样板固定后钻定位孔

图 3-2-36　所有立面内的孔群钻制完成

图 3-2-37　利用 U 形样板钻制水平板孔群

第七节　杆件试拼装

钢梁杆件制造完成后,按照制造规范的要求进行试拼装。试拼装以验证施工图纸的正确性、检验制造工艺的合理性、工艺装备的精确性;检查杆件拼接处有无相互抵触情况、有无不易施拧螺栓之处。

本桥主桁、横联、平联在工厂进行试拼装,试拼装采用平面辗转试装法进行。

一、试拼装目的

(1)有效检验设计图纸连接有效性,核查是否有杆件间的碰触现象。
(2)检验工厂制造杆件精度,验证制造工艺的合理性,工装设备的可靠性。

二、试拼装方案

根据本项目施工安排,首轮制造杆件为 E8′~E12′所有杆件。选取 E8′~E12′节间范围内的左边主桁、上平联、横联进行试装,试拼装采用平面辗转试装法。主桁试拼装见图 3-2-38,上平联试拼装见图 3-2-39,横联试拼装见图 3-2-40。

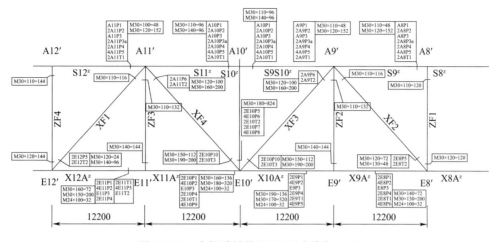

图 3-2-38　主桁试拼装图示（尺寸单位：mm）

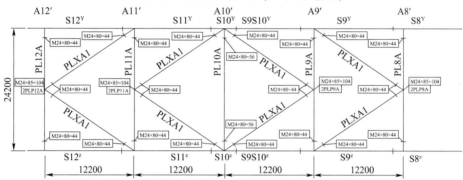

图 3-2-39　上平联试拼装图示（尺寸单位：mm）

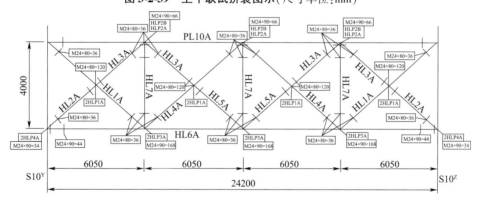

图 3-2-40　横联试拼装图示（尺寸单位：mm）

三、试拼装方法

（1）试拼装应有专门的试拼装图纸，按图纸内容进行试拼装。

（2）参与试装的杆件均应检验合格，试装在杆件涂装前进行。

（3）杆件试拼装应在测平的台架上进行，台架应有足够的承载力。试装过程中应检查拼接处有无相互抵触情况、有无不易施拧螺栓处。

(4)试装杆件应处于自由状态。试装各部位构件的拼接口应处于自由状态对准,进行误差矫正,合格后方可利用拼接板等进行构件相互间的匹配。

(5)试装过程中严禁用锤击、搬扭等强制方法使各节段接口、构件及拼接板等勉强就位。

(6)每拼完一个节间,在检查或调整几何尺寸合格后,方可继续进行下一节间的试装。

(7)试装时,必须使板层密贴,冲钉不宜少于螺栓孔总数的10%,螺栓不宜少于螺栓孔总数的20%。

四、试拼装检测

(1)试装应有详细记录,经鉴定合格后方可批量生产。

(2)试装检测时,应避免日照的影响。

(3)试装时,必须用试孔器检查所有螺栓孔。主桁的螺栓孔应100%自由通过较设计孔径小0.75mm的试孔器、桥面系和联结系的螺栓孔应100%自由通过较设计孔径小1.0mm的试孔器,方可认为合格。试孔器检查时,因纵梁长度设计尺寸与节间长度理论尺寸存在的差值导致的错孔应判定为合格。

(4)检查几何尺寸、栓孔通过率、板层间隙及不易施拧螺栓处,当发现有问题应及时进行矫正。用钢卷尺、塞尺分别检查几何尺寸、板层间隙。

(5)试装的主要尺寸及允许偏差应符合表 3-2-9 规定。

桁梁试装的主要尺寸允许(单位:mm) 表 3-2-9

序号	项目	允许偏差	说明
1	桁高	±2	上弦杆至下弦杆中心距离
		±5	上弦杆至加劲弦杆中心距离
2	节间长度	±2	
3	旁弯	$l/5000$	桥面系中线与其试装全长 l 的两端中心所连接直线的偏差
4	试装全长	±5	$l \leqslant 50000$(l-试装全长)
		$\pm l/10000$	$l > 50000$(l-试装全长)
5	平弦拱度	±3	当 $f \leqslant 60$ 时(f-计算拱度)
		$\pm 5f/100 + 2$	当 $f > 60$ 时(f-计算拱度)
6	对角线差	3	每个节间
7	主桁中心距(两片主桁)	±5	—

第八节 钢桁梁涂装工艺及技术措施

一、涂装施工概况

1. 涂装工作内容

钢结构涂装主要分厂内、桥址两部分。

(1)厂内施工包括外表面(含所有面漆)、内表面涂装完毕,高强螺栓连接摩擦面涂装。

(2)桥址施工包括摩擦面、焊缝、磕损的补涂,其中正交异形板钢桥面部分以板单元形式在厂内涂装完毕,在桥址组焊后需对焊缝部位进行补涂。

2. 钢结构表面涂装体系

钢结构各部位涂装体系见表3-2-10。

钢桁梁防腐涂装体系 表3-2-10

防腐方案	涂层	涂料品种	干膜厚度(μm)
钢结构外表面	喷砂除锈	Sa2.5级,$R_z = 50 \sim 80\mu m$	
	底漆	冷喷锌底漆	80
	中间漆	冷喷锌封闭中间漆	100
	面漆(工厂)	氟碳面漆	80
钢结构内表面	喷砂除锈	Sa2.5级,$R_z = 50 \sim 80\mu m$	
	底漆	冷喷锌底漆	60
桥面	喷砂除锈	Sa2.5级,$R_z = 50 \sim 80\mu m$	
		冷喷锌底漆	80
摩擦面	喷砂除锈	Sa2.5级,$R_z = 50 \sim 80\mu m$	
	防滑层	无机富锌防锈防滑涂料	120 ± 40
	总干膜厚度		120 ± 40

3. 涂装材料执行标准与技术要求

本项目冷喷锌底漆、冷喷锌封闭中间漆、氟碳面漆性能技术指标应满足设计要求。冷喷锌底漆、冷喷锌封闭中间漆还需满足《桥梁钢结构冷喷锌防腐技术条件》(JT/T 1266—2019)的要求,氟碳面漆还需满足《公路桥梁钢结构防腐涂装技术条件》(JT/T 722—2008)的要求。其他材料标准不得低于现行国家及交通行业标准要求。

冷喷锌底漆、冷喷锌封闭中间漆、氟碳面漆材料性能的设计技术要求分别见表3-2-11、表3-2-12、表3-2-13。

冷喷锌材料设计技术要求 表3-2-11

性能项目	设计技术要求	标准依据、检验方法
不挥发物	≥80%	《色漆、清漆和塑料 不挥发物含量的测定》(GB/T 1725—2007)
冷喷锌层全锌含量	(96 ± 1)%	《富锌底漆》(HG/T 3668—2020)第5.7.2条 《锌粉》(GB/T 6890—2012)附录A
附着力($20\mu m$)	1级	《色漆和清漆 划格试验》(GB/T 9286—2021)
柔韧性($20\mu m$)	1mm	《漆膜、腻子膜柔韧性测定法》(GB/T 1731—2020)
耐冲击实验($20\mu m$)	50cm	《漆膜耐冲击测定法》(GB/T 1732—2020)
耐盐雾测试时间	≥4500(h)Ri1级	《色漆和清漆 耐中性能盐雾性能的测定》(GB/T 1771—2007)
耐温变性(-60℃)	低温无变化,回复常温后耐冲击及划格性能不变	《建筑涂料涂层耐温变性试验方法》(JG/T 25—2017)
涂层表面电阻率	≤105Ω	《安全网》(GB 5725—2009)
涂层体系附着力	≥5MPa	《色漆和清漆拉开法附着力试验》(GB/T 5210—2006)

冷喷锌封闭剂设计技术要求　　　　　表 3-2-12

涂装要求		设 计 值	检 验 标 准
不挥发物		≥75%	《色漆、清漆和塑料　不挥发物含量的测定》（GB/T 1725—2007）
耐冲击实验(20μm)		≥50cm	《漆膜耐冲击测定法》（GB/T 1732—2020）
干燥时间	表干	≤2h	《漆膜、腻子膜干燥时间测定法》（GB/T 1728—2020）
	实干	≤24h	
耐弯曲性(20μm)		≤2mm	《色漆和清漆　弯曲试验（圆柱轴）》（GB/T 6742—2007）
涂层体系附着力(拉开法)		≥5MPa	《色漆和清漆拉开法附着力试验》（GB/T 5210—2006）

氟碳面漆设计技术要求　　　　　表 3-2-13

项　目	设 计 值	检 验 标 准
不挥发物	≥50%	《色漆、清漆和塑料　不挥发物含量的测定》（GB/T 1725—2007）
溶剂可溶物氟含量	≥22%	《交联型氟树脂涂料》（HG/T 3792—2014）
耐冲击实验	≥50cm	《漆膜耐冲击测定法》（GB/T 1732—2020）
划格实验	≤1 级	《色漆和清漆　划格试验》（GB/T 9286—2021）
附着力(拉开法)	≥5MPa	《色漆和清漆　拉开法附着力试验》（GB/T 5210—2006）
耐弯曲性	≤2mm	《色漆和清漆　弯曲试验圆柱轴》（GB/T 6742—2007）
耐酸性	240h 无异常	《色漆和清漆　耐液体介质的测定》（GB/T 9274—1988）
耐碱性	240h 无异常	
耐人工气体老化	3000h 不起泡、不脱落、不粉化，曝光率≥80%	《色漆和清漆　人工气候老化和人工辐射曝露　滤过的氙弧辐射》（GB/T 1865—2009）

二、施工方案

1. 总体施工方案

（1）钢桁梁涂装施工安排如下：

①先在加工场内完成钢桁梁杆件、桥面板外露部分的涂装工作，即完成外表面喷砂除锈、底漆涂装、中间漆涂装、第一道及第二道面漆涂装。

②单节钢桁梁杆件、桥面板防腐涂装完毕后，运到桥址现场将桥面板单元组装成桥面板整体节段后由安装单位拼装成桥，在桥址现场完成焊缝处理、破损处修补和螺栓等外露部分表面的涂装。

（2）为了达到较好的涂装施工效果，在车间内进行喷砂和喷涂作业，车间需配备良好的通风照明设施，以满足施工要求。喷砂作业时，喷砂工应戴防尘喷砂头盔或穿喷砂服，保护头部不受飞溅砂粒的伤害，并设置警示标志，以免出现安全事故。

2. 钢桁梁涂装施工方案

（1）涂装前需要在钢结构的存放场地去除钢结构的飞边、毛刺，棱边打磨倒钝，然后对构件表面进行净化处理，表面净化的主要工作内容有清灰、除油。

（2）运输钢桁梁节段进涂装厂房进行防腐涂装，先对钢桁梁外表面喷砂除锈，喷砂完毕，清理钢砂后用大功率螺杆空压机清理喷砂表面的灰尘。

（3）对于包含高强螺栓搭接面的钢构件，在喷砂除锈合格后，应首先进行摩擦面的涂装。彻底清除构件表面的油污和杂质。采用有气喷涂进行无机富锌防锈防滑涂料的施工，要求涂层均匀，不得漏涂，使干膜厚度达到设计要求。

（4）对钢桁梁外表面进行涂装，涂装两道冷喷锌底漆，然后将钢桁梁运出涂装厂房至周转场地，完成钢梁外表面冷喷锌封闭中间漆两道、氟碳面漆第一道及第二道涂装；再进行下一个钢桁梁节段的涂装施工。

3. 桥址现场防腐涂装施工方案及方法

由于钢结构的全部涂装均在厂内完成，现场环焊缝的涂装主要依靠挂篮平台进行施工，按照外表面涂装工艺进行涂装。作业时，使用角向磨光机对内表面焊缝部位进行机械打磨除锈，然后根据具体区域部位选择滚涂方法或喷涂方法，进行相应的后续各种涂料的多道涂装施工。

桥址现场破损处修补涂装施工方案及方法与钢结构焊缝防腐涂装相同，需确保涂装质量，以保证整体防腐性能。

三、涂装施工

钢结构内外大部分表面采用高压无气喷涂机涂装油漆，小表面积工件采用刷涂、滚涂和有气喷涂的方法涂装油漆。

涂料施工环境温度为 5~38℃，构件表面结露不得涂装，金属表面温度高于露点温度 3℃以上方可施工。每道涂层施工前，应首先检测施工环境。

喷漆规则为自上往下，从里往外，先难后易。涂装过程中可使用湿膜测厚仪测量涂料湿膜厚度以便进行质量控制，确保涂膜厚度的均匀性，保证涂层干膜厚度符合质量要求。

四、检验

1. 施工环境参数控制要求

通过对防腐施工工艺参数的控制，保证防腐施工过程有效。在项目开工前，对防腐施工的技术工人进行岗前技术培训，学习防腐施工工艺规程及本岗位的作业指导书，做到考核合格后持证上岗。防腐涂装施工环境参数控制见表3-2-14。

施工环境参数控制要求　　　　表3-2-14

工序名称	环境参数要求	控制方法
表面处理工序	工件表面温度高于露点温度3℃以上	表面温度计/露点盘
	相对湿度≤85%	干湿温度计
涂装工序	工件表面温度高于露点温度3℃以上	表面温度计/露点盘
	相对湿度≤85%，环境温度5~38℃	干湿温度计
密封防护工序	工件表面温度高于露点温度3℃以上	表面温度计/露点盘
	相对湿度≤85%	干湿温度计

2. 工序质量检验控制

特殊工序的防腐施工质量控制点见表3-2-15。

特殊工序质量检验控制点 表 3-2-15

工序名称	质量控制点	控制要求	措施
表面净化处理工序	表面清洁	无油、干燥	检查记录
除锈工序	压缩空气清洁度	符合标准要求	检查记录
除锈工序	粗糙度	符合设计要求	检查记录
除锈工序	清洁度	符合设计要求	检查记录
涂装工序	外观	涂层表面平整、均匀,漆膜无气泡、裂纹,无严重流挂、脱落、漏涂等缺陷,面漆颜色与比色卡一致	检查记录
涂装工序	厚度	符合设计要求	检查记录
涂装工序	附着力	当检测的涂层厚度不大于 250μm 时,各道涂层和涂层体系的附着力按划格进行,不大于 1 级(0 级或 1 级);当检测的涂层厚度大于 250μm 时,附着力按拉开法进行,涂层体系附着力不小于 5MPa	检查记录
涂装工序	抗滑移系数	出厂发运时高强螺栓结合面抗滑移系数不低于 0.55,桥位安装时高强螺栓结合面抗滑移系数不低于 0.45	检查记录
密封工序		符合标准要求	检查记录

3. 各涂装工序质量检验要求

特殊工序的防腐施工质量控制点见表 3-2-16。

各工序质量检验要求 表 3-2-16

工序	检测项目	检测手段	检验要求	检测数量	执行标准
除油	油污、杂质	目测	清除可见油污、杂质	全面	《公路桥梁钢结构防腐涂装技术条件》(JT/T 722—2008)
喷砂	清洁度	图谱对照	Sa2.5 级	全面	《涂覆涂料前钢材表面处理 表面清洁度的目视评定 第 1 部分:未涂覆过的钢材表面和全面清除原有涂层后的钢材表面的锈蚀等级和处理等级》(GB/T 8923.1—2011)
喷砂	粗糙度	表面粗糙度比较样板	$R_z = 50 \sim 80 \mu m$ $R_z = 40 \sim 60 \mu m$	全面	《涂覆涂料前钢材表面处理 喷射清理后的钢材表面粗糙度特性 第 2 部分:磨料喷射清理后钢材表面粗糙度等级的测定方法 比较样块法》(GB/T 13288.2—2011)
涂层	涂层厚度	用磁性测厚仪	达到规定漆膜厚度		《钢结构工程施工质量验收标准》(GB 50205—2020)
涂层	结合力	拉开法	涂层体系≥3MPa	抽检	《防护涂料体系对钢结构的防腐蚀保护 涂层附着力/内聚力(破坏强度)的评定和验收准则 第 1 部分:拉开法试验》(GB/T 31586.1—2015)
涂层	外观	目测	漆膜颜色达到色卡要求,漆膜无流挂、针孔、气泡、裂纹等缺陷	全面	《公路桥梁钢结构防腐涂装技术条件》(JT/T 722—2008)

第三章
转体钢桁梁施工关键技术

第一节 钢桁梁拼装施工

一、钢桁梁拼装方案选择

1. 施工环境

工程区地层岩性依次为淤泥质粉质黏土、粉质黏土及粉土、粉砂、细砂。地下水量丰富,埋深较浅约1.8~3.7m,水位年变化幅度为1~3m。桥位处地形开阔,地势平坦,交通便利。

转体之前,钢桁梁于既有铁路平行位置处进行拼装。高铁侧钢桁梁紧邻铁路保护区混凝土栅栏、京沪高铁声屏障、京沪高铁四股道,不考虑施工机械站位空间影响,钢桁梁边缘距离混凝土护栏最小距离为2.0m,距离声屏障9.2m,距离京沪高铁四道13.5m,距离导改路最小距离为16.2m,导改路紧邻创新里小区;普铁侧钢桁梁边缘距离站台线最小距离为16.5m,距离京沪铁路七道26.8m,距离华阳小区围墙5.0m。施工两侧环境因素比较复杂,对施工影响较大,施工作业场地狭小,距离既有铁路较近,施工过程中安全风险高,工程整体施工难度大。铁路两侧拼装相对位置关系见图3-3-1。

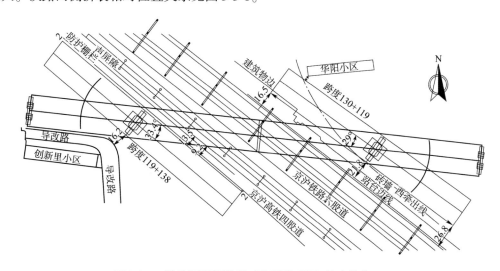

图 3-3-1 铁路两侧拼装相对位置关系图(尺寸单位:m)

2. 钢桁梁拼装机械选取

常用的钢桁梁拼装机械有汽车式起重机配合全回转起重机、门式起重机。

(1)汽车式起重机配合全回转起重机拼装

全桥共计42个节间,高铁侧及普铁侧各21个节间。每侧边跨及中跨各设置5个临时支墩,临时支墩采用钢管桩基础、钢管立柱支承,临时支墩间设横向连接系。

钢桁梁在预拼场预拼完成后通过施工便道运输至起吊位置,两边跨起始3个节间钢桁梁由汽车式起重机在支架上安装,吊车站位于结构中心处依次退行安装钢桁梁节段。

前三节间钢桁梁安装完成后,利用汽车式起重机在钢桁梁上弦位置拼装全回转起重机,剩余的所有节间钢桁梁,全部由全回转起重机安装。

汽车式起重机则作为提升站在边墩处将钢桁梁杆件提升至桥面运梁台车上,运送至全回转起重机处进行依次拼装剩余节段,利用全回转起重机半悬臂架设中跨连续钢桁梁;中跨钢桁梁安装完毕后,逆行安装加劲弦直至钢桁梁全部拼装完毕。拼梁吊机正向拼装平弦示意见图3-3-2,拼梁吊机逆向拼装加劲弦示意见图3-3-3。

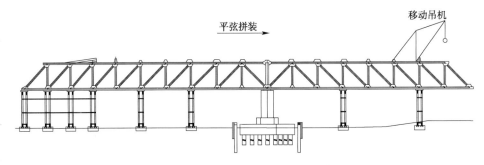

图3-3-2 拼梁吊机正向拼装平弦示意图

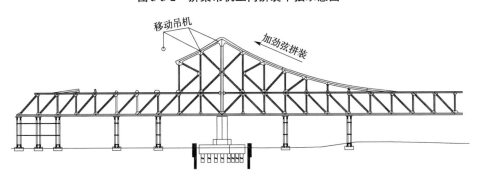

图3-3-3 拼梁吊机逆向拼装加劲弦示意图

近年来邻近铁路施工事故频发,铁路运营安全压力较大,铁路设备管理单位对邻近铁路施工的管理愈发严格,并对邻近铁路起重设备安全性要求越来越高。邻近铁路施工机械的站位要满足"倒杆距离"的要求,即其站位需满足设备倾覆后不应触碰铁路设备的距离要求。采用汽车式起重机退行安装前三个节间施工过程满足铁路安全规定,利用汽车式起重机在钢梁上弦位置拼装全回转起重机过程,起重机形成稳定结构前涉及多次吊装,且拼装加劲弦是在斜面上作业,安全风险过大,不可控因素难以预判,不推荐使用。

(2)门式起重机拼装

门式起重机作为一种成熟的起重设备,在公路、市政桥梁架设中被广泛应用。相对于汽车式起重机、履带式起重机和架桥机等起重设备,门式起重机具有吊装重力大、稳定性好、效费比高等优点,与邻近铁路施工的要求相符。门式起重机拼装钢桁梁从中支点开始向两侧拼装,先在中支点及中支点两侧的拼装支架上拼装第一根杆件及桥面板单元,依次往两侧拼装,拼装速度快。门式起重机拼装钢桁梁示意见图3-3-4。

图3-3-4 门式起重机拼装钢桁梁示意图

但是门式起重机在拼装过程中处于不稳定状态,风险较大,难以满足铁路设备管理单位的倒杆距离要求,极大地限制了门式起重机在邻近铁路施工中的应用。如果将走行轮加以改进,实现门式起重机在远离铁路影响区组装完毕,再将组装成稳定结构的门式起重机移至工作轨道上来,则大大扩展了门式起重机的使用空间。

(3)拼装机械确定

为保证门式起重机拼装不影响既有铁路运营安全,结合施工现场环境,高铁侧选择在远离铁路混凝土栅栏70m处进行门式起重机拼装。门式起重机运行轨道与既有京沪高铁平行布置,门式起重机安装轨道与运行轨道垂直设置。门式起重机拼装完成后,通过拼装轨道横移至运行轨道上,利用千斤顶分别将四个支腿顶起,将走行轮旋转90°,完成行走体系的转换,门式起重机运行在工作轨道上,达到拼装钢桁梁的使用条件。形成稳定体系的门式起重机运营安全稳定系数较大,对既有铁路的运营影响较小。高铁侧门式起重机拼装平面布置见图3-3-5。

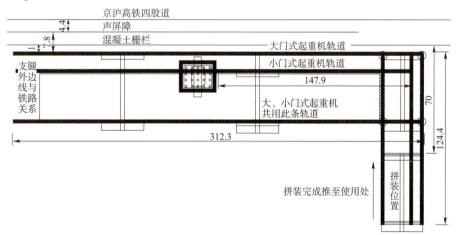

图3-3-5 高铁侧门式起重机拼装平面布置图(尺寸单位:m)

普铁侧选择在距离既有京沪铁路七股道56m处进行门式起重机拼装,门式起重机的运行轨道位于钢桁梁拼装位置两侧、平行布置,安装轨道与运行轨道垂直设置。普铁侧门式起重机拼装平面布置见图3-3-6。

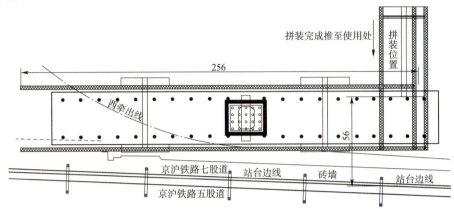

图3-3-6 普铁侧门式起重机拼装平面布置图(尺寸单位:m)

高铁侧及普铁侧各设置两台门式起重机,单侧门式起重机区分为一大一小,大门式起重机可通过加劲弦最高点,小门式起重机不过加劲弦最高点。经过多轮专家论证,钢桁梁拼装最终选取门式起重机拼装方案。

3. 高铁侧钢桁梁拼装位置确定

钢桁梁下弦杆件距离地面15.0m,上弦杆件距离地面27.0m,加劲弦最高点距离地面60.0m;由图3-3-1看出,桥面距离铁路声屏障9.2m,距离京沪高铁四股道16.2m,拼装过程远不能满足铁路设备管理单位"倒杆距离"要求。铁路设备管理单位要求钢桁梁拼装需尽量远离京沪高铁,以满足"倒杆距离"要求,钢桁梁边缘距离导改路最小16.2m,为尽量降低拼装过程对高铁运营和道路行人及行车安全的影响,综合考虑后选择钢桁梁远离高铁15m进行拼装,如此钢桁梁边缘距离混凝土护栏17.0m,距离声屏障24.2m,距离京沪高铁四股道31.2m,此位置拼装钢桁梁可确保钢桁梁平弦部分拼装过程满足"倒杆距离"要求。超出"倒杆距离"要求的杆件拼装采用多举措安全措施,确保拼装不对高铁运营产生影响。拼装完成后,高铁侧钢桁梁需横移15m至转体设计位置。

二、钢桁梁拼装支架方案选择

考虑运输及场地条件,本工程钢桁梁采用散拼方式,拼装支架形式多种多样。大跨度连续钢桁梁结构复杂,主梁刚度大,本桥的上加劲弦连续钢桁梁结构形式超静定次数多,通过调整上弦杆件长度实现预拱度设置比较困难,本工程钢桁梁的制造线形设计采用迭代法进行控制,钢桁梁按一次成桥进行计算分析,以桥面坐标为目标线形,将预拱度叠加到计算分析模型中,通过多次迭代求解设计线形和杆件的无应力长度坐标,按杆件的无应力状态进行绘制图纸,直接给出杆件的拼装坐标。此设计方案对拼装高程的控制精度要求比较苛刻。特别是采用整体节点技术后,一旦拼装线形出现偏差,调整非常困难,因此为确保每个散拼节点处的拼装高程的准确性,每个下弦节点处设置拼装支架。

(1)拼装支架顶计算反力

拼装支架顶反力计算按一次落架考虑,考虑有设置条件的节点下方设置钢管立柱,所有节点反力仅为钢桁梁拼装自重产生的荷载反力值。高铁侧节点反力计算示意见图 3-3-7。

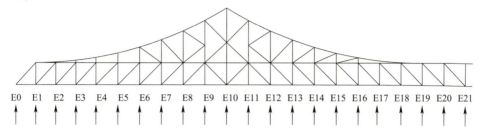

图 3-3-7　高铁侧节点反力计算示意图

高铁侧拼装支架顶的反力数值见表 3-3-1。

高铁侧支架反力数值　　　　　　　　　　表 3-3-1

节点编号	E0	E1	E2	E3	E4	E5	E6	E7
反力(kN)	713	1364	1509	1624	1610	1326	2002	2223
节点编号	E8	E9	E10	E11	E12	E13	E14	E15
反力(kN)	2370	2436	3249	2457	2419	2340	2292	2299
节点编号	E16	E17	E18	E19	E20	E21		
反力(kN)	2065	1907	1832	1776	1714	1407		

普铁侧钢桁梁拼装支架反力计算示意见图 3-3-8。

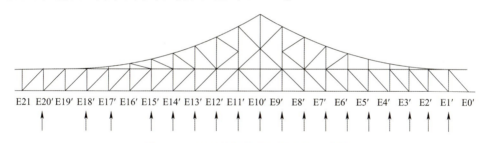

图 3-3-8　普铁侧节点反力图计算示意图

普铁侧拼装支架顶的反力数值见表 3-3-2。

普铁侧支架反力数值　　　　　　　　　　表 3-3-2

节点编号	E0′	E1′	E2′	E3′	E4′	E5′	E6′	E7′
反力(kN)	—	6290	2410	1624	1610	1326	2002	2223
节点编号	E8′	E9′	E10′	E11′	E12′	E13′	E14′	E15′
反力(kN)	2370	2436	3249	2457	2419	2340	2292	4364
节点编号	E16′	E17′	E18′	E19′	E20′			
反力(kN)	—	3146	3608	—	2780			

(2)拼装支架基础

根据《公路桥涵地基与基础设计规范》(JTG 3363—2019)第 6.3.3 条规定:计算钢筋混凝土桩基桩长,桩基础混凝土为水下 C30,除 E41 号节点桩径采用 1.5m 外其余桩均采用 1.25m 钻孔灌注桩,高铁侧及普铁侧拼装支架基础计算桩长分别见表 3-3-3 和表 3-3-4。E0

号采用扩大基础,基础尺寸为3m×3m×1.5m,基础下的地基必须进行平整压实,地基处理后承载力要求不小于200kPa。

高铁侧拼装支架桩长   表3-3-3

节点号	桩长	节点号	桩长	节点号	桩长	节点号	桩长
E1	21m	E7	30m	E14	30m	E20	26m
E2	21m	E9	30m	E15	30m	E21	21m
E4	26m	E10	35m	E16	26m		
E5	26m	E11	30m	E17	26m		
E6	26m	E12	30m	E19	26m		

普铁侧拼装支架桩长   表3-3-4

节点号	桩长	节点号	桩长	节点号	桩长	节点号	桩长
E22	32m	E29	30m	E35	30m	E40	30m
E24	38.5m	E30	30m	E36	26m	E41	58m
E25	35m	E31	30m	E37	26m		
E27	46m	E33	30m	E38	26m		
E28	30m	E34	30m	E39	21m		

所有桩基应采用声测管或低应变法进行逐桩检测,扩大基础下1m深范围地基应进行回填压实,并按路基要求进行平板载荷试验。

三、拼装支架高程的确定

主桥钢桁梁采用无应力状态法进行制造和拼装,具体施工步骤如下:①高铁和普铁两侧分别拼装转体结构钢桁梁部分。普铁侧钢桁梁直接在桥墩上方拼装,并利用支座向边跨方向预偏30cm,高铁侧向远离铁路一侧偏移15m拼装。②高铁侧钢桁梁带着主墩支座向铁路方向横向移动15m,在主墩上方落梁进入转体前位置。③转体施工,合龙小车闭合。④普铁侧钢桁梁沿顺桥向纵移30cm,主跨合龙施工。⑤过渡墩支座顶升,合龙小车退至普铁侧桥墩处。

根据以上施工步骤,钢桁梁的拼装姿态必须满足以下三点:①高铁侧钢桁梁横移过程中,主墩支点节点的高程应略大于最终设计高程,为横移到位之后连接支座下板和支座垫石预留操作空间。②为了达到设计预定的最终成桥受力状态,合龙段必须按照无应力状态进行安装。所以为了平抑合龙悬臂端下挠引发的转角,两侧钢桁梁的合龙前姿态应相对成桥状态保持一定的刚性竖转。为了减少钢桁梁大幅顶落梁和刚性转动带来的安全风险,在确定钢梁拼装阶段支架高程时预先计入高铁侧整体抬高和高铁普铁两侧的竖向转动。理想效果为落梁后自动达到转体合龙高程,最大程度减小精调幅度。③落梁施工需要在每个拼装支架上设置沙箱,由于落梁后每个节点的下挠值不尽相同,需要配置不同尺寸的沙箱。另外高程微调装置的高度同样应该在钢管高程中予以考虑。

综合以上实际情况,经过精确计算,高铁侧横移前的预抬高值为13cm,高铁侧和普铁侧的预设竖转转角分别为0.00619rad和0.00533rad。

四、拼装支架施工

1. 高铁侧钢桁梁拼装支架

高铁侧钢桁梁拼装支架分为五种形式,主要情况如下:

第一种为单桩单柱的结构形式,包括L1号墩、L2号墩、L4号墩、L5号墩、L6号墩、L7号墩、L12号墩、L14号墩、L15号墩、L16号墩、L17号墩、L19号墩、L20号墩、L21号墩。

第二种为单桩单柱+刚性连接的结构形式,包括L9号墩、L10号墩、L11号墩三处支架的右幅,钢立柱之间采用$\phi 630\text{mm}\times 10\text{mm}$钢管进行横向和斜向连接,增加钢立柱的整体刚度。

第三种为主墩两侧刚性支墩,包括L9号墩、L11号墩两处支架的左幅,为单桩单柱的结构,钢立柱与主墩之间采用$\phi 630\text{mm}\times 10\text{mm}$钢管进行刚性连接。

第四种为承台基础+钢立柱的结构形式,为起点处L0号墩。

第五种为横移滑道代替拼装支架,包括L3号墩、L8号墩、L13号墩、L18号墩。高铁侧拼装支架立面布置见图3-3-9。高铁侧主墩两侧拼装支架平、立面布置见图3-3-10。

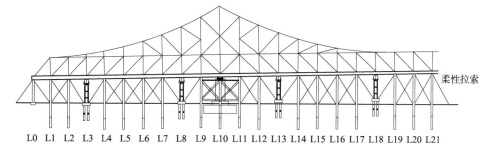

图3-3-9 高铁侧拼装支架立面布置图

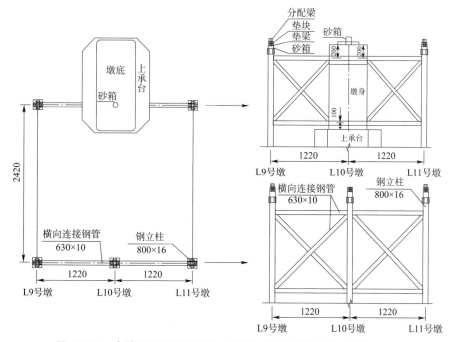

图3-3-10 高铁侧主墩两侧拼装支架平、立面布置图(尺寸单位:mm)

2. 普铁侧钢桁梁拼装支架

普铁侧钢桁梁拼装支架分为两种形式,主要情况如下:

第一种为单桩单柱的结构形式,包括 L22 号墩、L24 号墩、L25 号墩、L27 号墩、L28 号墩、L29 号墩、L30 号墩、L34 号墩、L35 号墩、L36 号墩、L37 号墩、L38 号墩、L39 号墩、L40 号墩、L41 号墩。

第二种为主墩四角抱墩,包括 L31 号墩、L33 号墩,两组钢立柱分别位于普铁侧主墩的基坑四角,钢立柱与墩身间采用 $\phi 630 \times 10mm$ 钢管进行横向和斜向连接,增加拼装起点处支架体系的整体强度。普铁侧拼装支架立面布置见图 3-3-11,普铁侧主墩两侧拼装支架平、立面布置见图 3-3-12。

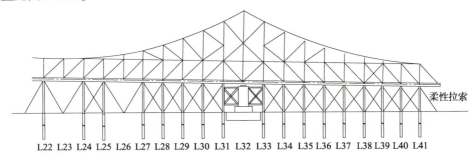

图 3-3-11　普铁侧拼装支架立面布置图

注:1. L23 号墩处为既有北京供电段变压器房,L26 号墩处为运梁通道进口,L42 号墩处为廊坊站地道桥,此三处不设置拼装支架。

2. L32 号墩借用 21 号主墩作为拼装支架。

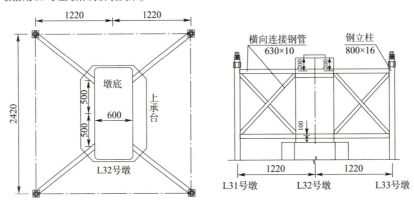

图 3-3-12　普铁侧主墩两侧拼装支架平、立面布置图(尺寸单位:mm)

3. 标准段拼装支架施工方案

拼装支架首先进行桩基础的施工,完成后对桩位处进行开挖,凿除自桩顶向下 1m 范围内的桩基,对桩基础进行检测,合格后准许进入下一道工序。对凿除后的桩基顶部 1m 范围重新绑扎钢筋,安装模板,在顶部设置钢立柱预埋件,采用钢筋网片固定,然后浇筑混凝土。由于钢立柱拼装支架的长度不同,采用标准节段+非标准节段的组合,钢立柱之间采用法兰连接,整段进行吊装。立柱安装完成后,安装顶部的砂箱、垫梁、垫块,同时连接柔性拉索。

(1)拼装支架基础施工

拼装支架桩基础邻近高铁和普铁施工,根据桩位与既有铁路的位置关系、桩长大小的不同,选用不同高度的钻机和钢筋笼分节吊装方案。泥浆池设置在远离既有铁路40m外,泥浆池四周及坑底采用防渗水处理,防止渗水引起沉降。

高铁侧L0号支架基础为承台扩大基础,采用放坡开挖,坡比为1:1,基坑开挖完成后,对基底进行平板荷载试验,施工荷载为1085kN,按照最大加载量的1.2倍(1301.4kN)进行试验,试验加载采用200t油压千斤顶进行。若承载力不满足要求,采用换填三七灰土或碎石的方式增加承载力,直至满足设计要求为止。高铁侧L0号墩平板荷载试验见图3-3-13。

图3-3-13 高铁侧L0号墩平板荷载试验

(2)钢立柱预埋基础施工

拼装支架桩基完成后,凿除自桩顶向下1m范围内的桩基,重新绑扎钢筋,四周安装模板。在桩顶/承台顶部钢立柱对应的设计位置,预埋法兰及地脚螺栓,预埋件采用钢筋网片定位,在复核好位置和高程后将预埋件与钢筋焊接固定。拼装支架钢立柱预埋件立面示意见图3-3-14。

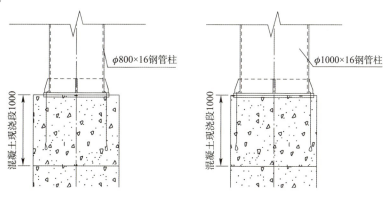

图3-3-14 拼装支架钢立柱预埋件立面示意图(尺寸单位:mm)

(3)钢立柱上人爬梯和钢平台的设置

上人爬梯:为满足拼装支架顶部砂箱、垫梁、垫块安装及落梁施工的需要,在支架侧面设置上人爬梯。爬梯设置宽度为0.5m、外侧设置直径0.7m的护笼,爬梯与钢立柱焊接固定。

钢平台:拼装支架顶部设置钢平台,采用∠50mm×50mm×5mm角钢焊接而成,整体呈"回"字形,将钢立柱顶部的加肋钢平台包围,平台单侧宽度为50cm,外侧设置1m高栏杆。

钢平台与钢立柱顶部的加肋钢平台焊接连接。平台栏杆整体高度不得超过砂箱、垫梁、垫块及落梁的整体高度。拼装支架钢立柱爬梯和钢平台现场实施效果见图3-3-15。

图3-3-15　拼装支架钢立柱爬梯和钢平台现场图

（4）钢立柱吊装

钢立柱在地面通过法兰连接成整体，并安装完上人爬梯和钢平台后进行吊装。钢管柱吊点设置在钢管柱的顶部，在立柱顶设置2个吊耳。为了保证吊装平衡，在吊钩下挂设2根足够强度的单绳进行吊装。拼装支架拼装完成后，对其精度进行测量，确保安装质量。拼装支架钢立柱安装精度要求见表3-3-5。

拼装支架钢立柱安装精度要求　　　　　　　　　　　表3-3-5

序号	检查项目	允许偏差
1	立柱中心与基础中心线	±5mm
2	立柱顶面高程和设计高程	±10mm，中间层±20mm
3	立柱顶面平面度	5mm
4	立柱垂直度	长度的1/1000，不大于15mm
5	各柱之间的距离	间距的1/1000
6	各立柱上下两平面相应的对角线差	长度的1/1000，不大于20mm

（5）钢立柱柔性拉索安装

柔性拉索安装采用6×7钢丝绳结构，直径为18mm，钢丝绳最小破断拉力为190kN。柔性拉索一端固定在钢立柱顶部，固定点为立柱顶部的吊点；一端固定在相邻钢立柱底部，固定点采用直径20mm光圆钢筋弯成圆环焊接在钢立柱上。

柔性拉索钢丝绳在安装完成后需进行预紧，预紧力不得小于1t。预紧采用5t导链和拉力计配合完成。预紧时，单根拼装支架两侧对称进行，防止钢立柱倾斜。

（6）砂箱、垫梁、垫块、分配梁安装

砂箱预压：砂箱外径为80cm，高度根据支架不同分为0.3m、0.7m、1m三种。砂箱进场后，对砂箱的结构尺寸、焊接质量等进行检查，并进行预压。每个砂箱按设计值200t的1.2倍即240t进行预压。加载结束后，用钢筋将砂箱顶板和缸体焊牢，再用黄油将缸体与活塞之间的空隙密封，防止缸体内砂受潮。

砂箱单独进行吊装，垫梁、垫块、分配梁在地面处连接成整体后进行吊装，就位后再拆除连接。吊装时精确对位，防止在使用过程中发生偏移。砂箱构造见图3-3-16，垫梁、垫块、分配梁构造见图 3-3-17。

图 3-3-16 砂箱构造图

图 3-3-17 垫梁、垫块、分配梁

垫块与分配梁之间的聚四氟乙烯板在正反面均涂抹硅油以降低摩擦力,为保证使用效果,聚四氟乙烯板在钢桁梁吊装前进行安装。

4. 主墩处抱墩支架施工方案

主墩处抱墩桩基础和竖向钢管柱的施工方法与上述方案相同。竖向钢管柱与主墩之间的横向钢管柱和斜向钢管柱,一端与竖向钢管柱连接,一端与主墩内的预埋件连接,主墩处制动支架安装顺序见图 3-3-18。

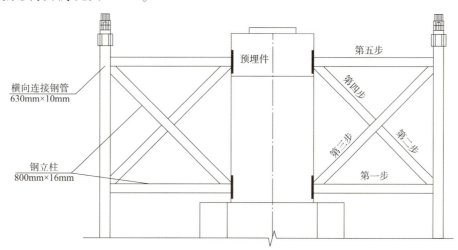

图 3-3-18 主墩处制动支架安装顺序图

五、钢桁梁拼装施工

1. 钢桁梁存放场和运梁通道

(1)高铁侧钢桁梁存放场和运梁通道

高铁侧钢桁梁存放场设置在 20 号墩南侧,占地面积为 7840m²,内设主桁杆件拼装存放区、平联杆件拼装存放区、桥面板拼装存放区,并设置 70t 门式起重机 2 台、60t 门式起重机 2 台,分别用于杆件的装卸、桥面板的拼装焊接。桥面板拼装区设置 5+1 桥面板总拼胎架 2

幅,供应两个作业面施工,设置70t门式起重机2台;主桁杆件拼装区及存放区、平联杆件拼装区及存放区设置60t门式起重机2台,保证每个作业面有两个节间的存梁。高铁侧钢桁梁存放场平面布置见图3-3-19。

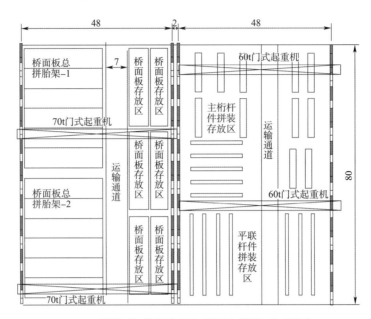

图3-3-19　高铁侧钢桁梁存放场平面布置图(尺寸单位:m)

钢桁梁运输通道分为钢桁梁存放场内运输通道和梁体投影下方运输通道两种。钢桁梁存放场内设置2条运输通道,分别位于桥面板拼装存放区、杆件存放区,单条道路长度为80m,宽度为7m;梁体投影下方运输通道分为平弦杆件通道和加劲弦杆件通道,平弦杆件通道沿钢桁梁拼装位置通长布置,分别在拼装场与钢桁梁接茬处、20号主墩西侧设置车辆转弯、掉头平台,梁下运输通道宽度为8m;加劲弦运梁通道设置在远离铁路侧梁边向内侧,宽度为4m。高铁侧钢桁梁存梁场和运输通道平面布置见图3-3-20。

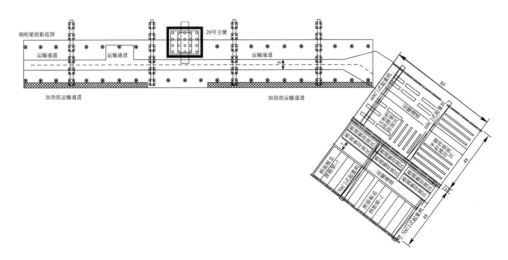

图3-3-20　高铁侧钢桁梁存梁场和运输通道平面布置图(尺寸单位:m)

(2)普铁侧钢桁梁存放场和运梁通道

普铁侧钢桁梁拼装场设置在21号墩东北侧,占地面积为4584m^2,内设主桁杆件拼装存放区、平联杆件拼装存放区、桥面板拼装存放区。桥面板拼装区设置两幅桥面板总拼胎架,设置70t门式起重机2台;主桁杆件存放预拼区设置60t门式起重机1台。普铁侧钢桁梁存放场平面布置见图3-3-21。

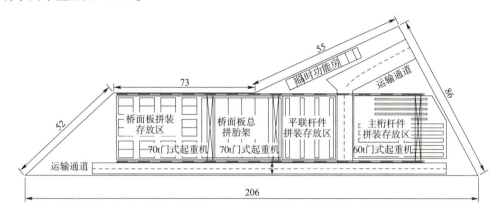

图3-3-21 普铁侧钢桁梁存放场平面布置图(尺寸单位:m)

钢桁梁运输通道分为钢桁梁存放场内运输通道和梁体投影下方运输通道两种。钢桁梁存放场内设置1条运输通道,位于桥面板拼装存放区、杆件拼装存放区的一侧,单条道路长度为180m、宽度为8m;梁体投影下方运输通道分为平弦杆件通道和加劲弦杆件通道,平弦杆件通道又分为梁下通长运输通道和垂直通道,21号主墩北侧设置车辆转弯、掉头平台,梁下运输通道宽度为8m;加劲弦运梁通道设置在远离铁路侧梁边向内侧,宽度为4m。普铁侧钢桁梁存梁场和运输通道平面布置见图3-3-22。

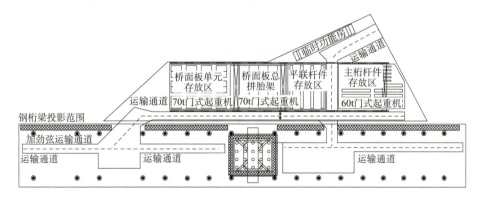

图3-3-22 普铁侧钢桁梁存梁场和运输通道平面布置图

2.钢桁梁杆件进场检查和存放

(1)杆件进场检查

①杆件进场后,应根据设计文件及制造厂家提供的技术资料对杆件的规格、数量、质量进行全面检查。

②对主桁杆件及桥面板的外形及尺寸、端头宽度(节点板和拼接板覆盖范围)、杆件边缘

及孔边飞刺、磨光顶紧部件公差等,应逐件进行检查。

③对于制造厂随梁发送的栓接板面抗滑移系数试件,应在杆件拼装前进行抗滑移系数检验,合格后方可进行拼装作业。

(2)杆件的存放

①钢桁梁存放场地及预拼场必须平整,道路畅通,具有良好的排水系统。存放场和拼装场存放临时支垫及固定台座要牢固,防止不均匀下沉导致杆件扭曲和失稳。

②装卸吊装作业时,防止碰撞钢桁梁杆件。严禁锤击杆件损伤钢桁梁焊缝,不得损坏和污染杆件栓群摩擦面。为防止整体节点杆件在装卸、倒运翻身过程中操作不当引起杆件的变形,必须设计专用吊具,制订详细操作细则,并严格执行。

③杆件底与地面应留有 10~25cm 以上的净空,不得因雨雪等原因污染杆件,或使杆件泡水。

④杆件支点应设在自重作用下杆件不致产生永久变形处,同类杆件多层堆放时,各层间垫块应在同一垂直线上,主桁腹杆叠放不宜超过三层。

⑤杆件间应留有适当空隙以便起吊操作及查对杆件号。

3.钢桁梁预拼装

钢桁梁杆件制造完成后,按照制造规范的要求进行试拼装。试拼装以验证施工图纸的正确性、检验制造工艺的合理性、工艺装备的精确性;检查杆件拼接处有无相互抵触情况、有无不易施拧螺栓之处。

本桥主桁、横联及桥门架、平联在工厂进行试拼装,试拼装采用平面辊转试装法完成。钢桁梁厂内预拼装实施见图3-3-23。

预拼装注意事项:

(1)杆件必须按照钢桁梁拼装顺序和杆件预拼图拼装。

图3-3-23 钢桁梁厂内预拼装实施图

(2)每一预拼单元杆件拼装完成后,应全面检查杆件拼装各部位尺寸、缝(间)隙、编号、数量、位置、方向等,符合设计要求方可栓合,并做好预拼单元杆件吊装中心、拼装顺序编号等标记。

(3)应按施工工艺设计保留适量冲钉和高强度螺栓暂不安装和拧紧。

(4)桥位上拼装用的零(配)件应与相关杆件一并发送。

4.桥面板现场拼装

桥面板采用正交异性板钢桥面,钢桥面板厚14mm。钢桥面板下纵桥向车行道范围内设置U形纵肋34道,U形纵肋之间设置T形肋6道;在人行道范围内设板肋加劲。钢桥面板下方横桥向每节点之间设置3道横梁,横梁采用工字形截面,桥面宽32.2m,其中两侧悬臂长4m(部分长5m),横梁内高500~1200mm,中间部分长24.2m,横梁内高1200~1800mm。边跨2个节间的桥面板采用箱形截面,内部浇筑铁砂混凝土,用于边跨压重调整线形。标准段桥面板示意见图3-3-24,箱形桥面板示意见图3-3-25。

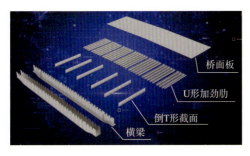
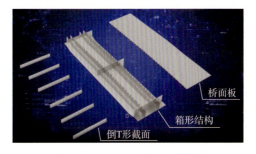

图 3-3-24 标准段桥面板示意图　　　　图 3-3-25 箱形桥面板示意图

(1) 普通段桥面板现场拼装

单块桥面板块宽度为 21.84m,长度方向分 1.3m、2.85m、4.7m、4.8m、5.6m、5.85m、6.1m、7.5m 等类型,标准长度为 6.1m。桥面板横向板单元分为 6 块,为了减少桥面板块的焊接残余应力,确保桥面板单元的组拼精度,桥面板单元二拼一胎架上接宽,然后上胎与横梁拼装、焊接成桥面板块,即按照桥面板单元接宽→横梁就位→纵梁就位→面板就位→焊接面板纵向焊缝→焊接纵梁及横梁与桥面板焊缝的顺序,实现逐节段桥面板块的组装与焊接。标准段桥面板单元划分见图 3-3-26。

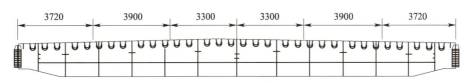

图 3-3-26　标准段桥面板单元划分(尺寸单位:mm)

(2) 箱形桥面板现场拼装

单块桥面板块宽度为 21.84m,长度方向有 4.7m 与 5.6m 两种类型。压重区单个桥面板块分成 3 块在桥位处进行安装。桥面板横向板单元分为 6 块,底板单元分为 6 块,横梁分为 3 块。按照桥面板单元接宽→横梁就位→纵梁就位→面板就位→焊接纵梁及横梁与桥面板焊缝的顺序,实现逐节段桥面板块的组装与焊接。压重区桥面板单元划分见图 3-3-27。

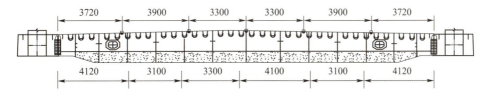

图 3-3-27　压重区桥面板单元划分(尺寸单位:mm)

5. 钢桁梁拼装前准备工作

(1) 钢桁梁制造厂应提供的主要技术资料包括:产品合格证、钢材及辅材质量证明书或检验报告、钢梁制造规则、钢梁焊接工艺评定材料、按杆件编号绘制的制造图、工地安装螺栓表及拼装简图、杆件发送表及包装清单、钢桁梁试拼记录、栓接板面抗滑移系数试验报告、成品检查记录和杆件焊缝探伤检查记录等。

(2)钢桁梁拼装架设前,应测量检查桥梁中线、墩台跨距、支座垫石的位置及尺寸、顶面高程及平整度等,符合设计要求和相关规定后方可进行架梁。

(3)钢桁梁拼装场建设完成,包括杆件及桥面板存放区、预拼场地、杆件存放台座、预拼台座、翻身台座、桥面板连接台座、运梁通道、排水设施、消防设施等,场区应平整、排水良好和具有足够的承载力。

(4)拼装钢桁梁所用机械设备进场,完成报验、检验、试运转的程序,门式起重机经地方安监部门备案后推至拼装钢桁梁位置。

6. 钢桁梁拼装顺序及方法

钢桁梁拼装自中墩处开始向两侧进行拼装,首先拼装 E8～E12 间的平弦,然后按照下弦杆→桥面板→直腹杆→斜腹杆→上弦杆→平联杆件→靠近铁路侧挑臂的顺序,由两台门式起重机对称完成平弦的拼装。再从主墩位置按照加劲弦直腹杆→加劲弦斜腹杆→加劲弦的顺序,两台门式起重机对称完成加劲弦的拼装。最后安装远离铁路侧挑臂,完成整个钢桁梁的拼装工作。远离铁路侧挑臂位置为加劲弦杆件提升位置。钢桁梁拼装顺序立面布置见图 3-3-28。

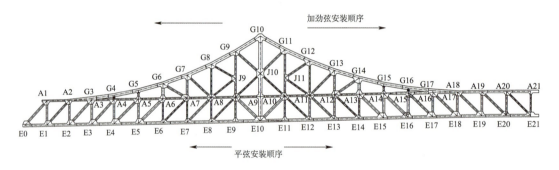

图 3-3-28 钢桁梁拼装顺序立面图

7. 高铁侧钢桁梁拼装

高铁侧钢桁梁远离设计位置 15m 进行拼装,主墩处的桥面板和杆件由主墩和拼装支架共同承担,钢桁梁拼装前,在主墩靠近铁路侧的垫石上安装支座,在 L10 拼装支架顶部安装另一支座。首先安装主墩处桥面板,然后对称安装 E10 下弦杆,并将下弦杆与支座进行连接固定。然后按照先平弦后加劲的顺序完成全部拼装工作。钢桁梁拼装时,由 2 台门式起重机对称进行,尽量保持两侧同步安装,以确保梁体的稳定。

(1)E8～E12 段平弦安装

E8～E12 段平弦的安装首先吊装主墩处 QM6b′桥面板,就位后安装桥面板两侧 E10 下弦杆,然后依次对称安装 E8-E9、E11-E12 共计 8 根下弦杆件,E8～E12 间的桥面板同步跟进;完成后开始安装直腹杆,包括 A10、E9-A9、E8-A8、E11-A11、E12-A12;随后安装斜腹杆,包括 E10-A9、E10-A11、E8-A9、E12-A11;然后安装上弦杆,包括 A8、A9、A9-A10、A11、A12;最后,安装顶部 A8-A9、A9-A11 平联杆件,安装靠近铁路侧挑臂,8 块 QM6az 桥面板(普铁侧为 QM6ay 桥面板)。高铁侧钢桁梁 E8～E12 段平弦拼装顺序见表 3-3-6。

高铁侧钢桁梁 E8～E12 段平弦拼装顺序表　　　　表 3-3-6

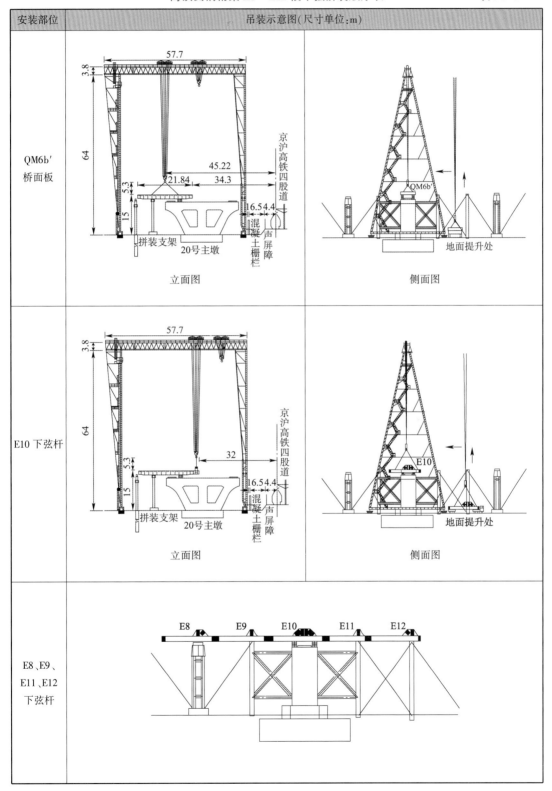

续上表

安装部位	吊装示意图(尺寸单位:m)
E8~E12 间桥面板	
E8~E12 间直腹杆	
E8~E12 间斜腹杆	

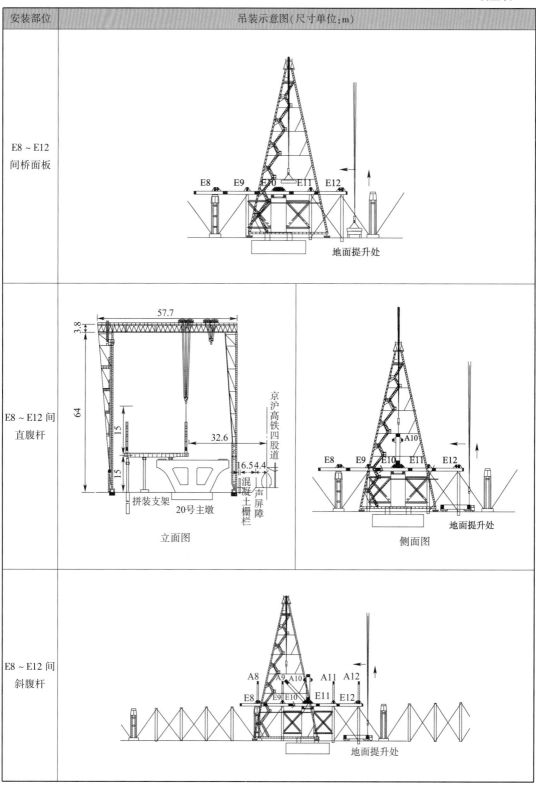

续上表

安装部位	吊装示意图(尺寸单位:m)
E8~E12间上弦杆	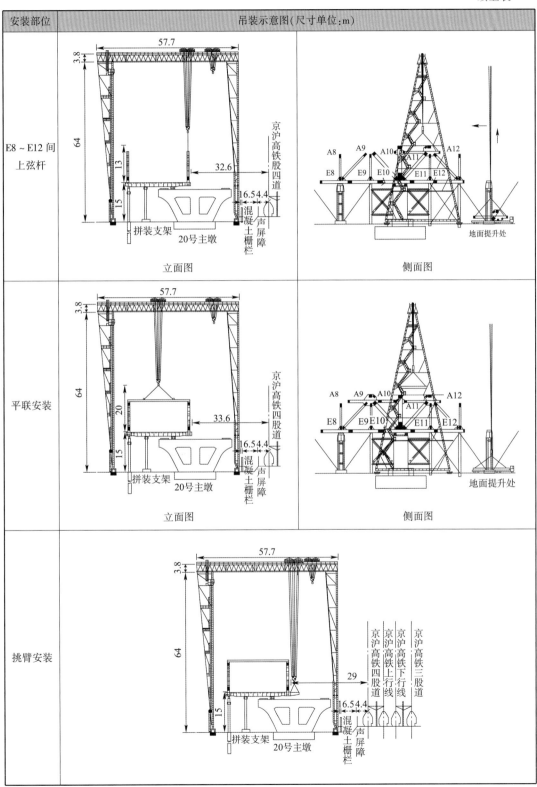
平联安装	
挑臂安装	

(2)剩余平弦安装

高铁侧钢桁梁 E8~E12 段平弦安装完成后,剩余节间按照下弦杆→桥面板→直腹杆→斜腹杆→上弦杆→平联→靠近铁路侧挑臂的顺序依次对称安装。高铁侧钢桁梁平弦现场安装见图 3-3-29。

(3)加劲弦安装

加劲弦的安装首先吊装竖杆 J10,就位后安装竖杆 G10J11 与 G10,然后依次对称安装 A9-J10、G9-J10、A9-J9、G9-J9、G9、A11-J10、G11-J10、A11-J11、G11-J11、G11、A8-J9、G8-J9、A8-G8、G8、A12-J11、G12-J11、A12-G12、G12。E8~E12 节间加劲弦安装完成后,其余节间加劲弦安装同 E8~E12 节间。

加劲弦安装时,杆件的吊装通道为远离铁路侧挑臂位置,吊装空间宽度为下弦杆与门式起重机支腿的间距(最小为 4m),杆件通过梁下运输通道运输至吊装位置,由门式起重机将杆件吊起并提升安装,个别受影响车辆无法抵达处,由车辆运至距离较近处,由门式起重机走行一定的距离吊装至设计位置安装。高铁侧钢桁梁加劲弦现场安装见图 3-3-30,高铁侧钢桁梁加劲弦安装顺序见表 3-3-7。

图 3-3-29 高铁侧钢桁梁平弦现场安装图

图 3-3-30 高铁侧钢桁梁加劲弦现场安装图

高铁侧钢桁梁加劲弦安装顺序表 表 3-3-7

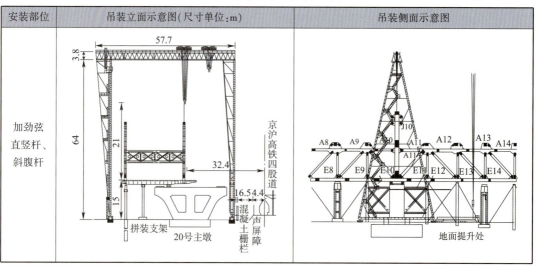

安装部位	吊装立面示意图(尺寸单位:m)	吊装侧面示意图
加劲弦	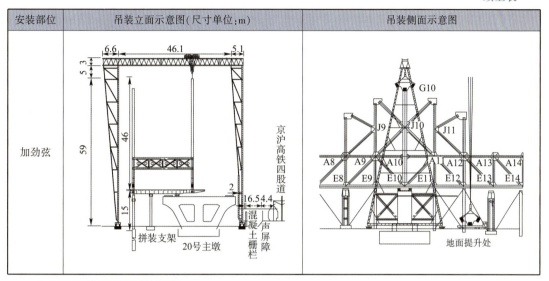	

(4)远离铁路侧挑臂安装

标准挑臂长6.1m、宽3.88m、重6.38t,通过运梁平车从拼装场运至吊装处,利用门式起重机将挑臂吊起,起升高度为15m,然后移动至挑臂设计位置进行安装。高铁侧钢桁梁远离铁路侧挑臂安装立面示意见图3-3-31。

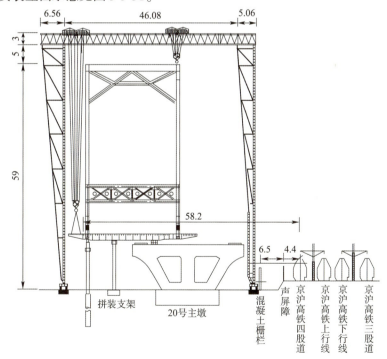

图3-3-31 高铁侧钢桁梁远离铁路侧挑臂安装立面示意图(尺寸单位:m)

8.普铁侧钢桁梁拼装

普铁侧钢桁梁原位进行拼装,在21号主墩顶安装垫块与垫石一同对桥面板进行支垫,然后对称安装E10下弦杆,将支座与下弦杆连接。同时,在E10下弦杆安装前,将墩顶支座上摆向边跨侧预偏30cm(用于转体结束后纵移合龙使用),并安装支座与钢桁梁的临时固结,防止在拼装和转体过程中钢桁梁与主墩间发生移动。然后按照与高铁侧同样的工序完成钢桁梁E5~E20节间的平弦和加劲弦拼装。剩余的E0~E4节间为门式起重机拼、拆场地、又紧邻廊坊站地下通道,需在E5~E20节间的平弦和加劲弦拼装完成,并将门式起重机拆除完成后,利用400t履带式起重机进行拼装。

(1)E8~E12段平弦安装

普铁侧E8~E12段平弦的安装工艺与高铁侧相同。普铁侧钢桁梁E8~E12段平弦拼装顺序见表3-3-8。

普铁侧钢桁梁E8~E12段平弦拼装顺序表　　　　表3-3-8

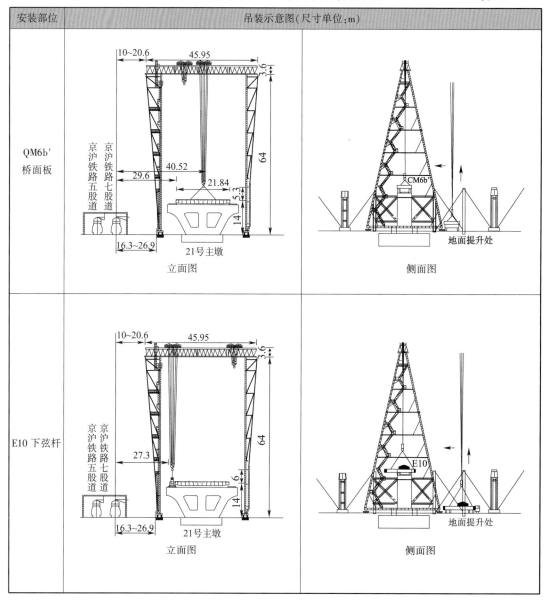

续上表

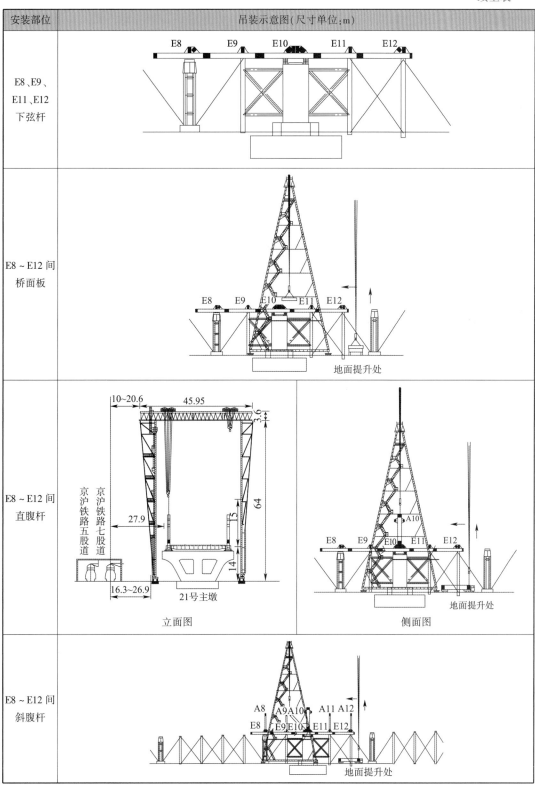

续上表

安装部位	吊装示意图(尺寸单位:m)
E8~E12间上弦杆	
平联安装	
挑臂安装	

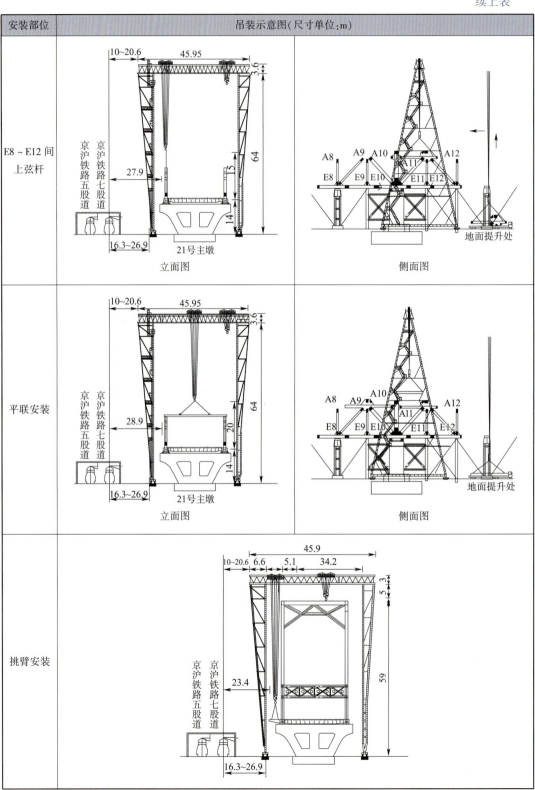

(2) E5~E20 剩余的平弦和加劲弦安装

普铁侧按照同高铁侧相同的工艺完成剩余的 E5~E8、E12~E20 段平弦以及 E5~E18 段加劲弦安装。

(3) E0~E4 节间平弦和加劲弦安装

普铁侧 E0~E4 节间杆件待加劲弦安装完成后,将两台门式起重机分别推至门式起重机拼装处进行拆除,然后用 400t 履带式起重机进行吊装。400t 履带式起重机安装钢桁梁的顺序与门式起重机相同,履带式起重机的站位均位于远离铁路侧,垂直进行吊装,钢桁梁投影下方为运梁通道,拼装最后一个节间时,运梁通道设置在远离铁路侧挑臂处。普铁侧钢桁梁 E0~E4 节间安装平面布置见图 3-3-32。

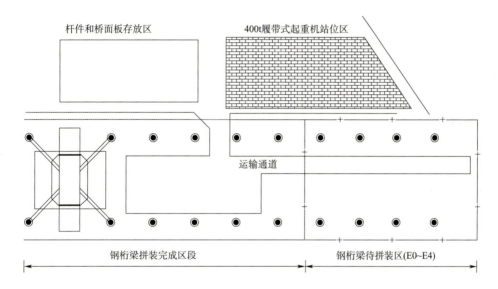

图 3-3-32 普铁侧钢桁梁 E0~E4 节间拼装平面布置图

履带式起重机拼装钢桁梁与门式起重机的工艺相同。分别以最高杆件 G5 加劲弦杆、最重杆件 QM6b 桥面板进行介绍,两根杆件的主要情况如下:

① G5 加劲弦吊装

加劲弦 G5 质量为 38.8t,吊装高度为 33m,所需机械作业半径为 37m,选用 400t 履带式起重机超起工况,在吊臂长度为 60m、作业半径为 38m 时,吊装高度为 46.4m,额定吊装 121t,安全系数为 3.11,满足要求。普铁侧钢桁梁加劲弦 G5 吊装平面布置见图 3-3-33,加劲弦 G5 吊装侧面、立面布置分别见图 3-3-34 和图 3-3-35。

② QM6b 桥面板吊装

QM6b 桥面板质量为 50t,高度为 14m,作业半径为 28m,选用 350t 履带式起重机超起工况,在吊臂长度为 60m、作业半径为 30m 时,吊装高度为 52m,额定吊装 158t,安全系数为 3.16,满足要求。普铁侧钢桁梁 QM6b 桥面板吊装平面布置见图 3-3-36,吊装立面布置见图 3-3-37。

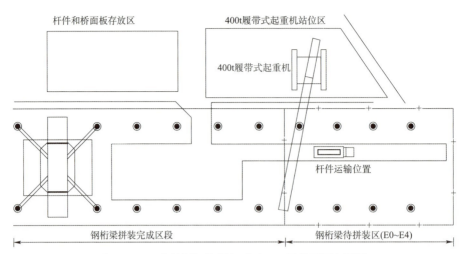

图 3-3-33　普铁侧钢桁梁加劲弦 G5 吊装平面布置图

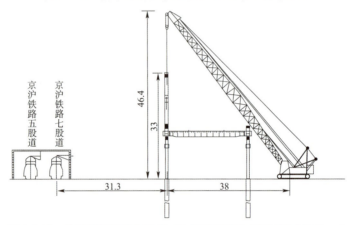

图 3-3-34　普铁侧钢桁梁加劲弦 G5 吊装侧面布置图(尺寸单位:m)

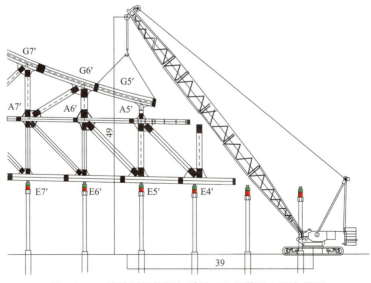

图 3-3-35　普铁侧钢桁梁加劲弦 G5 吊装侧立面布置图

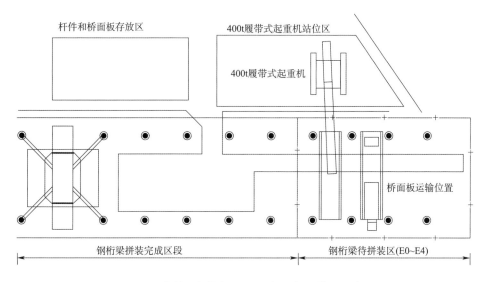

图 3-3-36 普铁侧钢桁梁 QM6b 桥面板吊装平面布置图

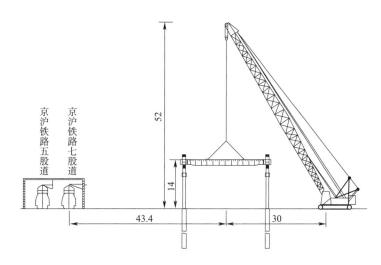

图 3-3-37 普铁侧钢桁梁 QM6b 桥面板吊装立面布置图(尺寸单位:m)

9.钢桁梁拼装全封闭吊篮

根据本工程邻近铁路进行钢桁梁拼装的特点,杆件与杆件连接、杆件与桥面板连接时,采用封闭式吊篮作为工人操作、放置高栓和工具的施工平台。吊篮采用∠50mm×50mm×5mm 角钢焊接而成,四周用密布铁丝网进行防护(孔径 18mm×1.8mm),底部铺设整块竹胶板,防止在施拧过程中发生物件坠落,影响铁路运营安全。吊篮悬挂于主桁杆件上,与杆件间焊接连接,杆件吊装前在地面处将吊篮安装固定就位,吊篮同杆件一同进行吊装。

本工程根据梁型特点,共设置 4 种形式的吊篮,包括下弦杆件连接、加劲弦杆件与上弦杆件连接、加劲弦杆件连接、上弦杆件连接。吊篮经过详细的计算,充分考虑了人员、材料、风荷载等因素,确保安全可靠、牢固稳定。钢桁梁拼装用吊篮统计见表 3-3-9。

钢桁梁拼装用吊篮统计表　　　　　表 3-3-9

吊篮名称	吊篮示意图	现场使用图
下弦杆件连接用吊篮		
加劲弦杆件与上弦杆件连接用吊篮		
加劲弦杆件连接用吊篮		
上弦杆件连接用吊篮		

第二节 多点牵引横移施工

一、横移设计方案

1. 横移总方案

拼装完成后高铁侧钢桁梁跨度为(119+138)m,总长为257m,桥面宽度为32.2m(130m跨处部分桥面宽度为34.2m),共设有21个节间(即E0~E21),节间距分为11.2m、12.2m、12m三种,自小里程向大里程间布置形式为(4×11.2+6×12.2+10×12.2+12+4)m。为确保既有京沪高铁的安全,采用在平行铁路方向、远离设计位置外15m进行高铁侧钢桁梁拼装,拼装完成后将钢桁梁向铁路方向横移15m至设计位置。高铁侧钢桁梁横移平面布置示意见图3-3-38。

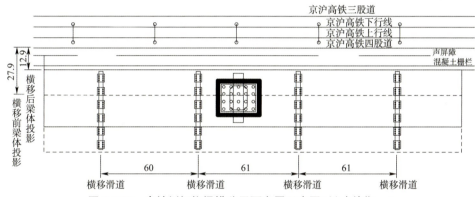

图3-3-38 高铁侧钢桁梁横移平面布置示意图(尺寸单位:m)

钢桁梁横移前,梁体前端距京沪高铁混凝土栅栏17.04m、距声屏障23.5m、距京沪高铁四股道中心27.9m;钢桁梁横移就位后,梁体前端距京沪高铁混凝土栅栏2.04m、距声屏障8.5m、距京沪高铁四股道中心12.9m。

本工程横移方案采用多点牵引横移方案。在高铁侧钢桁梁下方设置4条横移滑道梁(兼作钢桁梁拼装支架使用),分别位于E3、E8、E13、E18节点下方。待钢桁梁拼装及必要的桥面附属工程施工完毕、拆除其他节点位置下的拼装支架后,钢桁梁完全由4条横移滑道梁支撑,每条滑道梁上均配备牵引装置,通过4条滑道梁上的牵引设备多点同步牵引,将钢桁梁横向拖拉至设计位置,实现横移。高铁侧钢桁梁横移支架立面及横断面布置分别见图3-3-39和图3-3-40。

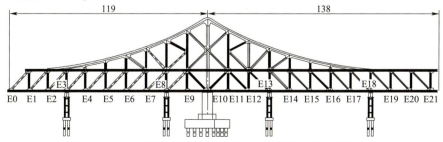

图3-3-39 高铁侧钢桁梁横移支架立面布置图(尺寸单位:m)

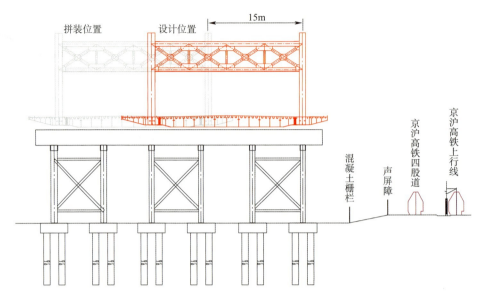

图 3-3-40　高铁侧钢桁梁横移支架横断面布置图

2.横移滑道体系设计

横移滑道体系组成为桩基+承台+钢管柱支架+钢箱滑道梁+滑靴,滑道垂直于铁路方向,4组支架分别布置在E3、E8、E13、E18节点下方。

(1)支架结构

横移支架为钢桁梁横移支撑结构,采用双钢管立柱,边柱钢管规格为$\phi 1020mm \times 20mm$、中柱钢管规格为$\phi 820mm \times 20mm$,横向用联板连接、纵向采用$\phi 325mm \times 8mm$钢管剪刀撑连接。基础采用四桩承台、桩径为1m,每条横移滑道靠近铁路侧承台和最远离铁路侧承台下方桩长为50m,其余承台下方桩长为45m,承台尺寸为$4.5m \times 4.5m \times 1.5m$。横移支架立面布置见图3-3-41。

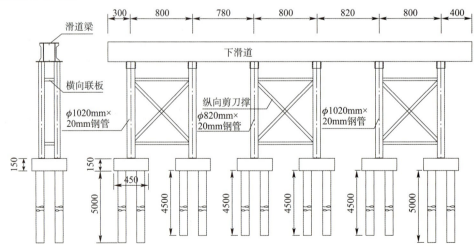

图 3-3-41　横移支架立面布置图(尺寸单位:cm)

(2)滑道组成

滑道采用连续下滑道+上滑道滑靴结构形式,上滑道滑靴连接在钢桁梁下弦杆上,通过牵引装置使钢桁梁随滑靴在固定的连续下滑道上滑移。

①下滑道梁

下滑道采用箱形截面滑道梁,与梁底横移支架钢管柱顶盖板焊接固定。滑道梁高2.4m、宽2.4m,腹板间距1.5m,箱梁顶、底板设纵向加劲肋,腹板内、外侧设置竖向加劲肋,顶板两侧面设置10cm宽导向板。滑道梁总长47m,为便于运输及吊装进行分段制造,各节段采用M30高强螺栓(10.9级)连接,高强螺栓预拉力$P=370kN$。在滑道梁节段拼装时顶面1m范围内相对高差不得大于1mm,为进一步消除滑道梁顶面拼接处可能存在的错台对横移平稳性的影响,滑道梁顶面、滑靴行走轨道上铺设通长的不锈钢板。滑道梁构造标准断面见图3-3-42,横移滑道支架及滑道梁现场实施见图3-3-43。

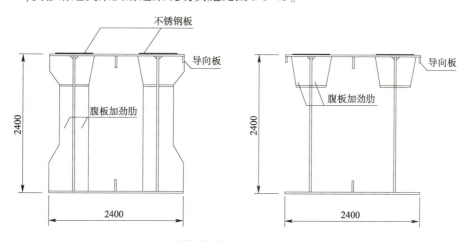

图3-3-42 滑道梁构造标准断面图(尺寸单位:cm)

②上滑道滑靴

上滑道设置在钢桁梁横桥向左右两侧主桁架节点位置,采用滑靴形式,每片滑道梁上设置2个滑靴,牵引钢绞线安装在靠近铁路侧的滑靴上,滑靴整体通过扁担和吊杆将其与下弦杆箍紧。滑靴布置见图3-3-44。

单个滑靴在钢桁梁弦杆方向设计为左右两部分,并用平联和横联角钢焊接牢固。每部分分为垫座和底座两层,以螺栓连接,通过在横移到位后拆除垫座即可将钢桁梁落至主墩。垫座顶板上方设楔形钢板及填板,楔形钢板用

图3-3-43 横移滑道支架及滑道梁现场实施图

以调整钢桁梁纵坡,填板卡入下弦腹板中间并贴紧底板;底座底板采用28mm钢板,在横移方向设前翘并包4mm不锈钢板,侧面设横向限位板、限位板与滑道梁侧壁导向板间隙为1cm。滑靴底座底板与滑道梁顶不锈钢板间铺设MGE(E类工程塑料合金)滑块,在正式横移施工中倒换滑块并刷硅油以进一步减小横移阻力。滑靴结构见图3-3-45,滑靴现

场安装见图 3-3-46。

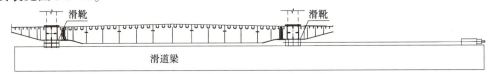

图 3-3-44　滑靴布置图

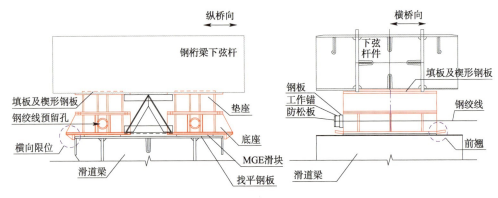

图 3-3-45　滑靴结构图

图 3-3-46　滑靴现场安装图

（3）人员操作平台

横移滑道梁顶与地面的最大距离为 18m，为确保高空作业安全并为施工人员倒运 MGE 滑板、监测人员观测横移情况以及端头切割钢绞线人员提供操作空间，在滑道梁侧面及端面设置人员操作平台。操作平台由焊接在滑道梁侧面腹板及端面隔板上的槽钢组成受力托架，托架顶面满铺 5cm 木板、侧面设 0.9m 高角钢立柱栏杆并挂满钢丝网。钢绞线切割平台端头焊接 2m 高花纹钢板，防止钢绞线崩断及其他施工用品掉入铁路范围内。人员操作平台示意见图 3-3-47，滑道梁端钢绞线切割平台示意见图 3-3-48。

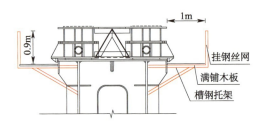

图 3-3-47　人员操作平台示意图

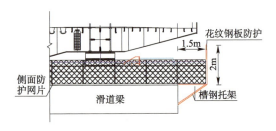

图 3-3-48　滑道梁端钢绞线切割平台示意图

（4）千斤顶反力座及横移限位挡块

横移牵引千斤顶反力座布置在滑道梁顶面，每条横移滑道安装两件反力座，同时在反力座前端设置 20 号工字钢横移限位挡块，反力座及横移限位挡块均与滑道梁焊为一体。

3. 牵引系统

本工程牵引系统采用自动连续顶推(牵引)系统,主要由主控制台操作系统、智能同步液压泵站控制系统及连续顶推(牵引)千斤顶三大部分组成。它通过系统软件控制电磁阀操控液压油作为动力,推动连续顶推(牵引)千斤顶活塞往复运动,通过连续顶推(牵引)千斤顶内的前顶自动工具锚和后顶自动工具锚的荷载转换,达到顶推(牵引)力不间断传递的工作目的,从而实现将桥梁等重物水平连续顶推(牵引)到设计指定位置。牵引系统结构组成见图3-3-49。

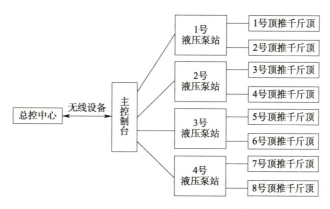

图3-3-49 牵引系统结构组成图

(1) LXQXD200-200连续顶推(牵引)千斤顶

每片滑道梁上布置2台LXQXD200-200连续顶推(牵引)千斤顶,分别对靠近铁路侧钢桁梁节点下的滑靴左、右部分施加牵引力。智能液压LXQXD200-200型连续顶推(转体)系统具有同步好、牵引力均衡等特点,能使整个自动连续顶推(转体)过程平稳,无冲击颤动。横移千斤顶立面及平面布置分别见图3-3-50和图3-3-51。

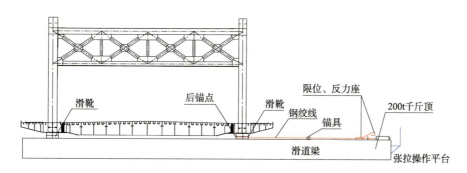

图3-3-50 横移千斤顶立面布置图

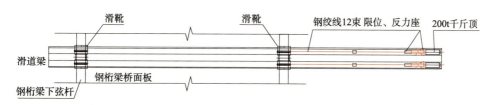

图3-3-51 横移千斤顶平面布置图

一套LXQXD200-200连续顶推(牵引)千斤顶是由2台普通穿心式千斤顶的撑脚和导向架组合在一起,并安装前自动工具锚和后自动工具锚,通过主控制台系统采集装在千斤顶上传感器的位移信号,控制连续顶推(牵引)千斤顶的前顶和后顶上前后自动工具锚的荷载转换交替工作,达到顶推过程不间断的工作目的,实现将钢桁梁水平连续顶推(牵引)就位。连续顶推(牵引)千斤顶三维示意见图3-3-52,连续顶推(牵引)千斤顶现场布置见图3-3-53,LXQXD200-200连续顶推(牵引)千斤顶性能参数见表3-3-10。

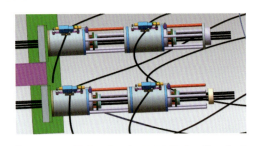 

图3-3-52 连续顶推(牵引)千斤顶三维示意图　　图3-3-53 连续顶推(牵引)千斤顶现场布置图

LXQXD200-200连续顶推(牵引)千斤顶性能参数表　　表3-3-10

项目	单位	数值	项目	单位	数值
公称牵引升力	kN	2019	牵引活塞面积	m²	5.770×10^{-2}
额定压力	MPa	35	回程活塞面积	m²	3.13×10^{-2}
活塞行程	mm	200	穿心孔径	mm	$\phi 146$
质量	kg	730	外形参数	mm	$\phi 380 \times 1850$

(2)连续顶推牵引索

每套连续顶推牵引索由12根强度等级为1860MPa的$\phi 15.24$mm钢绞线组成。每束钢绞线分别固定在邻近铁路侧梁底滑靴上的预设锚固点,锚固点锚具为专用的锚具,具有防松、不回缩的夹持锚固功能。连续顶推牵引索经逐根顺次沿着既定索道排列缠绕后,穿过LXQXD200-200连续顶推(牵引)千斤顶,用YDC260Q-200预紧千斤顶先逐根对钢绞线预紧,预紧力5kN,使同一束牵引索各钢绞线持力基本一致。

(3)工作锚与防松板

牵引钢绞线穿过滑靴后用工作锚锚固,工作锚为12孔锚具、孔径为15mm,工作锚外侧配备防松板。为防止钢绞线打卷及钢绞线断裂,在钢绞线上安装一块锚具,起到安全防护作用。

(4)LXQXB500-4×5型智能同步连续牵引液压泵站

LXQXB500-4×5型智能同步连续牵引液压泵站与LXQXD200-200连续顶推(牵引)千斤顶配套使用,泵站采用变频调速控制流量技术,实现顶推无级调速。智能同步连续牵引液压泵站性能参数见表3-3-11,连续牵引智能同步液压泵站和千斤顶示意见图3-3-54。

智能同步连续牵引液压泵站性能参数表　　　　表3-3-11

项目内容	参 数	项目内容	参 数
公称压力(MPa)	50	电机功率(kW)	7.5×2
理论流量(L/min)	5.0	电机转速(r/min)	1440
油箱容积(L)	250	质量(kg)	500/750
外形参数(mm)	1200×900×1450	牵引速度(m/h)	2.0~2.5
用油种类	32号(夏天)或46号(冬天)液压油		
电源接入	AC380V 三相四线制(3×6mm²+1 PE)		

(5)主控制台操作系统

智能同步连续牵引液压泵站接入主控制台操作系统,主控制台实时显示所有液压泵站压力值。为精确同步控制,滑道梁上安装拉杆式位移传感器进行伸长位移采集,精度可达0.02mm,一并接入主控制台操作系统,从而与泵站油泵变频器组成闭环控制,达到精准同步的目的。

主控制台系统支持智能分析与控制,设定各千斤顶的相对顶推(牵拉)位移量最大差值限值、同一滑道梁上两台千斤顶牵引力差值最大限值,当超过该限值时系统发出警报并停止张拉。分析原因、处理问题后,数据恢复正常时方可继续工作,从而实现压力、位移同步双重控制。

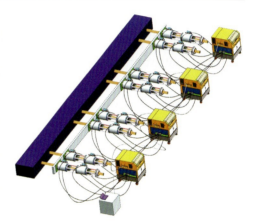

图3-3-54　连续牵引智能同步液压泵站和千斤顶示意图

二、横移关键设计计算

高铁侧钢桁梁钢结构质量为8364t,在横移施工前需完成两道外侧防撞护栏、防护屏、亮化等桥面附属,并完成转体辅助支腿、梁端合龙小车的安装。横移阶段的重力为钢桁梁+外侧防撞护栏+防护屏+合龙小车轨道+主墩支座+辅助支腿+合龙小车+亮化照明灯具线缆的自重总和,本阶段结构支点为4道滑道梁。横移前安装到位的构件及支撑状态示意见图3-3-55。

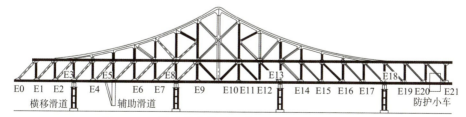

图3-3-55　横移前安装到位的构件及支撑状态示意图

1. 主要技术参数

①支点反力:按滑道梁所在钢桁梁节点位置,对四条滑道梁依次编号:L3、L8、L13、L18。横移阶段各横移支架反力见表3-3-12。

②顶推重力:92302kN;
③摩擦系数:最大静摩擦系数为0.1、最大动摩擦系数为0.05;
④顶推速度:5m/h;
⑤顶推距离:15m。

横移阶段各支架反力表(单位:kN)　　　　　　　表3-3-12

编　号	左　侧	右　侧
L3	10273	10257
L8	12158	12143
L13	11652	11637
L18	12100	12082
合计	92302	

2.横移关键设计计算

(1)动力储备系数

每条滑道梁上配备2台200t横移用连续千斤顶进行横移牵引,各滑道梁上的千斤顶各自施加与其对应摩擦力的牵引力。其中,L8滑道梁承受最大反力,以L8滑道梁计算其牵引系统动力储备系数。

L8滑道梁处支点反力为:

$$F_0 = 12158 + 12143 = 24301 \text{kN}$$

摩擦力计算公式为:

$$F = \mu \times F_0$$

横移施工时,因滑道梁兼做钢桁梁拼装支架,滑靴下MGE滑块在钢桁梁拼装时已安装且在滑靴下已被压约3个月,考虑上述情况后,启动时瞬间静摩擦系数取 $\mu_1 = 0.12$,动摩擦系数取静 $\mu_2 = 0.05$。

启动时所需最大牵引力为:

$$T_1 = \mu_1 \times F_0 = 2916 \text{kN}$$

连续顶推过程中所需牵引力为:

$$T_2 = \mu_2 \times F_0 = 1215 \text{kN}$$

单套智能液压LXQXD200-200型连续顶推(牵引)千斤顶公称牵引力为2019kN。每条滑道梁上2台200t连续千斤顶的额定牵引力为:

$$T_0 = 2 \times 2019 = 4038 \text{kN}$$

动力储备系数为:

$$K_1 = \frac{T_0}{T_1} = 1.38$$

(2)钢绞线安全系数

每条滑道梁上设2台连续千斤顶,每台连续千斤顶牵引索由12根强度等级为1860MPa

的 $\phi 15.24mm$ 钢绞线组成,分别固定在梁底滑靴上的预埋的锚固点,每束钢绞线极限拉力为 3120kN。

横移施工中,L8 滑道梁反力最大、所需牵引力最大。同样以 L8 滑道梁上的千斤顶牵引钢绞线计算其安全系数及动力储备系数。

单束钢绞线最大牵引力为:

$$T_3 = \frac{T_1}{2} = 1458kN$$

钢绞线安全系数为:

$$K_2 = \frac{3120}{T_3} = 2.14$$

(3) MGE 滑块安全系数

本工程所用的 MGE 滑块拉伸强度为 30MPa、冲击强度为 $75kJ/m^2$、压缩强度为 65MPa。单个滑块尺寸为 $60cm \times 30cm \times 1cm$,滑靴底板长 1.5m,滑道钢板宽 0.68m,滑靴下放置 5 块 MGE 滑块。按照最重处计算,单个滑靴承受最大重力为 $F_1 = 12158kN$。则 MGE 滑块所受压应力为:

$$\sigma_1 = \frac{F_1}{A} = 13.51MPa$$

MEG 滑块安全系数为:

$$K_3 = \frac{65.0}{13.51} = 4.81$$

(4) 横向稳定性计算

横移起动力为:

$$T = \mu_1 \times G$$

结构质量为:

$$m = \frac{G}{g}$$

起动加速度为:

$$a = \frac{T}{m} = \mu g$$

横移结构的惯性力为:

$$F = m \times a = \mu_1 \times G = T$$

钢桁梁结构最高点高度为 42m,按最不利考虑,竖向结构的重心取 21m(实际重心高度小于 21m),惯性力产生的倾覆力矩为:

$$M_1 = F \times 21 = 21\mu G$$

钢桁梁横移滑动横向两支点间距为 24.2m,横向结构重心取 12.1m,自重产生的倾覆抗力为:

$$M_2 = G \times 12.1 = 12.1G$$

横向抗倾覆稳定系数为：

$$K_4 = \frac{M_2}{M_1} = 5.76 > 2.5$$

(5)横移时间计算及工序安排

本工程钢桁梁连续顶推拖拉约 15m，智能液压 LXQXD200-200 型连续顶推系统设置推进速度为 5m/h，完成顶推需 3h。横移施工利用京沪高铁三个天窗点施工，第一天为试横移施工，横移长度为 2m；第二天正式横移，横移长度为 13m；第三天进行收尾作业。

三、横移施工

1. 连续顶推(牵引)系统安装及调试

(1)设备安装。将主控台、智能液压同步泵站、连续顶推(牵引)千斤顶安放到位，4 台智能液压同步泵站之间采用网线串联连接接收和采集数据回传到主控台，智能液压同步泵站和连续顶推(牵引)千斤顶之间采用两根 12 芯屏蔽数据线缆连接；主控台用 AC220V 电源接入，智能液压同步泵站接入三相 AC380V 电源并且机壳可靠接地。连续顶推(牵引)设备安装平面见图 3-3-56。

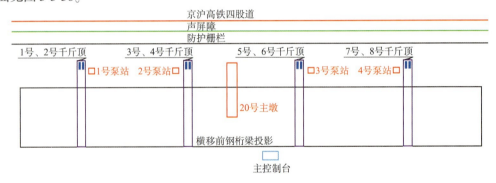

图 3-3-56 连续顶推(牵引)设备安装平面图

(2)设备使用前调试。

(3)钢绞线安装固定及调试。设备调试完成后，进行钢绞线穿束工作。穿钢绞线后，要保证固定端与连续顶推(牵引)千斤顶钢绞线统一排布，不出现交错现象，然后单根预紧，12 根钢绞线等力各 5kN 后，连续顶推(牵引)千斤顶试运行至 100kN，持荷能保压，即视设备完好。

2. 试横移

试横移的目的在于对已制定的横移方案进行实际操作评估，在短距离横移过程中测试横移系统是否安全、正常，并采集各项参数，以对横移方案进一步修正、完善，确保正式横移施工在既定的时间里安全、顺利完成。

在试横移过程中，如出现影响钢桁梁横移行走或影响施工安全的问题，需立即停止施工，分析并解决问题后方可恢复施工。试横移前桥位状态见图 3-3-57，试横移 2m 后桥位状态见图 3-3-58。

图 3-3-57 试横移前桥位状态

图 3-3-58 试横移 2m 后桥位状态

3. 横移施工

高铁侧钢桁梁横移距离总计 15m,试横移后距离设计位置剩余 13m。施工时间为京沪高铁凌晨 00:00—04:00 停运期间。

高铁侧钢桁梁底共计 4 条横移滑道梁,每条滑道梁作业安排 MGE 滑块倒运人员 8 人、钢绞线切割人员 4 人、钢绞线倒运人员 2 人、横移距离监测人员 1 人、油压泵站观察人员 1 人。横移施工过程滑道梁处人员分工见图 3-3-59,横移就位后桥位状态见图 3-3-60。

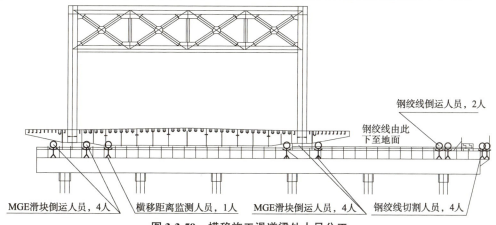
图 3-3-59 横移施工滑道梁处人员分工

4. 横移同步性保障措施

(1)采用 PLC(可编辑逻辑控制器)同步牵引系统,实现 8 个 200t 连续顶椎(牵引)千斤顶系统同步顶推控制。在每处顶推拖拉点分别有独立的液压系统,采用计算机程序控制,实时比对,准确控制至设定的压力差范围内。

(2)梁体位移实时监测,及时进行纠偏。在滑靴上安装位移监测装置,并接入主控制台操作系统,在横移过程中实时观测位移等数

图 3-3-60 横移就位后桥位状态

据,并进行分析评价,实现压力、位移同步双重控制。同时在系统内将牵引不同步偏差限值设置为5mm,牵引不同步位移达到5mm时系统自动发出预警,查明原因后再进行后续的施工。同时设置专人盯控滑靴横向限位间隙,在滑道梁两侧限位间隙差达到5mm时进行预警。

(3)在千斤顶上安装拉杆式位移传感器做伸长位移采集,确保千斤顶的同步伸长。

(4)现场建立统一协调机制,信息实时进行反馈,以便及时对横移进行调整。

5.横移限位及纠偏措施

(1)横、纵向限位设置

横向限位:在与滑道梁侧面平行的方向,滑靴底板设置下沿包边作为横移限位装置,滑靴底板限位装置与焊接在滑道梁顶板侧面的导向板间隙均为1cm。限位装置在沿横移方向的端头,设置为开口型,防止横移过程中损坏滑道梁的不锈钢板。

纵向限位:在滑道梁顶部、牵引反力座前方安装纵向限位块,限位块采用20号工字钢、与滑道梁顶面焊接连接,有效防止钢桁梁横移超出设计位置。

(2)纠偏措施

本桥共设置四道滑道梁,如其中两道滑道梁与另两道滑道梁不同步,发生横纵向位移,则单独调节滞后两道横移滑道梁上四台横移千斤顶,直至四道横移滑道同步;如单独一道滑道梁与另三道滑道梁不同步,发生横纵向位移,则单独调节滞后横移滑道上两台横移千斤顶,直至四道横移滑道同步。

第三节 落梁施工

一、高铁侧落梁施工

高铁侧钢桁梁远离设计位置15m进行拼装,拼装完成后借助梁体下方的4条滑道横移至设计位置。因此,高铁侧钢桁梁的落梁施工分两次进行,第一次为钢桁梁拼装完成后将横移滑道以外的拼装支架落梁拆除,梁体重力由横移滑道体系承受;第二次为钢桁梁横移完成后、转体施工前,拆除横移滑道体系的落梁。落梁施工工艺主要如下:

1.高铁侧横移前落梁施工

高铁侧钢桁梁拼装完成后进行第一次落梁,将钢桁梁由拼装支架和横移滑道共同承担变为由横移滑道单独承担。由4道横移滑道将钢桁梁整体撑起,第一次落梁按照横移滑道对钢桁梁的划分按照五步进行施工,每一步拼装支架落梁时,单个区域内的支架同步进行落梁。高铁侧第一次落梁顺序见图3-3-61。

主要分步情况如下:

第一步:L9、L10、L11、L12拼装支架处落梁;
第二步:L14、L15、L16、L17拼装支架处落梁;
第三步:L4、L5、L6、L7拼装支架处落梁;
第四步:L19、L20、L21拼装支架处落梁;
第五步:L0、L1、L2拼装支架处落梁。

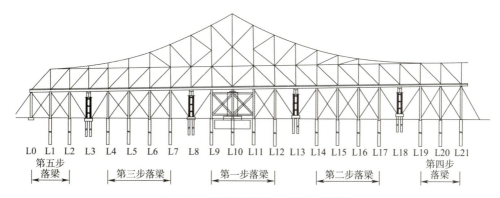

图 3-3-61　高铁侧第一次落梁顺序图

(1)落梁高度统计

高铁侧钢桁梁横移前各拼装支架落梁高度统计见表 3-3-13。

高铁侧钢桁梁横移前各拼装支架落梁高度统计　　　　表 3-3-13

第一步	拼装支架号	L9	L10/主墩	L11	L12
	落梁高度(mm)	50	50	50	50
第二步	拼装支架号	L14	L15	L16	L17
	落梁高度(mm)	50	50	50	50
第三步	拼装支架号	L4	L5	L6	L7
	落梁高度(mm)	50	50	50	50
第四步	拼装支架号	L19	L20	L21	
	落梁高度(mm)	50	60	70	
第五步	拼装支架号	L0	L1	L2	
	落梁高度(mm)	70	60	50	

(2)落梁施工

拼装支架落梁施工通过支架顶部的砂箱实现,每一区段同步落梁时,每次落梁高度按照 1cm 进行控制。在每个拼装支架的钢平台上设置 1 名工人,并携带量杯、尺子,用量杯精确控制流砂量,用尺子测量砂箱下降高度。落梁施工前,在砂箱上刻画记号,按照 1cm 为单位。每次落梁施工时,单个区段内的工人同步放砂,一边用量杯测量流砂量,一边用尺子测量砂箱下降高度。拼装支架顶砂箱落梁现场实施见图 3-3-62。

 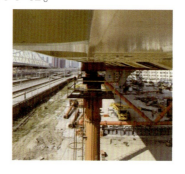

图 3-3-62　拼装支架顶砂箱落梁现场实施图

落梁结束后,在拼装支架顶部的分配梁与钢桁梁间出现缝隙,由人工将分配梁、垫块、垫梁、砂箱分别抬至钢平台上,由起重机吊至地面。最后,利用起重机拆除拼装支架钢立柱,第一次落梁完成,钢桁梁重力由4条横移滑道承担。高铁侧钢桁梁横移前落梁见图3-3-63。

图 3-3-63　高铁侧钢桁梁横移前落梁

2. 横移后落梁施工

高铁侧钢桁梁横移完成后进行二次落梁,将横移滑道与钢桁梁之间脱空,拆除横移滑道,钢桁梁具备转体条件。此次落梁通过梁体下方的4条横移滑道实现(L3、L8、L13、L18)。由于梁体为非对称的结构设计,边跨和主跨侧梁体质量偏差约为600t,在落梁过程中,需对边跨进行铁砂混凝土压重。钢桁梁横移后落梁时,边跨侧的辅助滑道系统已安装就位,此时滑道走行轮与走行基础钢板的间隙为13cm,钢桁梁支座底板与垫石顶间隙也为13cm。高铁侧钢桁梁第二次落梁前状态见图3-3-64。

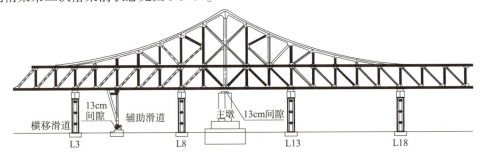

图 3-3-64　高铁侧钢桁梁第二次落梁前状态

落梁工序主要如下:

第一步:4条横移滑道处先同步落梁13cm,此时主墩处支座与垫石接触、辅助滑道走行轮与走行基础接触,主墩和辅助滑道开始受力。

第二步:对边跨最外侧2个节间进行压重,采用在箱形桥面板内浇筑铁砂混凝土的形式,此次压重同步作为永久压重的一部分。

第三步:对L13、L18滑道梁处进行落梁,L13滑道梁处落梁20cm、L18滑道梁处落梁60cm。

第四步:对L3、L8滑道梁处进行落梁,L3滑道梁处落梁10cm、L18滑道梁处落梁5cm。

第五步:L13、L18滑道梁处继续落梁直至脱空,此时L3、L8滑道梁同步脱空。

高铁侧钢桁梁横移后各横移滑道处落梁高度统计见表3-3-14,支点反力统计见表3-3-15。

高铁侧钢桁梁横移后各横移滑道处落梁高度统计(单位:mm)　　表3-3-14

步骤/位置	L3 横移滑道处	L8 横移滑道处	L13 横移滑道处	L18 横移滑道处
第1步	130	130	130	130
第2步	对边跨进行压重			
第3步			50	100
第4步			50	100
第5步			50	100
第6步			50	100
第7步				200
第8步	100	50		
第9步	0	0	170	563
第10步	84	2	137	474

高铁侧钢桁梁横移后各横移滑道处支点反力统计　　表3-3-15

位置	L3 横移滑道	L8 横移滑道	L13 横移滑道	L18 横移滑道
支点反力(kN)	11431	13237	12278	13333

(1)落梁千斤顶的布置

根据各个滑道梁处的支点反力,在L3、L8、L13、L18滑道上分别布置4台800t千斤顶,以满足落梁的需要。千斤顶设置在每个滑靴中间横联处,安装千斤顶前,先将滑靴的横联进行切除,每处滑靴处布置2台千斤顶。保护垛设置在原滑靴处、千斤顶两侧。千斤顶上部放置1cm、2cm厚度的钢板,钢板放置层数和高度根据落梁高度确定。横移滑道梁顶落梁千斤顶安装现场布置见图3-3-65。

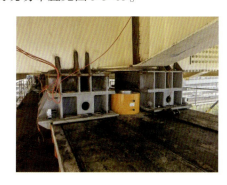 

图3-3-65　横移滑道梁顶落梁千斤顶安装现场布置图

每道滑道梁上的4台千斤顶采用1台DSS-11超高压电动油泵连接,4台泵站串联后连接至主控制台,通过PLC总控系统实现各步骤施工时千斤顶的同步顶升。落梁施工时,系统设置位移允许差值为1mm。

每道滑道梁处的4个千斤顶分别对应设置1个油泵,油泵放置在滑道梁两侧的操作平台上。每个油泵处由一名专业技术人员进行负责,每次起落梁均按照2cm进行控制,4台油泵在接收到起升、下落的命令时,同时进行作业。高铁侧落梁千斤顶整体平面位置见图3-3-66。

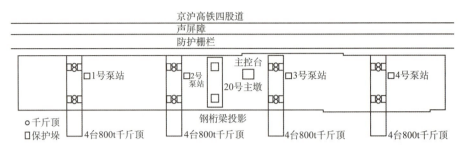

图3-3-66　高铁侧落梁千斤顶整体平面位置图

（2）4条滑道梁处同步落梁13cm

四条滑道梁同步落梁施工，依次拆除下滑靴换成保险墩，倒换千斤顶循环落梁直至梁体就位。在钢桁梁支座落到距垫石表面1~2cm时检查支座及垫石的平面位置，然后落梁定位，在支座四周设置紧固装置。在支座螺栓预埋孔内灌注灌浆料，将支座与墩顶垫石固定防止在后续落梁过程中梁体发生位移。

（3）边跨压重及称重施工

支座锁定后，在边跨E0~E2节间桥面板内浇筑铁砂混凝土压重，长度为22.4m，共计1041.6t、260.4m³铁砂混凝土。配重荷载按分级为20%、40%、60%、80%、100%逐级增加。高铁侧钢桁梁边跨压重位置示意见图3-3-67，边跨压重铁砂混凝土浇筑现场实施见图3-3-68。

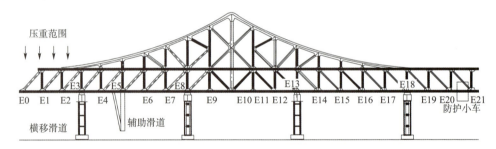

图3-3-67　高铁侧钢桁梁边跨压重位置示意图

图3-3-68　边跨压重铁砂混凝土浇筑现场实施图

为验证压重重力与设计要求匹配，压重结束在辅助滑道处进行称重作业，设计压重结束后，辅助滑道受力4000kN，每个立柱处2000kN，允许偏差为±5%。在辅助滑道走行轮的两侧各设置一台200t千斤顶，千斤顶上部设置压力环，将辅助滑道顶起轻微离地，查看压力环的显示重力。辅助滑道处称重施工现场实施见图3-3-69。

（4）剩余落梁施工

压重铁砂混凝土浇筑完成、辅助滑道处称重达标后，继续对横移滑道进行同步落梁，严格按照已定的落梁顺序进行，直至梁体与横移滑道脱空为止。

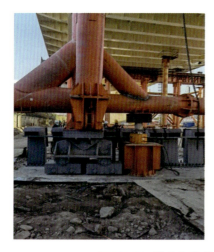 

图 3-3-69　辅助滑道处称重施工现场实施图

二、普铁侧落梁施工

普铁侧钢桁梁落梁施工分步进行,首先利用砂箱落梁将 L37 拼装支架单独落梁就位,并拆除支架、安装辅助滑道,辅助滑道走行轮与走行基础接触;然后对边跨端头处 2 个节间进行压重;压重结束后先落边跨侧、再落主跨侧,直至落梁就位。主要步骤如下:

第一步:L37 拼装支架落梁直至脱空,安装辅助滑道。

第二步:边跨侧端头 2 个节间进行压重,在辅助滑道处称重。

第三步:L22、L24、L25、L27、L28、L29、L30、L31 拼装支架同步落梁,直至脱空。

第四步:L38、L39、L40、L41 拼装支架同步落梁,直至脱空。

第五步:继续对 L22、L24、L25、L27、L28、L29、L30、L31 拼装支架同步落梁,直至脱空。其余拼装支架处在落梁过程中自动脱空。

落梁施工工艺与高铁侧支架落梁相同,压重施工与高铁侧相同。普铁侧钢桁梁落梁顺序见图 3-3-70。

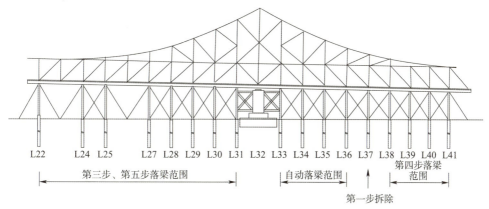

图 3-3-70　普铁侧钢桁梁落梁顺序图

普铁侧钢桁梁拼装支架落梁顺序及落梁高度统计见表 3-3-16。

普铁侧钢桁梁拼装支架落梁顺序及落梁高度统计（单位：mm）　　表3-3-16

落梁顺序	L22	L24	L25	L27	L28	L29	L30	L31	桥墩	L33	L34	L35	L36	L37	L38	L39	L40	L41
第1步														支腿				
第2步								施加配重										
第3步	140	120	110	90	80	70	60	50										
第4步	140	120	110	90	80	70	60	50										
第5步	140	120	110	90	80	70												
第6步	140	120	110															
第7步	140	120																
第8步															50	60	70	80
第9步																50	50	50

第四节　长大悬臂非对称转体施工

一、简支体系转体方案

通过在边跨设置辅助支腿及滑道,将长大悬臂非对称转体转变为稳定性较高的简支体系转体方案。因此,上部结构非对称不平衡问题全部表现为辅助支腿和转体支座的竖向反力大小差异,转体支座受力明确,不会出现转体支座受力不平衡问题。简支体系转体方案示意见图3-3-71。

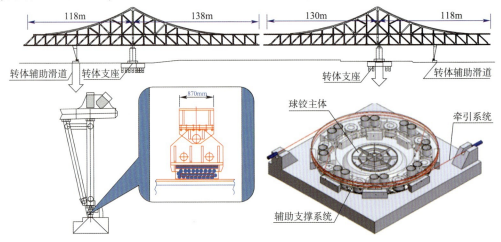

图3-3-71　简支体系转体方案示意图

二、转体结构设计方案

主墩处转体结构由下转盘、转体支座、上转盘、转体牵引系统组成。转体结构组成示意见图3-3-72。

1. 转体下转盘

下转盘为支承转体结构的基础,转体完成后,与上转盘共同形成基础。下转盘结构尺寸为

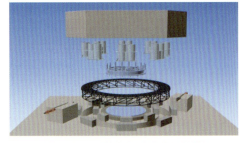

图3-3-72　转体结构组成示意图

20.9m×16.4m×4.15m,采用C50混凝土。下转盘上设置转体系统的转体支座、钢管混凝土撑脚的环形滑道及转体拽拉千斤顶反力座等。转体下转盘立面布置见图3-3-73。

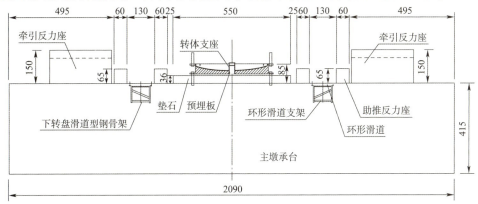

图3-3-73 转体下转盘立面布置图(尺寸单位:cm)

2. 环形滑道

在下转盘上设1.1m宽的环形滑道,滑道中心半径为4.25m,转体时保险撑脚可在滑道内滑动,滑道顶面相对高差不大于2mm。滑道下方设置定位支架,第一次浇筑承台时预埋定位角钢,定位支架采用∠50mm×50mm×6mm角钢加工而成,高度为0.8m,滑道支架上方安装24mm钢板,钢板上方安装3mm不锈钢板。环形滑道实物见图3-3-74。

图3-3-74 环形滑道实物图

环形滑道的技术要求包括:
(1)滑道支架中心与理论中心偏差小于5mm;
(2)滑道表面水平度小于2mm;
(3)滑道上表面的高程满足设计要求;
(4)滑道板之间间距均匀。

3. 转体支座

转体支座组合高度为460mm。转体支座由下球铰、耐磨板、上球铰组成,下球铰设置16根45号锚棒预埋在下承台垫石上,上球铰设置16根45号锚棒埋在上承台上,以固定转体支座。下球铰锚棒采用无缝收缩灌浆料固定,支座中间安装40Cr销轴。支座安装就位后,在底面与垫石顶面之间预留20~30mm空隙,灌注环氧树脂砂浆。转体支座竖向承载力不小于160000kN。转体支座就位后,上球铰顶面水平度不应大于2mm。转体支座设计图及实物图分别见图3-3-75和图3-3-76。

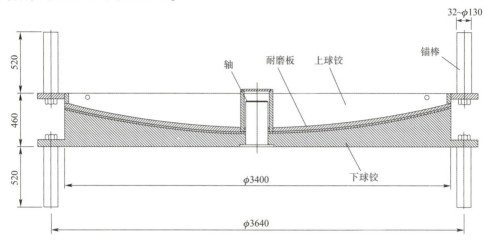

图3-3-75 转体支座设计图(尺寸单位:mm)

4. 转体撑角及砂箱

环形滑道上设置8对撑脚,每个撑脚为双圆柱形,撑脚底下设24mm厚钢板,圆柱为两个 $\phi 800\text{mm} \times 28\text{mm}$ 的钢管,撑脚钢管内灌注C45补偿收缩混凝土。撑脚安装时,转体前在滑道面内铺装4mm四氟乙烯滑板,以减小滑动摩阻力。

为了增加本桥钢梁拼装过程中的安全性,在上转盘与下承台之间,以及转体支座处均采取临时固结措施。沿滑道圆周线共设置8组砂箱,砂箱沿滑道半径布置并填筑石英砂作为支撑,每组1个,砂箱采用 $\phi 800\text{mm} \times 28\text{mm}$ 的钢管制造。待桥梁转体前,拆除砂箱。转体撑角及砂箱现场安装见图3-3-77。

图3-3-76 转体支座实物图

图3-3-77 转体撑角及砂箱现场安装图

转体撑角与砂箱的技术要求包括:
(1)撑脚与砂箱沿滑道布置需对称、均匀;
(2)撑脚中心线与滑道中心线同心误差小于1mm;
(3)撑脚与不锈钢板之间的间隙为30mm。

5. 转体上转盘

上盘长宽分别为10.5m(顺桥向)、14.5m(横桥向),高3.0m。转台直径为 $\phi 9.9\text{m}$,高度为0.8m。转台内预埋转体牵引索,牵引索的预埋端采用P型锚具,同一对牵引索的锚固端在同一直径线上并对称于圆心,每根牵引索埋入转盘长度不小于3m,每根牵引索的出口点对称于转盘中心,待上盘混凝土达到设计强度后,进行整个转体系统支撑体系转换。每个牵引索内穿31根ϕ15.2mm强度为1860MPa钢绞线。牵引索及转体上转盘分别如图3-3-78和图3-3-79所示。

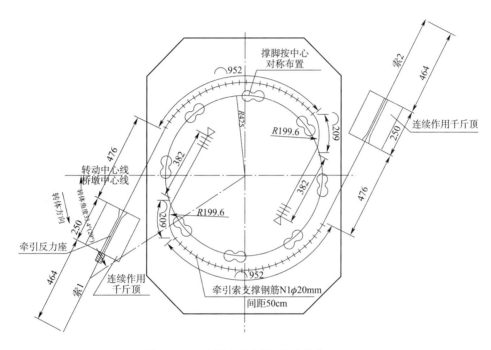

图3-3-78 牵引索示意图(尺寸单位:cm)

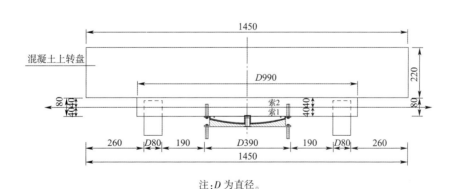

注:D为直径。

图3-3-79 转体上转盘立面布置图(尺寸单位:cm)

6. 牵引反力座、助推反力座

每个转体承台上设置牵引反力座2个,结构尺寸为长2.5m、宽2m、高1.5m;每个转体承台环向设置8组助推反力座,每组2个助推反力座以环形滑道中心线对应上转盘撑脚内外布置。助推反力座高度为0.65m,内外反力座间距为1.3m。牵引反力座、助推反力座平面布置见图3-3-80。

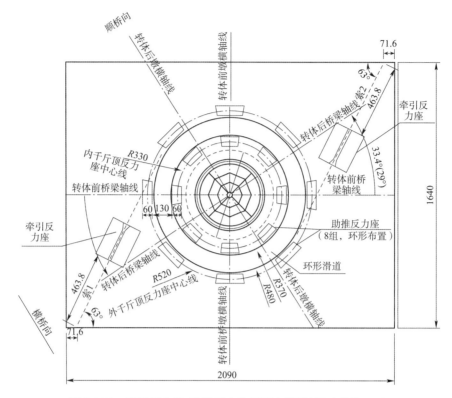

图 3-3-80　牵引反力座、助推反力座平面布置图(尺寸单位:cm)

三、转体前线形调整

为实现转体后快速合龙、完成体系转换,转体前需要就合龙线形进行调整。与辅助支腿连接的走行支撑预留调整高程用的底座,竖向合龙口线形调节借助千斤顶将辅助支腿抬高或者降低,从而实现合龙口处对应的降低或抬高。

1. 降低辅助滑道的高度来抬高合龙口的高程

如需将单侧合龙口处高程进行抬升,在辅助滑道处利用 4 台 800t 千斤顶将辅助滑道微微顶起,然后将辅助滑道自身调节的 20cm 空间缩短,再将千斤顶回顶,辅助滑道与地面接触,达到合龙口处梁体抬高的目的。辅助滑道降低提升合龙口处高程示意见图 3-3-81。

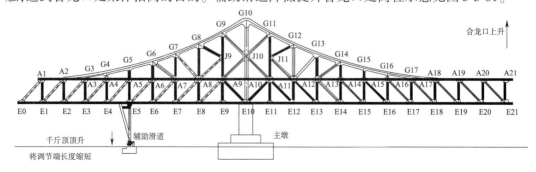

图 3-3-81　辅助滑道降低提升合龙口处高程示意图

2. 抬高辅助滑道的高度来降低合龙口的高程

若需将单侧合龙口处高程进行降低,采用在辅助滑道处安装千斤顶并顶升的方式降低前端合龙口高程。辅助滑道抬高降低合龙口处高程示意见图3-3-82。

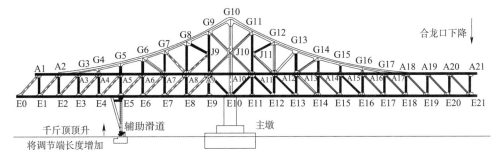

图3-3-82 辅助滑道抬高降低合龙口处高程示意图

四、转体施工

1. 转体施工总体施工方案

第一步:试转体施工,高铁侧钢桁梁试转角度2.5°(试转后梁体前端距京沪高铁四股道9.38m),普铁侧钢桁梁试转角度为4°(试转后梁体前端距京沪铁路七股道10.25m)。高铁侧、普铁侧钢桁梁试转体施工平面布置见图3-3-83。

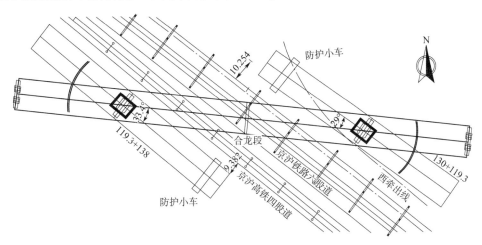

图3-3-83 高、普铁侧钢桁梁试转体施工平面布置图(尺寸单位:m)

第二步:根据试转体确定的参数,对转体方案进行调整,然后进行正式转体施工,高铁侧转体剩余角度30.9°,普铁侧转体剩余角度25°。转体结束后,将两台合龙小车移动至合龙口处,将两台小车连接成整体。并调整合龙口处线形和高程,为纵移提供条件。要点结束前,将转体体系进行锁死。高铁侧、普铁侧钢桁梁正式转体施工平面布置见图3-3-84。

2. 转体工况相关计算

(1)转体工况计算

根据转体过程设计,转体牵引力主要克服转体支座摩擦力矩以及辅助滑道滚动摩擦力矩。静摩擦系数取0.1,滑动摩擦系数取0.05,滚动静摩擦系数取0.05,滚动摩擦系数取0.03。以高铁侧钢桁梁转体为例计算,计算过程如下:

启动总摩擦力矩 T_q 为:

$$T_q = \mu_j G \cdot \frac{2}{3}r + \mu_{gj} N \cdot R = 0.1 \times 15500 \times \frac{2}{3} \times \frac{3.8}{2} + 0.05 \times 400 \times 61 = 3183 \text{kN} \cdot \text{m}$$

启动牵引拉力 F_q 为:

$$F_q = \frac{T_q}{D} = \frac{3183}{10} = 318.3 \text{kN}$$

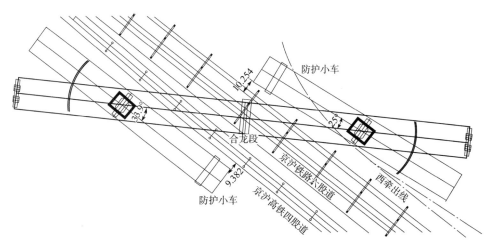

图 3-3-84 高、普铁侧钢桁梁正式转体施工平面布置图(尺寸单位:m)

转动过程中摩擦力矩 T_z 为:

$$T_z = \mu_d G \cdot \frac{2}{3}r + \mu_{gd} N \cdot R = 0.05 \times 15500 \times \frac{2}{3} \times \frac{3.8}{2} + 0.03 \times 400 \times 61 = 1714 \text{kN} \cdot \text{m}$$

转动过程中牵引拉力 F_z 为:

$$F_z = \frac{T_z}{D} = \frac{1714}{10} = 171.4 \text{kN}$$

其中,G 为转体总重力(kN);N 为辅助支腿反力值(kN);r 为转体支座平面半径(m);R 为辅助支腿转动平面半径(m);D 为上转盘平面直径(m);μ_j 为转体支座静摩擦系数;μ_{gj} 为辅助走行轮静摩擦系数。

结论:启动瞬间最大牵引力为318.3kN,转体过程中牵引力为171.4kN。采用500t千斤顶,启动瞬间牵引力安全系数为1.57,转动期间牵引力安全系数为2.92。

(2)牵引索安全性计算

每根钢绞线抗拉强度:采用 ϕ_s15.2mm 高强度低松弛预应力钢绞线,标准抗拉强度为1860MPa;取计算抗拉强度为1302MPa(标准抗拉强度的70%),单根承受拉力为260kN。

钢绞线的安全系数:31(根)×26(kN/根)/318.3(kN)=2.53。

3.牵引系统安装

(1)牵引动力系统

每个转体桥墩处配置一个自动连续张拉转体系统,为保证两台千斤顶同步工作,千斤顶油泵并联,由一套控制系统进行控制,使力矩均衡、转体系统稳定运转。自动连续张拉转体系统由一个 QKDT2-3N3 主控制台、两台 500t 连续牵引千斤顶和两台 QYB35×2A 液压泵站组成,每套连续张拉千斤顶公称牵引力为(前后顶)5000kN,额定油压为 25MPa。该自动连续张拉转体系统可以提供转体结构启动后所需全部扭矩。

(2)牵引索

转体转盘埋设两束牵引索,两束牵引索分离,通过连续千斤顶的前顶和后顶交替工作张拉上转盘的钢绞线形成水平力矩,传递不间断转体牵引力,克服上下支座之间以及撑脚和滑道的摩擦进行转体。

4. 试转体施工

(1)试转体准备工作

设置防超转装置,防止转体结构在惯性力作用下超出设计位置。在助推反力座中间,设置双拼 200mmH 型钢。解除上、下转盘之间的临时锚固,拆除砂箱。

(2)试转体施工

试转体的目的一是检验转体方案的实用性、可靠性;二是检验整个指挥系统的协调性;三是检验操作人员是否明确自己的岗位职责和协同反应能力;四是通过演练取得经验并找到差距,以便进一步改进预定的转体方案;五是为了测试连续千斤顶加载后的工作性能,并确定合理转速的油泵控制参数和停止牵引后转动体在惯性作用下可能产生的转动距离。

试转体施工计划在邻近施工计划内进行。对转体进行小范围的试转,以确认牵引设备、转体系统是否能够安全运转以及确定各项运行参数。高铁侧钢桁梁试转角度为 2.5°(试转后梁体前端距京沪高铁四股道 9.4m),用时 3.7min;普铁侧钢桁梁试转角度为 4°(试转后梁体前端距京沪铁路七股道 10.3m),用时 5.8min。试转完成后及时总结试转有关数据,结合理论及其他实测参数修正转体方案。试转完成后,在撑脚与滑道钢板之间采用铁楔楔紧、固定,防止梁体在外力作用下摆动。

5. 转体施工

根据试转采集的各项数据分析结果,修正转体实施方案,即可进行正式转体。转体施工计划京沪高铁、京沪铁路同时垂停封锁 120min,要点时间内需完成的内容包括:高铁侧钢桁梁转体 30.9°、普铁侧钢桁梁转体 25°、两个防护小车移动至合龙口处连接成整体、转体系统临时锁定等。120min 天窗点内,各工序所需时间如下:

①铁路部门下达封锁命令,接触网停电、停车牌安装,用时 10min;

②高铁侧、普铁侧钢桁梁转体就位、转体体系锁定,用时 70min;

③合龙小车运行至合龙口处、连接并固定,用时 35min;

④防护人员撤离,销点并恢复供电,用时 5min。

转体施工主要工序如下:

(1)启动

同步张拉牵引千斤顶,采取分级加载,由于各千斤顶间的进油腔并联,油压相等,要实现分级加载必须将所有泵站溢流阀限压调成一致。

(2)平转

梁端线速度在高铁侧控制在1.66m/min以内、普铁侧控制在1.57m/min以内,转动角速度不大于0.012rad/min。高铁侧转体30.9°用时45.1min,普铁侧转体25°用时36.4min。高铁侧、普铁侧同时转体,普铁侧先转体就位,用时36.4min,此时高铁侧距离就位线剩余10°,高铁侧继续转体14.6min后到达设计位置。整个转体过程用时51min,考虑高铁侧钢桁梁杆件接近普铁侧杆件时临时改为点动控制防止碰撞,转体就位前的点动控制精确就位,转体施工时间为60min。平转过程中测量人员反复观测墩身轴线偏位、梁端部位高程变化。普铁侧钢桁梁转体就位时相对位置关系见图3-3-85。

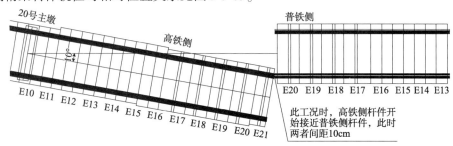

图3-3-85　普铁侧钢桁梁转体就位时相对位置关系图

(3)定位

转体就位后,精确调整转体倾斜位置,并在撑脚与滑道钢板之间采用铁楔楔紧并固定,防止梁体在外力作用下摆动。

(4)钢桁梁位置的控制

转体过程中,根据转台上标识的转角刻度及梁面轴线双控,以防欠转或超转。从转台上标识的刻度观察,开始转动后每10cm报告一次;在距离20cm时,停止转动,改为点动转动(点动位移量根据试转体结果确定);在距设计合龙位置20cm内,每1cm报一次;在15mm内必须每2mm报告一次,同时根据设计桥梁轴线,在两侧边墩设置观察点,确保轴线位置准确。

(5)精确定位、锁定

梁体中线到达设计位置后,利用千斤顶进行梁体姿态调整,保证梁体精确就位,并在撑脚与滑道钢板之间采用铁楔楔紧、固定,防止梁体在外力作用下摆动。

(6)预防超转措施

在承台施工时,已在转体就位处设置限位装置,在滑道位置处利用反力座加设型钢支架进行限位。

①转体前在转盘上布置刻度并编号,同时在梁端中线位置采用全站仪进行测量,转体过程中进行全程动态监控,确保转体精确就位。

②转体结构接近设计位置时,为防止结构超转,停止自动牵引操作,采用点动控制,每点动操作一次,测量人员测报轴线走行现状数据一次,反复循环,直至结构轴线精确就位。

③如果发生超转,采用2台400t的千斤顶作用在反力座上,反方向推撑脚,使梁体倒转至设计位置。

第五节　跨越运营高铁合龙施工

一、纵移施工

1. 钢桁梁纵移施工前状态调整

普铁侧钢桁梁拼装时向边跨预偏30cm,用于转体完成后跨中合龙调整。待转体就位后,利用邻近施工计划,在封闭的防护小车内,借助21号主墩墩顶支座完成纵移30cm施工。纵移时,边跨侧的辅助滑道继续承受压力,随梁体一同纵移。普铁侧钢桁梁纵移施工示意见图3-3-86。

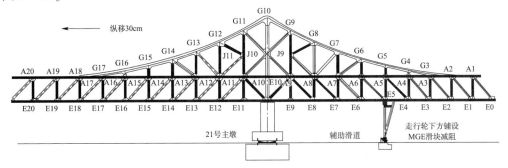

图3-3-86　普铁侧钢桁梁纵移施工示意图

钢梁转体要点施工完成后,继续利用墩顶千斤顶、辅助支腿对转体到位的钢桁梁进行姿态调整,保证合龙对接口高程及平面位置准确。姿态调整完成后,锁定转体支座,然后将普铁侧钢桁梁向跨中纵向顶推30cm。普铁侧钢桁梁在纵移施工前,主桁杆件全部安装完成,仅剩合龙口桥面板及合龙口上方的上平纵联待安装,此时主桁两侧上弦杆及两侧下弦杆间距为0.3m、两侧桥面板间距为2.3m。钢桁梁纵移前合龙段平面及立面示意分别见图3-3-87和图3-3-88所示。

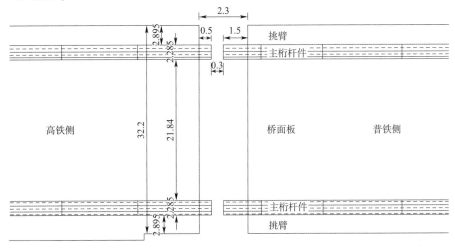

图3-3-87　钢桁梁纵移前合龙段平面示意图(尺寸单位:m)

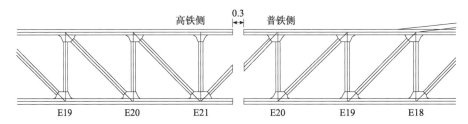

图 3-3-88　钢桁梁纵移前合龙段立面示意图(尺寸单位:m)

2. 纵移千斤顶布置

由于钢桁梁拼装时,21号主墩梁连接支座已向边跨预偏30cm,并加以锁定,纵移施工前解除支座锁定时,会产生向跨中方向的力,使钢桁梁向跨中方向移动。为确保安全,在钢桁梁21号主墩垫石与中跨侧钢挡块之间布置2台400t千斤顶,在垫石与边跨侧钢挡块之间布置4台400t千斤顶。跨中侧2台千斤顶用1台泵串联站,边跨侧4台千斤顶两两交叉连接至2台泵站。

3. 纵移施工

在正式纵移施工前,先将千斤顶和油泵安装就位,并串联进行调试,调试方法与转体时相同。确保安全后,再进行纵移施工,纵移主要步骤如下,纵移施工千斤顶布置见图3-3-89。

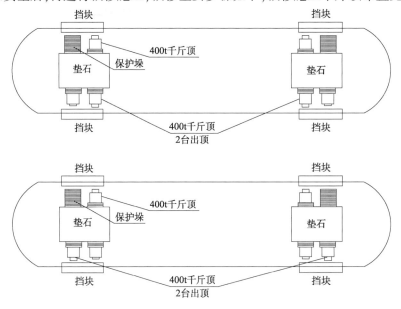

图 3-3-89　纵移施工千斤顶布置图

(1)边跨侧两个垫石处各1台千斤顶出顶5cm,顶前端与钢桁梁挡块刚刚接触即可。解除支座临时锁定,2台千斤顶开始受力,并同步回顶,在回顶4cm时,边跨侧另外两台千斤顶开始受力。四台千斤顶两两交替,直至消除钢桁梁向跨中移动的力为止,即2台千斤顶同时回顶时,钢桁梁不再发生位移。

(2)主跨侧2台千斤顶同步出顶,将梁体向前移动,按照每次顶进3cm进行控制,及时对合龙口处进行测量,防止两侧梁体相撞。纵移剩余5cm时,每出顶1cm暂停一次;纵移剩余

2cm时,每出顶5mm暂停一次,直至纵移就位。

(3)调整合龙口处上下弦杆的姿态,满足拼接板安装的精度。然后将支座锁定,完成纵移施工。

4. 纵移纠偏

钢桁梁的纵移通过墩梁连接支座上下摆动产生相对位移来实现,支座纵向设计位移量为350mm,横向位移量为10mm。因此,在钢桁梁纵移过程中,梁体横向偏移量需控制在1cm以内。

如钢桁梁发生横向偏差,偏差较小时,纠偏措施利用21号主墩顶部的千斤顶进行调节。通过单独控制单方向的纵移千斤顶,使梁体左右摆动至设计位置。利用墩顶千斤顶横向纠偏示意见图3-3-90。

图3-3-90 利用墩顶千斤顶横向纠偏示意图

偏差值较大时,采用在辅助滑道走行轮处设置横向千斤顶进行纠偏。在辅助滑道走行轮的两端分别放置2台400t千斤顶,在滑道顶部钢板上焊接反力座。通过左右顶进,实现梁体前端的纠偏。

二、合龙施工

合龙施工包括6块2m长桥面板(含6根纵梁)、2块人行道悬臂桥面板、2根K形上平联杆件、合龙口处杆件涂装、合龙口外侧HA级防撞护栏和防护屏。合龙段施工防护结构采用全封闭防护小车,在上、下弦杆件固定就位后,进行剩余合龙内容施工。

施工顺序:下弦杆连接、防护小车轨道连接→桥面板安装→挑臂安装→上弦杆连接、斜腹杆连接→K形上平联杆件安装→外侧防撞护栏及防护屏施工→补涂装施工→防护小车推至21号主墩处进行拆除。

合龙段杆件质量统计见表3-3-17。

合龙段杆件质量统计表　　　　表3-3-17

名　称	杆件号	数　量	单位质量(kg)	总质量(kg)
平联	A21-1	2	5934.1	11868.2
纵梁	ZL16	6	210	1260
桥面板	M32(ZY)	2	1199	2398
桥面板	M33(ZY)	2	1424	2848
桥面板	M34(ZY)	2	1199	2398
挑臂	T17(ZY)	2	1151	2302

1. 合龙设备选择

根据合龙段起吊重力,拟选用 1 台 25t 汽车式起重机进行吊装,吊车站位位于主桥中跨处。合龙段杆件最重 5.934t,吊装时采用最不利工况,吊装时臂长 17.3m,工作幅度 6m,根据汽车式起重机参数性能表,能够吊重 11.3t,安全系数 1.9,满足吊装要求。25t 汽车式起重机参数性能见表 3-3-18。

25t 汽车式起重机参数性能表   表 3-3-18

工作半径(m)	吊臂长度(m)						
	10.2	13.75	17.3	20.85	24.4	27.95	31.5
3	25	17.5					
3.5	20.6	17.5	12.2	9.5			
4	18	17.5	12.2	9.5			
4.5	16.3	15.3	12.2	9.5	7.5		
5	14.5	14.4	12.2	9.5	7.5		
5.5	13.5	13.2	12.2	9.5	7.5	7	
6	12.3	12.2	11.3	9.2	7.5	7	5.1
6.5	11.2	11	10.5	8.8	7.5	7	5.1
7	10.2	10	9.8	8.5	7.2	7	5.1
7.5	9.4	9.2	9.1	8.1	6.8	6.7	5.1
8	8.6	8.4	8.4	7.8	6.6	6.4	5.1
8.5	8	7.9	7.8	7.4	6.3	7.2	5
9		7.2	7	6.8	6	6.1	4.8
10		6	5.8	5.6	5.6	5.3	4.4
12		4	4.1	4.1	4.2	3.9	3.7

2. 合龙段施工步骤

(1)下桁杆件连接、上弦杆顶部拼接板冲钉连接

纵移完成后,先将高铁侧、普铁侧共计 4 根下弦杆的 2 个接口连接完成,每个下弦杆需安装 M30 高强螺栓 280 个,下弦杆顶部焊缝 2.3m。为保证接口的连接质量,每个接口处的拼接板采用半开孔设计,即一半按照设计进行开孔、另一半根据现场实际情况现场开孔。主桁杆件连接接口示意见图 3-3-91。

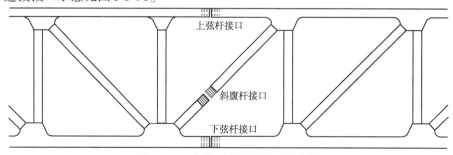

图 3-3-91 主桁杆件连接接口示意图

下弦杆件连接时,工人站立在防护小车内,每个连接口处设置3名人员。杆件连接所用拼接板最重为410.3kg,采用3t导链进行吊装,人工辅助安装就位。

下弦杆完成合龙后,将上弦杆顶部的拼接板利用冲钉临时连接。转体前,在高铁侧E21、普铁侧E20的直腹杆处焊接人爬梯,在腹杆顶部至合龙口处焊接防护栏杆,人员可通过直腹杆的爬梯+上弦杆处的栏杆行走至上弦合龙口处。上弦杆拼接板转体前放置在杆件上,利用1/3冲钉固定。人员移动至上弦杆顶部后,解除冲钉和普栓的连接,将拼接板安放在设计位置,然后放入1/3的冲钉。

(2)桥面板安装

待上弦杆临时固定后,进行桥面板的安装。桥面板宽度为2m,长度为21.84m,安装时分块进行吊装,共分为6块,单块尺寸为宽2m、长3.64m,最大质量1.3t。桥面板下部设置6道T肋,T肋间距为3.3m。桥面板下部设置32道U肋,U肋与顶部钢板焊接后整体吊装。为防止桥面板吊装过程中,发生脱钩事故造成桥面板从合龙段坠落,在桥面板安装前,先将T肋进行连接,每块桥面板对应2道T肋,桥面板的长度较T肋间距大,即使发生坠落,桥面板落至T肋上,不会坠落至防护小车上。桥面板纵肋安装前后实景分别见图3-3-92和图3-3-93。

图3-3-92 桥面板合龙前实景图

图3-3-93 桥面板纵肋安装后实景图

T肋安装:为保证T肋的安装质量,T肋采用半开孔结构,并加长200mm用于配切,T肋一端按图纸进行开孔,另一端纵移完成后根据实际长度完成T肋配切后按设计图进行现场出孔,T肋原总长度为1.58m,现场设置长度为1.78m。

桥面板及U肋连接:桥面板理论长度为1.996m,桥面板加长200mm用于合龙施工,即实际长度为2.196m。根据现场实测数据,对桥面板进行配切,确保合龙口处的结构尺寸。桥面板U肋一端按理论设置,另一端在焊接位置加长200mm,正常出孔,根据实测距离对嵌补段进行配切合龙连接。桥面板单块质量最重为1.4t,采用25t起重机进行吊装。在吊车臂长10.2m、作业半径8m时,吊装高度为6.3m、额定吊重为8.6t,安全系数为6.1,满足要求。单块桥面板安装就位后,立即用码板进行临时连接,码板布置间距为0.4m。桥面板现场安装就位焊接前后分别见图3-3-94和图3-3-95。

(3)挑臂吊装

合龙段挑臂共计2块,左右各1块,单个挑臂最重为1.15t。挑臂与相邻挑臂间采用拉铆钉连接,与下弦杆间为焊接连接。挑臂采用25t起重机进行吊装,在吊车臂长13.75m、作业半径11m时,吊装高度为8.3m、额定吊重为6t,安全系数为5.2,满足要求。挑臂吊装就位后,利用码板进行临时焊接,调整平整度后,再进行拉铆钉施工与永久焊接。挑臂现场安装前后分别见图3-3-96和图3-3-97。

图3-3-94 桥面板现场定位实景图

图3-3-95 桥面板现场焊接后实景图

图3-3-96 挑臂现场安装前实景图

图3-3-97 挑臂现场安装后实景图

(4)斜腹杆、上弦杆的连接

桥面板和挑臂合龙完成后,进行斜腹杆的连接及上弦杆的连接。每个斜腹杆需安装M30高强螺栓144个;每个上弦杆需安装M30高强螺栓624个。为保证接口的连接质量,每个接口处的拼接板采用半开孔设计,即一半按照设计进行开孔、另一半根据现场实际情况现场开孔。上弦杆现场拼装前后实景图分别见图3-3-98和图3-3-99。腹杆现场拼装前后实景图分别见图3-3-100和图3-3-101。

(5)上平纵联安装

合龙段平联杆件为2根,单根长度为16.52m、重5.9t,两根杆件与已安装完成的平联撑杆呈"K"形。平联杆件的吊装采用25t汽车式起重机进行,在吊车臂长17.3m、作业半径6m时,吊装高度为16m、额定吊重为11.3t,安全系数为2.07,满足要求。平联杆件为栓接连接,每根杆件需M24高强螺栓88个。合龙段上平纵联位置示意见图3-3-102,合龙段上平纵联吊装示意见图3-3-103。

(6)钢桁梁补涂装施工

合龙施工的钢桁梁杆件、桥面板、挑臂安装完成后,对焊缝位置及安装过程中破损处进行补涂装施工。补涂前,需对修补处进行打磨,按照设计要求逐层进行补涂,补涂采用刷涂的形式，防止对周边产生污染。

图 3-3-98 上弦杆拼装前实景图

图 3-3-99 上弦杆拼装后实景图

图 3-3-100 腹杆拼装前实景图

图 3-3-101 腹杆拼装后实景图

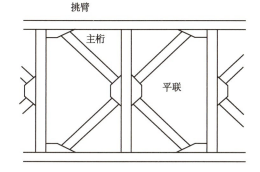

图 3-3-102 合龙段上平纵联示意图

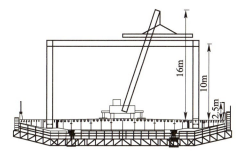

图 3-3-103 合龙段平联吊装示意图

（7）防撞护栏及防护屏施工

防撞护栏高度为 1.3m，底部宽度为 0.56m、顶部宽为 0.2m，单侧长度为 2m，单侧需混凝土 0.98m³。防撞护栏上部为防护屏，防护屏高度为 1.2m，每延米质量为 28kg，防撞护栏在地面预制成整体利用列车间隔进行。

既有高铁侧、普铁侧合龙口处防撞护栏的端头处留有插槽，单端尺寸为 0.1m×0.15m，防撞护栏间隙为 2m，地面预制时设定长度为 1.96m，两边各预留 2cm 的伸缩缝。预制的防撞护栏两侧各伸出 φ20 钢筋 14cm，上下、左右间距均为 5cm，将防撞护栏吊装就位后，钢筋插入预留槽内,缝隙用密封膏进行封堵,在插槽内灌注支座灌浆料封闭。防撞护栏的底部预埋 L 形钢板,在吊装完成后与挑臂钢板进行焊接。合龙段防撞护栏安装平面示意见图 3-3-104,防撞护栏连接处断面示意见图 3-3-105。

图 3-3-104　合龙段防撞护栏安装平面示意图

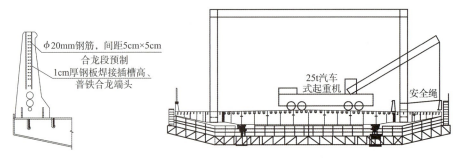

图 3-3-105　防撞护栏连接处断面示意图

3. 防护小车推至普铁侧拆除

合龙段完成后,防护小车运行至 21 号主墩处进行拆除。防护小车运行速度为 2.5m/min,自合龙口处移动至 21 号主墩需行走 125m,共需 50min,解除限位需 10min,就位后安装限位需 10min。防护小车撤除计划要点施工,京沪铁路 6 股道垂停封锁,要点时间为 90min。

三、边支点顶升

合龙完成之后即可进行边跨顶升。高铁侧与普铁侧边支点分别进行顶升。顶升过程中每个辅助墩采用 4 台 800t 千斤顶进行顶升,即每个支座处分配 2 台千斤顶。其中 4 台千斤顶均为同一型号,并采用连通器并联,使用同一台油泵驱动,保证所有千斤顶内油压一致,所有千斤顶出力一致。顶升施工过程中,千斤顶均布置在支座顶部连接钢板范围之内,并在受力允许位置布置保护垛。通过钢板倒换交替顶升边墩支点,直至设计高程,完成体系转换。边跨顶升千斤顶与保护墩现场实施见图 3-3-106。

图 3-3-106　边跨顶升千斤顶与保护墩现场实施图

第四章
下部结构施工关键技术

第一节 邻铁深基坑支护体系与施工

一、基坑支护结构概况

20号、21号主墩为邻铁深基坑,基坑结构相同,采用防护桩+钢支撑的形式,防护桩外侧设置止水帷幕,基坑底部设置旋喷桩封底,达到全封闭止水效果。防护桩直径1.25m、桩长20m、桩间距1.4~1.6m,单个基坑设置56根防护桩,桩顶设置规格为1.25m(宽)×1.0m(高)的混凝土冠梁。基坑四角冠梁处设置一排内支撑,采用φ325mm×10mmQ235钢管,支撑斜向布置,基坑每个角处布置一道(单排)。止水帷幕采用φ70cm双排旋喷桩,桩长15m,基坑底采用φ70cm旋喷桩封底,在基底满布,桩长2m。基坑开挖时,基坑四周桩间土体挂网喷射混凝土防护,采用φ8mm钢筋网片,间距10cm×10cm;锚筋采用φ16mm、长度为60cm的钢筋,间距60cm梅花形布置,喷射混凝土采用C20混凝土,厚度8cm。基坑采用全封闭止水,不再进行降水施工,排水范围只局限在基坑范围内土体的水。基坑支护平面及立面布置分别见图3-4-1和图3-4-2。

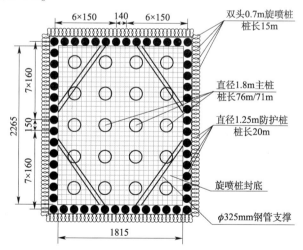

图3-4-1 基坑支护平面布置图(尺寸单位:cm)

二、基坑支护体系施工工序

首先进行防护桩施工,然后施作桩顶冠梁和基坑四周止水帷幕。在基坑四周形成闭合支撑后,进行桩基施工,然后在主桩四周的整个基底进行封底旋喷桩施工。所有工序完成后,开始基坑开挖施工,先将冠梁1m深度范围内的土体挖除,安装四角钢支撑,然后采用台阶法分两层继续将剩余土体挖除,每层随开挖进行基坑挂网喷射混凝土施工,混凝土达到一定强度后再继续开挖下一层,基底剩余20cm由人工进行清除,最后测定完高程后,进行碎石垫层及基底封层混凝土施工。基坑支护体系施工工艺流程见图3-4-3。

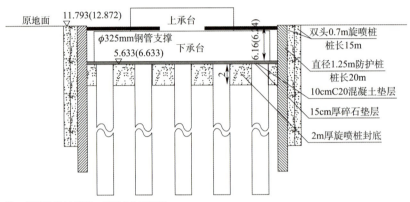

注:括号外为20号墩、括号内为21号墩。

图3-4-2 基坑支护立面布置图(尺寸单位:m)

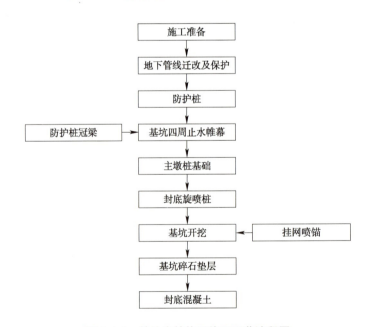

图3-4-3 基坑支护体系施工工艺流程图

三、基坑支护体系施工方案

1.防护桩施工

防护桩邻近高铁和普铁施工,根据桩位与既有铁路的位置关系,选用不同型号的钻机和钢筋笼分节吊装方案。泥浆池设置在远离既有铁路40m外,泥浆池四周及坑底采用防渗水措施,防止渗水引起沉降。

2. 冠梁施工

基坑防护桩冠梁结构尺寸为宽1.25m、高1m,沿基坑支护桩布置。模板采用钢模板及木模板组合的方式,并用钢管架进行加固支撑;冠梁钢筋在加工区集中加工制作,由机械配合人工倒运至施工现场进行绑扎及焊接安装。混凝土由罐车自卸浇筑,人工振捣。

3. 高压旋喷桩止水帷幕施工

基坑止水帷幕采用双排 $\phi70cm$ 高压旋喷桩、桩间距为55cm、桩间咬合15cm、桩长为15m,两处深基坑的止水帷幕均位于地基承载力为140kPa的粉质黏土层。施工选用高度为3.5m的高压旋喷桩钻机,水泥采用普通硅酸盐P·O42.5级水泥。正式施工前,先在距离铁路50m外进行试桩,确定工艺参数和注浆压力,确保施工不对既有铁路路基及设备产生影响的同时保证成桩质量。

(1) 止水帷幕施工工艺

钻机就位→安装调试→切割土体成孔→参数调整→制浆→喷射注浆→冒浆→按照调整好的参数缓慢提升→成桩→移机下个桩位。

(2) 成桩检验

孔位的允许偏差为50mm,注浆孔垂直度的允许偏差为1%。成桩后进行28d无侧限抗压试验,无侧限抗压强度不小于3.0MPa,抽检数量为总桩数的0.5%,且不应少于3根,本工程每处基坑检测3根。

4. 高压旋喷桩封底施工

在基坑防护桩、冠梁和止水帷幕施工完成后,进行主桩施工。主桩完成后,再进行封底旋喷桩施工,施工时,主桩周边需加密旋喷桩,防止主桩与旋喷桩间形成间隙,影响止水效果。

5. 基坑开挖

20号墩基坑深度为6.16m、21号墩基坑深度为6.24m,基坑分三层进行开挖,第一层开挖深度为1m,开挖至冠梁底,进行钢支撑施工,第二层开挖深度为2.5m,第三层开挖深度为2.66m(21号墩为2.74m)。基坑开挖采用2台挖掘机进行,自铁路侧向远离铁路侧分4个区域进行开挖。第二层开挖完成后,将第二层深度范围内的基坑桩间土挂网喷射混凝土,完成后再进行第三层开挖施工。基底剩余20cm人工清底,核实基底高程达到设计后,凿除主桩桩头、检测合格,立即进行碎石垫层及封底混凝土施工。基坑开挖分层断面见图3-4-4。

承台若在雨季施工,基坑四周需做好防截水措施,在基坑四周设置挡水垄,宽度1m、高度0.5m,表面喷射5cm素混凝土。在必要时,基坑挡水垄外侧设置截排水沟。基底设置集水井,便于收集雨水,防止长时间浸泡基坑。

(1) 钢支撑施工

钢支撑设置在基坑四角,斜向布置在冠梁上,立面上设置一排,钢支撑采用Q235材质的钢管,钢管直径325mm、壁厚10mm,单根支撑长度为10.5m。冠梁浇筑前预埋钢支撑焊接钢板,钢支撑安装时,若一根支撑钢管分节安装,需在中间设置法兰连接。钢支撑平面布置见图3-4-5。

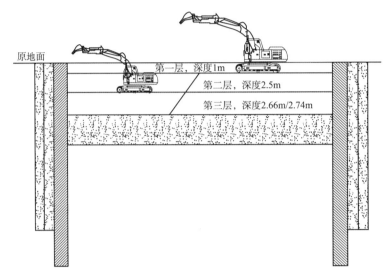

图3-4-4 基坑开挖分层断面图

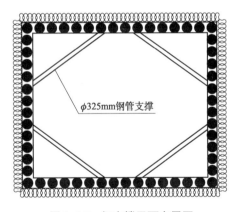

图3-4-5 钢支撑平面布置图

(2)挂网喷射混凝土

基坑四周桩间土体采用挂网喷射混凝土防护。挂网喷射混凝土严格执行边开挖边喷护的原则,严禁长时间暴露桩间土体。混凝土采用现场拌制(湿喷),严格按照已审批通过的配合比进行拌制,并按要求做好试件。

6. 基坑排水

在基坑四周设置挡水垄,宽度1m、高度0.5m,表面喷射5cm素混凝土,防止雨水流入基坑内。在基坑开挖至设计高程后,及时浇筑封底混凝土,混凝土厚度20cm,强度等级为C20。封底混凝土浇筑完成后,需在混凝土面(紧邻支护桩)设置排水沟槽,沟槽宽10cm,深15cm;基坑四周设置集水井,内部布置大扬程污水泵,将施工中工作坑内积水通过机排提升排除至坑外。

7. 基坑验收

(1)地上、地下管线及构筑物:通过人工挖探沟、探测仪等方式,确保在深基坑工程施工前,地上、地下已无影响的管线、构筑物。

(2)基坑防护桩:防护桩施工期间,对钻渣进行取样,核对地质条件是否与设计地勘相同;检查桩基测量放样、钻进记录、浇筑记录、验收记录;成桩后按照设计图纸要求进行的数量进行混凝土强度、桩位偏差、桩长、桩身完整性的检查。

(3)高压旋喷桩:经过试桩确定的工艺参数,成桩后按照设计要求进行桩身检验。

(4)钢支撑:检查钢支撑的平面位置及高程、支撑与冠梁预埋钢板的连接质量。

(5)基坑开挖:检查是否按照审批的开挖方案进行开挖、开挖的层厚及坡度是否满足要求、是否在钢支撑达到设计强度后再进行下步基坑开挖、是否按照方案执行边开挖边锚喷、开挖地质是否与地勘一致。

(6)挂网喷射混凝土:检查定位筋是否按照设计图纸进行布置,钢筋网片的搭接是否满足要求,混凝土厚度是否满足要求。

(7)监测:检查施工中是否按照审批完成的方案进行基坑监测,监测数据是否真实有效,沉降位移值是否在预警值范围内。

四、基坑监测

本工程基坑监测分为两部分,一部分为对基坑冠梁、基坑周边地表的监测,另一部分为对既有铁路线路和设备的监测。根据《建筑基坑支护技术规程》(JGJ 120—2012)的规定,支护结构的安全等级为三级的基坑,应监测项目包括支护结构顶部水平位移、基坑周边建(构)筑物、地下管线、道路沉降,宜监测项目包括坑边地面沉降。

1. 监测点布置

(1)基坑冠梁平面位移监测点和垂直位移监测点

每处基坑冠梁平面位移监测点和垂直位移监测点在冠梁施工时预埋在冠梁顶部,共设置12个,基坑每边设置3个,沿基坑长度方向上每间隔10m设置一个监测点,沿基坑宽度方向上每间隔8m设置一个监测点。

(2)基坑周边土体平面位移监测点和垂直位移监测点

每处基坑周边土体平面位移监测点和垂直位移监测点布置在距基坑边缘外3m处,沿铁路方向平行布置,在基坑靠近铁路侧设置5个、远离铁路侧设置5个,监测点间距为10m。

(3)高铁侧防护栅栏垂直位移监测点

高铁侧防护栅栏垂直位移监测点设置在栏片底端,对应深基坑位置,每隔10m设置一个,共设置5个。20号及21号深基坑监测点布置分别见图3-4-6和图3-4-7。

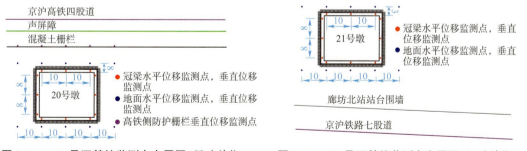

图3-4-6 20号深基坑监测点布置图(尺寸单位:m)　**图3-4-7 21号深基坑监测点布置图**(尺寸单位:m)

2. 变形允许值及预警报警值

基坑支护结构顶即冠梁的水平位移允许最大值为10mm、垂直位移允许最大值为5mm;基坑周边土体水平位移允许最大值为10mm、垂直位移允许最大值为10mm;京沪铁路防护栅栏垂直位移允许最大值为5mm。

当基坑冠梁、基坑周边土体的水平位移速率达到 2mm/d 时,或者水平位移累计达到 8mm,或者垂直位移累计达到 4mm(基坑周边土体为 8mm)时,即达到基坑的预警值。当京沪高铁栅栏垂直位移累计达到 4mm 时,即达到沉降预警值。

3. 沉降监测周期及频率
(1)监测周期
本项目基坑工程施工工期以现场施工时间为准,监测周期为基坑开挖前一周至下承台完成且各监测点变形稳定为止。
(2)监测频率
基坑沉降监测频率见表 3-4-1。

基坑沉降监测频率表　　　　　　　　　　　　表 3-4-1

施 工 情 况	基坑开挖至封底混凝土完成前	封底混凝土完成后至内支撑拆除前	内支撑拆除稳定后至基坑回填完成前
冠梁顶部水平位移监测	1 次/d	1 次/2d	1 次/2d
冠梁顶部竖向位移监测	1 次/d	1 次/2d	1 次/2d
高铁防护栅栏沉降监测	1 次/d	1 次/d	1 次/2d
基坑周边地面沉降监测	1 次/d	1 次/2d	1 次/2d

第二节　承台大体积混凝土施工

一、承台概况

20 号、21 号主墩承台由 5m 高的下承台和 3m 高的上承台组成,下承台结构尺寸为 20.9m×16.4m×5m,长方体布置;上承台结构为切角矩形(八边形),结构尺寸为 14.5m×10.5m×3m,切角尺寸为 2m×2m。承台下部设置 10cm 厚 C20 混凝土垫层及 15cm 厚碎石垫层,在上承台和下承台之间设置转体系统。承台为大体积混凝土施工,在承台内部设置冷却管降低混凝土水化热的影响。

二、承台施工工序

20 号、21 号主墩承台分三次进行浇筑。首先,绑扎承台钢筋,布设冷却管、安装承台模板,完成第一次浇筑(高度 3.25m);安装转体环形滑道骨架,定位调平,继续绑扎第二层钢筋,安装转体支座垫石、助推反力座、牵引反力座预埋钢筋,安装模板,完成第二次浇筑(高度 0.9m);第三次浇筑支座垫石、牵引反力座、助推反力座。

三、承台施工方案

1. 钢筋绑扎
主墩承台(单个)钢筋总质量为 206t,钢筋为 HRB400 型号钢筋,主要采用的直径分别为

32mm、25mm、16mm、12mm。主筋钢筋接头连接采用直螺纹套筒进行连接,其余钢筋连接采用焊接或者搭接绑扎进行连接,双面焊搭接长度不小于5d,单面搭接焊接长度不小于10d,搭接绑扎连接搭接长度不小于35d。承台钢筋采取在钢筋加工区进行加工,由运输车进行场内转运,汽车式起重机进行垂直运输。

2. 劲性骨架安装

为确保承台施工过程的安全,防止钢筋骨架整体歪倒和模板倒塌事故的发生,在承台内部设置劲性骨架。劲性骨架采用∠100mm×100mm×10mm的角钢,立柱高度为3.15m,底部与垫层内预埋钢筋焊接(立柱处预埋直径为25mm钢筋),顶部比第一次浇筑位置低0.1m,立柱纵、横向间距为3.9m;水平方向上,第一排横撑距离承台底1m高处设置立柱,第二排横撑距离承台底3.15m高处设置立柱,中间部位设置斜撑。承台劲性骨架立面及平面布置分别见图3-4-8和图3-4-9。

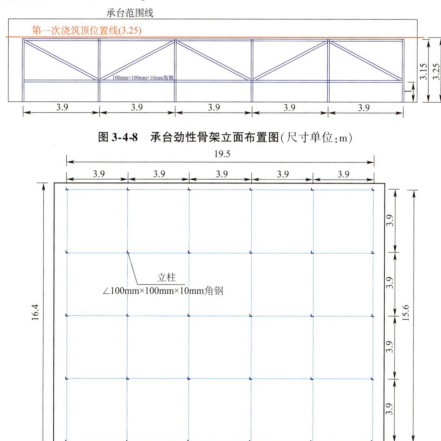

图 3-4-8　承台劲性骨架立面布置图(尺寸单位:m)

图 3-4-9　承台劲性骨架平面布置图(尺寸单位:m)

3. 承台模板

承台模板采用大块组合钢模板(9015型),对拉螺栓连接。模板背后设竖向10cm×10cm方木,间距50cm。竖向方木后设横向两根直径50mm钢管,间距90cm,交叉点处采用

$\phi16mm$ 钢筋对拉,背后采用可调托撑与槽壁支撑,槽壁支撑点为基坑支护桩桩身。承台模板顶设间距 100cm 对拉螺栓。模内以圆钢拉杆固定。主墩承台模板、支撑立面布置见图 3-4-10。

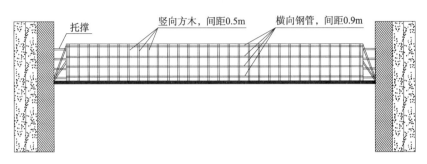

图 3-4-10　主墩承台模板、支撑立面图

模板安装完成后,板面光滑平整,接缝严密不漏浆,接缝处均粘贴海绵胶带(两层)。模板安装和支撑必须牢固,不得有松动、跑模或下沉等现象。模板拼缝必须严密,不得漏浆;模内必须清洁,无杂物。

4. 混凝土施工

(1)混凝土运输

混凝土运输采用混凝土罐车进行运输,冬季时,混凝土罐车需加保温套。混凝土浇筑前,制定详细的规划行车路线,应适当避开交通拥堵的路段,在早晚高峰时增加混凝土罐车数量。

运输过程中严禁向拌合物中加水,若到现场时混凝土出现坍落度损失或离析严重等问题,直接退场,不得浇筑入模。

(2)混凝土浇筑

承台混凝土采用水平分层浇筑,每层混凝土浇筑时,其厚度不宜过大,一般应控制在 0.3~0.5m。主墩承台现场计划各布置 2 台 40m 汽车泵(预备 1 台),2 台泵车每小时浇筑 $80m^3$ 混凝土;同时设置 1 个溜槽进行下料,下料点每小时浇筑 $45m^3$ 混凝土,泵车及溜槽合计每小时浇筑 $125m^3$ 混凝土。分层厚度按 0.3m 计时,浇筑一层约需 $103m^3$,则浇筑一层混凝土约需 50min,满足下层混凝土初凝前浇筑一层混凝土的施工要求。第一步混凝土浇筑高 3.25m,方量 $1114m^3$。考虑施工衔接时间,连续 10h 完成第一步浇筑。

(3)混凝土振捣

现场安排足够的振捣人员采用插入式振捣器振捣,混凝土振捣采用 $\phi70mm$ 插入式振捣器,并划定每个人的振捣区域,严格按规范振捣保证混凝土浇筑质量,对钢筋较密位置采用 $\phi50mm$ 或 $\phi30mm$ 振捣棒进行振捣,确保每个部位振捣密实。

振捣时不得碰撞模板、钢筋和预埋部件,振捣持续时间宜为 20~30s,以混凝土不再沉落、不出现气泡、表面呈现浮浆为标准。

5. 承台混凝土养护

承台内部采用通冷却水对混凝土降温,承台混凝土浇筑完成后及时覆盖无纺布喷淋养护,养护时间不应少于 14d。养护期间要作好混凝土测温及养护记录,填写测温和养护记录表。当气温低于 5℃时,应采取保温养护的措施,不得向混凝土表面洒水。

四、大体积混凝土监控方案

1. 大体积混凝土温度控制

为了防止大体积混凝土因内外温差造成混凝土内部形成裂缝,大体积混凝土采取表面保温保湿的方式进行养护,并设计水冷却系统对混凝土内部温度进行控制。

混凝土浇筑完成后,及时用塑料薄膜覆盖并喷淋养护,养护时间为14d。

在20号及21号墩承台,针对混凝土内部水化热大,散热缓慢等问题,设有多层冷却水管。冷却水管采用内径50mm、厚3.5mm钢管,冷却水管布置间距为水平1m、竖向1m。管道接头处缠生胶带,每套冷却水管成型后需做通水试验。承台冷却管立面及平面布置分别见图3-4-11和图3-4-12。

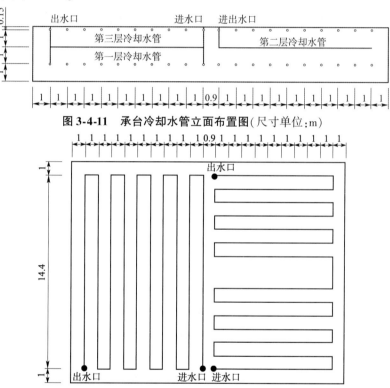

图3-4-11 承台冷却水管立面布置图(尺寸单位:m)

图3-4-12 承台冷却水管平面布置图(尺寸单位:m)

2. 大体积混凝土温度监测

(1)温度监测仪器的选用及要求

大体积混凝土温度监测仪器由温度传感器、数据采集系统及传输系统组成,具有温度显示功能,能够实时绘制测点温度变化曲线,并以表格的形式进行记录。

本工程使用电子测温器配合测温线进行温度测量工作。

(2)测温线

①测温线安装前,应连同传输导线一同在水下浸泡24h不损坏。

②测温线量程选用为 -10~25℃。

③测温线安装时,需用绑丝将其绑扎固定在竖向钢筋上,绑扎间距不大于50cm,传感器传输线横向走时,亦需绑扎在钢筋上,横向钢筋需与立筋焊接牢固,绑扎间距不大于30cm,以免传感器被混凝土冲击力损坏。

(3)测点布置

20号、21号墩每个承台平面布置21个测位,均匀布置在承台上并布置在两冷却水管中间的位置上,每个测位立面布置3个测点,分别位于混凝土的表层、中心、底层。混凝土表层温度测点布置在混凝土表层以下5cm处,混凝土底层温度测点布置在混凝土底层以上10cm处。20号、21号墩承台测位平面及立面布置分别见图3-4-13和图3-4-14。

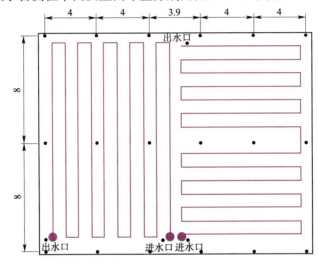

图3-4-13　20号、21号墩承台测位平面布置图(尺寸单位:m)

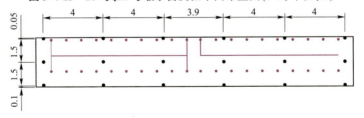

图3-4-14　20号、21号墩承台测点立面布置图(尺寸单位:m)

3.测温记录、分析及调控

(1)大体积混凝土施工过程中应监测混凝土拌合物温度、内部温度、环境温度、冷却水进、出口温度,同时监控混凝土表、里温差和降温速率。

(2)温控指标见表3-4-2。

温控指标表　　　　　　　　　　　　表3-4-2

序号	控制项目	控制指标数值
1	入模温度	5~28℃
2	混凝土表、里温差	不宜大于28℃
3	混凝土最高温与进水口水温差	15~25℃

续上表

序号	控 制 项 目	控制指标数值
4	出水口与进水口水温之差	3~6℃
5	混凝土表层与环境温差	不宜大于20℃
6	混凝土降温速率	不大于2℃/d

(3)温度调控措施

①当混凝土表里温度差大于28℃时,加快冷却水管水的流速,加快内部散热,同时,加强表层的覆盖养护,减少表层混凝土热量的损失。

②当混凝土最高温与进水口温差超15℃时,应加快冷却水管的流速。

(4)测温频率

使用电子测温器进行测温,但针对各个部位的温度数据还应定时进行分析,与控制指标进行对比,以便采取措施。

①混凝土入模温度的测量频率为每台班不应少于2次。

②混凝土浇筑完成后,每3h记录各个部位的温度,与控制指标进行对比,超限情况下,采取措施。

(5)当混凝土最高温度与表层温差不大于15℃时,可暂停水冷却作业,当混凝土最高温度与表层混凝土温差大于25℃时,应重新启动水冷却系统。

(6)在不通水情况下,混凝土表里温差连续3d不大于25℃,可停止通水,并将管道内的水用空压机排净,及时用水泥浆对冷却水管进行压浆封堵,封堵施工时自出水口向内灌浆直至进水口处冒浆为止。

(7)当混凝土的降温速率和表里温差符合表3-4-2要求,且满足混凝土最高温度与环境最低温度之差连续3d小于25℃时,可停止温度监测。

(8)温度监测结束后,绘制各测点的温度变化曲线,编制温度监测报告。

第三节 转体主墩施工

一、转体主墩概况

20号、21号墩墩身为倒梯形,结构复杂:20号墩高度为13m(由最底下1m直线段和12m倒梯形组成),21号墩高度为12m,倒梯形墩底座(14m×6m×3m)+3根墩柱(两侧墩柱斜置8m×6m×3m)、中间墩柱(8m×6m×3.5m)+墩帽(28.2m×6m×3m)。墩身上、下横梁均设置预应力筋,混凝土标号为C50,分三次浇筑。20号墩第一次浇筑高度为4m,第二次浇筑高度为6m,第三次浇筑高度为3m。21号墩第一次浇筑高度为3m,第二次浇筑高度为6m,第三次浇筑高度为3m。墩身模板使用定型模板,由厂家单独定制,模板下方使用满堂脚手架作为支撑,墩身外侧使用三排支架作为防护。转体主墩墩身示意见图3-4-15。

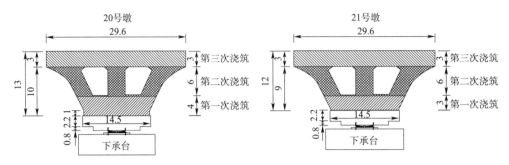

图 3-4-15　转体主墩墩身示意图(尺寸单位:m)

二、转体主墩施工工序

20号、21号主墩墩身分三次浇筑,先浇筑墩底座再浇筑3根墩柱最后浇筑墩帽。各步浇筑都是按照先对结合面进行凿毛、搭设脚手架、安装劲性骨架、绑扎钢筋安装波纹管、安装模板、浇筑混凝土的顺序依次进行,第一次浇筑高度为3m/4m(20号墩浇筑4m,21号墩浇筑3m),第二次浇筑高度为6m,第三次浇筑高度为3m。

三、转体主墩劲性骨架体系施工

为确保墩身施工过程的安全,防止钢筋骨架整体歪倒和模板倒塌事故的发生,在墩身内部设置劲性骨架。劲性骨架采用∠50mm×50mm×10mm角钢,立柱高度为10.2m/9.2m(20号墩10.2m、21号墩9.2m),底部与上承台预埋板焊接,预埋件为30mm×30mm×8mm的钢板,钢板下焊接地脚钢筋。劲性骨架每层高度2m,内部设置斜撑。20号及21号墩劲性骨架布置分别见图3-4-16和图3-4-17。

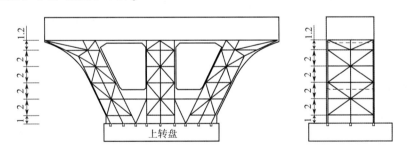

图 3-4-16　20号墩劲性骨架布置图(尺寸单位:m)

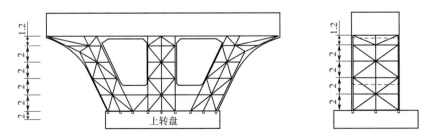

图 3-4-17　21号墩劲性骨架布置图(尺寸单位:m)

墩身分三次浇筑,劲性骨架分两次安装,第一次安装立柱高度高出第一步浇筑混凝土顶面1m,第一步浇筑结束后再将立柱焊接接长至设计高度。骨架安装时先把立柱焊接在预埋件上随后焊接第一道横杆防止两侧斜柱的劲性骨架倾覆,最后焊接斜撑。劲性骨架安装完成后直接将墩身钢筋绑扎在劲性骨架上。

四、转体主墩施工方案

1. 凿除混凝土

上承台及墩身(第一步、第二步)浇筑结束后需对浇筑完成的混凝土面进行凿毛。混凝土浇筑结束后达到条件即可进行混凝土凿毛,凿毛由人工使用手锤凿子进行,凿毛深度控制在10mm,同时把混凝土表面浮浆及松软层全部剔除,露出粗骨料。凿毛完成后使用水清洗,把浮浆及残渣清理干净。

2. 钢筋安装

钢筋安装位置允许偏差见表3-4-3。

钢筋安装位置允许偏差　　　　　　　　　　　表3-4-3

检查项目		允许偏差(mm)
受力钢筋间距	两排以上排距	−5,+5
	同排	−20,+20
横向水平钢筋		−10,+10
钢筋骨架尺寸	长	−10,+10
	宽、高或直径	−5,+5
弯起钢筋位置		+20
保护层厚度		−10,+10

3. 预应力管道安装

主墩墩底和墩帽采用标准强度为1860MPa,ϕ15.2mm预应力钢绞线,墩帽设置四排钢绞线,墩底设置三排钢绞线,两端张拉,锚具为M-19及M-22。预应力管道采用金属波纹管,内径为105mm/120mm。

(1)管道按设计图规定的坐标位置进行安装,并使用定位钢筋固定,使其能牢固地置于模板内的设计位置,且在浇筑混凝土时不发生位移。

(2)定位钢筋使用马凳的形式,使用直径20mm的螺纹钢制作马凳,马凳水平钢筋间距为1.5m,墩底设置3层,墩顶设置4层,竖向立筋间距为1.5m,波纹管使用直径10mm的圆钢制作成U形环固定在马凳筋上。施工中管道位置由测量人员测出,高度误差控制在10mm以内,水平误差控制在10mm以内。

(3)波纹管严格按设计孔道坐标位置控制。预留孔道的尺寸与位置应准确,孔道平顺,接头严密。波纹管接头处用大一号同型波纹套接,接头管长度不小于200mm。端头在接头管中间,旋入后接头要严,两接头处进行焊接,防止漏浆。

(4)在波纹管安装前使用透明胶带将管道两侧进行封堵防止漏浆。

4. 模板安装

严格按照厂家提供的模板图纸将编好号的模板组件进行拼装,安装前将模板表面及接缝处清理干净,用脱模剂涂抹均匀。模板纵缝用铁腻子进行压缝。

在起吊模板前,要根据编号,按拼装先后顺序把模板运到墩下。吊装模板应由专人指挥,防止模板在起吊过程中晃动过大与墩身或脚手架碰撞,同时严禁墩下站人,以确保安全。

5. 模板支架

墩身为倒 T 形,在墩身悬空部位的正下方搭设 60 型盘扣式满堂脚手架作为支撑,墩身四周搭设三排盘扣式脚手架作为人工操作平台。外侧满堂脚手架横向步距为 60cm,纵向步距为 30cm,上下间距同为 60cm,脚手架内设斜撑,内部满堂脚手架横纵步距均为 60cm,上下间距同为 60cm,脚手架内设斜撑,内部支架顶设置分配梁,分配梁使用 22a 工字钢,分配梁横向布置,纵向间距为 60cm。在倾斜段使用 $\phi 102mm \times 5.5mm$ 的丝杠支撑分配梁,丝杠一端顶在分配梁底面,一端顶在侧模上,丝杠纵向间距为 60cm。墩身四周设置三排脚手架,用作施工操作平台,三排盘扣式脚手架横向步距为 90cm(短边)纵向步距为 150cm(长边),上下间距为 150cm,脚手架最外侧设置剪刀撑。脚手架的操作面满铺脚手板,脚手架顶层设置作业平台,平台四周设置 1.5m 防护栏杆,脚手架四周密布绳网,防止人员掉落。为保证脚手架的安全,在保证脚手架搭设符合规范要求的同时,脚手架平行铁路方向设置两道缆风绳。墩身模板支撑立面布置见图 3-4-18。

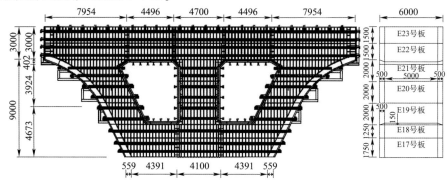

图 3-4-18　墩身模板支撑立面布置图(尺寸单位:mm)

上下通道:在远离铁路侧桥墩侧面设置安全爬梯,供人员上下。爬梯四周设置密目网,并设置缆风绳,防止爬梯倾倒。

6. 混凝土浇筑

混凝土采用经标定合格后的自动计量拌和站集中拌和,墩柱混凝土设计为 C50 混凝土,采用商品混凝土,利用混凝土罐车运输至墩位旁,在采用汽车泵配合串筒浇筑至模板内。

7. 模板拆除

拆模时,可用锤轻轻敲击板体,使模板与混凝土脱离,不允许用锤猛烈地敲打和强扭等方法进行拆除。

压浆强度达到75%后方可拆除底模及支架。模板的拆除应遵循先支后拆,后支先拆的顺序。

8. 预应力张拉施工

待混凝土强度达到100%、弹性模量达到100%且混凝土龄期大于7d才可进行张拉施工,先对称张拉50%纵向和横向预应力筋、压浆,待纵、横向管道浆体达到设计强度后对称张拉另一半纵、横向钢束,纵、横向预应力筋均采用单端张拉。

预应力张拉前,对一个孔道进行摩阻试验,通过测试得出的μ值和K值对设计张拉控制应力进行修正。

预应力钢束张拉时采用张拉控制应力与张拉伸长量双控,预施应力值以油压表读数为主,张拉结束后预应力筋伸长量与理论值进行校核。锚下张拉控制应力为1300MPa。实际伸长量与理论值误差控制在6%以内(不含10%初始张拉力产生的伸长量)。

9. 管道压浆及封锚

张拉完成后,及时进行孔道压浆,应在张拉完成后48h内压浆;为确保压浆质量,对于纵向预应力,采用真空压浆的办法。

第四节 墩顶支座安装

一、墩顶支座安装概况

本工程19、20、21、22号墩均采用双曲面摩擦摆减震支座,其中20、21号主墩支座吨位为75000kN,19、22号边墩支座吨位为9000kN。

支座的布置形式为:沿线路中心向大里程方向,19号墩墩顶左侧为9000kN纵向支座、右侧为9000kN多向支座;20号墩墩顶左侧为75000kN固定支座、右侧为75000kN横向支座;21号墩墩顶左侧为75000kN纵向支座、右侧为75000kN多向支座;22号墩墩顶左侧为9000kN纵向支座、右侧为9000kN多向支座。主桥支座布置见图3-4-19。

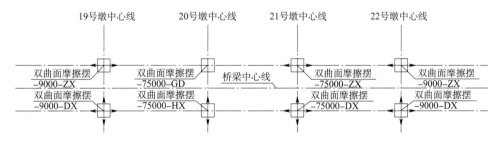

图3-4-19 主桥支座布置图

二、铁路侧主墩支座安装

21号墩顶部左侧为75000kN纵向支座、右侧为75000kN多向支座,支座采用75000kN双曲面摩擦摆减隔震支座,支座纵向总位移量为±350mm、横向总位移量为±350mm,支座转角为0.02rad,摩擦系数为0.05,隔振半径为6m。支座在安装时,先将支座上部向边跨侧移动30cm,然后与钢桁梁进行连接,待梁体纵移完成后,支座上部调整至设计位置。21号主墩顶支座现场安装见图3-4-20。

三、高铁侧主墩支座安装

20号墩顶部左侧为75000kN固定支座、右侧为75000kN横向支座,支座采用75000kN双曲面摩擦摆减隔震支座。支座在安装时,左侧支座先安装在垫石上,右侧支座焊接在钢桁梁上,随着钢桁梁一起横移。横移就位后,利用横移滑道上的16台800t千斤顶分步落梁,将支座落至设计位置,在支座四周设置紧固装置,最后用支座灌浆料填筑封闭。落梁前,梁体下方支座底部距垫石顶的间隙为13cm。20号主墩顶支座安装示意见图3-4-21。

图3-4-20 21号主墩顶支座现场安装图

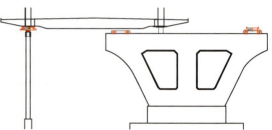

图3-4-21 20号主墩顶支座安装示意图

第五章
工程安全与质量管理

第一节 安全管理

一、概述

廊坊市交通中心工程光明桥,作为世界上首座跨越运营高速铁路的上加劲连续钢桁梁桥,具有跨越运营高铁、跨越股道多、施工难度大的特点。光明桥转体跨越既有京沪高铁4条股道、既有京沪铁路6条股道、规划京津四道以及西牵出线共计12条股道,最大转体质量1.65万t。钢桁梁使用大型门式起重机设备进行支架法拼装,门式起重机最大吊装质量55t、支腿最高64m、横梁最大跨度49m,京沪高铁侧钢桁梁先偏位15m拼装,再横移到转体位置。整个工程涉及支架拼装、横移、落梁、转体、合龙、纵移等多道工序,紧邻运营繁忙的京沪高铁和京沪铁路,平均5min有一趟列车通过,邻近铁路施工安全风险高。

项目部正确认识邻近铁路施工安全形势,明确提出以铁路安全为首要目标,用科学发展观统领安全生产工作。委托安评单位对光明桥施工危险源进行辨识与评估,对每一个施工环节进行安全风险分析,找出存在的不安全因素,并组织召开施工安全风险评估专家会,进一步明确重大风险源是邻近铁路施工,主要涉及钢桁梁拼装、横移、转体、纵移、合龙、大型门式起重机安装与拆卸。对重大危险源进行分析研究,制定科学合理的安全防范措施,精心设计和组织每一项施工方案、施工计划,做到精益求精,同时制定严谨的应急预案,防止疏漏和失控。

在安全管理方面,以严谨的态度,从加强领导、明确责任、强化指导、细化措施等方面着手,建立起了横向到边,纵向到底的安全生产责任制体系,实现了安全风险可控的项目管理目标。通过制定和完善各项安全规章制度,建立安全生产保证体系;通过签订安全责任书,强化全员参与配合,严格落实安全生产责任;通过编制安全专项方案,优化施工组织设计,降低施工安全风险;通过加强人员、机械设备管理,从源头上控制铁路施工安全风险;通过加强现场盯控,确保铁路施工安全风险可控;通过加强检查、严格考核,确保安全问题整改到位;通过深入开展安全生产宣传教育活动,不断提高安全生产意识。在总承包项目部的正确引导下,参建各方通力协作,营造了和谐稳定、文明有序的安全生产环境,保障廊坊市交通中心工程光明桥又快又好地建成。

二、安全管理措施

安全是工程的生命。安全生产始终被列为工程中最重要的一环,本项目以铁路安全为首要目标,认真贯彻落实"安全生产、预防为主、综合治理"的方针,强化安全生产责任,严格落实安全管控措施,确保光明桥施工安全的持续稳定。

1. 制定安全管理制度,建立安全生产保证体系

严格遵守铁路局关于营业线施工安全的各项规定,制定系统的安全管理制度、建立安全生产保证体系,是保证邻近既有铁路施工安全进行的前提。

项目部编制了《项目管理手册》《安全管理计划》《安全生产岗位责任制》以及《安全质量文明施工管理制度》《安全质量报告制度》《安全奖罚规定》等安全管理规章制度,在施工过程中不断总结,完善相应的安全管理制度。

项目部成立安全生产领导小组,任命安全总监,设置安全管理部,配备了一批具有专业素质的专职安全管理人员,将安全管理工作层层分解,做到分工明确、责任到人、措施到位、管理到位,确保施工全过程安全管理不失控。

2. 签订安全协议,强化全员参与配合,确保安全责任落实到位

邻近铁路施工安全是一项复杂的系统工程,不仅涉及施工单位,而且涉及铁路工务、电务、供电、车务、通信等多个部门,牵涉面广,结合部多,必须进行全面统筹安排和协调,充分发挥系统优势,形成整体合力,提高安全综合管理水平,牢牢把握安全生产的主动权。

项目部在开工前与铁路车站、工务、电务、供电、通信等站段签订施工配合协议、施工安全协议书,并组织现场集体踏勘,对各站段铁路设备进行标识并采取防护措施,对地下光缆、电缆采取挖探沟方式进行确认。

邻近铁路施工期间,车站设驻站员,现场设置防护员、驻站员、防护员、配合站段监护人员需同时在场,对施工过程进行连续盯控,并配备对讲机等通信设备,确保信息畅通。每天下午组织召开邻近营业线施工安全日例会,对当天施工中存在的问题和隐患及整改情况进行总结分析,提出防范措施,确保铁路设施正常运行。

总包项目部与分包单位签订《安全包保责任书》,分包单位与施工班组签订《班组安全责任书》,逐级落实安全生产责任。在进行钢桁梁拼装、横移、转体、纵移、合龙施工等重大危险作业时,参建单位主要领导必须在现场把关、包保,对施工全过程进行指挥、协调,确保邻近铁路施工安全进行。

3. 编制安全专项方案,优化施工组织设计,降低施工安全风险

安全专项方案是控制整个施工的安全管理依据。根据有关法律法规要求,项目部先后编制了《邻近铁路施工安全专项方案》《钢桁梁拼装、横移、转体、合龙、纵移施工安全专项方案》《大型门式起重机安装与拆卸安全专项方案》等文件,均按照相关要求组织了专家评审,并通过北京铁路局的审批。编制了《综合应急预案》《生产安全事故应急救援预案》《防汛应急预案》《临时用电专项方案》《消防保卫专项方案》《职业健康应急预案》《新冠肺炎疫情防控应急预案》,上报建设单位评审通过后实施,并对营业线施工安全事故、触电事故、人员坠落、高处坠物等潜在问题进行了综合应急演练,达到了预期的效果。

邻近铁路施工是一门综合性的科学,必须以精细化的施工方案组织施工,才能达到安全管理的要求。本项目充分发挥EPC总承包单位的技术优势,加强施工现场配合设计工作,对钢桁梁支撑体系、横移滑道等大临工程进行计算分析,提出建设性的指导意见,并根据工程

进展情况及时优化施工组织设计,对门式起重机、横移滑道梁、辅助滑道等重要设备进行检算,确保设备满足安全要求,从而降低施工安全风险。

4. 加强人员、机械设备管理,从源头上控制铁路施工安全风险

安全生产的关键因素是人的安全意识和安全操作技能。项目部对所有作业人员进行安全教育和培训,认真学习《营业线施工安全管理实施细则》《营业线施工安全培训管理办法》《北京铁路局建设工程营业线施工人员安全培训管理细则》及有关既有铁路施工的安全管理文件,并组织考试,考试合格后方可上岗作业。举办邻近营业线施工、吊装作业、焊接作业、安全用电等培训10期,培训合格300余人次;进行岗前和三级安全教育培训200余人次,累计培训500余人次,确保特种作业人员持证上岗率及职工安全教育培训率均达到100%。严格落实安全技术交底制度,完成邻近营业线施工、吊装作业、模板工程、安全用电、消防保卫等20余项基础作业安全技术交底,逐条讲清安全注意事项,保证作业人员的人身安全。强化桥梁基础施工、墩柱施工、大型门式起重机安装与拆卸、钢桁梁拼装、横移、纵移等专项安全技术交底20余次,按照专项施工方案的要求,对施工注意事项进行细化和补充。所有参加交底人员都必须签字确认,班组、交底人、安全员三方各执一份,形成一级抓一级,层层抓落实的良好局面。

加强机械设备管理。按照《北京局集团公司建设工程大型施工机械设备安全管理办法》要求,严格办理设备登记卡、施工巡检登记卡、营业线施工准入证,即"两卡一证"进场手续,并建立机械设备管理台账。严格执行起重设备检测取证及大临设施检查签证制度,起重设备必须试吊合格并取得合格证书后方可作业,大临设施必须经工程技术部、质量管理部、安全管理部现场检查确认并签字后方可投入使用,所有起重设备均取证并在有效期内,所有大临设施均有检查签认记录。

加强现场检查,制定机械设备日常检查表,每天派专人对机械设备,尤其是大型门式起重机进行专项检查,检查机械设备工作状况,检查大型门式起重机走行装置、安全保护装置、制动系统等工作状况,对照检查项目在检查表上签字确认,经总包、分包、监理、厂家等多方确认合格后,机械设备方可使用。通过这种持续有效的管理,将机械设备各种安全隐患消除在萌芽状态,确保了机械设备和大型门式起重机的安全。

5. 加强现场盯控,确保铁路施工安全风险可控

项目部认真分析研究钢桁梁拼装、横移、合龙、纵移施工、大型门式起重机安装与拆卸等重大危险作业安全因素,召开专家会进行论证,逐项细化安全风险管控措施。针对钢桁梁吊装重、作业面高、拼装工艺复杂、施工难度大的特点,从临时支墩、钢梁运输、吊装及架拼装、顶落梁、横移、纵移、跨中合龙、高栓施拧、钢梁涂装等方面采取"立体防护、多重隔离"的安全防范措施。

对每项危大工程明确责任人,设置专职安全员,安排轮班值守,现场人员进行24h连续盯控,做到万无一失,确保安全风险管措施落实到位,确保邻近铁路施工安全风险可控。

6. 加强检查,严格考核,确保安全隐患整改落实到位

项目部建立安全日常检查、月检查、专项检查(大临设施检查、机械设备检查等)以及考核制度,成立了安全文明施工检查小组。每天对施工现场进行安全巡视检查,严格检查施工

监护制度,杜绝无计划施工,在确保施工内容与施工计划一致、大型机械设备巡检正常、铁路安全保护措施落实到位的情况下,利用铁路要点进行施工。每月开展安全联合大检查,对施工现场、钢桁梁存放区、生活区、工人住地等进行全面检查,逐一排查安全隐患,并下发安全联查通报,要求限时整改并回复。每周至少组织一次考核工作,将考核结果及时公布,并上报建设单位,考核内容包括质量管理、安全管理、进度管理、文明施工等,对整改不到位的单位或人员进行经济处罚。

光明桥建设期间,开展各类安全检查活动80余次,检查和督促整改隐患182条,其中设备及大临设施安全专项检查12次,解决问题13起;与监理单位共同组织月检14次,监督隐患整改142条。充分利用信息管理平台,通过手机、电脑等工具,利用微信、QQ等通信手段,做到安全隐患早发现、早报告、早处置、早整改。随着检查、考核工作的开展和不断深入,逐渐形成了"人人有责任、事事抓落实、处处讲安全"的良好安全局面。

7. 深入开展安全生产宣传教育活动,不断提高安全生产意识

项目部始终重视安全生产宣传教育,定期召开安全学习会议,深入学习习近平总书记关于安全生产的重要论述,集中学习安全生产方面的方针政策、规章制度,开展安全知识大讲堂、安全知识竞赛等活动,不断掌握安全生产知识,提升安全素养。

每年积极组织开展"安全生产月"活动,开展安全宣誓、安全大签名等活动,在项目部、工人住地、施工现场张贴横幅、标语、宣传画,开展典型事故案例警示教育和"举一反三"安全宣传教育,不断营造良好的安全学习氛围,极大地提升了作业人员的安全素质和安全生产意识。

三、安全管理总结

EPC总承包项目部始终坚持高标准、高质量、高效率的建设要求,以铁路安全为第一要务,扎实、有序、科学、和谐地推进工程建设,实现了安全管理目标,成效显著。

1. 安全管理效果

项目部安全生产完成如下工作目标:

(1)未发生重伤以上生产安全事故,无责任死亡事故,工伤频率控制在3‰以下;生产安全事故经济损失控制在3‰以下。

(2)未发生重大及以上交通责任事故。

(3)未发生火灾事故爆炸事故和群体性食物中毒事件。

(4)未发生治安刑事案件。

(5)确保铁路运营行车安全,杜绝事故发生;未发生铁路营业线线缆破坏事故。

(6)安全技术交底率100%。

2. 安全管理总结

(1)安全生产管理体系健全

项目部制定各项安全管理规章制度,内容涵盖管理目标、管理制度、组织机构、人员职责,以及从设计、采购、施工到竣工验收等各个环节的安全管理,建立了一套完整的安全生产责任制体系。成立以项目部为中心的安全生产领导小组,明确项目经理为安全生产第一责任人,对安全生产工作负全面责任,分管安全生产的副经理为直接责任人,小组成员在其分管工作中承担涉及安全生产内容的相应责任,形成了"人人管安全,人人抓安全"的良好开局,为项目工程安全生产奠定了良好的基础。

(2)安全生产责任落实到位

项目部严格落实安全生产责任,细化工作目标,责任层层分解,实施逐级监督检查制度,坚持日、周、月安全检查和考核制度,深入开展隐患排查治理工作,确保各项安全措施落实到位,坚决杜绝了各类事故的发生,安全生产保持了平稳态势。

(3)安全管理水平不断提升

通过一系列安全学习和教育活动,把安全生产方面的知识不断融入参建人员的头脑中,真正实现从"要我安全"到"我要安全",从"被动安全"到"主动安全"的转变,项目部安全管理水平不断提升,保证安全生产工作持续平稳推进。

第二节 质量管理

一、质量管理目标

严格遵守国务院颁发的《建设工程质量管理条例》及国家和各部委发布的现行规范和质量验收标准,认真执行国家和行业、业主有关加强质量管理的法规与文件;保证分项工程一次合格率100%、主体工程优良率100%、非主体工程优良率90%以上、项目竣工验收综合评分在95分以上;优化工程设计质量、设计成品合格率100%;杜绝勘察设计、施工重大质量事故和一般质量事故;杜绝质量问题所引起不良影响事件;建设质量管理标准化工地,树立企业良好形象;保证交工验收质量评定等级为合格,争创优质工程。

二、建立质量管理体系

本项目实行"项目法管理",严格按照ISO9001质量标准要求,建立健全质量管理体系、制度,确立"百年大计,质量第一"和"质量兴企业"的质量管理方针;提高全员业务素质,使全体员工树立"工程在我心中,质量在我手中"的观念,增强质量意识,调动职工积极性,人人各司其职,用全员的工作质量来确保工程质量;确立创优质工程目标,积极开展争创优质工程活动。

项目经理部成立质量领导小组,具体由安质部负责,安质部、工程部、物资部、试验室参与,组成如下:

(1)组长:项目经理;

(2)副组长:项目总工程师、安质总监、项目副经理;

(3)组员:工程部成员、安质检部成员、物资部成员、试验室成员。

工作范围:进场材料的检查、检验,工序过程的检查验收,施工过程中的定期检和不定期检查。

检查内容:钢材、水泥、砂石、混凝土、砂浆、填土等材料是否满足标准要求;模板、支架、吊装设备、测量仪器是否符合工程需要,定期检定的设备是否符合有关检定的要求;各工序的施工是否进行了技术交底、所采取的技术措施是否符合施工文件和作业指导书的要求、隐蔽工程是否经监理工程师检查认可,检查特殊工种作业工人是否持证上岗。

三、质量保证措施

(1)加强施工技术管理,健全规章制度。

(2)强化监督检查,认真落实工序自检、工序间交接检查及质检员自检的"三检"自控体系。

(3)加强原材料质量控制。

(4)实行全过程质量控制。

(5)执行工程质量承包责任制,增强内部竞争机制。

(6)施工过程中坚持日常检查和定期检查相结合,自检、互检、专检相结合制度,努力做到质量管理工作规范化、制度化。

(7)积极开展质量控制(QC)活动,进行全过程质量控制,各专业成立QC小组,选定攻关课题,形成全方位的创优网络,攻克各项技术难点,保证工程质量。

四、监控测量体系

施工控制网是施工测量的重要组成部分,全桥的施工控制网在开工前提交,以便在监理工程师的协助下对控制网进行全面复测。在对主墩及上部结构关键部位施工监测施工时,对原控制网进行加密建网、严格平差,保证施工要求和施工精度。

上部结构安装工程对施工测量精度要求较高,为此专门配备高精度的全站仪和精密水准仪、GPS接收机以及熟练操作人员,制定相应的管理制度,从人力和物力上确保施工的要求。

现场操作人员熟悉施工图纸、相关文件、规范进行计算,采用最优的测量方法进行施工放样。关键部位的放样要采取一种方法放样、多种方法复核。严格按照设计图纸、相关文件、规范进行计算、精确放样,确保测量结果满足设计要求。现场施工进行检验。对测试成果、精度进行正确分析,采取相应措施,确保测量精度。

施工测量严格按照规范操作,定期检校仪器,保证仪器良好,做好施工观测记录,填好相应的测量成果资料,确保施工测量程序有效进行,保证产品质量。

监控组负责本标段监测与控制工作。监控工作严格按照监控方案进行操作,对关键部位和可能产生重大影响的部位必须进行严格的监控,指导后续工作施工,确保结构的施工质量。

五、试验检测体系

试验检测由有资质的检测单位承担。严把施工材料进场关,任何结构用材,进场前必须具有厂家提供的产品质量合格证,在施工现场抽检合格并取得监理工程师签证批准后,方准进场,同时进行挂牌标识,确保不误用未经检验合格的材料,严格执行试验规程,使每项工程开工前有标准数据,以充分反映结构物内部质量状况。

对混凝土质量的控制。混凝土拌和站采用自动配料器进行计量,确保配合比准确,水量采用时间继电器控制,而且对混凝土的坍落度进行检校,每班坍落度检验三次,确保混凝土质量满足设计要求。

预应力材料及设备的质量控制。预应力材料钢绞线、锚具进场均按规定进行严格的检验,张拉设备要定期进行检校,确保预应力施工的数据准确。

六、"三检"质检体系

施工过程中每完成一道工序,现场施工技术人员必须填写相关记录表格,并和项目质检人员一起进行自检,自检合格之后请监理工程师一起进行检查,检查合格后对相关记录进行签证。检查时项目质检人员对监理工程师提出的问题和建议都有具体处理意见。每完成一个分项工程,现场技术员和项目质检人员必须进行自检,并填写好相关记录表格,自检合格后报请监理工程师检查。

七、质量管理措施

为了确保项目施工质量的有效可控,加强项目施工质量管理工作,结合本工程的实际情况,组织好人员分工,落实质量责任制,推进质量工作全员、全方位、全过程展开。

(1)审批分包单位上报的施工组织设计文件和各项施工专项方案,并检查其是否严格按照设计文件进行编制,结合相关施工技术规范预判其施组方案的可实施性。

(2)填写施工日志,做好设计与施工的衔接工作。

(3)监督检查分包单位是否及时、按规定对材料进行试验,检查分包单位检验批等资料填写是否正确和及时;对施工分包单位日常测量放样进行检查、复核。

(4)隐蔽工程施工前,经自检合格后报监理查验,经监理工程师查验合格后及时办理隐蔽工程验收签证,方可进入下道工序的施工。

(5)严格把好材料进出质量关,所有材料、配件、设施使用前必须获得职能部门检测同意或经过标定,不合格的材料不准使用,不合格的产品不准进入施工现场。工程施工前及时做好工程所需的材料复检,如果材料没有检验证明,则其不得使用于隐蔽工程的施工。

第六章
施工专项监测及成桥荷载试验

第一节 概述

一、施工监控重难点分析

鉴于桥梁常规节段施工的特点,其每一个施工循环历时较长,对于桥梁关键参数的获取均有足够的时间通过传统的人工干预来实现。但是本项目中涉及的梁体大吨位横移、转体等体系转换工况均需在几个小时的天窗点内完成,施工时间非常短暂,主要控制难点如下:

(1)钢桁梁在拼装完成后有2%的纵坡,且横移期间梁底纵向限位块与滑道梁的最大间隙仅为2cm,一旦发生较大的不同步位移,势必增加施工安全风险,那么各拖曳点位的实时同步性能如何快速识别与预警?

(2)转体期间铁路两侧的双转体结构最小设计距离仅为8cm,且球铰处的刻度盘转动1mm,反映到梁端变化有近30mm,那么两侧的实时转体姿态又将如何快速协同与反馈?

(3)该转体桥设计上采用单侧不平衡压重的方式,如何确保边跨转体辅助支点的预压重力达到设计预期值?

(4)结构在横移、转体期间,关键杆件应力、悬臂端挠度及受扰振动情况如何做到及时监测预警?

二、荷载试验的必要性

为了保证新建桥梁工程的勘察设计与施工质量,在强化施工、管理、质量监督等相关程序的前提下,对那些影响较大、结构新颖、隐蔽工程较多的桥梁进行全桥荷载试验,是竣工验收时对桥梁工程内在质量评定最直接和有效的方法与手段。同时也为设计理论、施工技术总结积累经验,为提高桥梁建设的整体水平创造条件,为今后桥梁的养护管理提供科学依据。所以,桥梁荷载试验是一件十分重要、严肃和有益的工作。

由于该桥的结构形式、施工工艺以及地理位置等较为特殊,因此需要对此桥的实际承载能力进行确定,对该桥的安全性有一个明确的了解。所以在该桥运营通车前,需进行成桥试验,明确该桥的实际受力状态。进行成桥荷载试验是最简单、最直接和最有效确定承载能力的方法。

第二节 施工监控

一、施工监控内容

将每个施工阶段进行细化,每个施工阶段及相应的施工监控工况见表3-6-1。

施工工况及工作内容划分表　　　　表3-6-1

阶段	工　况	工　作　内　容
准备阶段	—	1. 理论计算; 2. 监测方案的编制; 3. 监测设备的购置,进场
拼装阶段	—	每拼装完1个节点,进行下弦杆高程复核
高铁侧 横移阶段	支架拆除	1. 签发支架拆除指令; 2. 钢桁梁、横移滑道应变监测; 3. 钢桁梁、横移滑道变形测点监测
	试横移	1. 钢桁梁平移的同步性监测; 2. 钢桁梁及横移滑道应力监测; 3. 钢桁梁及横移滑道变形监测
	正式横移	1. 钢桁梁同步性位移监测; 2. 钢桁梁及横移滑道应力监测; 3. 钢桁梁及横移滑道变形监测; 4. 初步就位后测试钢桁梁的姿态,根据测量结果进行调整,直至精确就位
	落梁	1. 承台沉降及桥墩应力监测; 2. 钢桁梁及横移滑道应力监测; 3. 钢桁梁及横移滑道变形监测
	配重	1. 钢桁梁及横移滑道应力监测; 2. 钢桁梁及横移滑道变形监测; 3. 承台沉降和桥墩应力监测; 4. 转体辅助支腿的支反力监测
	二次落梁 至转体辅助支腿上	1. 钢桁梁及横移滑道应力监测; 2. 钢桁梁及横移滑道变形测试; 3. 承台沉降和桥墩应力测试; 4. 转体辅助支腿的支反力监测
普铁侧 施工阶段	转体配重	1. 钢桁梁的应变监测; 2. 钢桁梁的变形监测; 3. 承台沉降和桥墩应力监测; 4. 转体辅助支腿的支反力监测
	支架拆除	1. 签发普铁侧支架的拆除顺序; 2. 钢桁梁变形测试; 3. 钢桁梁应变测试

续上表

阶段	工 况	工 作 内 容
转体阶段	解除临时锚固，拆除砂箱	1. 承台沉降及主墩应力； 2. 联测高铁侧、普铁侧三维位置，确定钢桁梁转体前姿态
	试转	1. 摩擦系数的测试； 2. 每分钟转速的测试； 3. 点动的惯性距离测试
	正式转体	1. 钢梁的应力测试； 2. 钢梁的变形测试； 3. 主梁悬臂端高程变化监测； 4. 主梁悬臂端及辅助滑道处振动变化监测； 5. 对转速的监测； 6. 对转动系统的实时观察； 7. 转体初步就位后联测高铁侧及普铁侧姿态的调整，直至准确就位
普铁侧纵移阶段	—	1. 应力测试； 2. 合龙口高差及长度的测试
顶升及二次压重阶段	顶升	1. 对全桥姿态的确定； 2. 钢梁关键截面的应力测试； 3. 钢梁关键截面的变形测试
	二次压重	1. 钢梁关键截面的应力测试； 2. 钢梁关键截面的变形测试

二、施工监控计算

施工监控计算主要包括：校核主要的设计数据；根据施工方法和成桥目标线形确定钢桁梁无应力制造线形和安装线形；提供施工各理想状态线形及内力数据；对施工各状态控制数据实测值与理论值进行比较分析；进行结构设计参数识别与调整；对成桥状态进行预测与反馈控制分析。

阶段施工完毕后，将计算控制参数结果与施工监测结果进行比较，若两者差别满足要求，则按原计划发出下阶段指令以进行下阶段的施工；若不满足要求，则根据最新的实测监控参数进行结构分析，提出调整方案，然后进行下一阶段施工。整个施工监控计算分析的流程如图 3-6-1 所示。

设计参数的识别就是通过量测施工过程中实际结构的行为，分析结构的实际状态与理想状态的偏差，用误差分析理论来确定引起这种偏差的主要设计计算参数，通过修正设计参数，来达到控制桥梁结构的实际状态与理想状态的偏差的目的。引起误差的因素主要有以下几个方面：

（1）结构自重误差对结构的影响；

（2）主梁及桥墩的刚度误差对结构的影响；

（3）施工荷载变动对结构的影响；

（4）日照、温差、温度升降对结构的影响。

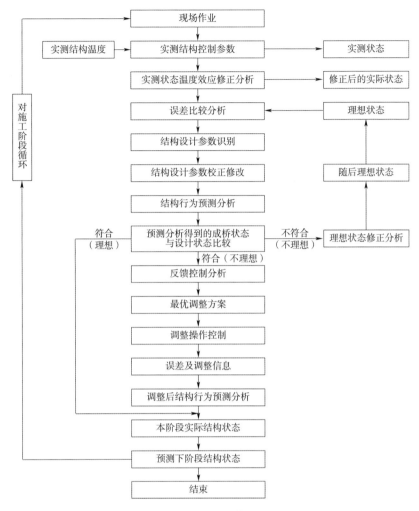

图 3-6-1 施工监控计算分析流程图

监控理论计算就是利用建立的监控计算体系对桥梁施工过程中各阶段结构的应力和位移状态以及施工监控参数进行计算及预测,为施工提供目标值,保证施工的顺利进行并使结构最终达到或接近设计要求的成桥状态。监控计算的主要内容包括:

(1)全桥仿真计算分析;
(2)校核主要的设计数据;
(3)计算钢桁梁预拱度设置;
(4)各施工阶段主梁理想状态线形及应力;
(5)温度效应对结构影响的理论计算;
(6)对施工各状态控制数据实测值与理论值进行比较分析,进行结构设计参数识别与调整,对成桥状态进行预测与反馈控制分析。

施工监控过程中应选择结构的某些参数作为计算控制参数,主要计算控制参数包括:

(1)钢桁梁各控制截面在阶段施工前后位移增量;
(2)钢桁梁各控制截面在阶段施工前后应力增量;

(3)墩底控制截面在阶段施工前后的应力增量。

应力控制计算的主要内容,首先是计算在各个施工阶段,在各种施工荷载及临时荷载组合情况下结构关键截面的应力值及安全程度,并与实测值进行比较,其次是对下一阶段施工进行模拟计算,分析并预测关键部位的应力水平,对施工方案是否可行进行判断。应力控制计算三维模型如图3-6-2所示。

图3-6-2 三维模型图(尺寸单位:m)

施工监控计算主要包括以下3个方面:

(1)拼装阶段计算复核及支架计算

钢桁架梁制造预拱度(无应力长度)按一次落架变形数值设置,拼装支架相对高程按钢桁梁制造线形设计,通过竖转以及跨中合龙后,边跨起顶的实际施工阶段变形和内力与一次落架一致,因横移空间需要高铁侧拼装支架进行整体抬升,结合3方面因素设置拼装支架绝对高程。

拼装过程中高铁侧钢桁梁最大竖向位移理论值为26.15mm,最大应力理论值为44.19MPa;拼装横移支架最大竖向位移理论值为5.57mm,最大应力理论值为74.26MPa,应力云图如图3-6-3和图3-6-4所示。

图3-6-3 拼装阶段高铁侧钢桁梁竖向位移云图(单位:mm)

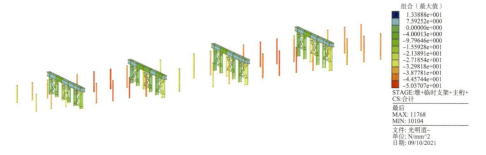

图3-6-4 拼装阶段高铁侧支架应力云图(单位:MPa)

拼装过程中普铁侧钢桁梁最大竖向位移理论值为22.8mm,最大应力理论值为36.13MPa;拼装支架最大竖向位移理论值为5.5mm,最大应力理论值为70.4MPa,应力云图如图3-6-5和图3-6-6所示。

图3-6-5　拼装阶段普铁侧钢桁梁竖向位移云图(单位:mm)

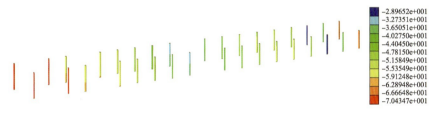

图3-6-6　拼装阶段普铁侧支架应力云图(单位:MPa)

(2)拆架阶段计算分析

高铁侧拆架及落梁顺序计算统计见表3-6-2,高铁侧拆架过程中支架支反力统计见表3-6-3。

普铁侧拆架顺序统计见表3-6-4,普铁侧支架拆除各临时支架反力统计见表3-6-5。

(3)高铁侧横移阶段计算分析

1号横移滑道位置主梁产生1cm的竖向不同步位移,所需反力约为55t;2号横移滑道位置主梁产生1cm的竖向不同步位移,所需反力约为240t;3号横移滑道位置主梁产生1cm的竖向不同步位移,所需反力约为240t;4号横移滑道位置主梁产生1cm的竖向不同步位移,所需反力约为45t。1~4号横移滑道位置钢桁梁竖向支反力理论计算值为1000t、1200t、1200t、1200t,滑靴与滑道摩擦系数取值为0.05。根据以上参数按最不利原则给出1~4号横移滑道位移量不同性预警,预警值见表3-6-6。

横移过程中钢桁梁最大竖向位移为96.97mm;最大应力为116.90MPa。对于横移支架的计算考虑以下荷载:

①横移支架的自重;

②钢桁梁作用于横移支架的力,4个横移支架位置单个滑靴的最大支反力理论值为12200kN;

③4个横移支架不同步产生的水平力,考虑静摩擦系数为0.01,水平力为$12200 \times 2 \times 0.01 = 224$kN。

根据理论计算分析结果:横移过程中横移支架最大竖向位移为12.93mm,最大横向位移为10.29mm,最大应力为43.90MPa。横移支架竖向位移如图3-6-7所示。

表 3-6-2 高铁侧拆架位移量统计表（单位：mm）

脱架位移量	L0号	L1号	L2号	L3号横移	L4号	L5号/支腿	L6号	L7号	L8号横移	L9号	L10号/主墩	L11号	L12号	L13号横移	L14号	L15号	L16号	L17号	L18号横移	L19号	L20号	L21号
第1步	70	60	50	—	50	50	50	50	—	50	50	50	50	—	50	50	50	50	—	50	60	70
第2步	—	—	36	—	—	—	—	—	—	—	—	—	—	—	—	—	—	—	—	—	—	—
第3步	—	—	—	130	—	—	—	—	130	—	130	—	—	130	—	—	—	—	130	—	—	—
第4步	拆除支架，横移施工																					
第5步	—	—	—	—	—	—	—	—	—	—	—	—	—	50	—	—	—	—	100	—	—	—
第6步	—	—	—	—	—	—	—	—	—	—	—	—	—	50	—	—	—	—	100	—	—	—
第7步	—	—	—	—	—	—	—	—	—	—	—	—	—	50	—	—	—	—	100	—	—	—
第8步	施加配重																					
第9步	—	—	—	100	—	—	—	—	50	—	—	—	—	—	—	—	—	—	200	—	—	—
第10步	—	—	—	0	—	-40	—	—	0	—	—	—	—	170	—	—	—	—	563	—	—	—
第11步	横移完成同步落梁至主墩，同时安装支腿																					
第12步	—	—	—	84	—	—	—	—	2	—	—	—	—	137	—	—	—	—	474	—	—	—

表 3-6-3 高铁侧拆架过程中支架支反力统计表（单位：kN）

支反力	L0号	L1号	L2号	L3号横移	L4号	L5号/支腿	L6号	L7号	L8号横移	L9号	L10号/主墩	L11号	L12号	L13号横移	L14号	L15号	L16号	L17号	L18号横移	L19号	L20号	L21号
拼装完成	919	1480	1316	3662	1661	2114	2249	2058	5575	2718	—	2845	2312	5322	1967	2119	1991	1582	4156	1487	1722	1596
第1步	35	35	36	11431	39	41	41	44	13237	46	—	49	49	12278	49	50	50	52	13333	52	52	52
第2步	—	—	—	11431	—	0	—	—	13237	—	96929	—	—	12278	—	—	—	—	13333	—	—	—
第3步	—	—	—	18027	—	0	—	—	12636	—	96237	—	—	12024	—	—	—	—	13229	—	—	—
第4步	—	—	—	14807	—	0	—	—	8362	—	128333	—	—	4503	—	—	—	—	12196	—	—	—
第5步	—	—	—	12096	—	0	—	—	4712	—	151985	—	—	968	—	—	—	—	10266	—	—	—
第6步	—	—	—	8545	—	0	—	—	915	—	174722	—	—	968	—	—	—	—	6245	—	—	—
第7步	—	—	—	5688	—	0	—	—	915	—	185378	—	—	968	—	—	—	—	3774	—	—	—
第8步	—	—	—	2487	—	0	—	—	915	—	197315	—	—	968	—	—	—	—	1007	—	—	—
第9步	—	—	—	889	—	2172	—	—	915	—	196173	—	—	968	—	—	—	—	1007	—	—	—
最大应力 MPa	23	38	34	174	43	66	57	53	128	69	—	72	59	116	50	54	51	40	114	38	44	41

表 3-6-4 普铁侧拆架位移量统计表（单位：mm）

脱架位移量	L22号	L24号	L25号	L27号	L28号	L29号	L30号	L31号	桥墩	L33号	L34号	L35号	L36号	L37号	L38号	L39号	L40号	L41号
第1步下降量	—	—	—	—	—	—	—	—	—	—	—	—	—	置换支腿	—	—	—	施加配重
第2步下降量	—	—	—	—	—	—	—	—	—	—	—	—	—		—	—	—	
第3步下降量	140	120	110	90	80	70	60	50	—	—	—	—	—	—	—	—	—	—
第4步下降量	140	120	110	90	80	70	60	50	—	—	—	—	—	—	—	—	—	—
第5步下降量	140	120	110	90	80	70	—	—	—	—	—	—	—	—	—	—	—	—
第6步下降量	140	120	110	90	—	—	—	—	—	—	—	—	—	—	—	—	—	—
第7步下降量	140	120	—	—	—	—	—	—	—	—	—	—	—	—	—	—	—	—
第8步下降量	—	—	—	—	—	—	—	—	—	—	—	—	—	—	50	60	70	80
第9步下降量	—	—	—	—	—	—	—	—	—	—	—	—	—	—	—	50	50	50
第7步桁架位移量	634	481	406	259	194	140	91	45	0	−18	−34	−47	−54	−50	−38	−26	14	1
第9步桁架位移量	519	389	325	202	147	105	68	34	0	−7	−13	−15	−11	2	32	61	90	123

第7步跨中支架完全脱空，支腿向上位移最大，为50cm；第9步全部支架脱空；支架最大应力为94MPa

表 3-6-5 普铁侧支架拆除各临时支架反力统计表（单位：kN）

支反力	L22号	L24号	L25号	L27号	L28号	L29号	L30号	L31号	桥墩	L33号	L34号	L35号	L36号	支腿	L38号	L39号	L40号	L41号
第1步支反力	2772	3207	2683	3204	2178	1994	1741	1307	114183	1276	1782	2108	2505	795	2362	1815	1480	2938
第2步支反力	2771	3205	2681	3198	2173	1988	1736	1304	114159	1274	1771	2094	2489	783	2362	1931	2088	5872
第3步支反力	3041	2926	1799	61	46	46	46	44	155996	260	326	208	221	0	1410	1454	1655	5258
第4步支反力	3723	511	50	61	46	46	46	44	171337	43	43	41	39	0	38	296	1121	4981
第5步支反力	2403	63	50	61	46	46	46	44	179061	43	43	41	39	0	38	38	36	4231
第6步支反力	861	63	50	61	46	46	46	44	185680	43	43	41	39	0	38	38	36	2463
第7步支反力	50	63	50	61	46	46	46	44	189161	43	43	41	39	0	38	38	36	1533
第8步支反力	50	63	50	61	46	46	46	44	189190	43	43	41	39	0	38	38	36	1519
第9步支反力	50	63	50	61	46	46	46	44	189190	43	43	41	39	2264	38	38	36	176
最大应力MPa	94	65	68	65	56	51	45	33	—	32	45	53	64	53	60	53	53	53

横移支架不同性位移量预警值　　　　　　　　　表3-6-6

序号	支反力 （kN）	摩阻力摩阻系 数按0.05（kN）	千斤顶最大力 （kN）	1cm位移所需力 （kN）	千斤顶—摩阻力 （kN）	不工作位移量 （mm）	满载位移量 （mm）
1	10000	500	2000	550	1500	－9.09	27.27
2	12000	600	2000	2400	1400	－2.50	5.83
3	12000	600	2000	2400	1400	－2.50	5.83
4	12000	600	2000	450	1400	－13.33	31.11

三、主要监控内容及结果

1）应力监测系统

应力监测是一个较长时间的连续量测过程，本项目在应力监测手段上采用表贴式应力传感器，其具有方便、可靠和耐久的特点，能准确监测结构的应力情况。拼装阶段应变采集采用测试仪测试（图3-6-8），横移、转体及纵移期间所有应变计接入无线采集系统，进行自动化实时监测（图3-6-9）。

（1）临时支架应力监测

根据实际的施工工序，在主梁拼装阶段对部分临时支架的应力进行监测，每个墩柱布置2个测点，测点布置如图3-6-10和图3-6-11所示。

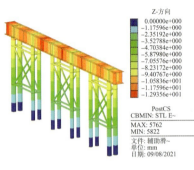

图3-6-7　横移支架竖向位移图
（单位：mm）

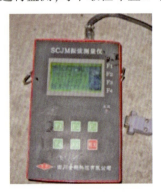

图3-6-8　应变测试仪

图3-6-9　自动化采集综合测试系统

图3-6-10　临时支架应变测点平面图

图3-6-11　临时支架应变测点立面图

在拼装阶段,各临时支架的受力不一,主要是由拼装高程的差异造成的。监测数据表明:所监测的临时支架的应力与理论计算值差异不大,临时支架的应力在安全范围内。临时支架应力监测结果统计见表 3-6-7。

临时支架应力监测结果统计表　　　　　　表 3-6-7

杆 件 号	最大值(MPa)	理论值(MPa)	实测 - 理论(MPa)
L1-左侧	-27.5	-35.7	8.2
L2-右侧	-16.5	-35.8	19.3
L3-1D	-17.6	-17.4	-0.2
L8-2X	-14.5	-12.5	-2
L10-右侧	-68.4	-70.5	2.1
L13-2D	-16.6	-13.1	-3.5
L24-左侧	-53.6	-70	16.4
L25-右侧	-54.8	-59.4	4.6
L29-左侧	-62.4	-50.9	-11.5
L35-左侧	-58.1	-54.9	-3.2

注:1. 应力值为正值,说明结构受拉;应力值为负值,说明结构受压。
　　2. 面向大里程方向,左手为左侧,右手为右侧。
　　3. 对于横移滑道,面向大里程方向,从右侧往左侧依次开始编号,"X"表示小里程,"D"表示大里程。如 L3-1D 表示 L3 横移滑道大里程侧第 1 根柱子。

(2)高铁侧横移期间主梁应力监测

高铁侧横移期间,主梁应力测点选取各工况下出现最大变化的节点处进行监测,测点范围包含加劲弦、上弦杆、下弦杆和竖杆,主梁应变测点如图 3-6-12 所示。

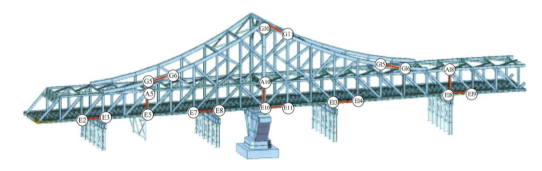

图 3-6-12　高铁侧主桁应变监测点布置图
G5——G6等-测点范围

横移过程中,主梁各监测杆件应力的变化在一定范围内波动,横移过程中对加劲弦的扰动较小,基本在 0.5MPa 以内微小波动;对竖杆的扰动相对较大;对下弦杆的扰动较小,基本在 1MPa 以内波动。监测数据表明:横移过程中,主梁的应力变化波动小,横移过程中主梁应力变化见表 3-6-8。

横移过程中主梁应力变化表 表3-6-8

杆件	应力变化最大值(MPa)		
	第1次横移	第2次横移	第3次横移
G5-G6	0.21	0.59	0.59
G10-G11	0.22	0.23	0.32
G15-G16	0.18	0.52	0.88
E5-A5	1.41	3.79	3.79
E10-A10	0.55	0.41	−1.31
E18-A18	0.81	−1.16	−0.94
E2-E3	0.15	2.76	1.07
E7-E8	0.25	1.16	1.16
E10-E11	1.78	0.07	0.21
E13-E14	0.49	0.46	0.84
E18-E19	0.03	0.51	1.14

(3) 高铁侧横移滑道应力监测

根据施工流程及计算结果,选取 L3 号和 L18 号横移滑道进行应力监测,同时根据受力最大及对称性原则,选取第 3 排中的 3 根和第 6 排中的 1 根立柱顶部,以及下滑道梁跨中底面作为应变监测点,每根立柱对称布置 3 个应变传感器,下滑道底面布置 1 个应变传感器,测点布置如图 3-6-13 所示,横移过程横移滑道应力变化见表 3-6-9。

图 3-6-13 横移支架应变监测点示意图

横移过程横移滑道应力变化表 表3-6-9

杆件	应力变化最大值(MPa)			理论计算最大值(MPa)
	第1次横移	第2次横移	第3次横移	
L3-3 柱	3.05	33.63	75.69	86.8
L3-4~5 梁底面	55.16	47.43	65.91	75.6
L3-6 柱	7.79	33.48	74.05	80.1
L18-4 柱	15.34	52.18	48.92	88.0
L18-4~5 梁底面	56.71	42.62	60.65	95.2
L18-6 柱	8.50	41.44	84.72	93.4

(4)转体期间主梁应力监测

主梁转体期间,对主要杆件进行应力监测。测点范围包含加劲弦、上弦杆、下弦杆和竖杆,测点布置如图 3-6-14 所示。

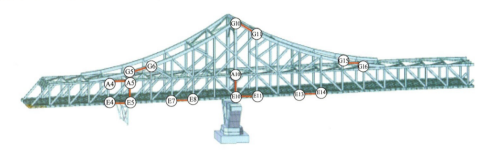

图 3-6-14 主梁转体应力监测点布置图

主梁杆件在转体过程中,应力数值在一定范围内波动,特别对于加劲弦波动范围相对较小。对于转体辅助支腿竖杆的应力变化相对较大,如高铁侧支腿应力变化幅度最大约为 3MPa,具体数据见表 3-6-10。

转体阶段主梁杆件应力值(单位:MPa)　　　　　　　　　　　表 3-6-10

高 铁 侧			普 铁 侧		
杆件号	最大值	最小值	杆件号	最大值	最小值
G5-G6	0.29	-0.62	G5-G6	0.00	-0.07
G10-G11	0.82	-1.33	G10-G11	1.83	-2.04
G15-G16	0.63	-1.01	G15-G16	0.00	-0.15
E7-E8	0.38	-0.03	E4-E5	0.39	-0.62
E10-E11	1.06	0.00	E10-A10	0.46	-0.65
E13-E14	0.06	-0.42	E5-A5	1.87	-0.50
E5-A5	1.30	-1.92	左侧支腿竖杆	0.39	-1.13
右侧支腿竖杆	3.10	-0.43	E10-E11	0.56	-1.47
			A4-A5	0.78	-0.30

(5)普铁侧纵移过程应力监测

梁体纵移按照每次顶进 3cm 进行控制,及时对合龙口处进行测量,防止两侧梁体相撞。在纵移剩余 5cm 时,每出顶 1cm 暂停一次,在纵移剩余 2cm 时,每出顶 5mm 暂停一次,直至纵移就位。普铁侧纵移过程中,严格控制合龙的高程及长度。对普铁侧钢桁梁的应力进行实时监测,并随时注意观察辅助支腿稳定性。纵移过程中杆件应力变化见表 3-6-11。

纵移过程中杆件应力变化值(单位:MPa)　　　　　　　　　　表 3-6-11

杆 件 号	最 大 值	最 小 值
G5-G6	3.14	-0.48
G10-G11	0.43	-0.02
G15-G16	0.43	-1.37
E4-E5	-1.24	0.96

续上表

杆 件 号	最 大 值	最 小 值
E10-E11	0.75	−0.41
E5-A5	1.51	−0.63
E10-A10	−1.54	0.13
A4-A5	0.08	−0.32
左侧转体支腿	4.60	−16.98

2）变形监测系统

为监测在各施工工况下，判断控制截面的变形是否可控，在关键节点布设变形测点，同时在桥区设置测站及后视点，形成控制网。采用"前方交汇法"进行测量（图 3-6-15），在施工过程监控控制截面的变形情况，包括竖向、横向及纵向位移。

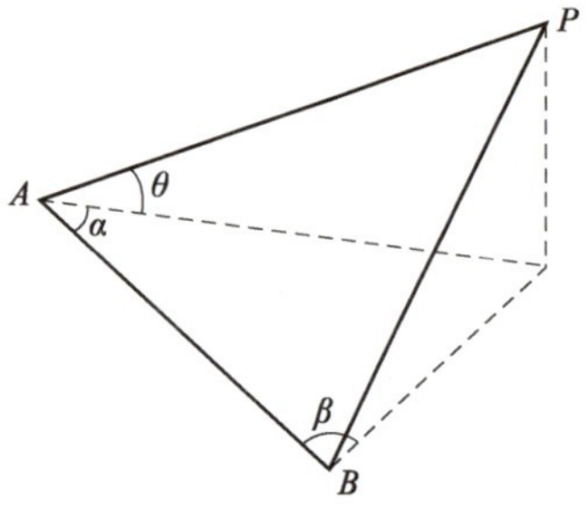

采用全站仪前方交汇法对控制点进行测量，得出当前施工阶段的结构整体变形情况，并将测量结果与理论控制值进行比较，判断当前桥梁整体位移状况。控制坐标根据桥梁施工控制网引测，角度 α、β、θ 由全站仪直接测得。

图 3-6-15 前方交汇法示意图
A-已知坐标点；B-已知坐标点；
P-未知坐标点

（1）变形监测网布置

现场对监测网进行合理的布置，测站点布置如图 3-6-16 和图 3-6-17 所示。

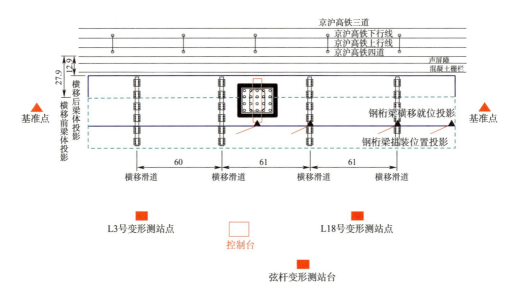

图 3-6-16 高铁侧横移施工变形测站点布置图（尺寸单位：m）

（2）临时支架沉降监测

根据施工工序，在主梁吊装阶段对临时支架的应力进行监测，分别对 L1 号墩、L2 号墩、L3 号墩、L8 号墩、L10 号墩、L13 号墩、L18 号墩、L24 号墩、L25 号墩、L29 号墩、L35 号墩临时支架进行变形监测，测点靠近墩柱顶部位置（图 3-6-18）。

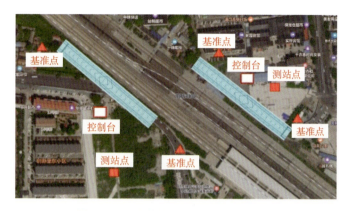

图 3-6-17 转体施工变形测站点布置图

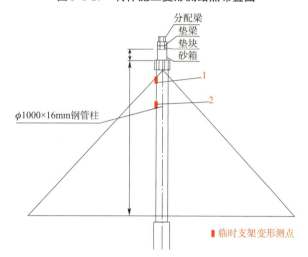

图 3-6-18 临时支架变形测点布置图

1,2-测点编号

临时支架在拼装阶段均发生一定量的变形:平面位置在5mm内波动,竖向变形最大值为8.8mm。有以下几点具体分析原因:一是由于温度原因,钢材在温度的交替影响下,会发生一定量的变形;二是压缩变形,随着主梁节段的增加,竖向变形具有增大的趋势;三是非弹性变形,主要是由拼装造成一定的偏差;四是仪器设备本身的因素。监测数据(表3-6-12)表明:临时支架的变形量较小,拼装阶段临时支架受力安全。

临时支架竖向变形监测结果统计表(单位:m)　　　　　　　表3-6-12

杆 件 号	ΔX		ΔY		ΔZ	
	最大值	最小值	最大值	最小值	最大值	最小值
L1 号左侧	0.0033	-0.0009	0.0057	-0.0027	0.0000	-0.0039
L2 号右侧	0.0013	-0.0020	0.0091	-0.0005	0.0007	-0.0032
L8-2X 号	0.0040	-0.0063	0.0035	-0.0094	0.0000	-0.0046
L13-2D 号	0.0076	-0.0039	0.0032	-0.0055	-0.0014	-0.0045
L24 号左侧	0.0048	-0.0040	0.0054	-0.0054	0.0000	-0.0050

续上表

杆件号	ΔX		ΔY		ΔZ	
	最大值	最小值	最大值	最小值	最大值	最小值
L25号右侧	0.0057	-0.0051	0.0060	-0.0039	0.0005	-0.0047
L29号左侧	0.0083	-0.0069	0.0048	-0.0069	0.0000	-0.0088
L35号左侧	0.0055	-0.0075	0.0075	-0.0090	0.0000	-0.0040

注：1. 上述测量数据使用全站仪进行测量，并与初始值作差得出变形量。
2. 坐标系为大地坐标，竖向变形向上为正，向下为负。
3. 对于横移滑道，面向大里程方向，从右侧往左侧依次开始编号，"X"表示小里程，"D"表示大里程。如L8-2X表示L8横移滑道小里程侧第2根柱子。

(3) 高铁侧横移期间主梁变形监测

横移期间主梁变形监测是为了保证各施工工况下控制截面的变形在控制范围内，保证成桥后的线形顺畅。测量各工况下控制截面的变形能直接反映出实际施工时的挠度变化，采用粘贴小棱镜的方式进行监测，测点布置如图3-6-19所示。

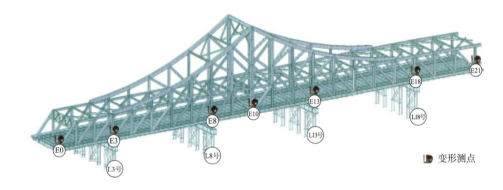

图3-6-19 横移期间高铁侧变形测点布置图

在横移阶段，主梁的纵向变形及竖向变形在1cm内波动。主要是由于在横移过程中，主梁是在慢慢地横向移动，仪器存在误差。监测数据表明：在整个横移过程中，主梁的变形小。

(4) 横移滑道变形监测

横移滑道变形选取L3号和L18号横移滑道，在下滑道梁均匀布置3个测点，横移滑道变形测点如图3-6-20所示。

横移过程中，L3号与L18号横移滑道梁的纵向变形最大约为2cm，横向变形最大约为1cm，竖向变形基本在5mm以内。纵向变化2cm是朝向移动方向变化的，主要是由于滑靴与滑道的摩擦力导致。高铁侧横移阶段相邻横移滑道同步曲线如图3-6-21所示。从监测结果表明：在整个横移过程中，变形为动态变化，总体分析横移支架的变化在可控范围内。

3) 多点横移实时专项监控系统

为实时掌握高铁侧钢梁在横移过程中横向位移的同步性，在桁架一侧所有的滑靴安装1个位移测量装置（拉线式位移传感器）进行实时监测，并在横移过程中实时监测结果，进行分析，与预先设定好的预警值相比较，一旦发现出现较大的不同步性，便及时提出预警。

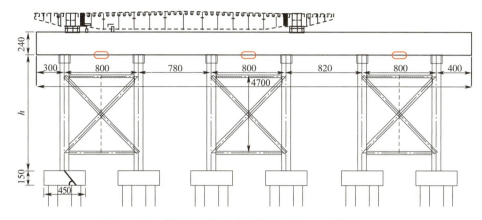

图 3-6-20　横移支架位移监测点示意图（尺寸单位：mm）

h-支架高度

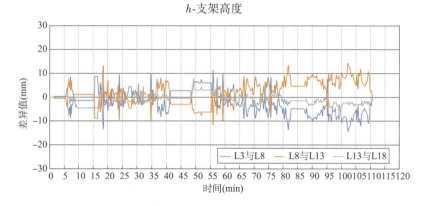

图 3-6-21　高铁侧横移阶段相邻横移滑道同步曲线图

针对横移期间监控重点及难点，监控单位开发了桥梁多点横移施工实时监测预警系统（图 3-6-22）。该系统通过安装于滑道上的位移传感器感知各点的实时位移量值，并显示于控制界面，可以及时掌握各支点横移过程的同步性能，一旦不同步位移超出允许值立即发出预警，待位移误差得到调整后继续后续横移，确保横移过程的结构稳定与安全，该系统的位移控制精度可达 1mm。同时，系统接入桁架梁及横移滑道关键构件应变感知元件，对其应力也可进行实时监测。

图 3-6-22　多点横移施工实时监测预警系统

4)转体姿态实时专项监控系统

(1)转体辅助支腿支反力监测

转体辅助支腿的单点支撑力设计较小,单点支反力最大限值为250t,为了保证转体辅助支腿的受力安全性,保证钢梁的顺利转体,对辅助支腿的支反力进行测试,压力环布置和称重压力环如图3-6-23和图3-6-24所示。

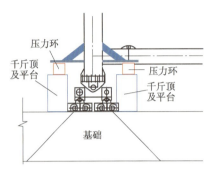

图3-6-23 压力环布置参考示意图　　　图3-6-24 称重压力环

落梁完成后,均对高铁侧与普铁侧转体辅助支腿的支反力进行测试,结果表明高铁侧支反力与理论计算值差异为1.1%,普铁侧支反力与理论计算值差异为-1.9%。落梁阶段支腿支反力监测统计见表3-6-13。

落梁阶段支腿支反力监测统计表　　　表3-6-13

位　置		实　测	合　计	理论值	偏　差
高铁侧	左侧支腿	221t	459t	454t	1.1%
	右侧支腿	238t			
普铁侧	左侧支腿	228t	463t	472t	-1.9%
	右侧支腿	235t			

(2)转体阶段实时监测

利用现代信息技术研发了基于北斗的桥梁转体姿态实时监控系统(图3-6-25、图3-6-26),该系统通过坐标计算并转换为角度,转体角度控制精度可达0.01°/s,其测量精度约为人工刻度尺读数的10倍。与此同时,转体期间对跨中悬臂端挠度变化、振动加速度以及关键杆件应力亦进行实时跟踪记录,做到结构响应参数及时全面反馈,高铁侧、普铁侧各布置1个测点,基准点布置于高铁侧,全桥合计3个测点。

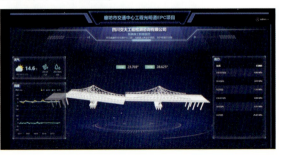

图3-6-25 桥面北斗测点　　　图3-6-26 转体姿态实时监控系统界面

在正式转体前,进行试转,检验各仪器是否正常,试转对启动力、摩擦力、点动距离等进行监测。试转结果一切正常后,再进行正式转体,结果见表 3-6-14 和表 3-6-15。

点动角度统计值 表 3-6-14

高铁侧		角度	平均值	普铁侧		角度	平均值
3s 点动	第 1 次	0.000°	0.000°	3s 点动	第 1 次	0.059°	0.059°
	第 2 次	0.000°			第 2 次	0.057°	
	第 3 次	0.000°			第 3 次	0.060°	
5s 点动	第 1 次	0.049°	0.049°	5s 点动	第 1 次	0.083°	0.082°
	第 2 次	0.047°			第 2 次	0.080°	
	第 3 次	0.051°			第 3 次	0.082°	
10s 点动	第 1 次	0.097°	0.101°	10s 点动	第 1 次	0.153°	0.153°
	第 2 次	0.102°			第 2 次	0.155°	
	第 3 次	0.103°			第 3 次	0.150°	
高铁侧试转角度总计			2.608°	普铁侧试转角度总计			2.512°

转 速 统 计 表 表 3-6-15

位置	用时	转体角度	平均每分钟角度	每分钟最大角度	控制值	是否超限
普铁侧	51min	25.568°	0.501°/min	0.552°/min	0.687°/min	否
高铁侧	93min	30.832°	0.332°/min	0.640°/min	0.687°/min	否

(3)悬臂端高程实时监测

利用压差式静力水准仪测进行实时监测(图 3-6-27),通过高程的变化来判断转体过程中是否平稳可控,本次采用的压差式静力水准仪精度可达 0.01mm。测点布置于跨中悬臂端,左右两侧各 1 个测点,基准点布置于桥墩中心上方桥面处。

在转体过程中,主梁悬臂端均有一定量的差异,高铁侧单点变化最大为 29.62mm,同一时刻悬臂端两点差异最大为 41.19mm;普铁侧单点最大变化为 36.51mm,同一时刻悬臂端两点差异最大为 37.52mm(表 3-6-16)。总体判断,相对于悬臂端长度 138m,高程变化量小(图 3-6-28 和图 3-6-29)。

图 3-6-27 压差式静力水准仪

转体过程中跨悬臂端高程变化最大值统计(尺寸单位:mm) 表 3-6-16

位 置	G(P)1		G(P)2		同一时刻两测点差异	
	最大值	最小值	最大值	最小值	最大值	最小值
高铁侧	29.30	-29.62	29.31	-21.18	38.81	-41.19
普铁侧	36.70	-36.51	23.43	-14.11	35.49	-37.52

注:1. "G"表示高铁侧,"P"表示普铁侧;面向大里程方向,左侧测点为 1,右侧测点为 2。

2. 差异值 = 左侧高程 - 右侧高程。

5)最终姿态复核结果

普铁侧纵移完成后,对全桥进行复核。由表 3-6-17 中数据可以看出,普铁侧纵移完成后,高铁侧悬臂端中点与设计位置偏差 0.019m,普铁侧悬臂端中点与设计位置偏差

0.020m，高铁侧与普铁侧悬臂端偏差仅为 0.001m。

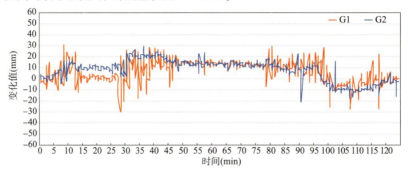

图 3-6-28　高铁侧转体过程第二跨中悬臂端高程变化曲线图

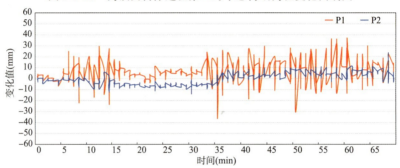

图 3-6-29　普铁侧转体过程第二跨中悬臂端高程变化曲线图

最终姿态统计表（单位：m）　　　　　　　　表 3-6-17

位置	左　侧			右　侧			中轴线偏差
	X	Y	Z	X	Y	Z	
普铁侧	4375321.7649	474164.7793	32.0178	4375297.7716	474162.2708	31.9830	0.019
高铁侧	4375321.7937	474164.5295	32.0187	4375297.7961	474162.0263	31.9842	0.020

四、监控结论

通过其具体工程实践，得到以下几点结论：

（1）钢桁梁拼装阶段，各控制点高程与理论计算值基本一致，满足线形控制要求。

（2）高铁侧钢桁梁整个横移过程中，各控制杆件的受力和变形均在较小范围内波动；主梁各牵引点之间的同步性良好，最大位移差均在 2cm 以内，横移过程状态平稳。

（3）落梁过程中对转体辅助支腿的支反力进行测试，测试结果与理论计算差异在 1% 以内。

（4）转体过程中，对主梁关键杆件的应力、转动速度、悬臂端高程及振动等参数进行实时监测。各项数据表明，钢桁梁受到的扰动较小，钢桁梁转动平稳。

（5）普铁侧纵移过程中，钢桁梁及转体支腿关键截面的应力变化幅度小，纵移过程中处于平稳状态。

（6）桥面铺装完成后，对桥面高程进行通测，实测数据表明桥面高程控制良好，线形顺畅，符合设计使用要求。

第三节 成桥荷载试验

一、运营过程受力分析

为掌握光明桥的实际结构特性和受力性能,按照施工程序对结构进行建模分析,计算得到桥梁结构控制截面在运营车辆荷载作用下的设计内力,从而为桥梁荷载试验及准确评估桥梁结构状态提供依据。

(1)建立有限元模型

该桥的荷载试验模型采用 Midas Civil 有限元分析软件进行建模计算,全桥结构采用梁单元和板单元模拟,主梁和桁架采用梁单元模拟,桥面板采用板单元模拟,考虑桥面板的刚度贡献,将桥面板的自重和二期恒载按压力荷载施加到桥面板单元上,全桥模型共建立 7632 个节点,8490 个梁单元,6460 个板单元,空间计算模型如图 3-6-30 所示。

图 3-6-30 光明桥荷载试验有限元模型

(2)有限元计算结果

在运营车辆荷载作用下的计算结果如图 3-6-31 和图 3-6-32 所示,主要控制截面的内力影响线如图 3-6-33 ~ 图 3-6-35 所示。

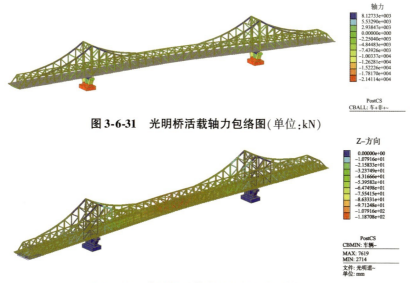

图 3-6-31 光明桥活载轴力包络图(单位:kN)

图 3-6-32 光明桥活载竖向位移云图(单位:m)

图 3-6-33　第二跨跨中附近下主桁(A-A)轴力影响线(单位:kN)

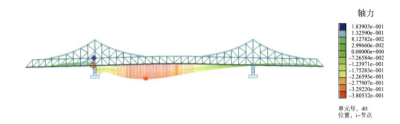

图 3-6-34　20 号墩墩顶附近下主桁(B-B)轴力影响线(单位:kN)

图 3-6-35　第二跨跨中附近上主桁(D-D)轴力影响线(单位:kN)

二、荷载试验方案与测点布置

1. 静载试验

桥梁静载试验,就是将静止的荷载作用在桥梁上指定位置,然后对桥梁结构的静力位移、静力应变、梁体转角等参数进行测试,从而对桥梁结构在荷载作用下的工作性能及使用能力作出评价。

(1)试验内容

现行规范中没有对钢桁梁桥荷载试验的测试内容进行规定,根据有限元计算分析结果,选择控制截面和测试内容由不同工况下产生内力和变形最不利效应的点,作为该控制截面的控制测点,光明桥的静载试验的主要控制截面如图 3-6-36 所示,静载试验测试内容见表 3-6-18。

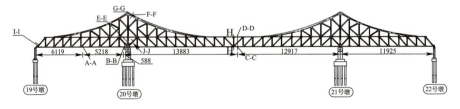

图 3-6-36　主要测试控制截面(尺寸单位:cm)

A-A 等-主要控制截面

各工况具体测试内容　　　　　表 3-6-18

序号	工况	测试内容
1	A-A/B-B/E-E/F-F/G-G 工况	①主桁(A-A)轴力测试； ②主桁(B-B)轴力测试； ③竖杆(E-E)轴力测试； ④上桁杆(F-F)轴力测试； ⑤支座横向、纵向位移测试； ⑥主梁竖向挠度测试； ⑦墩顶主桁顶部纵向位移测试
2	C-C/D-D/H-H 工况	①主桁(C-C)轴力测试； ②上主桁(D-D)轴力测试； ③支座横向、纵向位移测试； ④主梁竖向挠度测试； ⑤墩顶主桁顶部纵向位移测试
3	I-I 工况	①斜杆(I-I)轴力测试； ②支座横向、纵向位移测试； ③主梁竖向挠度测试； ④墩顶主桁顶部纵向位移测试
4	J-J 工况	①斜杆(J-J)轴力测试； ②支座横向、纵向位移测试； ③主梁竖向挠度测试； ④墩顶主桁顶部纵向位移测试

(2)静载试验测点布置

①位移测点布置

在各试验工况下,在第一跨和第二跨跨中、1/4L 和 3/4L 位置的桥面左、右处布置位移测点,第三跨跨中和 20 号墩、21 号墩上左右桁架也布置位移测点,位移测点布置如图 3-6-37 和图 3-6-38 所示。

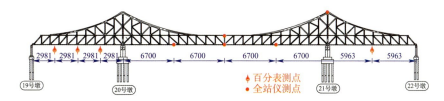

图 3-6-37　位移测点纵向布置图(尺寸单位:cm)

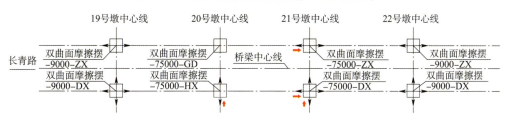

图 3-6-38　支座纵向、横向测点布置图

②应力测点布置如图 3-6-39 和图 3-6-40 所示,图中"△"为应力测点。

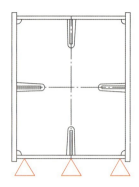 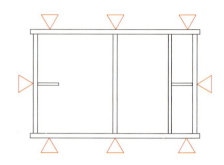

图 3-6-39　主桁 A-A/B-B 应变测点布置示意图　　　图 3-6-40　竖杆 E-E 应变测点布置示意图

(3)加载实施与控制

①试验荷载的确定

根据《公路桥梁承载能力检测评定规程》(JTG/T J21—2011),为保证荷载试验的效果,首先确定试验的控制荷载,该桥试验控制荷载为公路-Ⅰ级。试验荷载采用与控制荷载相同的荷载,而组成控制荷载的车辆由运营车辆统计而得的概率模型确定,但由于客观条件限制,采用的试验荷载与控制荷载有差别,为了保证试验效果,在选择试验荷载的大小和加载位置时采用静载试验效率 η_q 进行控制。

$$0.85 \leqslant \eta_q = \frac{S_s}{S(1+\mu)} \leqslant 1.05 \tag{3-6-1}$$

式中:η_q——试验荷载效率;

S_s——静力试验荷载作用下,某一加载试验项目对应的加载控制截面内力、应力或变位的最大计算效应值;

S——检算荷载产生的同一加载控制截面内力、应力或变位的最不利效应计算值;

μ——按规范取用的冲击系数值。

对本桥而言,根据设计控制荷载计算各控制截面的内力或变形,并依此进行试验荷载设计,本桥选定 450kN 的载重汽车为加载车辆,轴距为(1.4+3.6)m,轴重分配为 1∶2∶2。试验前对每辆车的实际轴距、总重和轴重进行测量,严格控制轴距、总重和轴重偏差,并以实际轴距、总重和轴重带入模型重新计算应力和变形,本桥各工况荷载效率系数介于 0.87~1.01 之间,具体数据见表 3-6-19。

静力加载工况的计算弯矩、试验弯矩及相应的荷载效率系数　　　表 3-6-19

工况	正载/偏载			加载方式
	试验效应值(kN)	计算效应值(kN)	效率系数	
第一跨跨中附近下主桁(A-A)最大轴力 N_{max} 加载	-2975.8	-2937.40	1.01	纵:5(排) 横:6+6+6+6+6(辆)

续上表

工 况	正载/偏载			加 载 方 式
	试验效应值（kN）	计算效应值（kN）	效率系数	
20号墩墩顶附近下主桁(B-B)最大轴力 N_{max} 加载	-3638.3	-3745.21	0.97	纵:5(排) 横:6+6+6+6+6（辆）
第二跨跨中附近下主桁(C-C)最大轴力 N_{max} 加载	3554.7	3797.17	0.94	纵:4(排) 横:6+6+6+6（辆）
第二跨跨中附近上主桁(D-D)最大轴力 N_{max} 加载	-8315.2	-8286.52	1.00	纵:4(排) 横:6+6+6+6（辆）
20号墩墩顶竖杆(E-E)最大轴力 N_{max} 加载	-5568.7	-6390.41	0.87	纵:5(排) 横:6+6+6+6+6（辆）
20号墩墩顶上主桁(F-F)最大轴力 N_{max} 加载	6405.1	7003.72	0.91	纵:5(排) 横:6+6+6+6+6（辆）
20号墩主桁顶部(G-G)最大纵向位移加载	0.036	0.035	1.01	纵:5(排) 横:6+6+6+6+6（辆）
第二跨跨中(H-H)最大竖向位移加载	-0.112	-0.118	0.95	纵:4(排) 横:6+6+6+6（辆）
19号墩附近斜杆(I-I)最大轴力 N_{max} 加载	-2824.1	-2859.40	0.98	纵:2(排) 横:6+6(辆)
21号墩附近斜杆(J-J)最大轴力 N_{max} 加载	-3006.8	-3129.74	0.96	纵:4(排) 横:6+6+6+6（辆）

②加载位置与工况的确定

各工况均考虑偏载与中载两种加载情形,车辆偏载和中载的布置如图3-6-41所示。

根据偏载和中载两种工况所确定的截面位置,求解得到各控制截面的影响线,主要控制截面的影响线及车辆纵向加载位置如图3-6-42～图3-6-45所示。

为控制加卸载稳定时间,选择一个控制观测点,在每级加载(或卸载)后立即测读一次,计算其与加载前(或卸载后)读数间的差值S_g,然后每隔2min测读一次,计算2min前后读数的差值ΔS,并按式(3-6-2)计算相对读数差值。

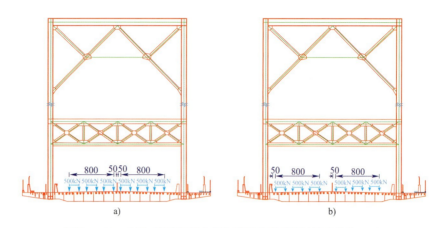

图 3-6-41 中载/偏载加载车辆加载横向布置图(尺寸单位:cm)

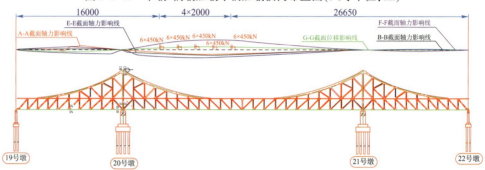

图 3-6-42 A-A/B-B/E-E/F-F/G-G 工况满载车辆加载纵向布置图(尺寸单位:cm)

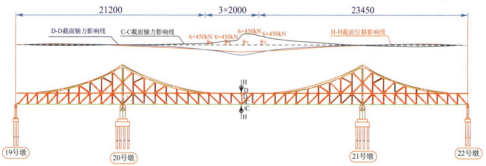

图 3-6-43 C-C/D-D/H-H 工况满载车辆加载纵向布置图(尺寸单位:cm)

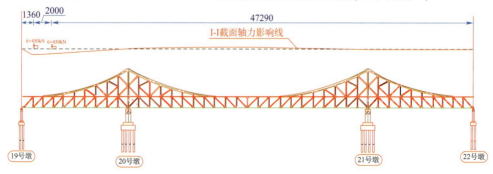

图 3-6-44 I-I 工况满载车辆加载纵向布置图(尺寸单位:cm)

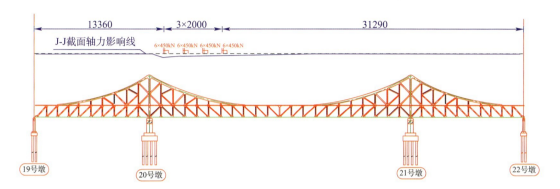

图 3-6-45　J-J 工况满载车辆加载纵向布置图（尺寸单位：cm）

$$m = \frac{\Delta S}{S_g} \tag{3-6-2}$$

当 m 值小于 1% 或小于量测仪器的最小分辨值时，即认为结构受力基本稳定，进行各观测点读数。当进行主要控制截面最大内力荷载工况加载程序时，荷载在桥上稳定时间为 5min。

2. 动载试验

桥梁动载试验是利用某种激振方法激起桥梁结构的振动，然后测定其固有频率、阻尼比、振型，动力冲击系数、行车响应等参量，从而判断桥梁结构的整体刚度和行车性能。

(1) 动载试验测试内容

① 脉动试验

在桥面无任何交通荷载以及桥梁附近无规则振源的情况下，测定桥跨结构由于桥址处风荷载、地脉动、水流等随机荷载激振而引起的桥跨结构微幅振动响应。脉动试验主要测定桥跨结构自振频率、模态振型、临界阻尼比（横向、竖向、纵向）等。采用脉动法进行自振频率测试，由加速度传感器做拾振器，经电荷放大，然后进行信号处理。通过对脉动及汽车过桥后的余振波形进行谱分析，得到脉动时桥梁的自振频率及阻尼比。对过桥时及过桥后的波形进行谱分析，绘制典型的传递函数与相干函数分析曲线，以及典型的竖向脉动幅值谱分析曲线。

② 行车试验

无障碍行车主要用于测定在良好桥面状态下，试验跨截面（H-H）分别在 5km/h、10km/h、20km/h、30km/h、40km/h、50km/h 行车速度运行荷载作用下，桥跨结构的动载响应和冲击系数。无障碍行车试验如图 3-6-46 所示，现场试验如图 3-6-47 所示。

图 3-6-46　无障碍行车试验示意图

v_t-行车速度

图 3-6-47 现场无障碍行车试验

有障碍行车试验,主要用于测定在不良桥面状态下,试验跨截面(H-H)分别在 5km/h、10km/h、15km/h、20km/h 跳车速度运行车辆荷载作用下,桥跨结构的动载响应和冲击系数。

有障碍行车试验的荷载及其作用方法与无障碍行车试验相同。不同的是,需在桥跨结构试验截面内力影响线峰值对应的桥面位置设置障碍物(高 7cm、底宽 30cm 的弓形障碍物),模拟桥面铺装局部损伤状态,以测定桥跨结构处于桥面坑洼状态时运行车辆荷载作用下的动力响应和冲击系数。有障碍行车试验如图 3-6-48 所示。

图 3-6-48 有障碍行车试验示意图

v_t-行车速度

③制动试验

主要用于测定在试验跨截面(H-H)在 30km/h、50km/h 行车速度运行荷载紧急制动状态下,试验跨跨中截面的动载响应和冲击系数。

(2)动载试验测点布置

①主梁振型测点布置

桥梁结构振型测定采用在桥梁结构振型的峰、谷点上布设传感器,用放大特性相同的多路放大器和记录特性相同的多路记录仪,同时测记各测点的振动响应信号。主桥振型测点纵向布置 17 个测试截面,每个截面横向布置 2 个测点,在每个测点处布置横向、竖向、纵向加速度传感器,全桥共 34 个振型测点,主梁振型测点布置如图 3-6-49 和图 3-6-50 所示。

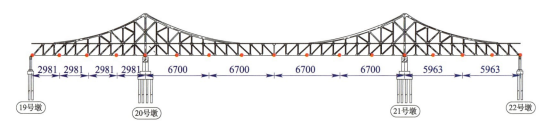

图 3-6-49 主桥振型测点纵向布置图(尺寸单位:cm)

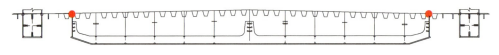

图 3-6-50 主桥振型测点横向布置图

②挠度测点布置

在各试验工况下,第一跨跨中位置的主梁下方位置布置一个挠度测点。第二跨由于位于京沪铁路上方,无法在主梁下布置百分表挠度测点,此位置采用动挠度仪观测,动挠度标靶测点布置如图 3-6-51 所示。

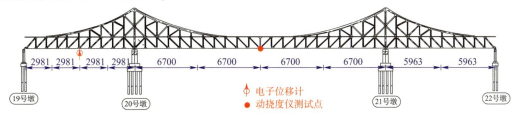

图 3-6-51　主桥动载试验动挠度测点布置(尺寸单位:cm)

③应变测点布置

在第一跨主梁上布置动应变测点,第二跨的动应变测点布置在主桁梁上表面,动应变测点如图 3-6-52 和图 3-6-53 所示。

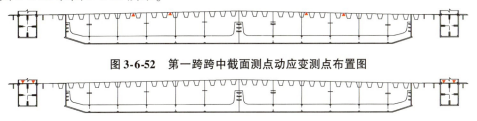

图 3-6-52　第一跨跨中截面测点动应变测点布置图

图 3-6-53　第二跨跨中 H-H 截面测点动应变测点布置图

④主梁横向、竖向振幅及加速度测点布置

在主桥各跨跨中截面处布置横向和竖向振幅、加速度测点,横向和竖向布置 2 个振幅及加速度测点。振幅、加速度测点纵向布置如图 3-6-54 所示,振幅、加速度测点横向布置如图 3-6-55 所示。

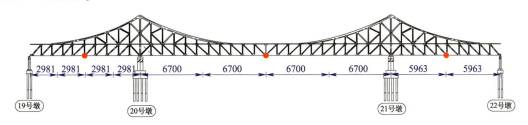

图 3-6-54　主桥各跨跨中截面振幅、加速度测点纵向布置图(尺寸单位:cm)

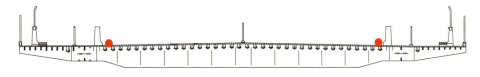

图 3-6-55　主桥各跨跨中截面振幅、加速度测点横向布置图

三、荷载试验结果

由于该桥荷载工况较多,测试数据繁多,现只列出主要工况的内力、变形计算结果及相应的实测结果。

1. 静载试验结果

(1) 挠度测试结果

①A-A/B-B/E-E/F-F/G-G 工况加载下,中跨跨中的最大挠度为 93.1mm;主桥各跨的挠度校验系数介于 0.70~0.92 之间,相对残余挠度介于 0.49%~4.96% 之间,小于 20%;

②C-C/D-D/H-H 工况加载下,中跨跨中的最大挠度为 109.7mm;主桥各跨的挠度校验系数介于 0.71~0.93 之间,相对残余挠度介于 0.00%~4.78% 之间,小于 20%;

③I-I 工况加载下,边跨的最大挠度为 11.7mm,主桥各跨的挠度校验系数介于 0.70~0.86 之间,相对残余挠度介于 0.37%~10.26% 之间,小于 20%;

④J-J 工况加载下,挠度结构校验系数介于 0.72~0.92 之间,相对残余挠度介于 0.45%~7.83% 之间,小于 20%。

(2) 应变测试结果

在竖杆 E-E 最大轴力加载工况下,结构的最大应变为 $-121\mu\varepsilon$,应变校验系数为 0.95;在其余荷载工况下主桥各测试构件的应变校验系数介于 0.83~0.97 之间,相对残余挠度介于 0.00%~7.61% 之间,小于 20%。

(3) 支座位移结果

在试验荷载作用下,桥梁支座的最大纵向变形为 3.12mm,与理论计算值吻合程度较好。

2. 动载试验结果

(1) 自振频率测试结果

自振特性的测试采用环境激励法,桥跨结构实测频谱图、振型图如图 3-6-56~图 3-6-59 所示。从实测结果可以看出:

①桥跨结构竖向 1 阶频率 $f_1=0.781$Hz、实测竖向 1 阶阻尼比为 $D_1=1.18\%$,横向 1 阶频率 $f_1=1.099$Hz、实测横向 1 阶阻尼比为 $D_1=1.762\%$;

②实测阻尼比属正常范围,桥梁的实测频率、振型符合理论计算,桥梁的动力性能良好。

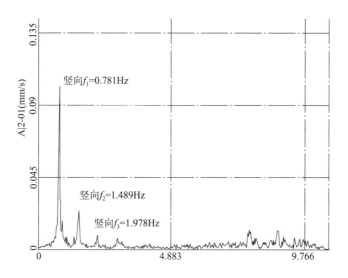

图 3-6-56　实测竖向振动信号自功率谱分析图

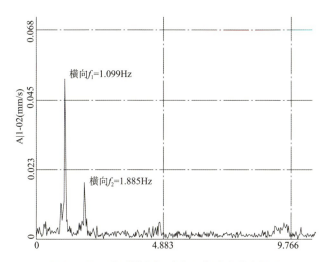

图 3-6-57 实测横向振动信号自功率谱分析图

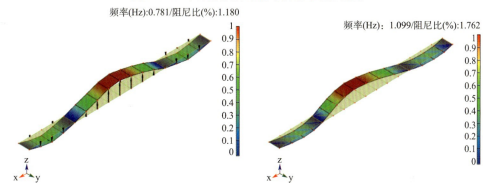

图 3-6-58 桥梁竖向一阶振型实测图　　图 3-6-59 桥梁横向一阶振型实测图

(2) 动应变测试结果

在不同车速下试验截面的冲击系数曲线如图 3-6-60 和图 3-6-61 所示,试验截面在行车冲击下的激振应变时程曲线如图 3-6-62～图 3-6-67 所示。

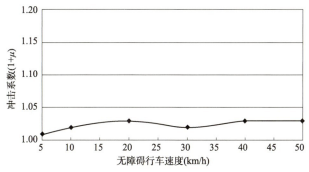

图 3-6-60 第二跨跨中截面无障碍行车冲击系数曲线图

①第一跨跨中截面实测无障碍行车试验动应变冲击系数介于 1.01～1.05 之间,最大值为 1.05,对应车速约 10km/h;有障碍行车试验动应变冲击系数介于 1.37～1.46 之间,最大值为 1.46,对应车速约 10km/h;制动试验动应变冲击系数介于 1.09～1.11 之间,最大值为

1.11,对应车速约 50km/h。

②第二跨跨中截面实测无障碍行车试验动应变冲击系数介于 1.01～1.03 之间,最大值为 1.03,对应车速约 20km/h、40km/h 和 50km/h;实测有障碍行车试验动应变冲击系数介于 1.32～1.45 之间,最大值为 1.45,对应车速约 20km/h;实测制动试验动应变冲击系数介于 1.05～1.07 之间,最大值为 1.07,对应车速约 30km/h。

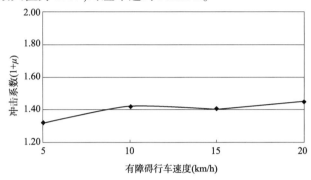

图 3-6-61　第二跨跨中截面有障碍行车冲击系数曲线图

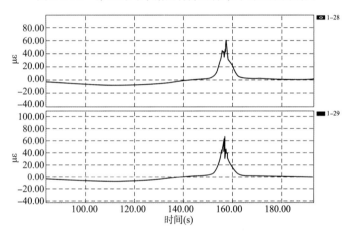

图 3-6-62　第一跨跨中无障碍行车动应变时程曲线(10km/h)

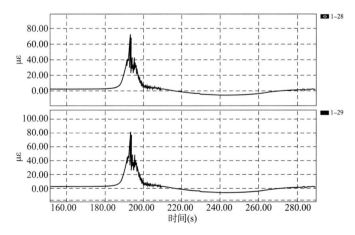

图 3-6-63　第一跨跨中有障碍行车动应变时程曲线(10km/h)

③桥梁结构在有障碍行车(跳车)工况下冲击系数相比无障碍行车(匀速跑车)工况下冲击系数明显增大,表明桥面铺装不平整或局部缺陷会给桥梁结构的工作状况带来不利的影响,保持桥面平整度对改善桥梁结构的受力行为极为重要。

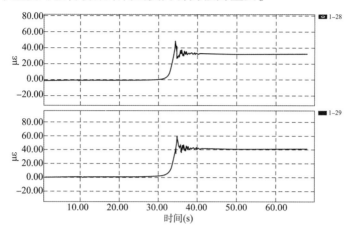

图 3-6-64　第一跨跨中紧急制动动应变时程曲线(50km/h)

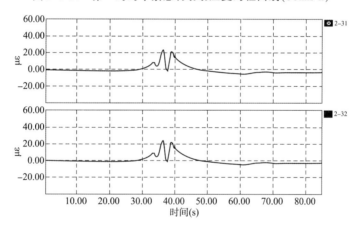

图 3-6-65　第二跨跨中无障碍行车动应变时程曲线(20km/h)

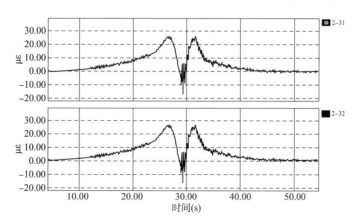

图 3-6-66　第二跨跨中有障碍行车动应变时程曲线(20km/h)

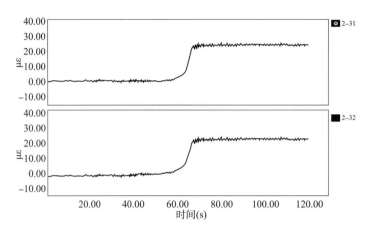

图 3-6-67　第二跨跨中紧急制动动应变时程曲线（30km/h）

（3）动挠度测试结果

在不同车速下试验截面的冲击系数曲线如图 3-6-68 和图 3-6-69 所示，试验截面在行车冲击下的激振应变时程曲线如图 3-6-70～图 3-6-75 所示。

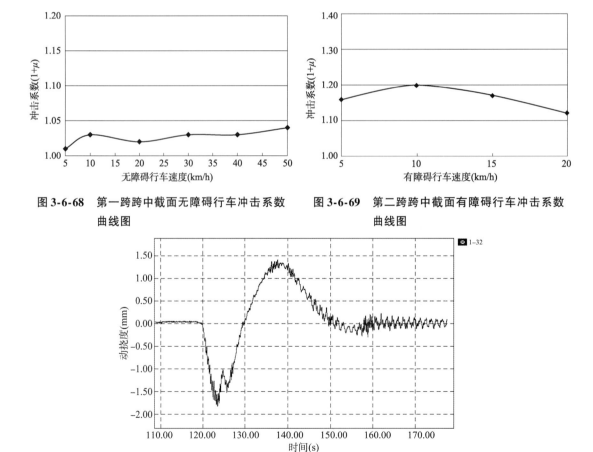

图 3-6-68　第一跨跨中截面无障碍行车冲击系数曲线图

图 3-6-69　第二跨跨中截面有障碍行车冲击系数曲线图

图 3-6-70　第一跨跨中无障碍行车动挠度时程曲线（50km/h）

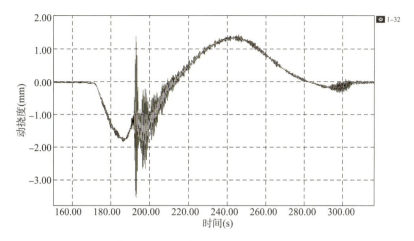

图 3-6-71　第一跨跨中有障碍行车动挠度时程曲线(10km/h)

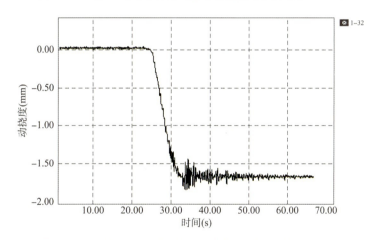

图 3-6-72　第一跨跨中紧急制动动挠度时程曲线(50km/h)

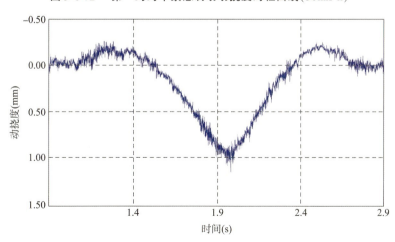

图 3-6-73　第二跨跨中无障碍行车动挠度时程曲线(20km/h)

①第一跨跨中截面实测无障碍行车试验动挠度冲击系数介于 1.01～1.04 之间,动挠度系数最大值为 1.04,对应车速约 50km/h;实测有障碍行车试验动挠度冲击系数介于 1.17～

1.25 之间,动挠度系数最大值为 1.25,对应车速约 10km/h;实测制动试验动应变冲击系数介于 1.07~1.08 之间,最大值为 1.08,对应车速约 50km/h。

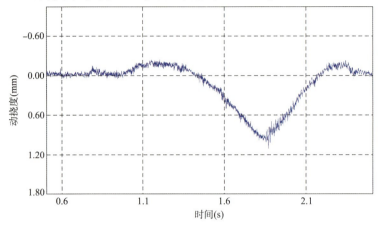

图 3-6-74　第二跨跨中有障碍行车动挠度时程曲线(10km/h)

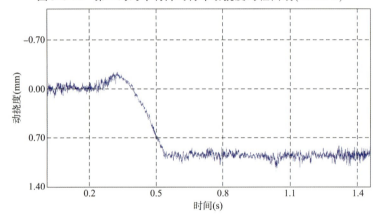

图 3-6-75　第二跨跨中紧急制动动挠度时程曲线(50km/h)

②第二跨跨中截面实测无障碍行车试验动挠度冲击系数介于 1.03~1.07 之间,动挠度系数最大值为 1.07,对应车速约 20km/h;实测有障碍行车试验动挠度冲击系数介于 1.12~1.20 之间,动挠度系数最大值为 1.20,对应车速约 10km/h;实测制动试验动应变冲击系数介于 1.07~1.08 之间,最大值为 1.08,对应车速约 50km/h。

③该桥桥跨结构的激振响应正常。

四、荷载试验结论

(1)静载试验结论

①试验荷载作用下,廊坊光明桥的挠度结构校验系数介于 0.70~0.93 之间,结构校验系数均处于合理范围,相对残余均小于 20%;表明桥跨结构具有较好的刚度。

②试验荷载作用下,廊坊光明桥的各试验截面的应变校验系数介于 0.83~0.97 之间,结构校验系数均处于合理范围,相对残余均小于 20%。

③廊坊光明桥具有较好的刚度和较好的强度储备。

（2）动载试验结论

①廊坊光明桥主桥的实测频率、振型符合理论计算,实测阻尼比属正常范围,桥梁的动力性能良好。

②廊坊光明桥试验截面实测无障碍行车冲击系数边跨介于 1.01~1.07 之间,实测有障碍行车冲击系数介于 1.12~1.46 之间,实测制动冲击系数介于 1.05~1.11 之间。

③桥梁结构在有障碍行车(跳车)工况下冲击系数比无障碍行车(匀速跑车)工况下冲击系数明显增大,表明桥面铺装不平整或局部缺陷会给桥梁结构的工作状况带来不利的影响,保持桥面平整度对改善桥梁结构的受力行为极为重要。

CONSTRUCTION TECHNOLOGY FOR
SWIVELING
AND OVER-CROSSING
OPERATING HIGH-SPEED RAILWAY
OF LANGFANG GUANGMING BRIDGE

PART FOUR
第四篇
工程创新与展望

高铁作为中国发展成就的典型代表,已成为铁路建设以及科技发展的靓丽"名片",在我国具有特殊地位和意义。如何在高起点、高标准、高风险的高速铁路运营线上实现桥梁跨越,是当下工程建设普遍关注的热点和焦点问题。上跨高铁桥梁建设的难点主要取决于高速铁路的特殊环境,以本工程廊坊光明道上跨京沪高铁为例,工程建设面临复杂水文地质条件、城市中心地区狭小场地桥梁施工、小角度斜交跨越多线铁路站场以及邻近运营高铁施工安全管理的挑战,项目建设条件复杂,受控因素众多,方案研究阶段国内外无先例可循,也无相关跨越高铁的规范、规程参照,从项目立项到实施前后历经十年之久。为了应对复杂建设环境、邻近高铁施工带来的诸多挑战,确保上跨高铁的运营安全,在设计、施工、维修养护等多个环节展开了探索和研究,形成了一系列的关键技术,取得了多项创新成果。廊坊光明桥建设历经3年,突破了涉铁工程要点施工的诸多限制条件,实现了上跨高铁桥梁设计施工的新突破。

第一章
工程建设创新综述

廊坊光明桥采用上加劲体系大跨度连续钢桁梁上跨京沪高铁,桥梁结构形式复杂,具有工程地质复杂、施工条件艰难等特点,给工程建设带来极高的安全风险,面临着"复杂建设环境和邻近高铁施工"两大挑战,光明桥建设团队在设计、施工等方面开展研究,提出多项上跨高铁的桥梁建设创新技术。

一、设计技术创新

1. 新型上加劲弦体系钢桁梁上跨运营高速铁路

首次提出采用新型上加劲弦体系钢桁梁上跨运营高速铁路,解决复杂条件下上跨运营高铁大跨度桥梁结构难题,主跨268m是目前上跨高铁最大的跨桥梁结构,已成为上跨高铁桥梁的标志性工程。上加劲弦体系连续钢桁梁节点的受力和连接构造极为复杂,采用线形预拱协同设计方法优化线形和节点受力,基于BIM模型的正向设计与加工制造实现设计与工艺的有机结合,实现钢结构桥梁设计、施工、制造技术的新突破。

2. 新型拉铆钉连接技术

首次在钢桥节点采用新型拉铆钉连接技术,解决了上跨运营高铁钢结构桥梁螺栓连接松动和断裂的技术难题,降低了螺栓断裂对运营高铁的安全风险。拉铆钉连接具有连接强度高、防松性能优异、施工质量稳定、全寿命周期免维护等优点,为桥梁节点连接提供了一种很好的选择。相比传统高强螺栓连接,拉铆钉连接副具有封闭独立的圆环形锁紧槽结构,通过塑性变形形成永久性紧固连接,同时消除了铆钉和套环之间的间隙,长期荷载作用下不出现松动,轴向预紧力控制精确、稳定,降低了牙槽根部应力集中,提高了连接构件的抗疲劳性能和耐久性。

3. 免蒸养UHPC超高性能混凝土+正交异性钢桥面的组合桥面结构体系

采用UHPC—正交异性板组合桥面结构体系,一举解决传统钢桥面系疲劳开裂和铺装层损坏两大技术难题。基于UHPC超高的力学性能及耐久性能,提出将配有钢筋网的UHPC薄层通过短剪力钉与钢桥面板连接,形成UHPC—正交异性板组合桥面体系,显著提高钢桥面板刚度的同时不会显著增加结构自重,可有效解决钢桥面板发展的技术瓶颈,显著提升桥梁结构的整体健康与安全水平。该体系具有明显的经济及技术优势,在钢桥桥面系中具有重大的推广应用价值。

4. 精细化的设计控制

首次实现高速铁路运营线上合龙,上跨京沪高铁、京沪铁路,为减少施工对铁路干扰,确保高铁运营安全,设计采取了"先建后转"工艺,先在铁路两侧建设桥体,再对建好的桥体采用横纵移、双转体、铁路站场上方合龙的施工方案,一举完成横移、落梁、转体、纵移、合龙五大体系转换。

首次采用带辅助滑道简支体系及长悬臂非对称转体设计方案,免除了传统转体工艺烦琐且必不可少的称重和配重过程;基于主梁刚性旋转的无应力合龙线形控制技术,实现了主梁跨中精确合龙控制;首次采用不单独设置合龙杆件的安装技术,仅利用支座纵向预偏30cm微小位移实现主跨268m钢梁的零误差合龙,标志着钢桁梁的合龙施工技术再上一个新台阶。

二、施工技术创新

1. 超高门式起重机

钢梁拼装首次采用70m超高门式起重机,解决了加劲弦无法采用常规可回转悬臂吊机施工难题。70m门式起重机为目前桥梁施工领域最高的门式起重机设备,8级风条件下能够正常吊装,远离铁路进行门式起重机的安装与拆除,保证运营铁路安全,可实现原地360°自由转向,满足城市中心地区狭小场地桥梁施工的要求,非工作状态抗风环境采用地锚式抗风措施确保结构稳定。超高门式起重机的拼装施工技术大大优化了施工组织,减小资源投入,实现了邻近高铁超高钢桁梁快速安全施工。

2. 多点同步横移施工技术

邻近高铁施工首次采用先横移后转体的施工方案,钢梁横移采用智能同步液压泵站控制系统,为确保高位横移施工的同步性,针对横移期间监控重难点开发了桥梁多点横移施工实时监测预警系统,通过安装于滑道的位移传感器感知各点实时位移量值,及时掌握各支点横移过程的同步性能,一旦不同步位移超出允许值立即发出预警,信息反馈至智能同步液压泵站控制系统自动修正横移牵引力,确保横移过程结构稳定与安全,位移控制精度可达1mm。

3. 长悬臂非对称转体施工技术

首次采用带辅助滑道简支体系长悬臂非对称转体施工方法,解决了钢桁梁结构墩梁固结困难、转体后线形无法调整、合龙施工精度低、对钢主梁结构线形和内力影响较大等技术难题。多点支撑的转体形式,以主墩作为转体施工支撑以及驱动系统,辅助支腿沿弧形滑道滚动,上部结构竖向支撑为墩顶支座与辅助滑道共同组成的双悬臂简支梁体系,结构体系受力明确,通过对辅助滑道支点竖向反力的实时监控可确保证施工过程中的整体抗倾覆稳定性,简支体系的转体可实现转体后整体线形的自由调整和控制,为合龙施工提供了必要的技术保证。

4. 运营线上全封闭合龙防护施工技术

上跨运营高铁首次采用全封闭移动拼装式合龙防护措施,解决了运营铁路上方长时间要点施工的技术难题。采用铝合金的材质,减轻结构自重对合龙位移的影响;防护结构利用梁底永久检查小车的轨道结构进行移动,跨中合龙区域通过设置桁架式辅助轨道系统,实现主梁未合龙前防护装置的自由走行,主梁合龙后再进行轨道结构的合龙。全封闭移动拼装式合龙防护技术,实现了上跨高铁钢桁梁安全高效的合龙。

5. 无应力合龙控制技术

采用无应力状态法施工控制技术,通过结构的实测变形精确计算位移调整量,通过辅助支腿位移调节实现合龙竖向高程调整,通过支座的纵向预偏和墩顶纵、横向顶推实现合龙水平位移调整,所有的施工状态与设计高度完全吻合,空间位移的自由调整措施真正实现了大跨度上加劲连续钢桁梁的零误差合龙。

三、智能健康监测系统

研发桥梁智能健康监测系统,利用先进的现代传感测试、远程智能控制、BIM、大数据以及物联网等技术,为大桥构建一整套符合大桥运营环境和结构特殊性的桥梁结构健康监测和状态评估系统,可以实现远程、自动、实时、在线监测桥梁结构在上跨高铁施工、运营过程中的各种数据,如温度、应力、位移、动力特性等。同时,传感器将测试数据传输给中心控制系统,技术人员可实时评估桥梁结构的健康状况。智能化的监测系统替代人工巡检,信息化的管理手段为上跨高铁桥梁维修、养护与管理提供依据和指导,为高铁运营安全提供保障。

第二章 设计技术创新

上跨高铁桥式方案的影响因素众多,但决定桥式方案的关键因素均是围绕如何确保高铁运营安全的。设计首次研究采用新型上加劲弦体系钢桁梁上跨运营高速铁路,实现了大跨度钢桁梁在上跨运营高速铁路桥梁中的应用。从设计层面解决了钢结构桥梁螺栓断裂、桥面疲劳开裂、上跨铁路钢结构桥梁精细化设计控制等众多关键技术难题,形成了系列的设计创新技术。

第一节 跨越高速铁路桥式方案

桥梁转体法施工因能减少对铁路运营影响,成为上跨铁路桥梁施工的首选方案,已有少数的跨越双线高铁工点采用预应力混凝土 T 构转体施工、混凝土斜拉桥转体施工、简支钢桁梁顶推和平转施工实现跨越,桥式方案结构形式和施工效果可参见第一篇中涉铁工程案例和本章第四节中施工效果图例。廊坊市光明道主桥同时跨越多股道高铁及普铁,跨越处地质较差,受区域沉降影响显著;两侧断头路与铁路小角度斜交,跨铁路主桥跨度要求大;由于与铁路小角度斜交,桥下硬横跨等铁路设施不具备迁改条件,需考虑检修空间,同时受两侧平交路口限制,桥梁长度、纵坡、结构高度等均需考虑上述影响因素,对桥式方案的选择提出了更高的要求。

一、上跨高铁桥式方案的影响因素

本项目以小角度斜交同时跨越京沪铁路场、京沪高铁场合计 11 股道,最终采用(118 + 268 + 118)m 上加劲连续钢桁梁的桥梁方案形式,上跨高铁桥梁方案的主要影响因素如下:

1. 交叉角度

根据《公路铁路交叉路段技术要求》(JT/T 1311—2020)规定,公铁立体交叉的交叉角度不宜小于30°,小于30°时应进行专项论证。本项目道路中心线与铁路交角为32.9°(图4-2-1),同时跨越 11 股道铁路线路,并且中间没有立墩条件,使得上跨桥梁的跨度较大。

2. 限界影响

由于线路与铁路斜交角度较小,梁底平面内的接触网立柱与硬横跨没有迁改条件,铁路净空要求不小于14.7m,作为局部范围内的节点工程,受两侧顺接条件限制,没有展线空间,使得主梁结构高度受限(图4-2-2)。

3. 施工方案

目前上跨高速铁路的桥梁结构方案有预应力混凝土 T 构、混凝土斜拉桥以及简支钢桁梁桥。混凝土T构与混凝土斜拉桥均采用转体法施工,简支钢桁梁桥采用了侧位横移和纵向顶推的施工方式,均未在高速铁路上方进行合龙施工,跨高铁的施工时间必须控制在一个天窗点内完成,跨普铁的施工时间必须控制在一个要点施工时间范围内。对于同时跨越多线高铁、普铁的施工条件,要满足高铁天窗期内多线垂停的工作时间,只能采用转体法施工,因此转体施工与跨中合龙也成为影响桥梁结构方案的主要制约因素。

图 4-2-1　交叉角度

a)

b)

c)

图 4-2-2　限界条件

4. 铁路运营安全

铁路的运营安全是涉铁工程建设中最为核心的控制影响因素。对于跨越高速铁路的桥梁方案必须开展专项的安全评估工作,需要进行多参数敏感性分析,找出合理的安全距离,并针对上跨转体桥梁邻近铁路施工的多种防护施工措施进行研究。通过大量的计算结果对比得到,采用常规的地基处理和防护措施,施工对铁路的影响能有一定的改善,但效果不够明显;转体桥梁施工对邻近铁路的路基影响主要与结构的附加重量有关,通过减小桥墩附加荷载作用来控制对邻近铁路路基的变形影响是最直接有效的办法。

二、上加劲连续钢桁梁桥式方案

为满足上跨铁路复杂特殊环境要求,廊坊光明桥首次采用了大跨度上劲体系连续钢桁梁,转体施工跨中合龙,桥式方案效果如图4-2-3所示。

上加劲弦体系钢桁梁结构具有以下优点:

(1)钢桁梁建筑高度低,解决了净空受限的主要矛盾,可以满足人行和非机动车上桥的功能需求,线路顺接方便,最大限度地实现了市政桥梁的使用功能。

(2)钢结构梁式桥重量轻,体系简单,较轻的上部结构形式,可将邻近铁路施工对高铁路基轨道沉降的影响降至最低,同时更有利于$0.2g$高烈度区域桥梁结构的抗震控制。

图 4-2-3　本项目桥式方案成桥实景效果

（3）上加劲弦体系在转体施工过程中受力更为合理,避免使用安全风险较高的临时措施（如临时扣塔结构）。直梁曲线的结构形式气势宏伟而不失柔美,独特的景观效果会成为城市亮丽的风景线。

（4）钢结构设计寿命是100年,与传统的索结构相比,避免了在全寿命周期内的换索麻烦,降低了对高铁运营安全影响。

三、大跨度钢桁梁转体跨越高速铁路需要解决的关键技术问题

上加劲体系大跨度钢桁梁桥式方案在上跨高铁桥梁建设中具有较为明显的优势,但是其独特的结构形式和复杂的建设环境条件同样也带来了一些需要解决的关键技术问题。

1. 桥式结构形式

上加劲弦体系钢桁梁是一种新型桥式结构,从第二篇第二章桥式方案分析中可以看到,以东莞东江大桥、曾家岩嘉陵江大桥、济南黄河大桥为代表的刚性悬索加劲弦体系钢桁梁均为双层桥面结构,桥面参与受力占比较高,钢桁梁为主要受力构件,加劲弦受力占比偏小,加劲弦腹杆一般按吊杆设置。本工程为单层桥面结构,上加劲弦受力占比较高,为保证剪力传递的连续性,加劲弦腹杆采用竖杆+斜腹杆的结构形式更有利于结构受力。

2. 邻近铁路的拼装

转体施工状态,钢桁梁外轮廓变形位置距最外侧京沪高铁四道的最小距离为12.9m,钢桁梁平弦距离地面的高度约为26m,加劲弦顶距离地面的高度约为56m,需要充分考虑邻近铁路钢桁梁拼装施工对高铁运营安全的影响。通过高铁侧向远离设计位置15m进行拼装,采用先远距离拼装、后平移、再转体的施工工艺减小钢梁拼装施工对邻近铁路的安全影响,高铁侧钢梁拼装位置示意如图4-2-4所示。

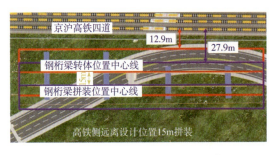

图 4-2-4　高铁侧钢梁拼装位置示意图

3. 转体施工

现有的转体技术对大跨度钢桁梁结构还

不具有适用性,本工程通过采用带辅助滑道多点支承的转体形式,既解决了转体过程中钢梁的受力问题,又保证了转体过程中的整体稳定性,同时为钢梁结构转体后提供了较大的线形自由调整空间,具体的控制工艺在后续章节中详细介绍。

4. 合龙措施

目前完成的上跨桥梁工程均未有在高速铁路上方进行合龙施工的案例,本工程因特殊建设条件无法避免在线上进行合龙施工,钢桁梁结构本身对精度的控制要求极高,因此精确的合龙控制工艺与合龙防护措施是钢桁梁上跨铁路合龙施工最为核心的关键技术。通过采用基于无应力状态法进行结构的线形和合龙控制设计来确保钢梁的线上合龙精度,同时采用全封闭的合龙防护施工措施来确保运营铁路的安全,如图4-2-5所示。

图4-2-5 全封闭合龙防护措施

5. 螺栓断裂和防掉落问题

高强螺栓是钢桁梁桥的重要受力连接构件,疲劳、松动和延迟断裂作为高强螺栓连接的主要病害时有发生,对高速铁路运营影响较大。目前部分钢结构桥梁已采用全焊接技术,由于现场焊接质量较差,全焊接技术主要应用于大节段拼装施工。本工程首次在上跨铁路钢桁梁中采用新型环槽铆钉连接,与螺栓连接相比,具有连接强度高、夹紧力一致性好、抗振防松性能优异、抗疲劳寿命长、抗延迟断裂能力强等优点,同时针对上跨高速铁路范围的连接节点设置半封闭防螺栓掉落装置,确保运营高铁的安全,如图4-2-6所示。

a) 新型环槽铆钉连接　　　　　　　　b) 防螺栓掉落装置

图4-2-6 新型环槽铆钉连接与防螺栓掉落装置

6. 桥面铺装问题

近年来,大量钢结构桥梁的桥面和铺装损坏成为钢结构桥梁的通病,本工程通过采用新型的UHPC超高性能混凝土正交异性钢桥面组合铺装体系,极大提高桥面结构及铺装性能,解决了钢桥面疲劳开裂及铺装层破坏的关键技术难题。

第二节 线形预拱协同设计

一、一般钢桁梁线形及预拱度设计控制

桥梁结构线形包括三部分,平曲线、竖曲线和桥面横坡。对于以高强螺栓拼接为主的钢桁梁结构,空间效应的存在会显著增加钢桁梁加工、制造和拼装难度,因此早期的钢桁梁结构一般都采用直线平坡设计。随着钢桁梁技术发展,位于竖曲线的大跨度钢桁梁结构也越来越多,但位于平曲线的大跨度钢桁梁未见采用。对位于竖曲线的钢桁梁来说,钢桁梁成桥后的线形主要由钢轨线路竖曲线、钢梁预拱度两个方面决定,线路竖曲线为适应总体设计的纵断面曲线特征,与结构本身没有直接关系,而预拱度为考虑结构自身恒载和运营荷载后的结构变形,与结构自身息息相关,因此以往的钢桁梁线形在设计过程中均采用独立设计,主要是钢桁梁结构的预拱度设计,常用的预拱度设计方法有几何法、位移荷载起拱法、升降温法。

1. 几何法预拱度设置

对于整体节点钢桁梁结构,几何法一般是通过调整弦杆杆件长度来达到结构起拱的目的。对于简支钢桁梁,为了简化制造和安装工作,设计是让下弦杆和腹杆的长度均保持不变,而只让上弦杆的理论长度伸长进行设置。假定其预拱度曲线为圆形,上弦杆调整值都相同,然后试算得到合适的上弦杆拼接缝值。改变上弦节间理论长度的具体方法是,不改变上弦杆的长度,而是让上弦节点板第一排螺栓孔轴线至竖杆中心线的距离比未设预拱度时的距离增大 Δ,设置预拱度后,斜杆中线不再交于理论交点(图4-2-7)。

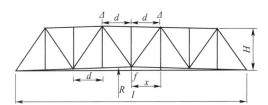

图4-2-7 简支钢桁梁斜杆与上弦中心错开的预拱度设置方法

R-根据预拱度拟合的曲线半径(m)

对于简支钢桁梁上弦杆的理论伸长量 Δ 与跨中预设上拱度 f 的关系:

$$\Delta = \frac{8Hd}{l^2}f \qquad (4\text{-}2\text{-}1)$$

式中:H——主桁高度(m);

d——主桁节间长度(m);

l——主桁跨度(m);

f——跨中预设上拱度(mm)。

对于连续钢桁梁,中支点处需设置反向曲线使连续梁各跨预拱度匀顺衔接,其上弦杆调整值有正值或者负值的出现,并且为使厂制预拱度与理论拱度接近,部分杆件不伸长也不缩短。因此,对于连续钢桁梁来说,其上弦杆的调整值是不同的。以三角形桁架为例,采用几何法根据主桁的几何关系推出预拱度与上弦长度变化值之间的关系如下所示:

$$\alpha = \arccos\left[(f_i - f_{i-1})/L\right] \qquad (4\text{-}2\text{-}2)$$

$$\beta = \arcsin\left[(f_{i+1} - f_i)/L\right] + 90° \qquad (4\text{-}2\text{-}3)$$

$$\gamma = \arctan(2H/L) \tag{4-2-4}$$

$$\theta = 360° - \alpha - \beta - 2\gamma \tag{4-2-5}$$

$$\Delta = 2\sqrt{(L^2+H^2)}\sin\left(\frac{\theta}{2}\right) - L \tag{4-2-6}$$

式中：α、β——下弦杆与腹杆夹角；

γ——腹杆与下弦杆夹角；

f_i——为各下弦节点竖向预拱度；

L——主桁节间长度；

H——主桁高度；

θ——腹杆夹角；

Δ——上弦杆件伸长量。

连续钢桁梁几何法预拱度设置参数关系示意如图 4-2-8 所示。

2. 位移荷载起拱法预拱度设置

对于大跨度连续钢桁梁来说，厂制预拱度设置的参考目标是理论预拱度，理论预拱度曲线可通过大型有限元分析软件建模求解。理论预拱度作为输入荷载，杆件伸缩量作为待求解的输出响应。任取单片主桁的第 $i(i=1,2,3,\cdots,n)$ 节间为例，说明预拱度的设置原理。计算设置厂制预拱度而引起的杆件伸缩变化时，桁架杆件采用杆单元模拟，将下弦杆、上弦杆、斜腹杆和竖杆分别作为 1 个独立单元，在杆件的相交点形成共用节点，已安装钢梁对第 i 节间的上下弦杆约束均为铰支撑。设节间长度为 l，高为 h，其余几何参数、物理参数、杆件单元编号和节点编号如图 4-2-9 所示。

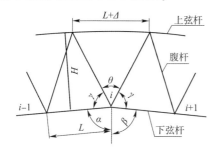

图 4-2-8　连续钢桁梁几何法预拱度设置参数关系示意图

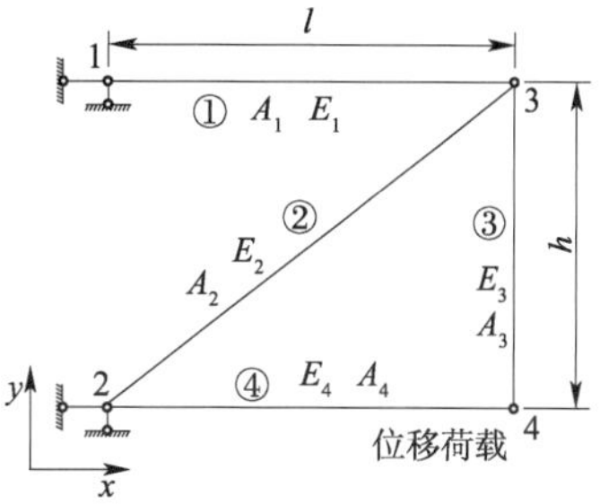

图 4-2-9　相对预拱度设置计算模型

1~4-节点编号；①~④-杆件单元编号

对于整个结构而言其杆端内力之和应该等于外力之和，因此可以得到下面的公式：

$$\begin{cases} F_{x3} = \dfrac{E_1 A_1}{l_1}u_3 + \dfrac{E_2 A_2}{l_2}\cos\theta(u_3\cos\theta + v_3\sin\theta) = 0 \\[6pt] F_{y3} = \dfrac{E_2 A_2}{l_2}\sin\theta(u_3\cos\theta + v_3\sin\theta) + \dfrac{E_3 A_3}{l_3}(v_3 - v_4) = 0 \\[6pt] F_{x4} = \dfrac{E_4 A_4}{l_4}u_4 = 0 \\[6pt] F_{y4} = -\dfrac{E_3 A_3}{l_3}(v_3 - v_4) = 0 \end{cases} \tag{4-2-7}$$

式中：E_1、E_2、E_3、E_4——杆件的弹性模量；

A_1、A_2、A_3、A_4——杆件的截面面积；

l_1、l_2、l_3、l_4——杆件的长度；

u_3、u_4——3号、4号节点预拱度沿局部坐标水平方向的变化量；

v_3、v_4——3号、4号节点预拱度沿局部坐标竖直方向的变化量；

θ——2号与局部坐标系水平方向的夹角；

F_{x3}、F_{y3}、F_{x4}、F_{y4}——杆端内力与外力之和。

单元刚度必须要恒大于零，因此可以得到：$u_4=0$。v_4 表示点 4 相对于点 2 的预设拱度，也就是需要设置的相对预拱度。考虑只伸缩上弦杆，其余杆件长度保持不变，解方程可以得到 u_3，其表示 1 号上弦杆件的伸长量。该方法直接以理论预拱度作为输入载荷参数，易于获得与理论预拱度较为一致的成桥线形。

3. 升降温法预拱度设置

对于较为复杂且跨度较大的连续钢桁梁结构，一般是通过某种方法建立杆件的调整值与预拱度值的函数关系，然后建立多元约束条件方程组，通过求解方程得到合适的杆件调整值。在现有文献中，均是采用升降温法来调整弦杆的长度达到设置预拱度的方法。采用温度法设置预拱度时，由于杆件众多，又要考虑理论预拱度、起拱反力及起拱应力，所以用常规算法很难求解。目前设计过程中主要借助结构设计软件 Midas 进行求解，通过建立有限元模型，在有限元模型中对每一根上弦杆件施加单位荷载，通过定下弦节点预拱度作为约束条件，采用 Midas 计算软件求解上弦杆件的温度变化，来得到杆件的伸长量。

升降温法在钢桁梁桥的预拱度设置中已经有较多的应用，但其存在以下问题：①杆件是受力变形，且在有应力状态下的调整值，而杆件的预拼装是在无应力状态下进行的，会造成偏差的增大。②对于超静定结构，该法易产生附加反力及应力，现有的文献中均未考虑起拱应力的影响。

二、曲线变高钢桁梁线形设计存在的问题

光明桥结构采用上加劲弦连续钢桁梁的结构形式，上加劲弦与平弦之间除了设有竖腹杆，同时设有斜腹杆。与普通的大跨度连续钢桁梁相比，带斜腹杆的曲线上加劲弦体系具有更高的超静定次数，进一步增加了主梁线形预拱度设计难度。针对位于竖曲线的曲线变高连续钢桁梁结构，采用各种预拱度设计方法均存在相应的技术问题：

(1) 几何法根据钢桁梁的几何关系推算预拱度的上弦杆节点螺栓杆孔距之间的数学关系，需要反复的试算，并且未考虑主桁杆件的伸长和缩短，求出的拼接缝具有一定的误差，对于复杂的上加劲弦钢桁梁，加劲弦部分与平弦部分的杆件长度本身相互影响，仅通过调整上弦杆件长度的几何法无法实现预拱度的设置。

(2) 位移载荷起拱法将预拱度值作为位移荷载，该方法原则上可行，对于变高钢桁梁结构，需要按照空间有限元理论进一步深入推导。采用该方法进行理论推导时采用的是杆单元铰接约束处理，对于大跨度钢桁梁结构，钢件的截面尺寸较大，尤其是采用整体节点设计后，节点的刚性效应较为明显，采用位移载荷起拱法得到的结果同样会存在一定的误差，甚至会产生较大的起拱应力。

(3)升降温法在钢桁梁桥的预拱度设置中已经有较多的应用,但是对于超静定结构,杆件是受力变形,预拱度数值是在有应力状态下的调整值,而杆件的预拼装是在无应力状态下进行的,会造成偏差的增大,该法易产生附加反力及应力。现有的文献中均未考虑起拱应力的影响,或者认为起拱应力属于有利作用,但是根据计算分析,如果不对起拱应力加以控制,仅设置预拱度就足以使杆件的应力达到屈服状态,起拱应力不仅不利,而且有害。因此预拱度的设置必须考虑起拱反力及应力,使起拱反力尽可能等于零,起拱应力尽可能小。采用升降温法计算时,需要人为去掉支点附近交叉腹杆中的多余杆件,减少支点附近的超静定次数,计算得到合理的预拱度曲线后,对去掉的支点附近交叉腹杆的长度再根据节点间杆件的无应力安装长度进行反算,交叉杆件较多时实施过程就变得极为困难。

三、线形与预拱度协同设计思路

1. 主桥的桥面道路线形与预拱度线形

主桥道路位于±2%的边坡段,边坡点位于主跨位置,竖曲线半径为2500m。线路纵坡引起的跨中与主墩位置高差为2.18m,结构计算可得由于结构自重产生跨中竖向位移为598.6mm,活载引起的跨中竖向位移为127mm。如果采用结构线形与预拱线形分开设计的设计理念,对于跨中竖曲线部分的钢桁梁,需要在折线变化的结构线形基础上再通过考虑杆件的伸长缩短来实现预拱度的线形叠加,根据前面的分析,对于这种曲线变高的钢桁梁结构,实现起来过于复杂。

根据预拱度的定义,预拱度主要是由两部分组成,一部分是由于结构自身的恒载变形,通过恒载预拱的设置保证结构在恒载作用下桥面线形与设计线形吻合;另一部分主要是一半的活载效应,在活载变形较大时影响行车的舒适性。根据计算结果,本桥的活载挠度较小,挠跨比为1/2110,单独的活载效应对行车舒适性影响极小,预拱度的设置本身与结构的承载力无关,因此本桥预拱度的设置仅考虑恒载效应即可,目前不管是公路桥梁还是铁路桥梁,越来越多的大跨度桥梁结构都只进行恒载预拱度的设置,相对预拱度设置计算模型示意如图4-2-10所示。

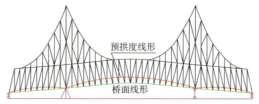

图4-2-10 相对预拱度设置计算模型示意图

2. 线形设计思路

设置预拱度的目的是使结构的成桥线形与设计线形吻合,将结构线形与预拱度线形分开设计的根本原因是目前设计图纸给出的结构线形是一种已经承受自重的有应力线形,是杆件受力变形以后的线形,而杆件加工制造时处于一种无应力的状态,直接以结构线形进行加工制造,肯定会出现极大的偏差。如果将结构的恒载变形反向叠加到结构线形中,在成桥状态恒载作用下结构变形后,桥面结构线形恰好与设计线形吻合,这样就无需再单独进行复杂的预拱度设计。因此线形与预拱度协同设计思路,从根本的力学原理来说,就是要找到一种无应力结构线形,在恒载作用下达到结构图中的成桥目标线形。

3. 线形与预拱度协同设计的优点

只要能够简单快速地找到结构的无应力线形,实现结构线形与预拱度协同设计,即可不必再单独进行预拱度线形设计。从设计角度,给出两套坐标体系,一套是无应力状态的设计坐标体系,供加工制造和施工安装采用,另一套是结构的成桥坐标体系,及理想的成桥结构坐标体系;从加工制造角度,只需要根据设计坐标体系直接进行加工制造,无需考虑预拱度设置的起拱效果能否与设计吻合;从施工安装角度,仅需要根据无应力设计坐标体系进行拼装,不考虑施工过程中的起拱效应。因此实现结构线形与预拱度协同设计,将能大大减小设计、加工制造以及施工安装的难度。

本工程提出基于无应力状态控制的线形与预拱度协调设计方法。钢结构材料性能稳定,对于线弹性结构,只要最终的成桥结构杆件单元的无应力长度、无应力曲率、外加荷载和支座位置一定,则结构最终成桥状态的结构内力、位移与结构的形成过程和施工方法无关,对于不同的施工方法,只要进行合理的施工控制都可以得到理想的设计状态。

四、无应力状态法线形预拱协同设计需要解决的问题

1. 计算控制方法

通过前面的分析可以看到,线形与预拱度协调设计的核心问题就是要求解大跨度钢桁梁的无应力杆件长度。直接通过杆件的受力来计算杆件的无应力长度时,每根杆件均存在水平和竖直两个方向的变形,由于存在结构的协调变形的影响,无法保证计算出来的杆件长度能够形成一个完整的结构体系。为了得到较好的结构线形,本桥设计提出采用迭代法进行钢桁梁的设计线形控制,钢桁梁按一次成桥进行计算分析,以线路桥面坐标为目标线形,将恒载变形反向叠加到计算分析模型中,通过多次迭代求解设计线形和杆件的无应力长度坐标,按杆件的无应力状态绘制结构图纸,设计直接给出杆件的拼装坐标。具体的设计计算控制过程见表 4-2-1 和图 4-2-11。

无应力状态法线形设计控制过程 表 4-2-1

迭代次数	目标坐标	模型坐标	计算位移	成桥坐标	误差	迭代调整坐标
1	U_a	U_a	U_{1y}	$U_a + U_{1y}$	U_{1y}	$U_a - U_{1y}$
2	U_a	$U_a - U_{1y}$	U_{2y}	$U_a - U_{1y} + U_{2y}$	$-U_{1y} + U_{2y}$	$U_a - U_{2y}$
3	U_a	$U_a - U_{2y}$	U_{3y}	$U_a - U_{2y} + U_{3y}$	$-U_{2y} + U_{3y}$	$U_a - U_{3y}$
4	U_a	$U_a - U_{3y}$	U_{4y}	$U_a - U_{3y} + U_{4y}$	$-U_{3y} + U_{4y}$	$U_a - U_{4y}$

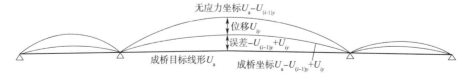

图 4-2-11 无应力状态法线形设计过程示意图

通过计算成桥线形与目标线形的误差,对结构模型的初始无应力坐标进行修正,多次迭代分析后,如果误差小于规定容许值即停止迭代,最终可求解得到结构杆件的初始无应力长度和拼装坐标。以桥面节点为例,最终计算得到的结构无应力设计线形和成桥线形如图 4-2-12 所示。

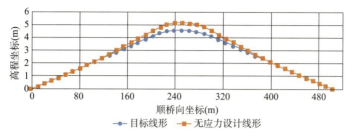

图 4-2-12 无应力设计线形和成桥线形

2. 迭代计算过程模型修正

迭代计算过程表 4-2-1 中的目标坐标,即为设计对应的线路桥面坐标,计算过程中对无应力坐标修正时不仅只对桥面坐标进行修正,对所有的钢桁梁节点坐标均进行修正,修正过程只是对整体计算模型的节点坐标进行调整。从理论上讲,要保证计算结果的完全吻合,迭代计算过程需要对横、竖两个方向的坐标进行调整,而此时得到钢桁梁长度会过于零碎,这样反而会增加设计和加工的难度。在迭代计算过程中进行了简化处理,仅对计算模型的竖向坐标进行修正,控制钢桁梁结构节点的水平间距不变。

对于位于竖曲线上的桥梁结构,钢桁梁结构受线路纵坡曲线的影响,每个节点左右弦杆会存在一定折角,计算模型仅修正竖向坐标,对于钢桁梁而言只是调整了每个节点左右弦杆和腹杆的夹角,实现起来更为简单方便,可操作性强。

3. 桥面板单元设计控制

目前钢结构桥梁的桥面结构均采用正交异性钢桥面体系,U 形加劲肋沿桥纵向与桥面钢板之间采用焊接,由于 U 形加劲肋构造的特殊性,桥面单元在加工制造中顺桥均为直线构造,不能进行折弯和弯曲处理,因此对于位于竖曲线的钢桁梁桥,只能通过在桁架节点位置对杆件系统线折弯处理,以直代曲来折线以实现全线结构的曲线变化。本桥最大节间长度(L)为 12.2m,为了保证桥面板单元与主桁弦杆的焊接,控制桥面板的最大单元长度不超过 6.1m($\mathrm{d}x \leqslant 6.1\mathrm{m}$),同时必须控制杆件交叉节点距离桥面板弦长的最小偏差不超过 2mm($\mathrm{d}y \leqslant 2\mathrm{mm}$),如图 4-2-13 所示。

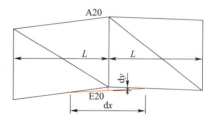

图 4-2-13 桥面板单元分块控制示意图

按照单元长度和最大允许偏差两条原则控制,桥面板的最大单元长度 6.1m,最小单元长度 1.3m,全桥共 93 个分块,如图 4-2-14 所示。

4. 存在的问题及解决办法

本桥采用的无应力状态控制的线形与预拱度协调设计方法,通过迭代计算能够快速准确得到复杂钢桁梁结构的无应力加工制造和拼装坐标。理论上操作起来方便简单,实际设计过程中也同样存在一定的问题。预拱度单独设计的控制方法,预拱度的设置仅通过调整上弦杆长度控制起拱,施工设计图纸完成后,如果预拱度曲线进行调整,只需要对上弦杆的伸长量进行调整,此时图纸的修改工作量相对较小。而采用线形与预拱度协调设计方法后期不再进行预拱度的设置,一旦恒载效应出现偏差,此时杆件的倾角和伸长量可能会发生较大的变化,因此需要重新迭代计算结构的无应力状态加工制造和拼装线形坐标,对图纸的修改工作量就相对较大,修改较大时反而可能会影响设计效率。

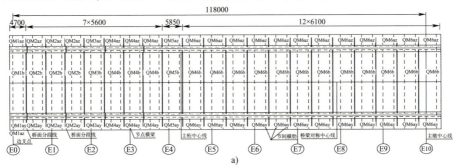

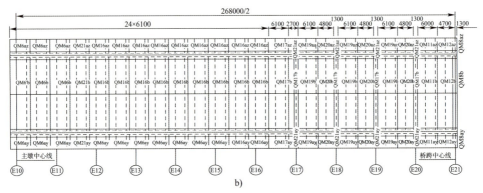

图 4-2-14　桥面板单元分块节段图(尺寸单位:mm)

为解决因为荷载误差效应可能带来图纸修改的问题,依托本工况复杂的应用环境,设计出图采用参数化驱动出图控制,与BIM技术进行互联互通,并编制了《钢桁梁桥辅助绘图系统》。钢桁梁本身图形绘制工作繁重,AutoCAD交互绘制,工作量大且效率低,设计优化和修改对图形的影响较大。《钢桁梁桥辅助绘图系统》实现参数化驱动,结构优化不受制于图形。彻底解决了荷载误差效应可能带来的图纸修改问题。本桥结构设计绝大部分图纸内容最终均依托《钢桁梁桥辅助绘图系统》进行出图,出图效果如图4-2-15所示。

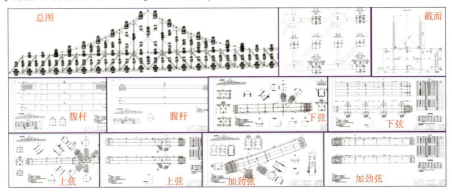

图 4-2-15　钢桁梁桥辅助绘图系统出图效果展示

第三节 线形控制

一、施工过程对结构线形的影响

从第二篇第一节设计参数研究中已经得出,不同的施工控制方法引起主梁的成桥线形和结构内容差异较大,此时要实现杆件的精确合龙,必须针对不同的施工方案来设置预拱度线形。这种通过设置预拱度线形来达到合龙目的的施工控制方法在本章第二节中已经进行了详细探讨,本桥采用的是基于无应力状态控制的线形与预拱度协调设计方法,结构的设计线形是唯一的,必须通过合理的施工控制来达到理想的设计状态,因此如何进行施工控制就成为线形控制的关键技术。

二、设计合龙施工线形控制

1. 转体施工方法

本桥钢桁梁施工采用转体法施工,与传统 T 构转体不同,钢桁梁为整体刚度大、局部杆件受力弱的非连续截面结构,墩顶临时固结设置较为困难,采用墩梁固结体系转体,转体后主梁的线形没有调整空间,增加了线形控制和合龙施工的难度。因此本桥设计采用了两点支承的转体方案,主墩承台安装转体支座及牵引系统,边跨侧距中墩五个间距处(61 m)设辅助滑动系统,调整边支点压重,控制辅助滑道单支点反力,保证非对称转体稳定性。钢梁的转体施工布置如图 4-2-16 所示。

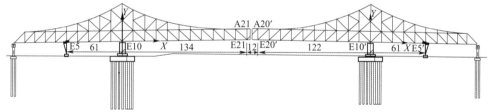

a) 钢梁转体施工立面布置

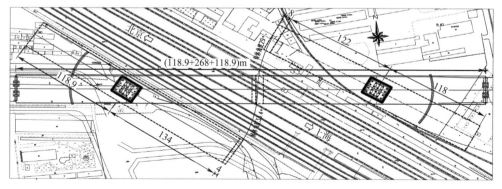

b) 钢梁转体施工平面布置

图 4-2-16　钢梁转体施工布置图

2. 合龙高程控制

由于合龙口位于跨中截面的相邻节间,转体过程中两侧跨中长度非对称,采用带辅助滑道简支体系转体方案,在自重状态下跨中合龙位置最大悬臂状态的竖向会存在一定的高差,跨中梁端的最大竖向位移分别为 740.3mm 和 559.5mm,如图 4-2-17 所示,大悬臂两侧高差为 180.8mm,如何保证跨中钢梁的顺利合龙以及合龙后结构的内力与设计状态吻合,是控制钢梁施工最为关键的问题。

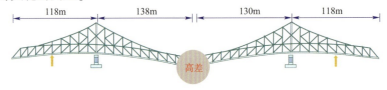

图 4-2-17 大悬臂状态下梁端变形示意

高程的调整方案通过绕主墩支座的刚性旋转来实现,此时通过调整转体辅助支点(E5 和 E5′)的支点竖向位移分别 dy_1 和 dy_2,左右侧钢梁分别绕支点(E10 和 E10′)刚性旋转的角度为 $dy_1/61$ 和 $dy_2/61$,使得合龙段两侧杆件端头高程和杆件转角相同,如图 4-2-18 所示,合龙完成后再将边支点顶回至设计高程。

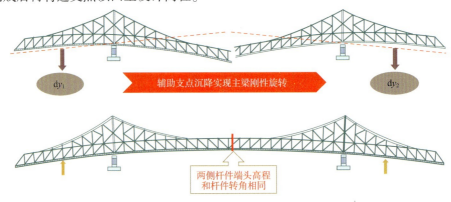

图 4-2-18 辅助支点位移沉降调整

(1) 迭代法求解支点沉降位移

根据结构刚性旋转的几何关系,能够很方便地实现合龙口的高差相同,但是如何保证结构的内力状态与设计的内容状态一致,此时再次在施工阶段计算分析中采用迭代分析来求解两侧辅助支点(E5 和 E5′)的支点竖向位移。

迭代计算分析思路与本章第二节中的思路相同,具体迭代计算见表 4-2-2,详细的迭代分析过程不再赘述,经过 10 次的迭代分析最终计算得到 E5 和 E5′的支点沉降位移分别为 -369.4mm 和 -314.9mm,成桥线形与目标线形差值均小于 0.2mm。

表 4-2-2 E5 和 E5′竖向沉降位移迭代求解

迭代次数	E5 支点沉降	A21 成桥线形与目标线形差值	E5′支点沉降	A20′成桥线形与目标线形差值
0		U_a		U_b
1	$U_a \times 61/134$	dU_{a1}	$U_b \times 61/122$	dU_{b1}

续上表

迭代次数	E5 支点沉降	A21 成桥线形与目标线形差值	E5′ 支点沉降	A20′成桥线形与目标线形差值
2	$(U_a + dU_{a1}) \times 61/134$	dU_{a2}	$(U_b + dU_{b1}) \times 61/122$	dU_{b2}
3	$(U_a + dU_{a1} + dU_{a2}) \times 61/134$	dU_{a3}	$(U_b + dU_{b1} + dU_{b2}) \times 61/122$	dU_{b3}

(2)无应力状态法控制支点沉降位移求解

虽然采用目标差值修正的迭代分析方法能够求解得到 E5 和 E5′ 支点的刚性旋转竖向沉降位移,但是整个计算分析过程较为烦琐,求解时间较长,并且很难考虑施工过程中体系温度变化对结构合龙的影响,实施起来操作困难较大。本桥钢桁梁采用支架拼装,拼装过程中结构自重、温差效应、制造误差、焊接等因素产生的应力较小,杆件基本处于无应力状态,依据无应力状态法的基本思想,钢梁合龙时构件上的施工临时荷载大小和合龙时的温度均不会影响成桥后结构的内力和线形,只影响合龙操作时支座起顶量和钢梁的纵横移量。因此可通过精确计算支座位移变化量和钢梁的纵横移量来实现合龙口位移调整。

为了保证钢桁梁架设完成后的内力和线形满足设计要求,合龙口的杆件安装也必须实现无应力安装。通过辅助滑道 E5 和 E5′ 节点的支点位移竖向调整和一侧钢梁的整体纵向移动来调整合龙口的几何尺寸。调整 E5 和 E5′ 节点的竖向位移,左右侧钢梁分别以 E10 和 E10′ 为圆点作刚体转动,刚体旋转是一种纯几何变化,相当于整体坐标系中的点绕坐标原点的几何变换,其数学变换公式如下。

$$\begin{cases} x' = x\cos\theta - y\sin\theta \\ y' = x\sin\theta + y\cos\theta \end{cases} \tag{4-2-8}$$

设结构的初始拼装坐标为(x_0, y_0),大悬臂转体节点的纵向和竖向变形分别为 ux_1 和 uy_1,调整支点沉降为 dy,刚性旋转的角度为 θ,整体纵向平移的位移为 ux_p。

则大悬臂状态的节点坐标为:

$$\begin{cases} x_1 = x_0 + ux_1 \\ y_1 = y_0 + uy_1 \end{cases} \tag{4-2-9}$$

各控制点的初始坐标及变形见表 4-2-3。

各控制节点的初始坐标及变形　　　　　表 4-2-3

节　点	初始拼装坐标		大悬臂状态节点变形	
	x_0(m)	y_0(m)	ux_1(mm)	uy_1(mm)
A21	134.000	14.757	0.0560	-0.7403
E21	134.000	2.757	-0.0194	-0.7403
E5	-61.000	-1.262	0.0232	-0.0020
A20′	-122.000	14.718	-0.0447	-0.5595
E20′	-122.000	2.717	0.0148	-0.5595
E5′	61.000	-1.262	-0.0199	-0.0020

调整支点沉降刚性旋转后的节点坐标为：

$$\begin{cases} x_2 = (x_0 + ux_1)\cos\theta - (y_0 + uy_1)\sin\theta \\ y_2 = (x_0 + ux_1)\sin\theta + (y_0 + uy_1)\cos\theta \end{cases} \quad (4\text{-}2\text{-}10)$$

考虑整体纵向平移以后的节点坐标为：

$$\begin{cases} x_3 = (x_0 + ux_1)\cos\theta - (y_0 + uy_1)\sin\theta + ux_p \\ y_3 = (x_0 + ux_1)\sin\theta + (y_0 + uy_1)\cos\theta \end{cases} \quad (4\text{-}2\text{-}11)$$

刚性旋转角度与 E5 和 E5′支点的沉降位移相互关联：

$$dy = (x_0 + ux_1)\sin\theta + (y_0 + uy_1)(\cos\theta - 1) \quad (4\text{-}2\text{-}12)$$

则考虑变形和刚性旋转后各节点位移为：

$$\begin{cases} ux = (x_0 + ux_1)\cos\theta - (y_0 + uy_1)\sin\theta + ux_p - x_0 \\ uy = (x_0 + ux_1)\sin\theta + (y_0 + uy_1)\cos\theta - y_0 \end{cases} \quad (4\text{-}2\text{-}13)$$

要实现钢桁梁杆件的无应力合龙，必须满足下列条件：

$$\begin{cases} ux_{A21} - ux_{A20'} = 0 \\ ux_{E21} - ux_{E20'} = 0 \\ uy_{E21} - uy_{A20'} = 0 \end{cases} \quad (4\text{-}2\text{-}14)$$

联合式(4-2-12)~式(4-2-14)，将控制节点的初始坐标和最大悬臂状态的节点变形代入，可以得到方程组：

$$\begin{cases} -60.9768\sin(\theta_1) - 1.264(\cos(\theta_1) - 1) - dy1 = 0 \\ 60.9801\sin(\theta_2) - 1.264(\cos(\theta_2) - 1) - dy2 = 0 \\ 134.0560\cos(\theta_1) - 14.0169\sin(\theta_1) - 134 - [-122.0447\cos(\theta_2) - 14.1587\sin(\theta_2) + ux_p + 122] = 0 \\ 133.9806\cos(\theta_1) - 2.0168\sin(\theta_1) - 134 - [-121.9852\cos(\theta_2) - 2.1579\sin(\theta_2) + ux_p + 122] = 0 \\ 133.9806\sin(\theta_1) + 2.0168\cos(\theta_1) - 2.7571 - [-122.0447\sin(\theta_2) + 14.1587\cos(\theta_2) - 14.7182] = 0 \end{cases}$$

$$(4\text{-}2\text{-}15)$$

式(4-2-15)为非线性方程组，采用数值计算分析求解非线性方程组可以得到：

$$\begin{cases} \theta_1 = 6.06 \times 10^{-3} \text{ rad} \\ \theta_2 = -5.17 \times 10^{-3} \text{ rad} \\ dy_1 = -0.3694 \text{ m} \\ dy_2 = -0.3155 \text{ m} \\ ux_p = -0.0616 \text{ m} \end{cases}$$

计算得到支点沉降位移分别为 -0.3694m 和 -0.3155m，钢梁的纵向水平移动位移为 0.0616m。

3. 合龙控制结果检验

通过对比设计一次成桥计算与施工阶段合龙控制计算的结果来验证本桥合龙设计方案的可行性。主要对比了两种计算过程的成桥支反力、结构内力和成桥线形，计算结果分别见表 4-2-4、表 4-2-5 和图 4-2-19。

成桥状态支点反力对比 表4-2-4

支点反力	设计一次成桥计算(kN)	施工阶段控制合龙计算(kN)	误差(%)
边支点1	4437	4436.7	0.01
中支点1	58275.1	58285.2	0.02
中支点2	58273.4	58238.5	0.06
边支点2	4438	4461	0.52

成桥状态杆件内力对比 表4-2-5

下弦杆件	设计一次成桥计算(kN)	施工阶段合龙控制(kN)	误差(%)	上弦杆件	设计一次成桥计算(kN)	施工阶段合龙控制(kN)	误差(%)
E0-E1	3336	3334	0.07	A1-A2	-2122	-2122	0.02
E1-E2	1978	1973	0.25	A2-A3	666	666	0.06
E2-E3	-1163	-1171	0.64	A3-A4	-10956	-10957	0.02
E3-E4	-1986	-1996	0.51	A4-A5	-5914	-5917	0.04
E4-E5	-4974	-4988	0.27	A5-A6	2093	2090	0.16
E5-E6	-9501	-9520	0.19	A6-A7	8609	8604	0.06
E6-E7	-9385	-9407	0.23	A7-A8	1655	1647	0.48
E7-E8	-9863	-9887	0.24	A8-A9	-1887	-1898	0.61
E8-E9	-11077	-11106	0.26	A9-A10	7137	7129	0.11
E9-E10	-15719	-15760	0.26	A10-A11	7117	7109	0.11
E10-E11	-13699	-13721	0.16	A11-A12	-4147	-4165	0.42
E11-E12	-10658	-10678	0.19	A12-A13	649	637	1.84
E12-E13	-9034	-9053	0.21	A13-A14	9789	9785	0.04
E13-E14	-8196	-8215	0.23	A14-A15	-1089	-1104	1.36
E14-E15	-7877	-7895	0.23	A15-A16	-13273	-13300	0.20
E15-E16	-2155	-2167	0.58	A16-A17	-22301	-22339	0.17
E16-E17	1917	1908	0.48	A17-A18	-20891	-20957	0.32
E17-E18	4497	4489	0.17	A18-A19	-27120	-27197	0.28
E18-E19	8052	8030	0.27	A19-A20	-30811	-30896	0.28
E19-E20	11105	11034	0.64	A20-A21	-31007	-31183	0.57
E20-E21	13666	13474	1.41				

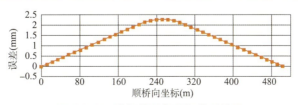

图 4-2-19 成桥线形与目标线形差异

对比计算结果可以看到,采用施工阶段支点位移调整控制合龙,与设计状态相比,成桥状态支点反力误差不超过 0.6%,杆件的内力差异不超过 1.5%,成桥线形与目标设计线形差异不超过 2.5mm。

三、拼装阶段线形控制

主梁的线形控制需要经历支架拼装、落架、辅助支点沉降绕中支座刚性竖转、平面转体、主梁纵移合龙等众多的位移调整过程,邻近高铁施工,每一个施工步骤都可能成为一个风险源。通过对施工过程进一步思考可以发现,转体前所有位移的调整都是为了保证转体到位后合龙口两侧的竖向高程和转角相同,这样就能保证杆件的顺利合龙。钢桁梁拼装完成后,无论是落架至大悬臂状态下,还是主梁的刚性竖转,此时改变的仅仅是节点空间坐标,而没有改变钢桁梁杆件的无应力长度,根据无应力状态法的特点,只要不改变杆件的无应力长度,都不会影响最终的成桥状态。

如果我们对所有的钢梁拼装坐标先按辅助支点沉降绕中支座刚性换算一套新的拼装坐标,此时落架以后钢梁将直接呈现为转体前的状态,采用换算后的拼装坐标搭设支架系统,现场施工省去了刚性竖转的施工工况,降低了竖转带来的施工风险。通过计算分析,高铁侧和普铁侧拼装坐标绕支点的竖向角度分别为 6.06×10^{-3} rad 和 5.17×10^{-3} rad,施工现场的支架拼装坐标均按该计算结果进行控制设计,如图 4-2-20 所示。

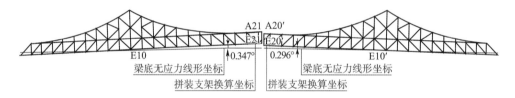

图 4-2-20 合龙口计算示意图

四、转体施工合龙长度精确控制

常规桥梁的转体施工,为了满足正常的转体施工要求,一般都是通过在跨中设置较小的合龙段杆件。

如果按设置合龙段考虑,本桥按桥面宽度转体计算所需设置的合龙长度计算如下:

$$\Delta L = \sqrt{L_1^2 + B^2} - L_1 + \sqrt{L_2^2 + B^2} - L_2 \quad (4\text{-}2\text{-}16)$$

式中:L_1、L_2——两侧的转体中线长度;
　　　B——结构轮廓。

计算得到合龙长度为:

$$\Delta L = \sqrt{138^2 + 16.1^2} - 138 + \sqrt{130^2 + 16.1^2} - 130 = 1.93 \text{m}$$

如果按杆件合龙考虑,本桥按杆件宽度合龙计算所需设置的合龙长度计算如下:

$$\Delta L = \sqrt{L_1^2 + (B_1+B_2)^2 - B_1^2} - L_1 + \sqrt{L_2^2 + (B_1+B_2)^2 - B_1^2} - L_2 \qquad (4\text{-}2\text{-}17)$$

式中：B_1——下弦杆内侧中心线宽度；

B_2——下弦杆截面宽度。

计算得到合龙长度为：

$$\Delta L = \sqrt{138^2 + (10.92+2.285)^2 - 10.92^2} - 138 + \sqrt{130^2 + (10.92+2.285)^2 - 10.92^2} - 130$$

$$= 0.411 \mathrm{m}$$

合龙计算示意如图 4-2-21 所示。

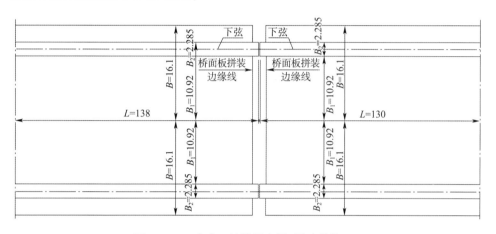

图 4-2-21　合龙口计算示意图(尺寸单位:m)

本桥为钢桁梁结构,合龙长度主要受桥面外轮廓尺寸控制,而钢桁梁结构受力主要为杆件受力,且杆件的横向轮廓尺寸又相对较小,因此本次设计提出了先合龙杆件,后合龙桥面的思路,并且杆件与桥面预留不同的合龙长度。其中桥面预留 2m 的合龙长度(左、右侧各1m),杆件预留较小的合龙长度,且杆件的合龙通过主梁纵移的方式进行合龙,不单独设置合龙杆件。为了减小纵向移动的距离,转体时,高铁侧钢梁较普铁侧提前转体至少 11.5°,高铁侧主梁先转体到位,普铁侧主梁后转体到位。桥面板设置 2m 合龙段,杆件的纵移合龙长度计算如下：

$$\Delta L = \sqrt{L_2^2 + (B_1+B_2)^2 - B_1^2} - L_2 = \sqrt{130^2 + (10.92+2.285)^2 - 10.92^2} - 130 = 0.212 \mathrm{m}$$

整体温度变化按 20 度考虑,温度变化引起的钢件伸长量为：

$$\Delta L_t = 268 \times 1.18 \times 10^{-5} \times 20 = 0.063 \mathrm{m}$$

因此杆件的纵向合龙长度取 30cm,大悬臂状态刚性旋转后,两侧杆件向边跨侧的变形量约为 3cm,作为合龙口的安全储备。

五、纵移施工控制

转体到位后,暂未进行封铰处理,将撑铰塞平,保证桥墩的稳定。为了实现钢梁的纵向移动操作,在墩顶范围内纵横向均设置千斤顶,千斤顶支撑于墩顶垫石,通过纵向顶推主梁的防落梁挡块装置实现主梁的纵向移动,横向千斤顶可实现主梁的横向位移调整。桥墩与主梁之间的摩擦力与顶推力形成一对平衡力,此时桥墩不产生水平力作用,墩顶千斤顶布置示意如图4-2-22所示。

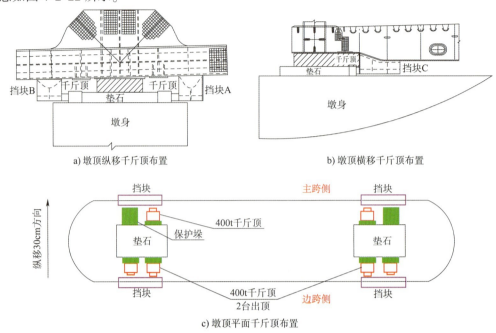

图 4-2-22 墩顶千斤顶布置示意图

由于钢桁梁拼装时,普铁侧支座已向边跨预偏30cm,在钢桁梁纵移、支座解除时,受钢桁梁非对称结构的影响,会产生向跨中方向的力,使钢桁梁向跨中方向移动。主梁的上部结构纵梁为9400t,顶推力约为300t。为确保安全,在钢桁梁普铁侧主墩垫石,跨中侧布置2台400t千斤顶,在边跨侧布置4台400t千斤顶。千斤顶利用墩顶垫石作为反力座,前端着力点为落梁挡块。跨中侧2台千斤顶串联至1台泵站,边跨侧4台千斤顶两两交叉连接至2台泵站。顶推千斤顶的反力座作用在墩顶垫石上,而钢梁与桥墩之间的摩擦力也通过支座作用在垫石上,顶推力与摩擦力形成一对自平衡力,因此主梁顶推纵移过程中,桥墩始终处于平衡状态。

六、竖向高程的调整措施

采用多点支撑简支体系的转体方式为主梁高程的自由调整提供了较大的空间和条件。合龙过程中竖向高程的调整主要通过顶升和沉降辅助支腿使主梁绕中墩支座刚性旋转,合龙口杆件的微调通过上下弦杆之间对拉实现。

1. 顶升辅助支墩

设计状体状态辅助滑道钢梁左右侧的支点反力均控制为200t,竖向高程调整采用2台400t的千斤顶进行竖向顶升,顶升过程中竖向力保持不变。顶升牛腿设置在转体辅助支腿两侧,转体辅助轨道成桥位置走行滚轮范围设置有调节钢板,如图4-2-23所示。

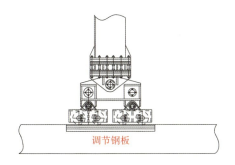

图 4-2-23 竖向高程调节装置

由当跨中合龙端位置高于设计高程时,顶升辅助支腿调节合龙端至设计高程位置;当合龙端低于设计高程时,顶升辅助辅助支腿,将走行滚轮下方钢垫板抽出,调节合龙端至设计高程位置。

2. 导链对拉微调

合龙口高程相差不大时,通过导链对拉进行细微调节,采用对拉的方式进行调节,对拉力控制在 100kN 以内,采用导链施加,如图 4-2-24 所示。

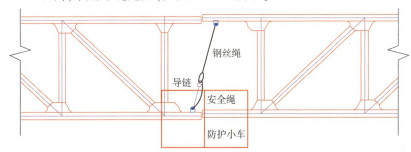

图 4-2-24 合龙口高程微调措施

七、成桥内力调整

采用无应力状态控制施工的设计理念,除了要保证施工过程中的顺利合龙以外,还要让成桥状态的结构内力与设计状态吻合,为了满足施工要求,同时减小转体到位后的施工规模,对交接墩的盖梁进行了特殊设计。

1. 交接墩盖梁的特殊设计

钢梁在转体施工前,通过调整辅助支点的高程实现梁端合龙口的高程相同。两侧辅助滑道支点的沉降量分别为 $dy_1 = -0.3694m$,$dy_2 = -0.3155m$,边跨两侧梁端的竖向变形量分别为 $-0.88m$ 和 $-0.747m$。交接墩设计时考虑梁端钢梁的竖向变形。引桥侧混凝土凸块、垫石、横向挡块、主桥侧垫石、横向挡块均在主桥转体完成后施工,交接墩顶的设计形式如图 4-2-25 所示。

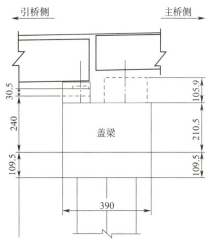

图 4-2-25 交接墩盖梁设计
(尺寸单位:mm)

转体到位跨中合龙后,利用千斤顶在交接墩顶顶升钢梁至设计位置,然后施工支承垫石和安装支座,最后补充压重至设计压重即完成主梁施工。

2. 边支点顶升

主桁合龙完成之后即可进行边跨顶升。高铁侧与普铁侧边支点分别进行顶升。顶升过程中每个辅助墩采用四个800t千斤顶进行顶升,即每个支座处分配两台千斤顶。其中4台千斤顶均为同一型号,并采用连通器并联,使用同一台油泵驱动,保证所有千斤顶内油压一致,所有千斤顶出力一致。顶升施工过程中,千斤顶均布置在支座顶部连接钢板范围之内,并在受力允许位置布置保护垛。通过钢板倒换交替顶升边墩支点,直至设计高程,如图4-2-26所示。

八、现场实施效果

依据设计给定的拼装高程和合龙施工控制方法,现场施工控制效果极佳,所有的施工状态与设计高度完全吻合,最终得到的合龙后线形与设计基本没有差异,采用无应力状态法设计与施工线形与控制技术,实现了大跨度上加劲连续钢桁梁的零误差合龙,现场的合龙效果如图4-2-27所示。

图 4-2-26　边支点顶升施工

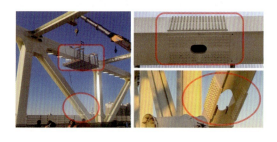

图 4-2-27　跨中合龙效果

第四节　多支点转体系统

一、上跨铁路转体施工技术及存在的问题

由于高速铁路运营安全性要求较高,进一步增加了跨高铁桥梁工程的设计和施工难度。目前转体施工上跨高速铁路典型工程案例有:郑万高铁上跨郑西高铁设计采用独塔斜拉桥(塔高88.9m)转体施工,转体施工长度256m;滁马高速公路上跨沪蓉高铁设计采用预应力混凝土(65+65)mT构转体施工,转体长度130m;龙怀高速英红特大桥上跨京广高铁采用预应力混凝土2m×90m分幅T构同步转体施工。类似工程转体均在主墩位置设置球铰或者采用转体支座的单点支承形式,通过在主梁两端配重平衡后进行悬臂转体。春申特大桥1-96m钢桁梁上跨沪昆铁路转体施工,该类工程为小角度斜交跨双线

铁路平面转体施工,通过设置跨线辅助滑道实现平面转体。转体施工上跨高速铁路工程案例如图 4-2-28 所示。

a) 郑万高铁上跨郑西高铁

b) 滁马高速上跨沪蓉高铁

c) 龙怀高速上跨京广高铁

d) 春申特大桥上跨沪昆铁路

图 4-2-28 转体施工上跨高速铁路工程案例

廊坊光明桥主桥采用大跨度上加劲弦钢桁梁结构,钢桁梁桥传统的施工工艺主要采用顶推法和悬臂拼装法,但是根据现行的行业标准,上跨高铁只能采用转体法施工。

针对上跨铁路的大跨度连续钢桁梁转体施工,现有转体技术存在以下关键问题:

(1)不能实现大跨度连续钢桁梁的转体施工问题:单点支撑转体形式,主桥与桥墩之间必须采用固结体系传递弯矩来实现结构受力平衡,多适用于混凝土桥梁结构转体施工,而钢桁梁结构局部受力较弱,墩梁固结极为困难,不具备可实施性;小角度斜角跨铁路平面转体施工又需要设置跨铁路滑道,不满足上跨高铁施工要求,均无法实现大跨度钢桁梁上跨铁路转体施工。

(2)现场称配重试验复杂问题:为保证转体的平衡稳定,转体前现场需经过多次精确复杂的称配重试验来保证转体的受力平衡,现场称配重试验的专业性要求极高,且施工控制难度大、周期长,效率较低。

(3)转体后主梁线形无法调整、合龙精度低的问题:墩梁固结的转体形式,转体后线形无法调整,合龙施工精度低,对钢主梁结构线形和内力影响较大。

针对现有技术存在问题,本工程采用一种适用于上跨高铁大跨度钢桁梁施工的新型多点支承转体系统。

二、多点支承转体系统特点

多点支承转体系统的布置形式见本章第三节图 4-2-16,现场效果如图 4-2-29 所示。其主要特点如下:

(1)采用多点支撑的转体形式,以主墩作为转体施工支撑以及驱动系统,在边跨侧距离主墩 61m 范围设置辅助支腿和弧形滑道系统,上部结构竖向支撑为墩顶支座与辅助滑道共同组成的双悬臂简支梁体系,结构体系受力明确。中心转体机构设置在主墩下方,带动梁体绕桥墩转动,辅助支腿沿弧形滑道系统绕中心转动至成桥位置。

(2)辅助支腿与上部主梁之间设置压力环传感器,按照设计要求在梁端配重,施工过程中对辅助滑道支点的竖向反力进行智能监控,控制辅助滑道支点的竖向反力满足设计要求,可确保施工过程中的整体抗倾覆稳定性。

(3)辅助支点采用滚轴轮对走行系统,钢桁梁两侧支点沿弧形滑道切线方向各设一组轮对,采用滚轴轮对走行系统可最大限度地降低摩阻力,同时在辅助支点位置设置L形抗拉拔装置,抗拉拔装置与走行系统之间预留一定的安全间隙,既可满足辅助滑道系统的自由行走,又能进一步提高结构的整体安全稳定性。

(4)主墩设计有临时纵横向约束装置,同时主墩垫石与主梁防落梁挡块之间设置有纵、横移千斤顶,可实现转体到位后主梁的纵、横向位移调整。辅助支点设置竖向位移可调整装置,钢梁可绕主墩刚性转动,实现转体后整体线形的自由调整和控制。

图 4-2-29 多点支承施工现场效果

与现有转体技术相比存在本质的区别,主要表现在:

(1)支撑形式不同。传统转体为单点支撑的转体形式,主梁与桥墩之间必须采用固结体系传递弯矩来实现结构受力平衡,对大跨度钢桁梁不具备可实施性。多点支撑转体形式,以传统的转体墩作为转体施工支撑以及驱动系统,在边跨侧设置辅助滑道系统,上部结构竖向支撑为墩顶支座与辅助滑道共同组成的双悬臂简支梁体系,此时钢梁主墩支座位置仅承受竖向力作用,不承受弯矩作用,因此钢桁梁与主墩之间不需要进行临时固结设计,桥墩与转体系统同样仅承受竖向力作用,结构体系受力明确。

(2)免称重转体。传统转体前必须先经称重测试得出桥梁结构的不平衡弯矩和球铰摩擦系数,然后进行一次配重,使结构相对于转体中心处于理想平衡状态。多点支撑转体不需要进行传统复杂的称配重试验,上部结构非对称不平衡问题全部表现为辅助滑道和主墩支座的竖向反力差异,球铰仅承受竖向力作用,受力明确,不会出现球铰受力不平衡问题,通过对辅助支腿与上部主梁之间设置压力环传感器的竖向反力监测,可确保施工过程中的整体安全稳定性,大大降低施工控制难度。

(3)转体后主梁线形可自由调节。传统转体为墩梁固结体系,转体后无法进行主梁的线形调整,合龙精度低。多点支撑转体技术通过在辅助支点处设置竖向位移可调节装置,利用主墩处支座结构的平动和转角位移,可实现转体到位后主梁纵、横和竖向整体位移、线形的自由调整和控制。

三、带辅助支腿转体系统的平衡状态控制

1. 转体辅助支腿反力控制

控制辅助支腿反力,主要是为了保证转体过程中主桥的稳定性。转体施工跨度分布为小里程侧梁长 119m + 138m(边跨 + 中跨),大里程侧梁长 119m + 130m(边跨 + 中跨)。转体阶段梁重按 36t/m 计算。转体施工计算风速按 0.78 倍设计风速考虑,约 19.5m/s,计算施工风压 $W = 0.55$ kPa。对应风力等级为 8 级别,转体实际施工风力小于 6 级。

由于钢梁结构自重离散型较小,自重不平衡重按梁重 3% 考虑。主桥施工按主墩转体,在边跨侧设辅助转体滑道。转体过程中除恒载平衡外的额外配重还考虑跨中合龙 300kN 的不平衡荷载、两侧不平衡风荷载、3% 自重不平衡重。防倾覆临时支墩设计按 2 倍的坑倾覆系数计算。转体就位后考虑跨中合龙的不平衡重为 55t,同时在中跨侧设立防倾覆临时支墩系统。

根据抗倾覆计算,转体过程中,梁端配重要求边跨侧辅助转体滑道每个支点具备不小于 1800kN 支承反力,设计按配重后边跨侧辅助每个支点 2000kN 考虑。为保证抗倾覆系数小于 2,辅助滑道同时需考虑能承受竖向拉力,单个支点抗拉能力不小于 1600kN,中跨侧抗倾覆支墩每个支点设计承载力不小于 3000kN。此时施工过程中高铁侧和普铁侧对应的压重分别为 465kN/m 和 318kN/m,转体到位后,两侧补充压重至 510kN/m。

2. 防倾覆抗拉装置设计

通过在梁端压重可以提高辅助支腿的压力,从而显著增加结构的抗倾覆稳定性,但是对于多点支承系统而言,辅助支腿反力的增加又会增加转体的牵引难度,因此在保证结构抗倾覆稳定的前提下减小辅助支腿的反力是最理想的转体目标。为了实现这边目标,设计平衡转体进行配重设计,通过设置抗拉拔装置来提高整体的抗倾覆稳定系数,为实现辅助支点抗拉需求,在辅助支腿弧形轨道方向设置 L 形抗拉装置,如图 4-2-30 所示。

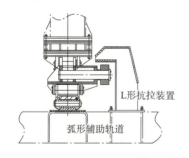

图 4-2-30　防倾覆抗拉装置设计

四、滚轴式辅助支腿系统

为最大限度地降低辅助支腿与轨道之间的摩阻力,辅助支点采用滚轴轮对走行系统,钢桁梁两侧支点沿弧形滑道切线方向各设一组轮对。每侧桥梁转体辅助支撑系统,设有一条滚道,滚道为圆弧形布置,上表面为平面,对应桥梁两侧主桁辅助支撑架下安装两套走行轮系;每套轮系设计四套轮组,每套轮组固定轴线指向转动中心,轮系结构及轨道布置如图 4-2-31 所示。

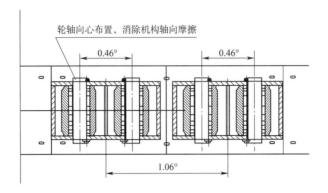

a) 轮系结构图

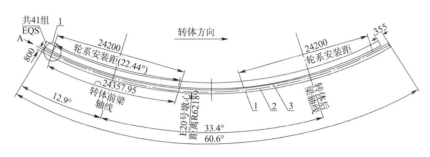

b) 墩辅助支撑轮系和滚道布置图

图 4-2-31　轮系结构及轨道布置图(尺寸单位:mm)

1-辅助走行支腿;2-走行轨道;3-抗拉反力座

滚轮滚动面采用圆台形状,即滚轮外侧直径较内侧直径略大,用于平衡内外圈滚动距离差,实现滚轮纯滚动。为使滚轮在水平滚道上滚动,滚轮轴倾斜安装,外侧较内侧略高,保证滚轮下母线水平。如此实现了滚轮运行轨迹与回转轨迹拟合,辅助走行支腿自转向,避免了转向力矩的产生,钢轮剖面如图 4-2-32 所示。

转体启动时,由于荷载偏心、机械结构等多种因素影响,存在球铰摩擦阻力、辅助走行支腿走行阻力大于设计预期值,导致启动力矩超出牵引力矩,存在启动失败风险。辅助走行支腿轮系设计时考虑采用滚动轴承,尽量减小辅助支腿走行阻力;辅助支撑走行系统设计有助推反力座,当牵引力不足时,将助推反力座焊接在末尾轮系后方合适位置,在轮系和反力座之间放置助推千斤顶,向前顶推辅助走行支腿,辅助助推转体启动,如图 4-2-33 所示。

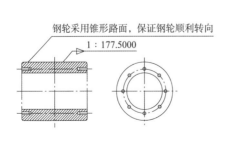

图 4-2-32　钢轮剖面图

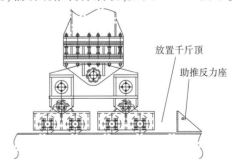

图 4-2-33　助推反力座布置示意图

五、主梁纵向预偏引起的球铰预偏设置

大里程钢梁合龙设计采用纵移30cm,钢梁拼装时通过利用支座结构的纵向预偏位移实现,桥墩在支座预偏30cm位移工况下,墩底在承台中心会产生一个偏心弯矩作用,为了保证转体支座不承受弯矩作用,需要对转体支座在纵桥向设置一定的偏心来平衡支座偏心产生的偏心弯矩。

根据计算模型,上部钢梁竖向力为:$G_1 = 90229$kN;
桥墩、承台上转盘竖向力为:$G_2 = 42198$kN;
支座的偏心位移为:$d_1 = 30$cm;
转体支座的偏心距离:

$$d = \frac{d_1 \times G_1}{G_1 + G_2} = \frac{30 \times 90229}{90229 + 42198} = 20.4(\text{cm})。$$

设计时,转体支座偏心按20cm考虑,偏心设置如图4-2-34所示。

图4-2-34 转体支座以及桥墩偏心布置示意图(尺寸单位:mm)

第五节 多功能支座设计

一、支座的功能需求

传统桥梁转体为单点支承形式的悬臂转体,转体过程中主梁与桥墩之间必须为固结体系或临时固结状态,支座不参与结构受力。本工程采用多点支承转体施工方法,转体施工过程中支座需要直接参与结构受力,上部钢梁的纵横向水平力、钢梁与桥墩之间的扭转传递均需要利用支座结构抵抗,同时普铁钢梁的预偏以及合龙口竖向高程的调整,均需要借助支座功能进行实现,因此,本工程施工对支座的功能实现提出了更高的需求,结合施工以及运营状态的功能需求,主墩支座必须能实现以下几个功能:

(1)满足桥梁正常运营的功能需求;
(2)满足地震工况下桥梁的抗震需求;
(3)满足普铁侧钢梁拼装纵向30cm预偏需求;
(4)高铁侧支座满足转体状态临时纵向锁定,普铁侧支座满足预偏30cm状态下临时纵向锁定,实现转体状态下纵横向水平力和扭转传递;
(5)支座临时纵向锁定状态下能够完成竖向转动,实现主梁竖向高程调整。

二、多功能支座设计参数

为满足高烈度区桥梁抗震需求,本工程支座采用双曲面摩擦摆式减隔震支座。与传统摩擦摆减隔震功能相同,依靠两个曲面的摩擦来实现支座的正常功能,利用钟摆机理延长结

构的自振周期,以减小结构地震力。

根据建设条件及现场施工要求,廊坊市光明道上跨京沪高铁立交桥多功能支座设计参数见表4-2-6。

支座设计参数 表4-2-6

墩号	支座型号	竖向承载力(kN)	隔震周期(s)	总位移(含地震位移)(mm)		竖向承载力 W (kN)	初始刚度(屈前刚度) K_p (kN/mm)	等效刚度 K_{eff} (kN/mm)	屈后刚度 K_c (kN/mm)	阻尼比 ξ
				纵向	横向					
20号	75000-HX-e350	75000	4.9	±350	±350	75000	1500	27.5	12.5	0.347
	75000-GD-e350	75000	4.9	±350	±350	75000	1500	27.5	12.5	0.347
21号	75000-DX-e350-P300	75000	4.9	±350	±350	75000	1500	27.5	12.5	0.347
	75000-ZX-e350-P300	75000	4.9	±350	±350	75000	1500	27.5	12.5	0.347

注:1.支座总位移不小于地震位移加0.5倍的正常位移;
2.21号墩支座需按要求设置预偏量300mm,并设置临时锁定装置,临时锁定各向水平承载力不小于支座竖向承载力15%,桥梁转体完成合龙后临时锁定解除;
3.20号墩支座需按要求设置临时锁定装置,临时锁定各向水平承载力不小于支座竖向承载力15%,桥梁转体完成合龙后临时锁定解除;
4.支座转角:0.02rad;摩擦系数:0.05;起始减震力为竖向承载力7%。

三、多功能支座总体结构设计

多功能支座分为纵向活动、横向活动、多向活动、固定支座四种形式。支座主要由连接螺栓、上支座板、上球面滑板、球芯、下球面滑板、下支座板、限位板、剪力销、密封防尘装置及锚固装置等几部分组成,结构示意如图4-2-35所示。支座上部采用连接螺栓与下弦杆底板相连接,支座下部采用地脚螺栓+螺杆的形式与墩台垫石层进行锚固连接。

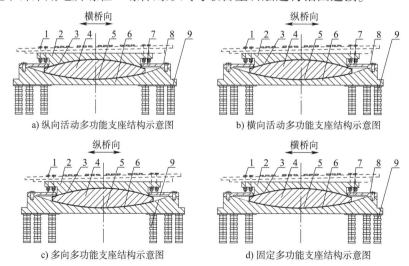

a) 纵向活动多功能支座结构示意图 b) 横向活动多功能支座结构示意图

c) 多向多功能支座结构示意图 d) 固定多功能支座结构示意图

图 4-2-35 多功能支座结构示意图

1-连接螺栓;2-上支座板;3-上球面滑板;4-球芯;5-下球面滑板;6-下支座板;7-限位板;8-剪力销;9-锚固装置

桥梁处于正常运行时,支座所承受的竖向载荷经上座板、上球面滑板、球芯、下球面滑板、下座板最终传递至墩台垫石。活动支座在活动方向可自由滑动,保证支座正常滑移;支座的转动由球面不锈钢滑板与非金属滑板组成的两个球面摩擦副共同运动实现;支座在限位方向设置限位装置和剪力销,并与上座板连接,在正常运营状态起到限位作用。

发生地震且支座限位方向所受水平力超过起始减震力时,限位装置约束被解除,支座以设置的摩擦系数和刚度进行滑移,延长桥梁振动周期,降低动力加速度和桥梁受到的地震力。

四、多功能支座关键结构设计

与常规摩擦摆支座结构相同的结构形式不再赘述,在此仅描述多功能支座的关键结构结构设计。

1. 限位装置设计

支座正常运营时的限位方向均设置了限位装置结构。

支座在实现普通支座向减隔震支座功能转化时,支座的限位装置起着重要的作用。限位装置需满足正常情况时限位、地震超过水平极限承载力情况时剪断的要求。限位装置结构形式如图 4-2-36 所示。

支座的限位装置中剪力销材料采用 Q235B。对剪力销材料进行了严格的热处理工艺控制,以保证其实际力学性能满足材料力学性能控制范围要求。并对剪力销进行了防腐处理,以满足其使用寿命。

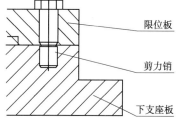

图 4-2-36 限位装置结构示意图

2. 支座锁定结构设计

在转体过程中,两幅总质量达 30000t 的钢桁梁桥,在 4 台 500t 千斤顶的牵引下,分别旋转 33.4°和 29°,支座需满足转体时水平荷载,设计安全可靠、拆装方便的锁定结构,结构示意如图 4-2-37 所示。

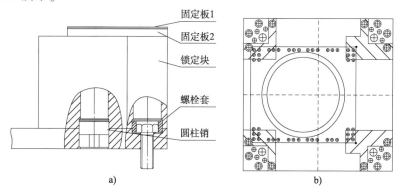

图 4-2-37 锁定装置示意图

锁定装置由固定板1、固定板2、锁定块、圆柱销、螺栓套构成,采用锚固螺栓和圆柱销抵抗水平荷载,锁定块锁定上支座板使支座处于锁死状态,再配合固定板1、固定板2锁定高度防止锁定块产生倾覆。安装时将圆柱销、螺栓套放置在下支座板圆柱槽和锚固螺栓上,再将锁定块底部凹槽沉入圆柱销、螺栓套，上部安装固定板1、固定板2，转体完成后反向拆除使支座正常工作。临时锁定装置如图4-2-38所示。

3. 自平衡的位移调节结构设计

为适应桥梁梁体在合龙温度、转体需求等因素作用下产生的位移，减少梁体变形，保证梁体的性能，支座选用自平衡的位移调节设计，支座纵移300mm预装出厂并使用临时连接固定，合龙时，将支座锁定装置和临时连接拆除，支座顶推至初始状态。位移调节结构示意如图4-2-39所示。

图 4-2-38　支座临时锁定装置示意图

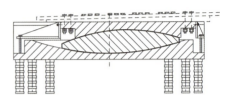

图 4-2-39　位移调节结构示意图

第六节　钢桁梁新型连接

目前，钢结构桥梁节点连接主要采用焊接和高强度螺栓连接。焊接现场施工难度大，主要应用于大节段运输条件较好的跨河桥梁。采用高强螺栓连接的钢结构桥梁，运营过程中逐步出现连接螺栓松动、断裂等影响行车安全的问题，中国铁道科学研究院对我国多座采用高强螺栓连接的铁路钢桥进行调研分析，断裂高强螺栓材质多为20MnTIB或35VB，断裂数量多为0.01%量级，螺栓断裂位置分布较为随机。本工程上跨京沪高铁，螺栓断裂对高速铁路的运营安全风险较高，因此防止螺栓断裂成为上跨高速铁路钢结构桥梁亟待解决的痛点问题。

环槽铆钉连接作为一种成熟的紧固连接技术，具有连接强度高、防松性能优异、施工质量稳定等特点，已经成功应用于舰船、航空航天、铁路车辆、铁路轨道、重型汽车等项目中，在国外环槽铆钉技术已普遍应用于钢结构桥梁，有效地避免了高强螺栓连接缺陷。本工程首次在我国钢结构桥梁中推广采用拉铆钉连接技术，如图 4-2-40 所示。

图 4-2-40　本工程拉铆钉连接技术应用

一、环槽铆钉连接技术原理

环槽铆钉连接的原理是利用虎克定律，采用独特的环槽设计，通过液压或气动铆接工具将套环的金属挤压到铆钉环型槽内,套环金属经塑性变形而嵌入到铆钉的环槽中,使套环和铆钉形成100%的结合,产生永久性紧固,无论怎样的外力振动,都不会产生松动(图4-2-41)。

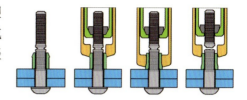

图 4-2-41　环槽铆钉连接

二、环槽铆钉连接副技术特点

高强度环槽铆钉连接副具有连接强度高、防松性能优异、疲劳性能好、安装快捷等优点,与桥梁钢结构用高强度大六角头螺栓连接副相比具有以下优点:

1. 优异的力学性能

(1)高强度环槽铆钉连接副的设计和施工夹紧力均大于高强度大六角头螺栓的预拉力,完全能达到钢结构桥梁节点连接的需求。

(2)同等规格的高强度环槽铆钉连接副的夹紧力比高强度大六角头螺栓连接副高10%以上,力学性能对比见表4-2-7,对摩擦型节点连接能产生更大的抗滑移载荷,节点连接更安全。

高强度大六角头螺栓连接副与环槽铆钉连接副力学性能对比表　表4-2-7

公称直径(mm)	等级	高强度螺栓连接副预拉力(夹紧力)		高强度环槽铆钉连接副夹紧力(预拉力)	
		设计值(kN)	施工值(kN)	设计最小值(kN)	实际值(kN)
24	10.9级	225	250	≥256.9	280
30	10.9级	355	390	≥408.1	450

高强度大六角头螺栓连接副与环槽铆钉连接副力学性能对比如图4-2-42所示。

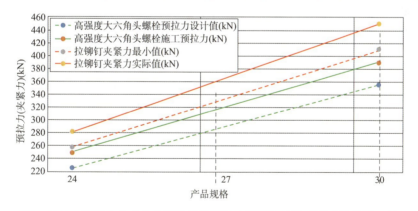

图 4-2-42　高强度大六角头螺栓连接副与环槽铆钉连接副力学性能对比图

注:由于国家标准的术语规定不一致,表中高强螺栓的预拉力和拉铆钉的夹紧力是同一种力学性能。

2. 良好的夹紧力一致性

螺栓在安装过程中通过扭矩产生预拉力,扭矩的80%~90%用来克服螺母与接触面之间和螺纹之间的摩擦力,只有10%~20%的扭矩转化为预拉力,同时预拉力受被连接件表面状态、螺纹配合精度、温度、湿度和安装工具精度等因素的影响,会造成预拉力波动大。研究发现,采用扭矩法安装的螺栓预拉力偏差普遍达25%以上,安装过程中易出现"过拧"或"欠拧"现象,螺栓扭矩法安装过程中的扭矩传递情况如图 4-2-43 所示。

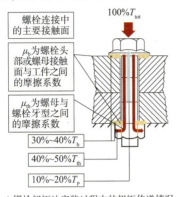
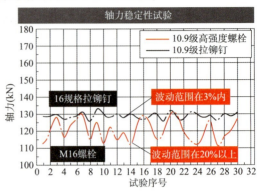

a) 螺栓扭矩法安装过程中的扭矩传递情况　　b) 夹紧力稳定性实验曲线图

图 4-2-43　螺栓扭矩法安装过程中的扭矩传递情况

T_{tot}-螺栓安装扭矩;T_b-安装过程中克服螺栓头部与被连接件之间、螺母端面与被连接件之间的摩擦力的扭矩;T_{th}-安装过程中克服螺母与螺栓牙型之间的摩擦力的扭矩;T_p-安装过程中转换为夹紧力的扭矩。

环槽铆钉连接技术是通过轴向拉伸铆钉,径向挤压套环,安装过程不受连接面表面状态、环境等因素的影响,能提供更加稳定的夹紧力,试验研究表明,环槽铆钉连接的夹紧力波动范围在 3% 以内,具有良好的夹紧力一致性。

3.可靠的防松性能

螺栓连接时,由于制造公差的存在,内外螺纹之间存在横向间隙,在长时间振动工况下,受横向载荷的影响,螺栓和螺母之间摩擦力的损失逐渐沿螺纹线发生相对转动,造成夹紧力下降,导致连接的松动或失效。而高强度环槽铆钉连接副具有封闭独立的圆环形锁紧槽结构,在铆接时套环中的金属会流动到铆钉的圆环形锁紧槽中,通过塑性变形形成永久性紧固连接,同时消除了铆钉和套环之间的间隙。在长期振动工况下,独立的圆环形锁紧槽能有效阻止铆钉与套环发生相对转动,减少夹紧力损失,避免了高强度环槽铆钉连接副的松动、失效(图 4-2-44)。

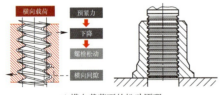
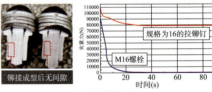

a) 横向载荷下的松动原理　　b) 防松性能对比

图 4-2-44　环槽铆钉和螺栓防松性能对比

图 4-2-44b)为环槽铆钉和高强度螺栓横向振动试验对比。试验结果表明:在同等实验条件下环槽铆钉的夹紧力衰减率明显小于高强度螺栓,具有更优异的防松性能。

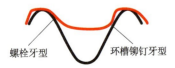

图 4-2-45　环槽铆钉牙型和螺栓牙型对比

4.更好的抗疲劳性能

环槽铆钉的锁紧槽牙型采用多段圆弧结构设计,而螺栓牙型为 60° 的等边三角形结构,如图 4-2-45 所示。环槽铆钉牙型与螺栓牙型相比,圆弧结构可有效降低牙底和牙顶的应力集中,提高疲劳寿命。对同规格螺栓与环槽铆钉牙型有限元分析表明环槽铆钉牙型比螺栓牙型应力集中小,通过铆钉和螺栓牙型的冲击功试验显示环槽铆钉牙型较螺栓牙型冲击功吸收功提升约48%。疲劳性能对比如图4-2-46所示。

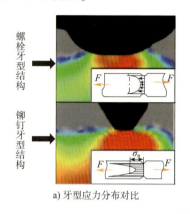
a) 牙型应力分布对比

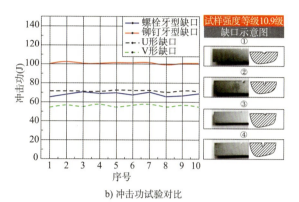
b) 冲击功试验对比

图 4-2-46　疲劳性能对比

螺栓和环槽铆钉在轴向载荷下疲劳试验对比结果表明(图4-2-47):在相同受力情况下,高强度环槽铆钉的疲劳性能明显优于高强螺栓;在轴向载荷或杠杆偏心轴向载荷作用下,高强度环槽铆钉的疲劳寿命为高强螺栓的3倍以上。

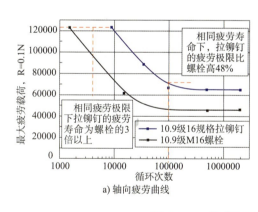
a) 轴向疲劳曲线

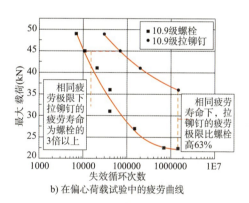
b) 在偏心荷载试验中的疲劳曲线

图 4-2-47　螺栓和环槽铆钉轴向疲劳对比

5. 出色的抗延迟断裂能力

延迟断裂是高强度螺栓无法避免的问题,螺栓延迟断裂主要是由材料的氢脆造成,受应力水平和使用环境的影响。应力水平越高,氢脆敏感性越大。由于螺栓牙型较环槽铆钉牙型相比具有更严重的应力集中现象,易在螺栓的螺纹牙型根部等应力集中区域发生氢脆,使得螺栓发生突发性断裂。高强度环槽铆钉的牙型采用多段圆弧结构设计,可有效降低应力集中,减少了氢脆的发生。

另外,螺栓在使用过程中,由于螺栓螺纹和螺母螺纹之间间隙的存在,环境中的氢原子以及腐蚀物质易从间隙处进入,在螺纹根部应力集中区域聚集,最终引发氢脆,而高强度环槽铆钉为变形连接,铆接完成后铆钉和套环之间无间隙,可有效地阻止氢原子进入锁紧槽内部,避免了氢脆的发生。同时环槽铆钉和套环铆接完成后良好的密封性能,避免了高强度环槽铆钉连接副的连接部位暴露在潮湿空气、雨水等环境下使环槽受到腐蚀,进一步降低了环槽铆钉延迟断裂的风险。

6. 安装过程高效、便捷

(1)环槽铆钉安装过程中,液压铆接装备能够精准地控制铆接压力,安装一致性好;

(2)在安装和拆卸效率方面,每套高强度环槽铆钉连接副安装时间约 10s,拆卸可使用专用破拆工具,方便、快捷,每套拆卸时间约 10s。

三、群铆效应试验

1. 实验室试验

为了研究钢结构桥梁连接大节点、多铆钉连接时的群铆效应,测试铆接先后顺序对群铆夹紧力的影响和环槽铆钉夹紧力随时间的变化情况。西南交通大学郑凯峰团队和西安建筑科技大学郝际平团队分别采用应变片和超声波夹紧力测试手段,对钢结构桥梁常用的连接节点结构(6 排 18 列)和连接厚度 42mm 进行群铆效应试验,选取了 3 组试件,试验中铆钉按照从中央向外铆接顺序安装,每组试件记录前 90 个铆钉预紧力的变化,试验装置及结果见图 4-2-48、图 4-2-49 和表 4-2-8。

图 4-2-48　实验室群铆效应试验

环槽铆钉铆接顺序试件预紧力结果表　　　　表 4-2-8

力值范围(kN)	数　　量	百　分　比
<270	1	0.37%
[270,280)	100	37.04%
[280,290)	122	45.18%
[290,300]	44	16.30%
>300	3	1.11%

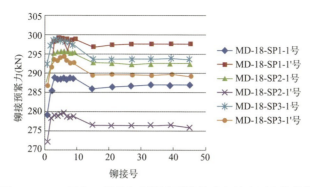

图 4-2-49　1号和1'号铆钉预紧力随铆接进程的实测变化趋势

试验结果表明：

(1)铆接过程中，对某一铆钉预紧力影响最大的是铆接其周边两排铆钉，在铆接其周边2排以外的铆钉时基本不影响该铆钉预紧力，铆接顺序对环槽铆钉预紧力的影响小于5%。

(2)铆接顺序依据《钢结构高强度螺栓连接技术规程》(JGJ 82—2011)，从中央顺序向外铆接，该方式同样适用于环槽铆钉的铆接。

2. 钢梁节段现场试验

2020年底，眉山中车紧固件科技有限公司联合中铁山桥集团有限公司在廊坊光明桥主桁两个节点进行环槽铆钉实际节点上的群铆效应试验。试验在分别完成了工字形梁单摩擦面连接和箱形连接的双摩擦连接试验，现场群铆效应试验如图4-2-50所示，监测面3槽铆钉预紧力数值变化如图4-2-51所示。

图 4-2-50　现场群铆效应试验

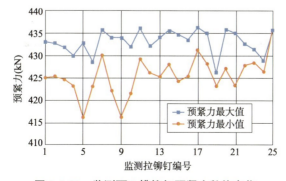

图 4-2-51　监测面3槽铆钉预紧力数值变化

试验结果表明：
(1) 在节点群铆试验中，环槽铆钉的预紧力衰减不超过 5.0%
(2) 方形试验节点中环槽铆钉安装顺序从中间向四周逐步铆接的顺序符合要求。

第七节　线上钢桁梁全封闭合龙防护设计

目前上跨运营铁路的转体桥梁一般采用一跨跨越运营铁路范围，通过短时间要点转体施工可以确保运营铁路的安全。对于跨度较大，没有条件一跨跨越的连梁结构一般通过在跨中避开铁路范围设置合龙段，必须采用全封闭防护结构进行铁路上方合龙段防护施工。全封闭防护施工装置可以解决上跨运营铁路合龙长时间要点施工的难题，降低合龙施工防护成本和安全隐患。

一、上跨铁路合龙防护现状

目前铁路线上合龙段施工采用封闭挂篮或者连续梁合龙钢壳模板的施工方法，如图 4-2-52 所示，可以解决预应力混凝土连续箱梁铁路线上合龙施工防护问题，但适用的范围比较受限，仅适用于预应力混凝土现浇连续箱梁施工，应用过程中存在以下不足：

图 4-2-52　铁路线上合龙施工封闭挂篮实施图

(1) 现有全封闭挂篮合龙施工防护装置通过在混凝土箱梁顶面设置轨道结构，防护装置需要借助外部助推体系实现移动，助推系统的行程范围一般都比较小，移动效率较低，防护结构通过吊杆悬挂系统与挂篮进行连接，相比而言，挂篮系统的安装、拆除以及走行施工安全风险较高，挂篮系统在施工过程中发生掉落的案例也时有发生，目前上跨铁路施工基本已不再采用。

(2) 合龙钢壳就位施工装置，兼做模板与防护结构，主梁合龙后参与主体结构受力，不用拆除，免除了主梁合龙后的拆架风险，但是仅适用于混凝土连续梁的防护施工，对于钢桁梁桥而言，防护装置要求必须安装自由、拆卸方便。采用龙钢壳就位施工装置防护施工的适用条件受限。

(3) 现有防护装置在合龙施工过程中都必须先进行轨道结构的安装和合龙，然后才能进行防护装置的施工。对于不具备优先完成轨道合龙的钢桁梁桥而言，轨道结构的合龙难度较大，安全防护风险较高。

二、本工程合龙段防护结构需求

由于铁路运营的安全性要求较高，上跨铁路桥梁的合龙施工被定性为高风险施工，全封闭的合龙防护装置作为施工防护装置的同时自身也是一个影响铁路安全的风险源，而目前所有的防护技术都仅仅是通过提高设计的安全度来保证上跨铁路的安全。针对防护装置的移动以及施工过程均未设置相应的监测和预警措施,对于防护装置自身的风险未能实现较好的防护。

因此,对于由于建设条件受限,上跨运营铁路的大跨度钢桁梁桥的转体施工跨中合龙而言,现有的合龙防护措施都不再适用,需要结合钢桁梁的结构形式提出一种更为合理的合龙防护措施,具有以下两个特点。

(1)满足合龙的施工,方便作业人员及便携工具进入施工,应具有独立驱动,可分别从合龙口两端安装,在合龙口位置两车能够拼接为整体,整体可锁死以保证作业过程中不偏移或摆动,两车拼接后进行封闭处理,保证作业过程中产生的焊渣、切割熔渣、油漆或工具等不能掉落至地面,影响高铁线路运营。

(2)施工平台整体结构适应现有桥形,其走行系统适应轨道形式,可沿桥纵向行驶,具有独立电源和驱动系统,由于合龙口间隙较大且此处检查车轨道尚未安装,施工平台需要跨越已安装轨道进行拼合,最后对合龙口进行封闭。

三、本工程合龙段防护结构设计方案构思

桁架系统为主要的施工平台,钢梁底板范围全封闭,为了减轻结构重量,桁架采用铝合金方管6061-T6焊接而成。两侧钢梁跨中各设置一组桁架系统,钢梁转体到位后先合对左右侧桁架系统进行连接,然后再进行主梁的合龙施工。由于桥梁在铁路正线上方合龙,为保证施工安全并尽量减小施工作业对铁路线路的影响,转体前需要在合龙段的两侧各安装一部可移动式施工平台,桥梁转体就位后两部施工平台可连接为一个整体,方便合龙段施工。等合龙结束后,施工平台可移动至普铁侧拆除。合龙防护结构横断面布置如图4-2-53所示。

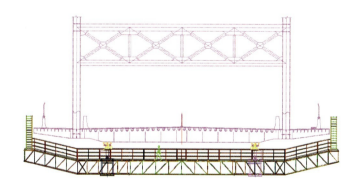

图4-2-53 合龙防护结构横断面布置示意图

防护结构利用梁底预先安装的永久检查小车的轨道结构进行移动,跨中合龙区域通过设置桁架式辅助轨道系统,在确保防护结构安全耐用的前提下有效降低防护结构重量,实现主梁未合龙前防护装置的自由走行,主梁合龙后再进行轨道结构的合龙。主轨道及辅助轨道布置如图4-2-54所示。

在防护装置的走行系统上设置定位系统,通过对走行过程的实时监测,实现走行系统的智能控制,保证走行过程的顺利和安全。在防护装置的吊架系统上设置应力监测系统,对吊

架系统的结构受力进行实时监控,设置相应的安全预警值,通过对结构受力的实时监控,保证整个施工阶段防护装置的受力安全,确保桥下运营铁路的安全。

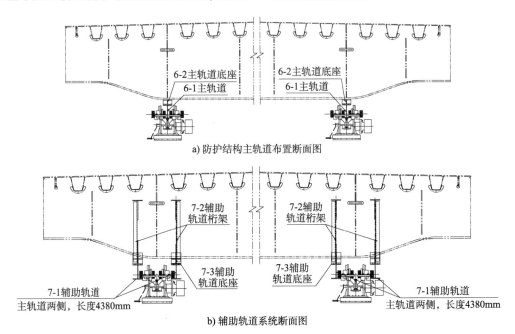

图 4-2-54　主轨道及辅助轨道布置图

四、本工程合龙段防护结构方案实施效果

1. 防护结构设计方案

防护结构施工平台全长36.5m,单个平台宽度1.97m,并车后宽度为3.94m,可满足人员及便携设备出入,可覆盖桥梁全断面施工。在桥梁合龙位置设置悬臂轨道,为三轨道形式,保证施工平台可以驶入合龙口并且保证受力满足要求。防护结构主要设计参数见表4-2-9,横断面及纵断面布置如图4-2-55所示。

防护结构主要设计参数　　　　　　　　　　　表 4-2-9

项　目		参　数
自重		结构自重 103.65kN
设计荷载	设计活载	共15.00kN,设计集中荷载3.50kN,其余11.50kN全车均布
	最大行车风速	12m/s(六级风)
牵引电动机	型号	GRF87-YEJ3-4P-53.05-M1-0°-Φ300-X
	数量	2
	总功率	3kW×2=6kW
直线行走速度		$v=10$m/min,无级调速
动力源		汽油发电机组供电

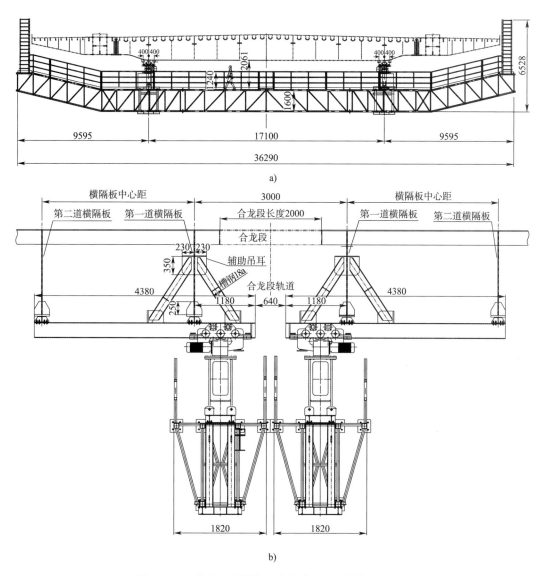

图 4-2-55 横断面及纵断面布置详图(尺寸单位:mm)

在施工平台的四周所有孔隙均用防火阻燃布进行遮盖,防止工具或杂物掉落,合龙防护结阻燃布及布置示意如图 4-2-56 所示。

2. 防护结构制造加工及安装

铝合金采用 6063 铝硅镁合金,焊丝采用 5083 铝硅镁合金,所有对接焊缝采用非熔化极惰性气体钨极保护焊(Tungsten Inert Gas Welding,TIG 焊)打底,熔化极惰性气体保护焊(Melt Inert-Gas Welding,MIG 焊)填充焊接,焊接严格执行焊接工艺要求,焊前打磨,严格控制焊接温度及湿度,在保证焊缝成形的同时保证焊接质量。

采用锯床下料,所有加工口均采用机床加工,在保证构件尺寸的同时,避免热加工对铝合金材料的损伤及破坏。

走行机构采用齿轮多级传动,在车间制造时严格控制装配质量,传动机构箱体为焊接箱体,经机床一次装夹加工各个孔位,保证齿轮正常啮合,合龙防护结工厂组装如图 4-2-57 所示。

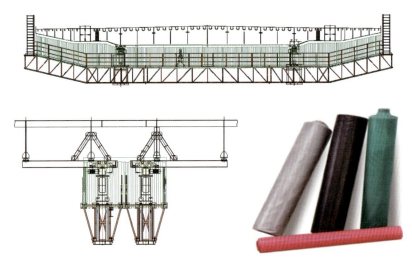

图 4-2-56　合龙防护结阻燃布及布置示意图

图 4-2-57　合龙防护结工厂组装图

施工平台经车间预拼后分三段发运现场进行总拼装,拼装整体后安装密封配件,对全部施工平台部分进行封闭,最后将施工平台安装于大桥底部的检查车轨道上,经过电气调试后可正常动作。

在全桥合龙前将施工平台与检查车轨道进行锚固,在大桥转体完成后,将施工平台运行至合龙接口位置锚固,对两台施工平台进行刚性连接,连接后可用于正常施工,合龙防护结现场安装效果如图 4-2-58 所示。

图 4-2-58　合龙防护结现场安装效果

经过施工实践验证,本桥合龙施工平台实现了设计功能,满足施工要求,为大桥合龙施工提供了安全保证。同时,此施工平台的布置方式、密封方式、连接方式等作为一次新的施工尝试,为同行业施工提供参考。

3. 防护结构难点及创新点

(1)满足全封闭:由于合龙口位于高铁运营线上方,为了防止焊渣等小物品掉落影响铁路运行,需要对施工平台做全封闭处理。

(2)合龙口宽度大:由于合龙段的检查车轨道尚未安装,施工平台需要外伸才能覆盖整个合龙口,合龙口的宽度近3m,实现难度很大。

(3)传统结构自重大,铝合金结构:由于原桥梁检查车轨道承载力小,为了适应检查车轨道及不对其后续正常使用产生影响,施工平台的材料采用铝合金结构形式。

(4)铁路作业窗口时间短:由于合龙口下方的高铁线路属于运营线,合龙施工需要向铁路部门申请作业窗口时间,这就要求施工平台的移动、并车、固定、封闭以及解除等功能的实现必须在很短的时间内完成。

第八节 UHPC组合桥面铺装体系

一、钢桥面铺装存在的问题

近十几年来,我国建成了许多大跨径桥梁,其中多数采用钢桥面系。正交异性钢桥面板以其质量轻、运输架设方便、施工周期短等优点,被广泛地应用于大跨度钢桥中,如已建的广东虎门大桥、香港青马大桥和润扬长江大桥等。然而国内外工程实践表明,正交异性钢桥板在使用一段时间后很容易出现钢桥面疲劳开裂、铺装层开裂、车辙、拥包、推挤等病害,在运营周期不得不频繁维修,维护成本极大,维修造成的交通中断也造成了巨大的社会成本。正交异性钢桥面铺装层易损坏的原因主要包括钢桥面板的刚度不足,沥青铺装层的高温性能、疲劳特性和黏结强度不佳,桥梁超负荷运营等。目前常用的解决办法主要是加大桥面板厚度、改进构造细节和改善加工工艺等,这些方法都没能彻底解决正交异性钢桥面的病害问题。钢桥面板以及沥青铺装对轮载的分散作用较弱,在轮载作用下应力集中程度大,疲劳开裂风险高,而提高面板厚度对加劲肋与面板连接构造疲劳开裂的改善作用不明显。

二、超高性能混凝土组合桥面体系的提出及技术特点

研究表明,提高正交异性钢桥面的局部刚度能够减少正交异性钢桥面病害的发生。1993年法国Bouyues实验室成功研制出活性粉末混凝土(Reactive Powder Concrete),这种材料具有超高强度、超高韧性和高耐久性,简称超高性能混凝土(UHPC)。国内外许多学者对这种高性能材料的静力、动力以及疲劳性能进行了研究,并将其应用于工程实践。将UHPC层与正交异性钢桥面板通过抗剪连接件联合成整体形成组合结构,可显著提高桥面刚度,降低正交异性钢桥面板在局部荷载作用下的应力水平。同时,水泥基材料与沥青铺装层可形

成较好的连接,有效降低黏结层失效、铺装层开裂、车辙、推移等破坏风险。该新型组合桥面体系可同时解决正交异性钢桥面疲劳开裂和钢桥面铺装病害两大技术难题,超高性能混凝土组合桥面体系构造如图4-2-59所示。

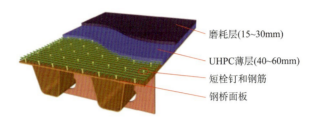

图4-2-59 超高性能混凝土组合桥面体系构造

超高性能混凝土组合桥面体系的结构特点如下:

(1)超高性能混凝土具有超高的力学性能和超高的耐久性能,特别是超高的抗折强度和抗拉疲劳强度,能够满足超高性能混凝土组合桥面体系的设计目标。

(2)超高性能混凝土层与正交异性板通过剪力钉能形成了组合结构,混凝土层与钢面板共同作用,可使得正交异性板主要构造细节应力幅降至疲劳以下,满足无限寿命设计要求。

(3)超高性能混凝土层与正交异性板形成了组合结构,提高桥面板局部刚度40倍以上,改善了桥面柔性铺装的工作条件,可解决沥青混合料面层的滑移、脱层、拥包和车辙等问题。

(4)彻底解决钢桥面铺装技术难题,桥面维修只需要更换磨耗层结构,全寿命周期内具有明显的经济性优势。

三、超高性能混凝土材料性能

1. 免高温蒸汽养护

通常情况下超高性能混凝土需要高温蒸养养护,本工程的超高性能混凝土所使用的掺和料由多种材料组成,这些材料在常温条件下就可以发挥较高活性,核心掺和料基于水泥化学原理,按生产膨胀型水化产物所需要的活性元素及比例选择掺和料的组成及用量,具有较低的自收缩特性,避免了需要高温蒸汽养护的弊端。

2. 超高的力学性能

超高性能混凝土试验表现出了超高的力学性能,其中28d立方体试件抗压强度为129.6MPa,28d抗折强度高达22.8MPa。抗压强度是普通高性能混凝土的2~4倍,抗折强度是普通高性能混凝土的3~8倍,轴心抗拉强度是普通混凝土的4~10倍,弹性模量与普通高性能混凝土相当。

3. 超高的耐久性能

超高性能混凝土因掺加特有的掺和料,使混凝土内微观层面上的结构密实性较高,极大地优化了孔结构,细化孔径,使混凝土表现出了极高的抵抗氯离子渗透的能力,远低于普通C50混凝土(表4-2-10)。完成700次冻融循环后试件完好无损,抗渗等级大于P39,同时具有良好的抗冲磨性能。

超高性能混凝土抗氯离子渗透性能　　　　　表 4-2-10

评 价 参 数	UHPC120		C50	
	28d	56d	28d	56d
电通量(C)	64	35	1365	864
扩散系数($\times 10^{-12}m^2/s$)	0.08	0.05	4.27	2.56

4. 良好的早期抗裂性能

本桥采用的超高性能混凝土,常温 20±2℃条件下,收缩主要集中在前期,长龄期干燥收缩较小,180d 龄期的干燥收缩仅为 158×10^{-6};所研制的外加剂能明显抑制超高性能混凝土的早期收缩,收缩值为 791×10^{-6},减幅效果显著,收缩随时间变化如图 4-2-60 所示。

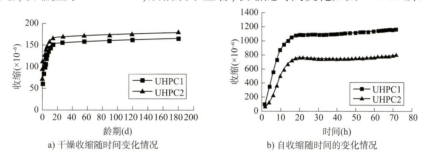

a) 干燥收缩随时间变化情况　　　　b) 自收缩随时间的变化情况

图 4-2-60　收缩随时间变化情况

四、超高性能混凝土组合桥面体系抗疲劳性能研究

1. 疲劳计算模型

分别针对"80mm 厚传统柔性沥青铺装"方案、"16mm 钢板 + 45mmUHPC + 30mmSMA10"方案、"14mm 钢板 + 45mmUHPC + 30mmSMA10"方案、"14mm 钢板 + 50mmUHPC + 30mmSMA10"方案进行钢桥面板疲劳性能研究。建立了钢桥面板的节段模型,节段模型纵向上包含 4 个节间,长 12.2m,横向取半幅桥面,UHPC 层与沥青混凝土磨耗层均采用实体单元,钢板均采用壳单元模拟,实体节段有限元模型如图 4-2-61 所示。

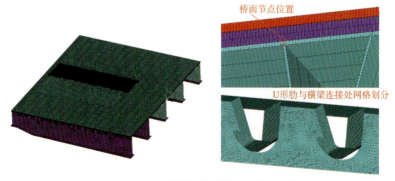

图 4-2-61　钢桥面板节段有限元模型

2. 荷载工况

针对正交异性板这种特殊结构的疲劳受力问题,需要按无限寿命考虑才能满足设计要

求,换句话说就是保证桥梁上通过的最大轴重产生的最大应力幅在各构造细节的疲劳门槛值以下,则可以保证正交异性板的无限疲劳寿命。

考虑到最大轴重存在一定不确定性,要从理论上完全达到这一目标存在很大困难,根据同类桥梁荷载调研成果可知,大约90%的超载车轴小于210kN,采用210kN的轴重作为计算荷载具有较高的安全度。车轮的顺桥向间距为1.4m,横桥向间距为1.8m,轮载作用面积为0.6m×0.2m。

轮迹的横向分布规定如下:车辆中心线平行于车道中心线,并在其邻近不超过0.3m范围内,针对重车道及相邻行车道进行加载计算。将双轴荷载在车道上进行横向移动加载,移动步长取0.15m,以确定最不利加载位置。荷载的车道横向布置工况共10个,荷载的纵向布置工况包含3个,分别为:①两车轮对称分布在横梁两侧;②一车轮作用在两横梁之间;③两车轮对称分布于两横梁之间。车轮的横向、纵向加载工况如图4-2-62所示。计算工况共包含30个,分别为A1-A10、B1-B10、C1-C10。

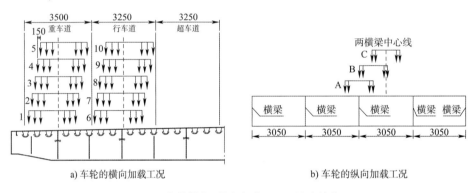

图 4-2-62　车轮横向、纵向加载工况(尺寸单位:mm)

3. 疲劳应力计算点

正交异性钢桥面板典型的疲劳构造细节有加劲肋与顶板连接构造、加劲肋与横梁、连接构造及弧形切口处,研究选取的疲劳应力计算位置即针对这些构造,如图4-2-63所示。

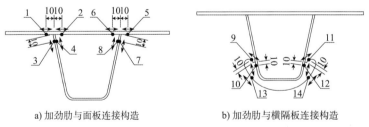

图 4-2-63　U 形肋应力计算点(尺寸单位:mm)

1~14-应力计算点

对于加劲肋与面板连接构造而言,疲劳应力计算点为两横梁正中间部位,距离面板与加劲肋焊缝内外各10mm的面板下侧(应力计算点1、2、5、6),以及距离面板与加劲肋焊缝10mm处加劲肋内外侧的点(应力计算点3、4、7、8),应力计算类型为正应力;对于加劲肋与主横梁和次横梁连接构造而言,疲劳应力计算点为距离焊缝端部10mm处横梁侧的点(应力计算点9、11),加劲肋侧上的点(应力计算点10、12),以及弧形切口处的点(应力计算点13、

14),应力计算类型为主应力。

4. 最大应力幅计算结果

本桥采用沥青铺装及组合桥面铺装方案后,正交异性钢桥面板典型疲劳构造细节的最不利应力幅如图4-2-64所示。给出了两种常幅疲劳极限,其中500万次常幅疲劳极限为欧洲规范EC3采用,1000万次常幅疲劳极限为英国规范BS5400采用。

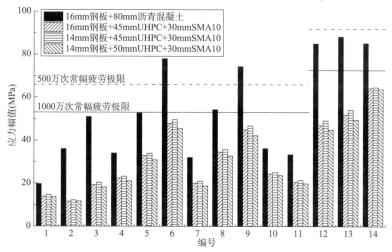

图4-2-64 U形肋与顶板及横隔板连接的各应力计算点最大应力幅

（1）传统80mm厚沥青混凝土铺装方案,U形肋与顶板连接构造中U形肋侧的应力幅值超过了500万次常幅疲劳极限,具有较大的疲劳开裂风险。

（2）采用组合桥面体系后,三种方案的加劲肋与面板连接构造、加劲肋与横梁连接构造及弧形切口的应力幅值基本低于1000万次常服疲劳极限,均满足无限疲劳寿命的要求。

（3）对于"16mm钢板+45mmUHPC+30mmSMA"方案,降低面板厚度2mm,钢桥面板构造细节的应力幅值均稍有增大；而在14mm钢板的基础上,增加5mm的UHPC,可降低各构造细节的应力幅值。"14mm钢板+50mmUHPC+30mmSMA"方案与"16mm钢板+45mmUHPC+30mmSMA"方案相比,具有更好的经济性。

五、组合桥面体系UHPC层抗裂性分析

1. UHPC层最大拉应力计算

基于第二篇中的设计计算模型,桥面板采用板单元建立,由于板单元的内力计算结果涵盖了第二体系的受力部分,以主桁下弦杆轴力引起的轴向应力作为面板结构的第一体系应力。主桁下弦杆在汽车活载、人群活载、支座沉降、温度、风组合作用下,应力包络图如图4-2-65所示。最大拉应力为39.7MPa,发生在主跨跨中范围内。由于UHPC层与面板通过密集短剪力钉连接形成组合结构,且面板结构相对于主桁而言,高度较小,为计算简便,面板与UHPC层的应变可视为相等,UHPC的应力由两者的弹性模量比（UHPC弹性模量取44.1GPa,钢材弹性模量取220GPa）换算得到,UHPC层的最大拉应力为7.9MPa,发生在主跨跨中范围内。

UHPC层第二、第三体系计算模型与钢桥面板疲劳计算模型相同,所用的轴载与边界条件均一致。计算各工况组合桥面体UHPC层顺桥向/横桥向最大拉应力见表4-2-11,应力分

布如图 4-2-66 所示。

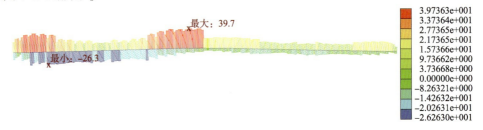

图 4-2-65 主桁下弦杆轴力引起的轴向应力（单位：MPa）

组合桥面体系 UHPC 层最大拉应力汇总（单位：MPa）　　　　表 4-2-11

控 制 点	组合桥面 1 16mm+45mm+30mm 顺桥向/横桥向	组合桥面 2 14mm+45mm+30mm 顺桥向/横桥向	组合桥面 3 14mm+50mm+30mm 顺桥向/横桥向
1	9.54/6.65	9.78/6.75	9.04/6.34
2	8.67/6.86	8.85/6.9	8.19/6.84
3	7.53/7.46	7.7/7.62	7.22/7.45
4	8.87/6.97	9.1/7.75	8.4/7.8
5	9.11/7.12	9.35/7.91	8.59/7.98
6	8.23/7.69	8.43/8.56	7.74/8.59
7	7.35/7.69	7.51/8.56	6.9/8.59
8	6.95/7.68	7.12/8.56	6.57/8.59
9	7.77/7.68	7.97/8.56	7.27/8.58
10	7.54/7.66	7.73/8.54	7.02/8.56

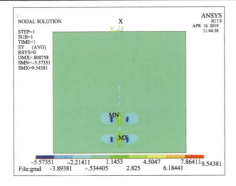 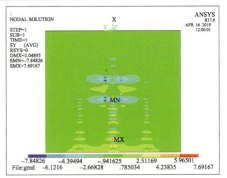

图 4-2-66 组合桥面 UHPC 层拉应力（顺桥向/横桥向）（单位：MPa）

组合桥面体系方案 UHPC 层最大拉应力汇总表见表 4-2-12。

组合桥面体系方案 UHPC 层最大拉应力汇总（单位：MPa）　　　　表 4-2-12

最大拉应力	横 向		纵 向		合计
	第二、第三体系	第一体系	第二、第三体系		
方案 1：16mm 钢板+45mmUHPC+30mmSMA10	7.7	7.9	9.5		17.4
方案 2：14mm 钢板+45mmUHPC+30mmSMA10	8.6	7.9	9.8		17.7
方案 3：14mm 钢板+50mmUHPC+30mmSMA10	8.6	7.9	9.0		16.9

根据疲劳和抗裂计算分析结果，钢桥面设计选用 14mm 钢板+50mmUHPC+30mmSMA10

的组合桥面铺装结构。

2. 组合桥面体系抗裂性能模型试验

为研究钢-UHPC组合桥面板在局部车轮压力作用下UHPC板静力开裂强度,进行了钢-UHPC组合桥面板纵向弯曲试件以及6块横向弯曲试件进行了两点对称负弯矩加载试验。纵向弯曲试件如图4-2-67所示,横向弯曲试件如图4-2-68所示。

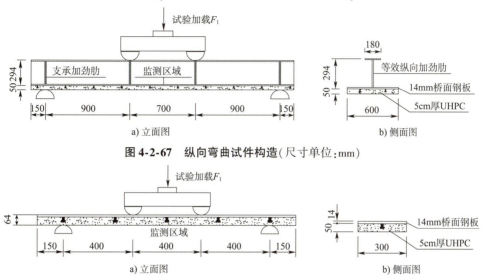

图 4-2-67 纵向弯曲试件构造(尺寸单位:mm)

图 4-2-68 横向弯曲试件构造(尺寸单位:mm)

试验分析了不同纵、横向钢筋的摆放形式与多种钢筋布置间距对钢-UHPC组合桥面板开裂强度的影响。设置了纵向钢筋在上与横向钢筋在上两种摆放形式。两类试验均采用两点对称加载方式,UHPC面朝下放置,纵弯试件纯弯段长度为700mm,横弯试件纯弯段长度为400mm。试验过程中记录各试件UHPC层表面出现0.05mm宽度的裂缝时的名义拉应力。两类试验加载过程如图4-2-69所示。各试件的开裂强度汇总见表4-2-13。

a) 纵向弯曲试件加载

b) 横向弯曲试件加载

图 4-2-69 两类试验加载过程图

不同构造参数开裂强度汇总　　　　　　表 4-2-13

构造参数	0.05mm 开裂应力(MPa)	
	横向	纵向
间距50mm,横向钢筋在上	19.4~20.8	21.2~30.0
间距50mm,纵向钢筋在上	13.6~14.4	30.7~39.0

由模型试验结果可知,采取50mm间距钢筋网、横向钢筋在上的构造时,组合桥面体系

UHPC 层横向开裂强度为 19.4~20.8MPa,纵向开裂强度为 21.2~30.0MPa。光明道立交桥组合桥面体系中纵、横向拉应力均未达到开裂应力,在设计荷载作用下,组合桥面体系中 UHPC 层能够满足抗裂性能要求,且具备较大的静力承载能力富余度。

第九节　全封闭围堰基坑防护

高速轨道平顺度要求较为高,对基础变形控制较为严格,一旦产生较大的基础不均匀沉降,就会影响高速铁路的安全性和舒适性。

本工程施工地段地质为粉质黏土和粉土,地下水丰富,埋深较浅(1.8~3.7m)。基坑开挖深度 6m 左右,需先对基坑范围止水、降水,再进行基坑开挖。

一、现有基坑防护方法

对于地下水丰富的深基坑,一般采用钢板桩或防护桩进行四周防护,并结合基坑降水,使基坑开挖时达到较为干燥、无水的条件,进行基坑开挖施工。

常用的基坑降水方法均未将基坑内部地下水与基坑外部地下水隔离开,每个井点周围的水位降低呈漏斗状分布,整个基坑周围的水位降落近大远小呈曲面分布,水位降低必然引起邻近地面的不均匀沉降。

二、本工程基坑防护方案

主桥主墩邻近京沪高铁,承台平面尺寸为 20.9m×16.4m×5.0m,承台边缘距京沪高铁线路中心最小距离为 22.1m,距路基坡脚线最小距离为 16.3m。基坑平面尺寸为 20.65m(垂直铁路方向)×25.15m(平行铁路方向),基坑开挖深度 6m 左右。由于高速铁路线路路堤坡脚、路堑坡顶或者铁路桥梁外侧起向外各 200m 范围内禁止抽取地下水,需针对本项目承台基坑尺寸大、开挖深、地下水位高、与高铁距离近的具体情况,主墩基坑采用类似"围堰"的施工方法。

本桥基坑四周采用防护桩和止水帷幕进行防护,基坑底采用旋喷桩进行封底,并在主桩周边加密封底,防止主桩与封底旋喷桩之间形成间隙,使得基坑开挖时处于全封闭状态,如图 4-2-70 所示,四周地下水和基底地下水均无法进入基坑,排水范围只是局限在围堰内部地下水。施工时先四周止水、后主桩施工,先底部止水、后开挖土体;边开挖、边支撑、边挂网喷混凝土,严格保证京沪铁路和京沪高铁地下水位的稳定,确保不会因为施工给铁路运营带来影响。

基坑侧面采用直径 1.25m 防护桩进行防护,防护桩桩长 20m。防护桩外侧采用双头直径 0.7m 旋喷桩作为止水帷幕,桩长 14m。基坑底采用 2m 后旋喷桩封底,形成"围堰"式全封闭防护。

对防护桩的倾覆稳定、整体稳定进行检算,整体稳定系数为 2.088,抗倾覆安全系数为 1.31。对基坑封底抗隆起稳定性、流土稳定性、抗承压水(突涌)稳定性进行检算,基坑底部抗隆起稳定系数为2.096,流土稳定系数为1.900,抗承压水稳定系数为1.29。

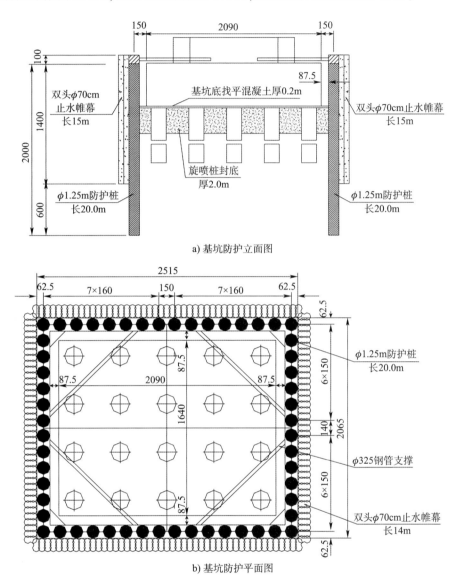

a) 基坑防护立面图

b) 基坑防护平面图

图4-2-70　基坑防护示意图(尺寸单位:cm)

三、基坑监测

1. 测点布置

设置不少于4个稳固可靠的基准点,位于5倍基坑深度范围以外,基准点的间距不宜大于1km;变形观测点设在变形体上能反应变形特征的位置,并与建筑物稳固地连接在一起。基坑支护桩顶设置水平位移监测和沉降监测共用变形观测点,布置于基坑支护桩桩顶对应冠梁顶面处;土体深层水平位移布置在基坑每个边中间位置;铁路防护墙垂直位移监测布置离基坑四周12m处,每个周边布置2个点,如图4-2-71所示。

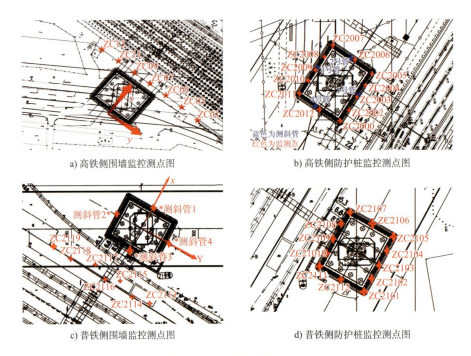

a) 高铁侧围墙监控测点图　　　　b) 高铁侧防护桩监控测点图

c) 普铁侧围墙监控测点图　　　　d) 普铁侧防护桩监控测点图

图 4-2-71　监控测点布置图

2. 监测结果

高铁侧基坑铁路围墙竖向位移监测结果显示,施工期间监测数据最大值向上为2.40mm,向下为3.05mm,各监测点数据在一定范围内波动,累计沉降值未超过黄色预警值3.5mm(图 4-2-72)。

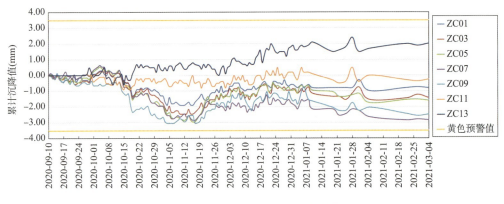

图 4-2-72　高铁侧铁路围墙竖向位移监测累计沉降值

高铁侧基坑冠梁水平位移监测结果显示,施工期间监测数据水平方向变化最大值为5.50mm,各监测点数据在一定范围内波动,累计水平位移未超过黄色预警值7.6mm(图 4-2-73)。

普铁侧基坑铁路围墙竖向位移监测结果显示,施工期间监测数据最大值向上为2.55mm,向下为2.53mm,各监测点数据在一定范围内波动,累计沉降值未超过黄色预警值

3.5mm（图4-2-74）。

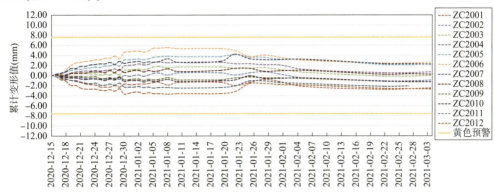

图4-2-73　高铁侧基坑冠梁水平方向位移监测累计变形值

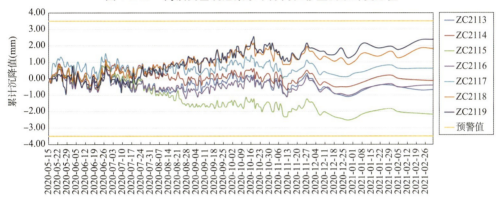

图4-2-74　普铁侧铁路围墙竖向位移监测累计沉降值

普铁侧基坑冠梁水平位移监测结果显示，施工期间监测数据水平方向变化最大值为4.10mm，各监测点数据在一定范围内波动，累计水平位移未超过黄色预警值7.6mm（图4-2-75）。

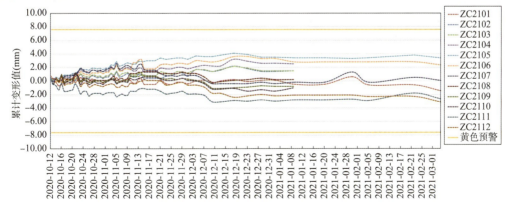

图4-2-75　普铁侧基坑冠梁水平方向位移监测累计变形值

以上桥墩基坑各项监测数据显示，在基坑施工期间，各项监测数据未达到预警值且未出现数据突变现象。

第三章
施工技术创新

上跨高铁的特殊环境对上跨高铁桥梁的施工提出了更高的要求,在密集运营的高铁线路上方架设桥梁的案例极少,可以借鉴的经验非常有限。为减小对运营铁路的影响,确保桥下高铁的安全,廊坊光明桥实施了远离铁路、采用70m超高门式起重机拼装技术,通过自平衡体系进行多点同步横移施工;首次提出长悬臂非对称转体施工工艺和运营线上全封闭合龙防护施工措施,借助无应力合龙控制技术,创造性解决了上跨高铁施工的各项重难点关键技术。

第一节 独柱式拼装支架体系

一、钢桁梁拼装现有技术

邻近铁路施工安全风险较高,钢梁拼装过程中一旦发生安全事故,将严重影响铁路运营并造成巨大的人员伤亡及经济损失,故要求邻近铁路的钢桁梁拼装所用施加支架具有足够的承载能力、刚度和稳定性,同时还需综合考虑施工便利性和经济性。

图4-3-1 格构式拼装支架示意图

目前钢桁梁拼装技术方案采用少支架拼装体系,单个或者多个节间长度设置拼装支架单元,每个支架单元都包括四根竖向设置并呈矩形排布的钢立柱,并根据钢桁梁各拼装节段的梁底高程,在钢立柱之间适当位置设置上下平联和连接系,形成稳定的框架体系。钢桁梁常规格构式拼装支架如图4-3-1所示。此支架体系可以保证较高安全性,但在应用过程中也存在一定的不足,主要体现在以下三个方面。

(1)格构柱施工支架结构形式复杂,杆柱较多,制作安装时间较长,整体轮廓尺寸较大,施工空间受限,影响钢桁梁桥面板的施工。

(2)在温度作用下,大跨度钢桁梁的纵向伸缩,立柱墩顶钢管会产生较大的水平变形,并影响支架的稳定性及安全性。

(3)采用格构柱形式支架所需的基础平面尺寸较大,如采用桩基础,会导致桩基根数较多,施工时间长。

二、本工程拼装支架体系需求

高铁侧钢梁施工场地空间狭小,杆件以及桥面单元的运输条件受限,只能选用桥下运输方案,若采用格构式拼装支架方案将不能满足桥面单元的运输条件。结合现有支架拼装技术进行分析,目前钢桁梁拼装支架存在制作安装时间长、结构复杂、占地大、温度效应大等问题,而邻近既有铁路时,由于运营铁路天窗点时段短、安全性要求高等特点,故在邻近既有铁路钢桁梁的拼装施工支架必须解决以下关键技术问题。

(1)针对结构形式复杂,支架设计采用独柱式钢管墩,缩短支架的制作安装时间,减小占地空间,便于现场杆件运输,但同时必须采取适当的措施提高独柱式钢管墩的稳定性,进而保证整体施工过程的安全性。

(2)大跨径钢桁梁在温度作用下的伸缩变形量不可忽略,必须采取一定的措施降低对钢管墩的影响,从而解决钢管墩顶位移较大的问题,保证支架体系的稳定性。

(3)针对独柱墩墩顶平面尺寸较小不满足设置落梁砂箱及拼装垫块的情况,通过墩顶设置垫梁加以解决。

三、独柱式拼装支架体系

在单个钢桁梁下弦节点处设置一独柱式拼装支架,基础采用单桩;在转体主墩两侧各一个节间设置制动墩与主墩临时固结连接,其余拼装支架纵向采用柔性拉索固定以提高支架整体纵向稳定性,拉索采用6×7钢丝绳,直径18mm,拉索一端固定在立柱顶部,一端固定在相邻两个支架的桩基承台顶部,控制结构受力,提高支架稳定性。

在主墩位置支架设刚性支撑,起制动墩作用。为减小钢桁梁拼装施工过程温度变化引起支架顶的纵向推力,支架垫块与分配梁之间加垫5mm厚聚四氟乙烯滑板,以释放温度力,同时设置限位措施,控制梁体的滑动位移。制动墩支架位置处不设滑板;支架不设横向联系,利用钢桁梁桥面系作为横向连接系;拼装支架顺拼接方向布置如图4-3-2所示,垂直拼接方向的布置如图4-3-3所示。

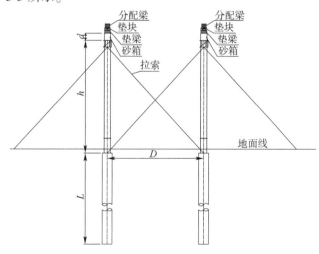

图4-3-2 拼装支架顺拼接方向布置

d-砂箱的高度;D-钢管立柱顺桥向的间距;L-钢管立柱桩基础的长度;h-钢管立柱的高度

支架顶部构造既要考虑支撑钢桁梁杆件拼装平台,又要考虑后续支架拆除的措施和调整拼装高程用的设施。标准支架从下到上组成依次为:桩基础→小承台→预埋钢结构法兰盘→钢管柱→砂箱→垫梁→垫块→分配梁,垫块两侧布置两台调整拼装线形用千斤顶,为防止拼装支架出现不均匀沉降,在钢桁梁节点高强螺栓终拧前核实拼装高程,不满足要求时采用千斤顶起顶加垫钢板调整拼装高程。支架顶部装配如图4-3-4所示。

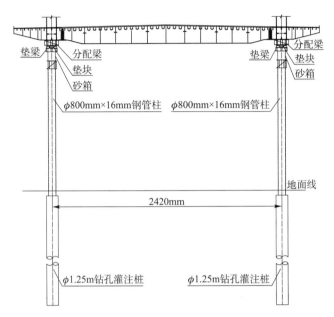

图4-3-3 拼装支架垂直于拼接方向布置图

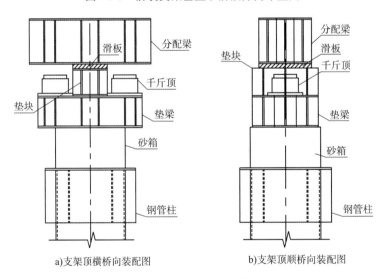

图4-3-4 支架顶部装配示意图

四、独柱式拼装支架体系实施效果

与现有格构柱形式的钢桁梁施工支架相比,本工程采用的独柱式钢管墩外设两根柔性拉索并设置滑板的方案,具有支架制作安装时间短、温度效应影响小等优点,主要体现如下:

(1)根据钢桁梁搭设高程要求,架设相应高度的独柱式钢管柱作为拼装支架,施工难度小,制作安装时间短,且节省钢材,造价相对较低。

（2）复杂困难环境下采用独柱式钢管拼装支架，大大缩短支架的制作安装时间，减小占地空间，便于现场杆件运输，横向通过限位措施实现钢梁与钢管共同受力，可确保独柱式钢管墩的横向稳定性。

（3）在垫块上设置聚四氟乙烯滑板，释放温度力，减小了温度效应对独柱式钢管墩支架的间接影响，钢管墩纵向采用柔性缆风绳预紧措施，可确保独柱式钢管墩纵向受力及稳定。

以上措施综合利用，大幅缩短了钢桁梁拼装支架的搭设周期，降低了工程投资，减小了临时施工工程的占地面积。本桥采用的独柱式支架拼接体系在邻近既有铁路现场拼装钢桁梁施工情形下具有广阔的应用前景。拼装支架实施效果如图 4-3-5 所示。

图 4-3-5　拼装支架实施现场效果图

第二节　邻近高铁可转向超高超宽门式起重机

一、拼装吊机的选取

门式起重机作为一种成熟的起重设备，在公路、市政桥梁架设中被广泛应用。相对于汽车式起重机、履带式起重机和架桥机等起重设备，门式起重机具有吊装重量大、稳定性好、效费比高等优点，与邻近铁路施工的要求相符。门式起重机拼装钢桁梁从中支点开始向两侧拼装，先在中支点及中支点两侧的拼装支架上拼装第一根杆件及桥面板单元，依次往两侧拼装，拼装速度快。门式起重机拼装钢桁梁示意如图 4-3-6 所示。

图 4-3-6　门式起重机拼装钢桁梁示意图

门式起重机在拼装过程中处于不稳定状态,邻近铁路拼装风险较大,难以满足铁路设备管理单位的倒杆距离要求。将门式起重机在远离铁路影响区组装,拼装完成的门式起重机,其吊装能力及稳定系数大大提高,完全能满足铁路设备管理单位的要求,然后将组装完成的门式起重机移0至工作轨道,则大大扩展了门式起重机的使用空间,解决了邻近铁路施工问题。

二、门式起重机的设计

高铁侧钢桁梁拼装采用2台门式起重机进行,型号ME70t+70t-50.25m-64m门式起重机总重222.4t,额定吊重为70t(图4-3-7);ME70t+70t-37.55m-48m门式起重机总重138.8t,额定吊重为70t(图4-3-8)。

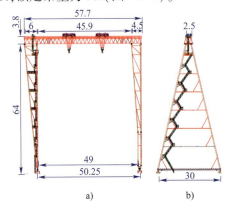

图 4-3-7 ME70t + 70t - 50.25m - 64m 门式起重机(尺寸单位:m)

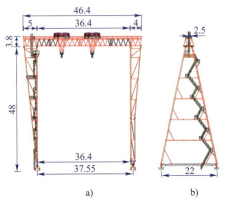

图 4-3-8 ME70t + 70t - 37.55m - 48m 门式起重机(尺寸单位:m)

高铁侧2台门式起重机性能参数见表4-3-1。

高铁侧2台门式起重机性能参数表　　　　表4-3-1

项　目	单位	ME70t + 70t - 50.25m - 64m		ME70t + 70t - 37.55m - 48m	
		小车运行机构	大车运行机构	小车运行机构	大车运行机构
工作级别	—	M3	M3	M3	M3
起升速度	m/min	2		1.3	
最大起升高度	m	64		48	
轨距	mm	2500	50250	2500	37500
运行速度	m/min	6.6	0 - 11	6.6	0 - 11
电源	—	三相交流 50Hz 380V		三相交流 50Hz 380V	
缓冲行程	mm	40	120	40	120
车轮直径	mm	$\phi 400 \times 120$	$\phi 600$ 角箱	$\phi 400 \times 120$	$\phi 600$ 角箱
最大轮压	kN	295	270	295	270
电动机	kW	2 × 2.2	8 × 6.3	2 × 2.2	8 × 6.3
减速器传动比	—	87	163.5	87	163.5
钢丝绳	—	18 × 7 - 26 - 155I			

普铁侧钢桁梁拼装采用2台门式起重机,型号ME70t+70t-35.55m-64m总重172.8t,

额定吊重为70t（图4-3-9）；型号 ME70t + 70t – 35.55m – 48m 总重133.6t，额定吊重为70t（图4-3-10）。

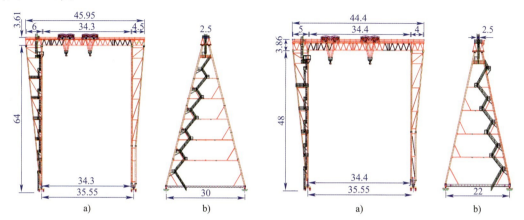

图 4-3-9 ME70t + 70t – 35.55m – 64m 门式起重机（尺寸单位：m）

图 4-3-10 ME70t + 70t – 35.55m – 48m 门式起重机（尺寸单位：m）

普铁侧2台门式起重机性能参数见表4-3-2。

普铁侧2台门式起重机性能参数表　　　　　　　表4-3-2

项　目	单位	ME70t + 70t – 35.55m – 64m		ME70t + 70t – 35.55m – 48m	
		小车运行机构	大车运行机构	小车运行机构	大车运行机构
工作级别	—	M3	M3	M3	M3
起升速度	m/min	2		1.3	
最大起升高度	m	64		48	
轨距	mm	2500	35550	2500	35550
运行速度	m/min	6.6	0 – 11	6.6	0 – 11
电源	—	三相交流 50Hz 380V		三相交流 50Hz 380V	
缓冲行程	mm	40	120	40	120
车轮直径	mm	$\phi 400 \times 120$	$\phi 600$ 角箱	$\phi 400 \times 120$	$\phi 600$ 角箱
最大轮压	kN	295	270	295	270
电动机	kW	2×2.2	8×6.3	2×2.2	8×6.3
减速器传动比	—	87	163.5	87	163.5
钢丝绳	—	$18 \times 7 – 26 – 155I$			

三、门式起重机的安装

1. 门式起重机支腿总成吊装

支腿总成安装需要从水平状态转化为垂直状态，为确保安全与顺利吊装，采用1台400t履带式起重机主吊，吊住支腿的顶部，一台300t汽车式起重机配合，吊住支腿的底部，两台吊车同时将支腿吊离地面1m处，然后吊住支腿顶部的400t履带式起重机将支腿吊至垂直状态后，解除吊住支腿的底部的300t汽车式起重机的连接，将支腿吊装到预装法兰上方。支腿总成吊装如图4-3-11所示，门式起重机支腿现场吊装如图4-3-12所示。

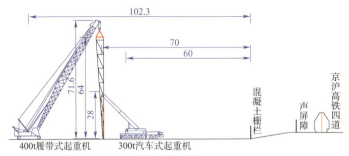

图 4-3-11 支腿吊装立面图(尺寸单位:m)

2. 门式起重机主梁总成吊装

两根主梁在地面连接成整体后进行吊装。单根主梁质量为46t,两根主梁总质量为92t。主梁地面拼装时,平行于就位位置、距拼装轨道1m处,此时需吊装半径为30m,需吊装高度为67m。采用1台400t履带式起重机主吊,1台300t汽车式起重机配合吊装,300t汽车式起重机的吊点布置在主梁一侧端头,用于主梁吊装时调整方向,以便于主梁与支腿的连接。主梁总成现场吊装如图4-3-13所示。

图 4-3-12 支腿吊装过程

图 4-3-13 主梁总成吊装

3. 门式起重机变轨技术

门式起重机拼装完成后,将其通过拼装轨道推至拼装轨道与运行轨道交叉处,进行体系转换。体系转换时,采用200t千斤顶分别将单侧支腿下方一侧顶起,走行轮旋转90°至运行轨道上,每个门式起重机需顶升转换4次。为保证门式起重机体系转换时的安全,在门式起重机四角、平行铁路方向设置4道拉锚。门式起重机走行轮变轨现场如图4-3-14所示,门式起重机现场拼装完成后效果如图4-3-15所示。

图 4-3-14 门式起重机支腿走行轮旋转90°

图 4-3-15 门式起重机现场拼装完成效果图

第三节 多点牵引横移

一、多点同步横移施工方案

为解决钢梁拼装对邻近高铁的影响,高铁侧钢桁梁采取远离高铁15m拼装,先横移后转体的施工方法。垂直铁路方向设置四条横移滑道,采用自平衡横移牵引系统实现大跨度钢桁梁的整体横移施工,将钢桁梁横向拖拉至转体设计位置,横移滑道布置如图4-3-16所示。横移滑道间距约为60m,采用2.4m×2.4m钢箱梁,横移支架立柱为2根φ1020mm×20mm钢管,单条横移滑道最大支点反力为24316kN,每条滑道左右侧钢梁节点下方各设一个支撑点,支点最大反力为12158kN,每个支点下方并行设置两个移动滑靴。横移滑道顶面设置4mm不锈钢板+28mm调平钢板,滑靴与不锈钢板之间设置MGE滑块,滑靴上设置横向牵引索,在横移滑道端头设置牵引反力座,横移过程中牵引反力与滑道摩擦力之间形成自平衡力,确保横移支架的稳定性。

图4-3-16 横移滑道布置

二、PLC多点同步横移牵引控制系统

高铁侧钢桁梁多点横移施工的重难点在于对各支点的同步性控制,对于高位多点横移施工,不同步性会造成两种安全风险。一是横移过程中滑道之间的位移不同步引起主梁轴线发生偏转,造成主梁的平面位置误差较大,同时容易出现横移过程中上下滑道碰撞;二是横移过程中滑道之间的受力不同步,出现牵引力与摩阻力不平衡,造成滑道的被动受力,对滑道支架的安全影响较大。

采用PLC同步牵引系统,实现8个200t连续牵引千斤顶系统同步顶推控制。PLC多点同步横移牵引控制系统主要由主控台操作系统、智能同步液压泵站控制系统及连续顶推(牵引)千斤顶三大部分组成。在每处顶推拖拉点分别有独立的液压系统,通过计算机程序控制,实时比对,准确控制至设定的压力差范围内。

1. 连续牵引千斤顶

连续顶推(牵引)千斤顶是由两台普通穿心式千斤顶、撑脚和导向架组合在一起,并安装上前自动工具锚和后自动工具锚防回缩工具锚,通过主控制台系统采集装在千斤顶上传感器的位移信号,控制连续顶推(牵引)千斤顶的前顶和后顶上前后自动工具锚的荷载转换交替工作,达到顶推过程不间断的工作目的,实现将钢桁梁水平连续顶推(牵引)就位,连续千斤顶如图4-3-17所示。

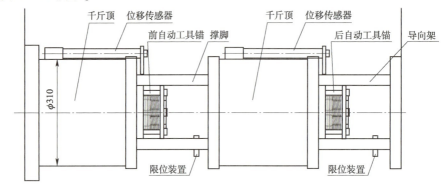

a) 连续千斤顶结构示意图

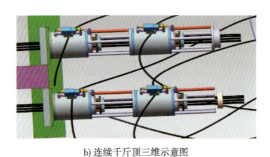

b) 连续千斤顶三维示意图

图4-3-17 连续千斤顶示意图

2. 智能同步液压泵站控制系统

智能同步连续牵引液压泵站接入主控台操作系统(图4-3-18),每台液压泵站配一个控制柜,每个控制柜控制两台自动连续顶推千斤顶及一台液压泵站工作,各个控制柜通过控制线缆连接而实现相互协调,实现各千斤顶的同步、统一。控制柜在设计中设有主控控制柜与分控制柜,系统操作可进行手动与自动的操作。系统的所有操作均受PLC控制,它根据检测到的信号按照连续顶推的工法,控制千斤顶油缸的伸缩,以及控制每个动作持续时间的长短,保证前后主顶之间受力平移转换。

图4-3-18 横移连续牵引智能同步液压泵站及主控系统示意图

3. 主控台操作系统

主控台实时显示所有液压泵站压力值。为精确同步控制，滑道梁上安装拉杆式位移传感器进行伸长位移采集，精度可达0.02mm，一并接入主控台操作系统，从而与泵站油泵变频器组成闭环控制，达到精准同步的目的。主控台系统支持智能分析与控制，通过设定各千斤顶的相对顶推（牵拉）位移量最大差值限值，以及同一滑道梁上两台千斤顶牵引力差值最大限值。当超过该限值时系统发出警报并停止张拉，当分析原因、处理问题后，数据恢复正常时方可继续工作，从而实现压力、位移同步双重控制。

三、多点横移施工实施监测预警系统

针对横移期间监控重点及难点，开发应用了桥梁多点横移施工实时监测预警系统。该系统通过安装于滑道上的位移传感器感知各点的实时位移量值并显示于控制界面，可以及时掌握各支点横移过程的同步性能，一旦不同步位移超出允许值立即发出预警，待位移误差得到调整后继续后续横移，确保横移过程的结构稳定与安全，该系统的位移控制精度可达1mm。横移过程中位移传感器安装如图4-3-19所示，监测预警系统工作状态如图4-3-20所示。

图4-3-19　横移位移传感器　　　　图4-3-20　横移监测预警系统

四、横向限位及纠偏措施

1. 横向限位的设置

梁体横向限位设置在滑靴上，滑靴两侧设置下沿包边，左右两侧与滑道梁的间隙均为1cm。限位在沿横移方向的端头，设置为开口型，防止横移过程中损坏滑道梁的不锈钢板。

2. 纠偏措施

（1）实时报告监控数据，及时纠偏。横移过程中每前进1m，监测人员给控制台汇报一次监测数据；距设计位前2m内时，每50cm报告一次；在到达50cm内，每10cm报告一次；在5cm内必须每10mm报告一次。距离设计位置30cm前，将自动牵引调整为点动（具体数值通过试牵引来确定）。以便控制系统的操作人员能及时掌握顶推拖拉情况，利于操作控制系统，使转连续顶推拖拉达到理想的设计要求。

(2)同步性保障。在 PLC 系统上设置位移允许偏差,即所有参与连续顶推(牵引)的千斤顶在顶推(牵引)过程中最快顶推(牵引)位移量与最慢位移量的允许差值,以避免某一台或多台设备过快或过慢顶(牵引),保持整体的同步性。横移过程中允许偏差设置值为 5mm,不同步达到 5mm 时,便提出预警,查明原因后再进行后续的施工。同时设置专人盯控滑靴横向限位间隙,在间隙达到 5mm 时进行预警。

(3)滑道梁间千斤顶不同步纠偏措施。实时监测四条滑道的同步性,出现横移滑道不同步发生横向位移,及时调整不同步滑道千斤顶的处理直至四条滑道同步。

第四章
项目管理创新

廊坊光明桥项目投资规模大、工程环境复杂、建设周期长，建设过程中项目管理面临诸多挑战。总承包项目部核心团队在项目前期，通过头脑风暴、专题小组等形式，明确项目管理创新思路，即"以项目管理标准化为基础，以项目管理需求为抓手，以项目管理信息化为手段"，通过加强项目管理标准化建设、运用项目管理知识体系方法优化管理模式、探索信息化管理方法，提高项目管理水平，提升工程建设质量，为实现"三优三零"的管理总目标提供创新驱动、数字驱动。

第一节 上跨既有高铁工程 EPC 总承包模式

廊坊光明桥项目是中国铁路北京局首个上跨既有铁路 EPC 总承包工程。一方面，在 EPC 总承包模式下，总承包方能充分发挥资源整合优势，深度融合设计、施工、建设的管理过程，实现"交钥匙"工程。另一方面，总承包方通过上下沟通，协调地方业主及铁路主管部门的诉求，且兼顾参建各方的利益，可极大地降低上跨铁路工程建设风险。可以说，廊坊光明桥的建成，对上跨既有铁路尤其是上跨既有高速铁路工程采用 EPC 总承包模式具有良好的借鉴及示范作用。

本项目位于主城区且转体跨越既有运营高速铁路，建设环境复杂，在 EPC 总承包模式下，总承包方承担了项目建设最大的职责与风险。本项目秉持"凡事预则立"的思路，超前布局、全面规划、勇于创新，确立本项目 EPC 管理创新思路。

一、全面推行"专业化、标准化及信息化"组织管理模式

本项目组建项目管理团队伊始，即开展 EPC 项目管理培训，系统学习各级 EPC 管理文件。邀请行业专家举办讲座，并与集团工程总承包事业部、财务部及法律合规部进行互动交流。在项目开展过程中，对中国铁路北京局主要涉铁工程管理文件进行系统学习，为 EPC 项目管理工作实操做好知识准备。在管理过程中，与各参建方进行充分交流，明确各方关系与职责范围。

为规范管理，制定了适应本工程项目建设模式的管理手册（图4-4-1），全面涵盖了项目管理的各个方面，充分体现了项目技术管理专业化、形式内容标准化及沟通传达信息化。

为加强对分包单位的管理，制定了适合涉铁工程分包单位信用评价管理办法（图4-4-2），形成了每月公示、季度统计及年度总结的管理制度。

图 4-4-1　项目管理手册　　　　图 4-4-2　分包单位信用评价管理办法

二、加强过程管控,创新安全管理模式

涉铁工程安全管理是项目管理的核心,本工程管理创新是以保证铁路运营安全为总导向。具体措施如下:

(1)涉铁工程参建单位多,通过有效整合资源、精细化分工,实现对工程全工序、全过程管控。对邻近铁路施工所有人、机和物料要做好检查登记、签字确认。每天组织各单位召开安全例会,对存在问题的危险因素进行分析、处理并验收。

(2)对各项危险源进行全面辨识评估,对常见事故类型制定有效的控制措施确保安全平稳推进。对每项危大工程必须对应专项施工方案并要求各方确认,必要时召开专家评审会。

(3)开展一月一主题活动,每月组织安全生产大检查,对生活区与生产区进行无死角覆盖,对存在问题实行严格闭环管理。

(4)建立应急管理机构,定期开展应急管理培训与应急演练,并以确保铁路运营安全作为重点。

(5)密切关注气象预警信息,指导督促现场做好气象灾害预防与应急准备工作,对影响铁路安全的飘浮物明确工程管辖范围并在辖区内全面负责。

(6)现场施工场景、铁路路基沉降及施工监控数据通过引入大数据及可视化,定时上报并在手机 App 端实时察看,对施工安全实现信息化过程管理,形成"用数据说话、用数据管理、用数据决策"的安全管控模式。

第二节　信息化管理

本项目信息化管理创新性主要内容可总结为以下三方面。

一、业务流程梳理

传统方式描述管理工作多使用文字,有时配以简单图示,表达效果欠佳,容易产生歧义或是信息不对等的情况,影响管理工作效率及效果。

传统的业务流程图(图4-4-3)只能反映某项工作参与部门及先后顺序,无法表达业务数据输入、输出及格式,对业务执行过程指导不完整,也为EPC总承包管理过程信息化工作带来困难。

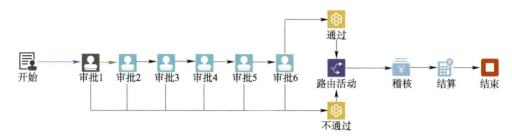

图4-4-3　传统业务流程图

本项目将EPC总承包管理工作化整为零,具体化为一系列业务流程,通过业务流程建模标注(Business Process Modeling Notation,BPMN)组合成一个业务流程图(图4-4-4),对EPC总承包管理各项业务进行深入梳理,明确各参建方分工与职责,制定管理事件工作流程的同时,明确了各参建方管理过程中资料提入、提出过程,为管理规范化、信息化提供了抓手。

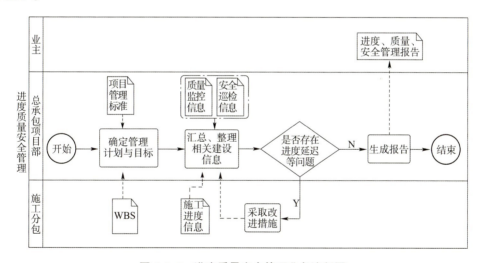

图4-4-4　进度质量安全管理业务流程图
WBS-工作分解结构(Work Breakdown Structure)

二、信息资源规划

本项目参建方众多,信息资源管理难度大。所谓信息资源是指项目管理过程中产生大量工程数据、管理数据等。项目管理水平很大程度上取决于信息资源管理的效率与质量。

本项目创新性提出项目级数据结构树概念,根据总承包管理粒度及施组分部分项,综合考虑各参建方的数据需求与使用习惯,通过工程结构实体分解与构件编码(表4-4-1),搭建依托工程结构的信息组织骨架,高效组织、管理项目信息资源。

工程结构实体分解与构件编码(部分) 表4-4-1

实例编码	第一级	第二级	第三级	第四级	第五级	第六级
01	主桥					
0101		下部结构				
010119			19号桥墩			
01011901				桩基础		
0101190101					承台	
010119010101						19#_ZJC_CT_Z
0102		上部结构				
010201			钢桁梁			
01020101				下弦节点		
0102010101					西北象限	
010201010101						钢桁梁-主桁下弦-NW-E0
……						……
0103		支座				
0104		附属				
010402			防撞护栏			
01040201				SX级防撞护栏		
02	场地布置					
0201		地形	DEM			
0202		正射影像	DOM			
0203		建筑物、构筑物				
020301			接触网			
02030101				普通		
03	临建					
0301		拼装支架				
0302		横移滑道				
0303		辅助滑道				
04	施工机械					
05	实景					
06	监测点					
0601		铁路				
060101			高铁			
06010101				左线		
0601010101					z026	
……					……	

续上表

实例编码	第一级	第二级	第三级	第四级	第五级	第六级
0602			基坑			
0603			线形监控			
07		引桥				
0701			下部结构			
070101				0号台		
				……		
0702			上部结构			
070201				第一联		
				……		

根据数据结构树梳理、存档项目数据,可起到事半功倍的效果。其中,项目数据可分为结构化和非结构化数据。结构化数据主要包括设计数据、几何数据、施工数据、监测监控数据等。非结构化信息主要包括文档、照片、视频等资料。本项目信息资源规划,主要工作内容如下:

(1)根据《EPC总承包项目管理手册》,确定项目管理过程中所需数据及格式,按可结构化与不可结构化分类。

(2)使工程数据尽可能结构化,通过信息模型承载结构化数据,定义数据元、数据交换接口,为信息化做好准备工作。

(3)确实不可结构化的工程数据(如图纸、现场照片),与信息模型构件关联,制定适当的引用逻辑(如施工日志),并采用信息管理流程来管理物理信息源,如进度、质量、安全、物料追踪等应用。

(4)非结构化工程数据且与信息模型构件关联逻辑不明确的(如管理文件、规范),制定命名及存档规则,便于资料查找、使用。

三、信息化工具

项目前期通过开展业务流程梳理,完善了项目管理标准体系;通过开展全过程、全要素的信息资源规划,建立了数据结构层次、关系及体系;同时开展信息化管理平台、工具需求调研,并对各参建方进行多次信息化技术应用基础培训,为信息化建设和应用落地,奠定了坚实基础。

信息化技术落地、信息化管理工作实施,离不开信息化工具支持。廊坊光明桥项目专门成立信息化部负责相关工作推进。因BIM技术应用与信息化管理关系密切,信息化部在组织架构上隶属于BIM工作组,由此提高相关工作与资源利用的效率。

根据《EPC总承包项目管理手册》中管理目标、要求,结合业务流程梳理及信息资源规划成果,确定信息化管理总体架构。探索"BIM+数字孪生"技术,搭建数字孪生全要素空间协同管理平台(以下简称"协同平台"),采用B/S云计算架构,以3DGIS和BIM技术为基础,通过工程数据管理服务,实现项目现场全要素空间数据融合及动态信息管理(图4-4-5),为市政工程智能建造提供全过程信息化管理解决方案。

协同平台具有完善的空间数据接口和功能接口,支持二次开发和其他功能接入,同时采用 B/S、C/S 架构进行开发,实现网络环境下的多用户并发系统服务能力,从而大大提高了协同平台的可扩展性与可复用性,降低了后续类似项目使用的研发时间及成本,实现资源整体最优配置。

协同平台将项目管理制度体系与平台功能架构相结合,为项目管理人员提供了在线、实时、可视化项目管理服务(图 4-4-6 ~ 图 4-4-8),可通过 PC 端、手机端便捷了解项目动态,查看项目文件、设计图纸、监测监控数据、施工日志等工程数据,及时处理相关工作,实现实时项目管控,助力项目精益建造。

图 4-4-5　协同平台主界面

图 4-4-6　BIM 视图功能模块

图 4-4-7　质量管理功能模块

图 4-4-8　安全管理功能模块

协同平台投入使用至今,近 1000 项安、质、环事件均实现管理闭环。项目建设过程中,定期对比、分析协同平台已有工程数据,挖掘数据背后的相关管理信息,取得良好效果,对后续类似工作开展提供参考和指导,受到各参建方好评。

第五章
基于 BIM 技术智能建造

"BIM 之父"——佐治亚理工学院的查克·伊斯曼(Chuck Eastman)教授,在其著作《BIM Handbook》中提出,BIM 是指建筑资讯建模(Building Information Modeling),而不是建筑资讯模型(Building Information Model);BIM 既非一项物品,也非一类软件,而是一种最终关系着设计、施工和设施管理程序变革的人类活动。

BIM 技术在工程建设领域已得到广泛应用。2022 年 1 月,住房和城乡建设部印发《"十四五"建筑业发展规划》,提出"加快推进建筑信息模型(BIM)技术在工程全寿命期的集成应用""2025 年,基本形成 BIM 技术框架和标准体系"。

廊坊光明桥项目基于 BIM 技术对智能建造进行深入探索,明确 BIM 应用的技术路线、软件工具、工作流程,确保 BIM 技术应用落地达到预期效果。根据本项目实际开展情况,总结基于全过程 BIM 应用的智能建造成效及经验,以期为类似工程提供可复用知识体系。

第一节 BIM 应用方案

本项目 BIM 应用贯穿工程建设全过程,项目前期即开展了总体策划、顶层设计,编制《BIM 实施计划》(以下简称"BEP",即 BIM execution plan),为 BIM 技术落地提供解决方案及实施框架,主要内容包括:BIM 应用范围、BIM 应用目标、BIM 应用组织、BIM 应用标准、BIM 应用计划、BIM 交付物、软硬件环境等。BIM 应用推进过程中,以项目难点、需求为抓手,融入管理体系,制定并逐步完善 BIM 应用细则、BIM 应用知识库,为 BIM 技术落地提供具体指导与过程管控,从而充分发挥了 BIM 价值,达到了预期效果。

一、BIM 应用范围

针对项目建设全过程的重难点问题,提供 BIM 技术支持。

二、BIM 应用目标

本项目 BIM 技术应用目标可概括为"全过程、重实效、勇创新、可复用"。

(1)"全过程",总承包组织、协调各参建方,在方案、设计、制造、施工阶段及项目管理全过程应用 BIM 技术,提高项目管理水平及各参建方协作效率。

(2)"重实效",以项目重难点为抓手,根据工程进展同步开展 BIM 应用,将 BIM 技术融入建设流程,同时避免过度建模、应用,最大程度发挥 BIM 价值。

(3)"勇创新",将 BIM 与地理信息系统(GIS)、实景模型、物联网、工程管理等技术结合进行创新应用,同时探索云计算、数字孪生等前沿技术,通过技术创新助力精益建造。

(4)"可复用",通过探索与实践形成基于 BIM 及"BIM+"的全过程智能建造解决方案,可为类似工程提供可复用知识体系。

三、BIM 应用组织

依托 EPC 项目管理模式,项目初期即成立光明桥项目 BIM 应用工作小组(以下简称 BIM 工作组),负责组织、协调、实施 BIM 应用,协调设计、制造、施工等各参建方,明确了 BIM 工作的团队架构与各方职责,BIM 应用组织架构见图 4-5-1。

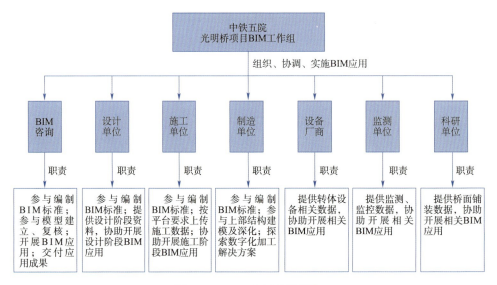

图 4-5-1 BIM 应用组织架构

四、BIM 应用标准

参考国际、国家、行业等 BIM 标准,编制、发布廊坊光明桥项目 BIM 建模手册、BIM 应用手册等一系列项目 BIM 应用细则,指导 BIM 工作规范、有序、高效开展。

1. BIM 建模手册

信息模型是 BIM 应用的基础。为保证信息模型建立工作顺利开展,发挥总承包管理模式优势,项目前期协调各参建方,统筹考虑设计、制造、施工、运维等阶段及项目管理的 BIM 应用需求,由此确定信息模型的相关要求,编制项目 BIM 建模手册,明确 BIM 模型建立原则及统一规定。各参建方据此高效开展 BIM 协同建模工作。BIM 建模手册主要内容如下:

(1)明确模型几何信息和非几何信息,其中几何信息包括几何表达信息、定位信息等;非几何信息包括工程信息、功能性能信息、材料材质信息、产品信息、空间结构关系、功能结构关系等;明确与 BIM 应用需求相匹配的模型几何表达精度、信息深度。

(2)明确统一的 BIM 模型坐标系、计量单位、颜色、材质及命名、分类、编码规则。

(3)明确模型数据共享格式,满足协同的需求。

2. BIM 应用手册

BIM 技术应用于特定需求的实施流程细则,主要包括设计应用细则、施工应用细则,其中各参建方协同工作是重难点。BIM 应用手册主要内容如下:

(1)明确项目分解结构和工作分解结构;明确协同过程交付物及阶段成果交付物内容、格式、结构形式相关要求。

(2)明确各参建方通过协同工作平台共享数据、信息的方式,及基于 BIM 模型开展进度、质量、安全等管理业务的工作流程。

五、软硬件环境

根据 BIM 应用需求确定本项目主要应用的 BIM 软件及平台,具体见表 4-5-1。

BIM 软件及平台表 表 4-5-1

编号	软件名称	应用内容
1	ContextCapture Center	建立项目场地实景模型
2	AutoCAD Civil 3D	建立项目场地数字高程模型(DEM)、数字正射影像(DOM)
3	Revit	完成混凝土结构出图、算量,建立监测点、临建工程、铁路等既有构筑物模型
4	Navisworks	场地布置、碰撞检查、施组模拟
5	OpenRoads Designer	模型总装
6	3Ds Max	制作施工动画
7	钢筋智能排料软件(自主研发)	优化钢筋排料
8	变形监控平台(自主研发)	监控深基坑、铁路路基等变形

BIM 工作组在项目现场设有专门办公室,根据 BIM 应用需要,配备了台式工作站、移动工作站、无人机(图 4-5-2)、3D 打印机(图 4-5-3)等硬件设备。

图 4-5-2 无人机

图 4-5-3 3D 打印机

第二节 BIM 应用及成效

BIM 应用推进过程中,各参建方协同建立信息模型,基于模型组织、管理、更新、共享工程建设数据，协作开展 BIM 应用，达到了预期效果。

一、BIM 模型建立

BIM 模型建立过程，实质为工程对象数据集成过程。在此过程中，保证 BIM 模型的有效性，包括模型数据的"完备性、关联性、一致性"。其中，"完备性"是指，模型信息需包含工程对象几何信息及拓扑关系，完整的工程信息描述，相互间的工程逻辑关系；"关联性"是指，信息模型中的对象是可识别且相互关联的，模型中某个对象发生变化，与之关联的所有对象会随之更新；"一致性"是指，不同阶段模型信息是一致的，同一信息无需重复输入。

二、方案阶段 BIM 应用

主桥施工工序繁多，传统方式难以清晰、全面表达设计意图。通过 BIM 集成各种影响因素，直观、形象进行沟通，提高方案审查会意见收集效率，取得良好效果。可视化 BIM 方案展示见图 4-5-4 ~ 图 4-5-7。

图 4-5-4　钢梁拼装施工方案

图 4-5-5　钢梁转体施工方案

图 4-5-6　钢梁横移施工方案

图 4-5-7　钢梁合龙施工方案

三、设计阶段 BIM 应用

1. 混凝土结构三维设计

（1）主墩受力工况复杂，结构形式选择影响因素多，确定合理构造为设计难点。通过建模软件建立桥墩各方案几何模型，导入有限元计算软件（图 4-5-8）进行受力分析（图 4-5-9），提高了主墩设计效率。

图 4-5-8 有限元计算模型

图 4-5-9 有限元计算结果

（2）异形主墩混凝土数量计算困难。开展混凝土构件三维设计，通过模型信息可自动、精确地生成主体构造图（图 4-5-10）并计算工程数量，提高了异形主墩算量精度。

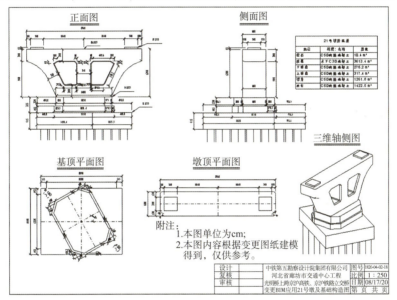
图 4-5-10 主墩模型生成设计图

2. 钢梁三维设计

变高上加劲连续钢桁梁空间结构复杂，零件众多、曲线杆件设计困难，传统手段难以清晰表达设计意图。开展钢桁梁三维设计（图 4-5-11），避免零件空间碰撞问题；通过模型信息可自动、精确生成构件图纸及工程数量表（图 4-5-12），提高了复杂节点设计质量。

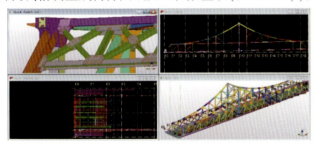
图 4-5-11 钢梁三维设计

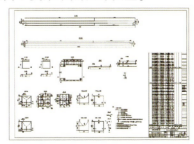
图 4-5-12 钢梁模型出图

3. 设计优化

主墩转体系统构件繁多、相对关系复杂,二维手段难以表达系统各部分相对关系,设计质量难以保证。通过 BIM 模型进行干涉检查,发现碰撞问题(图 4-5-13)辅助设计优化,避免后续变更(图 4-5-14)。

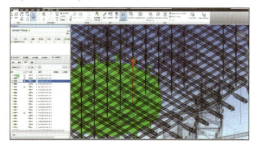

图 4-5-13 转体系统碰撞检查结果

图 4-5-14 转体系统施工现场

四、加工制造阶段 BIM 应用

1. 钢梁智能制造

制造阶段通过深化设计阶段钢梁 BIM 模型(图 4-5-15),可将设计阶段信息无缝衔接至加工阶段。添加制造信息,输出数字加工文件,实现钢梁智能制造(图 4-5-16)。

图 4-5-15 钢梁制造深化模型

图 4-5-16 节点板数字加工

2. 钢筋加工

建立钢筋信息模型,自动计算加工长度、生成大样图(图 4-5-17)。运用动态规划及整数规划原理,自主研发钢筋智能排料软件,自动确定最优钢筋排料方案(图 4-5-18),提高效率的同时,最大程度节约钢筋用量。

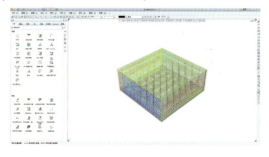

图 4-5-17 钢筋深化设计

图 4-5-18 钢筋智能排料方案

五、施工阶段 BIM 应用

1. 场地布置

针对施工场地统筹、合理布置困难,建立场布模型(图 4-5-19),优化现场布置(图 4-5-20 ~ 图 4-5-22),标准化设施及 BIM 族库形成企业可复用资产。

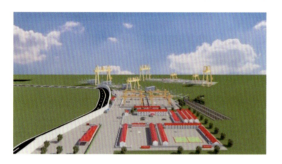

图 4-5-19　场地虚拟布置

图 4-5-20　场布审查会

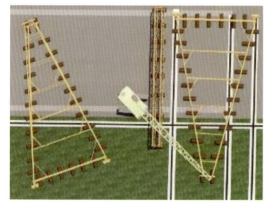

图 4-5-21　门式起重机拼装场布

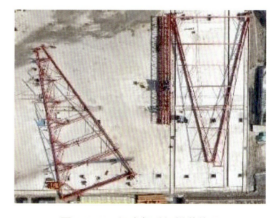

图 4-5-22　门式起重机拼装施工

2. 深化设计

针对钢梁临近铁路拼装的问题,通过 BIM 辅助门式起重机深化设计(图 4-5-23),保证拼装期间铁路安全的同时,满足低碳减排要求(图 4-5-24)。

图 4-5-23　门式起重机模拟

图 4-5-24　门式起重机施工

3. 施组模拟

施工阶段将设计成果与施组计划通过 4D 信息模型集成,在虚拟时空中模拟建设过程,并根据现场情况实时调整,提高资源整体利用效率。

(1)横移工况

受铁路天窗限制,主梁横移必须快速精准、平顺稳定。搭建"BIM + PLC"总控系统(图 4-5-25),实现四滑道精准同步横移(图 4-5-26)。

图 4-5-25　横移工况模拟　　　　　　　图 4-5-26　横移施工现场

(2)转体工况

主梁转体合龙处空间距离小且动态变化,二维测算困难。通过三维仿真分析,可得到转体过程任意时刻合龙处最小间距(图 4-5-27),以此确定最优转体方案(图 4-5-28)。

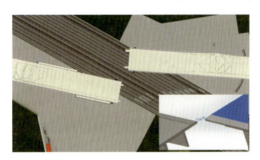 

图 4-5-27　转体工况模拟　　　　　　　图 4-5-28　转体施工现场

(3)纵移工况

应用 BIM 辅助创新(图 4-5-29),利用支座预偏实现梁体无临时支撑纵向移动(图 4-5-30)。

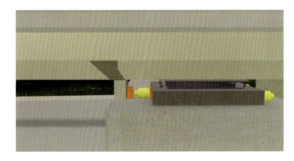 

图 4-5-29　纵移工况模拟　　　　　　　图 4-5-30　纵移施工现场

(4)合龙工况

模拟合龙过程,研发永临结合防护检查车,保证合龙过程铁路安全的同时,作为运营阶段永久检查车使用。合龙过程模拟与施工现场分别见图4-5-31、图4-5-32。

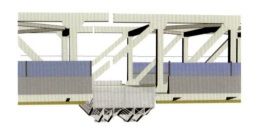 

图 4-5-31　合龙工况模拟　　　　　　图 4-5-32　合龙施工现场

六、项目管理 BIM 应用

1. "BIM + GIS + 实景模型"

项目位于廊坊市中心,现场条件复杂,各参建方需要更全面、更直观地了解工程环境信息。创建现场"BIM + GIS + 实景模型"真实空间场景(图4-5-33),可通过 Web 便捷访问,快速获取场地周边信息(图4-5-34),为项目管理、BIM 应用等服务。

图 4-5-33　电子沙盘　　　　　　图 4-5-34　面积测量

2. 变形监测监控

运营铁路、深基坑变形监测是安全管控重点。自主研发"BIM + IoT"监控平台(图4-5-35),实现监测数据分析、施工日志查看等功能(图4-5-36),为施工安全管理决策提供数据支撑。

 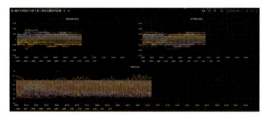

图 4-5-35　变形监控平台　　　　　　图 4-5-36　变形监测数据

3. 转体过程监控

为保证转体过程中铁路安全,转体效率及精度要求严苛。搭建"BIM + IoT"监控平台

（图 4-5-37），实现转体过程实时管控，助力主梁高质量转体就位（图 4-5-38）。

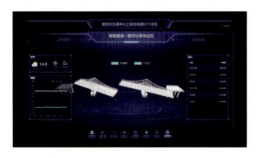 

图 4-5-37　转体监控平台　　　　　　　图 4-5-38　转体施工现场

4."BIM + 工程管理"

根据建设进度、安全、质量等管理需求，搭建项目管理平台（图 4-5-39、图 4-5-40），可通过 PC 端、手机端便捷了解项目动态，及时处理相关工作，实现实时项目管控。

 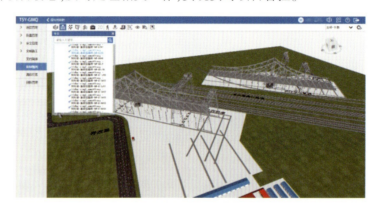

图 4-5-39　移动端界面　　　　　　　图 4-5-40　PC 端界面

七、运维阶段 BIM 应用

为保证主桥结构运营状态正常，搭建健康监测系统（图 4-5-41），实现主桥智能运维（图 4-5-42），同时为养护工作提供数据支撑。

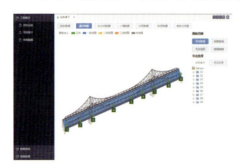 

图 4-5-41　监测点布置　　　　　　　图 4-5-42　阈值管理

第六章
展望

廊坊光明桥建设历经3年,克服了城市空间狭小、邻近(上跨)铁路复杂的边界环境,突破了涉铁工程要点施工的诸多限制条件,创新了上跨高铁复杂桥梁结构设计、施工工艺和运养维护安全保障技术,实现了上跨高铁桥梁设计施工的新突破,形成了上跨高铁复杂环境大跨度钢结构桥梁成套建造关键技术,可为后续涉铁工程桥梁建设起到示范和借鉴作用。桥梁转体施工在解决施工条件受限及跨越城市立交和铁路时对既有线路的影响,显现出十分明显的技术优势,工程建设环境总是在不停变化,桥梁技术创新也在不停发展,在今后的基础设施建设过程中,为减少对既有铁路、公路等的干扰,确保运输安全,仍然有许多的方向值得我们思考和展望。

一、涉铁工程桥梁建造管理

近年来随着城市的扩张,涉铁建设项目的日益增多,铁路部门在安全管理上高标准、严要求。不管是合同签订,还是施工方案审批都要层层把关,涉铁施工流程办理审批部门多、周期长。如何确保涉铁工程项目建设既安全又高效,显得尤为重要。伴随着目前涉铁工程建设流程的变化和发展,"一站式"代建服务模式势必成为涉铁工程建设的主流趋势,建设单位就涉铁范围内的所有工程和路局委托的代建公司签订的建设项目合同,真正满足地方政府和企业的需求,提供项目前期咨询和项目建设期代建业务。协调铁路部门前期调研,推进设计审查、铁路用地手续审批,办理铁路运能损失补偿有关手续,到设备管理单位进行会签,办理穿跨越手续,协调铁路各部门办理营业线施工手续,推进工程建设相关事宜,组织竣工验收及交接等。

在加强国家治理体系和治理能力现代化的大背景下,开展新经营体制下涉铁工程管理机制的研究和探索,不断完善涉铁工程管理。充分发挥路地双方优势,有效解决铁路营业线施工专业性强、技术复杂、安全要求高等问题,依法合规推进涉铁工程建设。坚持传统观念,统筹发展和安全,深化强基达标、提质增效,创新和规范涉铁工程管理,服务地方经济发展,确保运营铁路安全。

二、融合AI技术的三维BIM正向新设计技术

以5G、物联网、AI技术为代表的最新IT技术与以机器人技术为代表的高端制造技术在建筑行业的逐步应用,建筑业加快了基于BIM技术的数字化转型步伐。国家大力推广基于BIM技术的全过程工程建设,推动设计从二维走向三维。随着设计施工一体化程度的提升,设计的标准化、规范化将得到加强,BIM三维正向设计将逐步成为主流,从而为AI技术的应用提供基础的技术与行业应用土壤。

BIM新设计首先是基于BIM的正向设计,只有三维BIM正向设计才能提供完整的跨阶段、多专业、一致的信息表达。基础的三维BIM模型在设计、招投标、施工、运维各阶段应用时,涉及大量领域知识与作业规范。一个模型表达无法满足多专业、跨阶段的多样化需求,造成了BIM信息表达与设计标准的复杂化。破解这一难点的关键在于如何实现BIM设计与AI技术的融合,在基础BIM正向设计的基础上,逐步在细分领域借助领域知识形成特定的设计原理,并辅助用户进行自动化设计与信息映射,这也是预期中的下一代BIM新设计技术。参考AI技术在其他行业的发展与应用趋势,可以预见在数字化技术相对落后的建筑业,AI技术具有较高的技术与应用创新潜力。

三、上跨高铁桥梁结构新材料、新技术的研究

建筑材料的革新始终是推动桥梁工程发展的主要动力之一,新型材料是擎起大跨、轻质桥梁的支柱。上跨铁路的运营环境下,在确保桥梁使用寿命和性能的基础上,桥梁工程将更加注重质量安全、经济耐用、环保和节能,在本项目中通过超高性能混凝土、高强度钢材以及新型连接技术的应用,解决了部分关键技术,但是仍有许多新问题和新技术都亟须更加深入的探讨和研究。

(1)超高性能混凝土组合桥面结构理论和升级方法的深入研究。超高性能混凝土以超高的强度、韧性和耐久性为特征,满足大跨径桥梁,创新轻型混凝土梁板体系的工程需求,目前处于应用阶段。不同桥梁体系的钢-UHPC组合结构的合理构造措施、关键参数取值、结构设计理论和设计方法需要进行深入研究,形成完整的理论、设计、施工理论体系和规范。

(2)高性能桥梁钢研发。随着大型钢结构桥梁向全焊接结构和高性能参数方向发展,桥梁结构的安全可靠性要求越来越严格。这不仅对设计提出了更高的要求,而且对钢板质量提出了更高的水准,即不仅具有高强度以满足结构轻量化要求,而且还应具有优良的低温韧性、焊接性和耐蚀性等,以满足钢结构的安全可靠、长寿等要求。在今后的桥梁钢发展中,顺应桥梁工程发展需要的高强度、可焊性、防断性、疲劳性、耐候性良好的高性能桥梁钢将是我国桥梁钢发展的主要方向。研发和推广高强钢、高性能桥梁钢有利于满足桥梁工程环保、可持续发展的需求,有利于减轻钢桥的自重,实现减量化用钢。目前已成功开发出了Q690qE钢,但尚未大批量用于实际工程,其可焊性及质量稳定性等还需进一步研究提高,以适应大批量生产的需要。

(3)桥梁防腐技术的发展。桥梁防腐涂装技术的未来发展趋势将遵循高性能、长寿命、绿色环保的原则,向多元化方向发展以适应不同腐蚀环境、不同防腐部位,并要考虑施工技术及维护方案,还要考虑材料成本控制和人文景观的要求。

(4)跨线转体技术的展望。廊坊光明桥以新型的带辅助滑道转体技术扩大了传统单球铰转体施工技术的适用范围,跨线转体仍需进一步开发和研究,以适应现在多样性的建设需求。针对转体过程中控制高度受限研发可调高转体技术,达到有效降低道路纵坡、减小工程造价的目的。针对目前功能单一的转体球铰,实现球铰功能的多样化、数字化和智能化,达到桥梁转体姿态实时测量及精确定位。针对目前单向不可逆球铰转体技术研发可拆卸式球铰转体系统,实现转体球铰的重复利用。针对非固结体系,结合廊坊光明桥的转体思路,研发设置多点支承的滚轮小车系统,通过自身动力作用沿圆周轨道走行,实现多点支承无球铰

转体的设想,同时可实现后期拆除重建的逆转体。

(5)快速合龙技术研发。上跨铁路钢桁梁结构,钢梁跨中的高精度跨中合龙成为桥梁施工成败的关键因素,研究一种自锁式连接技术,实现钢梁的快速合龙,将合龙施工对高速铁路的影响降至最低。

四、桥梁结构智能健康监测

桥梁作为公共交通的重要载体,对区域交通的通畅运行、社会经济发展起到至关重要的作用。随着社会经济的飞跃式发展,桥梁交通流量快速提升,桥梁安全危害影响加剧。桥梁因恶劣使用环境、荷载作用、年限过长等因素导致桥梁损伤,产生病害,威胁桥梁安全,引起桥梁事故。按交通运输部《关于进一步提升公路桥梁安全耐久水平的意见》交公路发〔2020〕127号规定:"2025年底前实现跨江跨海跨峡谷等特殊桥梁结构健康监测系统全面覆盖。到2035年,公路桥梁建设养护管理水平进入世界前列。"通过建立科学的运营期健康与安全监测系统,实现各阶段桥梁生命线状态的可知性、可测性,及时了解、掌握桥梁的健康动态与安全状态。通过桥梁结构安全健康监测系统的建设及运行,可准确、全面掌握桥梁运营期的环境参数及结构响应参数,并通过数据的分析对桥梁的使用状态和力学行为进行预警和初步评估,为桥梁的安全运营提供有力的保障。随着桥梁结构健康检测系统的创新性发展,科技化、信息化、智能化、标准化技术监测、研判技术水平逐步提高,从而大幅提升桥梁平均服役寿命。

桥梁工程领域健康监测已经发展了近30年,目前我国在多座桥梁特别是大跨度桥梁上安装了具有大规模传感器的健康监测系统,长年的监测已经采集了大量的数据,如何基于大数据来充分认知结构状态并识别可能的损伤,仍是健康监测系统亟须解决的关键问题。

推动桥梁健康监测学科的发展和创新,获取更加全面的荷载(温度场、风场、车辆荷载分布等)与结构响应(分布式应变、精准位移等)数据,大力发展无人机、智能机器人技术,大幅提高结构外观检测的自动化、智能化程度,文本、图片、视频等非结构化数据有力推动桥梁外观检测和健康监测数据的融合,催生出桥梁结构状态评估及损伤识别新的评估理论和方法。

CONSTRUCTION TECHNOLOGY FOR
SWIVELING
AND OVER-CROSSING
OPERATING HIGH-SPEED RAILWAY
OF LANGFANG GUANGMING BRIDGE

APPENDIX
附录

中铁五院
涉铁项目案例

一、北京铁路局涉铁项目

1. 莲池大街上跨京广铁路立体交叉工程

采用(76+150+76)m双塔单索面混凝土斜拉桥(附图1),桥梁位于小曲线半径上,避免合龙段位于铁路正上方,采用不平衡转体法施工。建设模式为北京铁路局代管。

附图1　莲池大街上跨京广铁路立交桥

2. 金泉大街上跨京广铁路立交桥

主桥采用2×70mT构(附图2),桥宽41m,横向2幅,通过横梁实现双幅共墩,减少转体基坑。建设模式为EPC+北京铁路局代管。

3. 龙泉大街上跨京广铁路立交桥

主桥采用2×60mT构(附图3),桥宽31.5m,钢混结合梁,采用耐候钢,减少主梁维修养护对铁路的影响。建设模式为EPC+北京铁路局代管。

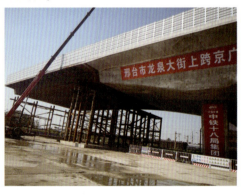

附图2　金泉大街上跨京广铁路立交桥　　　附图3　龙泉大街上跨京广铁路立交桥

4. 廊坊艺术大道下穿铁路立交桥

廊坊艺术大道下穿铁路立交桥是华北地区最大规模下穿高铁框架结构(附图4),施工全程高铁桥墩变形控制在1.5mm以内。建设模式为EPC+北京铁路局代管。

5. 大兴国际机场改线工程天堂河下穿京九铁路立交桥

天堂河下穿京九铁路立交桥为亚洲最大单体顶进框架桥(附图5)。建设模式为EPC+北京铁路局代管。

附图4　艺术大道下穿铁路立交桥

附图5　天堂河下穿京九铁路立交桥

二、上海铁路局涉铁项目

1. 东台市金海路东延下穿新长铁路及盐通高铁立交工程

采用(8.5+9.0+9.0+8.5)m四孔顶进框架下穿新长铁路及盐通高铁(附图6)。建设模式为上海铁路局代建。

2. 东台市北海路下穿新长铁路、盐通高铁立交桥工程

中国铁路上海局局管范围内首例高富水、软弱地层下穿普速铁路站台项目(附图7)。建设模式为公司代建。

附图6　金海路东延下穿新长铁路及盐通高铁立交工程

附图7　东台市北海路下穿新长铁路、盐通高铁立交桥工程

三、哈尔滨铁路局涉铁项目

1. 哈尔滨哈西大街上跨铁路立交桥

采用(118+198+118)m双塔双索面混凝土斜拉桥、半飘浮结构支承体系(附图8),共计跨越47条铁路线。建设模式为哈尔滨铁路局代建。

2. 民航路跨线桥、民航东路道路桥梁工程

上跨哈尔滨南场主桥采用(95+162+95)m连续梁(附图9),跨越铁路21股道,为极寒地区最大跨度连续梁转体施工。建设模式为EPC+哈尔滨铁路局代建。

附图 8　哈尔滨哈西大街上跨铁路立交桥

附图 9　民航路跨线桥、民航东路道路桥梁工程

四、西安铁路局涉铁项目

1. 宝鸡市虢磻路上跨陇海铁路立交桥工程

跨铁路主桥采用 $2\times58\mathrm{m}$ T 构（附图 10），桥宽 25m。建设模式为 EPC。

2. 宝鸡市蟠龙塬上塬路上跨陇海铁路立交桥

跨铁路主桥采用 $2\times75\mathrm{m}$ V 构（附图 11），曲线半径 250m。

附图 10　宝鸡市虢磻路上跨陇海铁路立交桥工程

附图 11　宝鸡市蟠龙源上源路上跨陇海铁路立交桥

五、济南铁路局涉铁项目——山东邹城上跨京沪铁路立交桥

主桥采用 $2\times110\mathrm{m}$ 独塔双索面斜拉桥（附图 12），转体首次斜拉 π 形梁，当时转体质量、长度国内最大，大吨位平铰。

六、兰州铁路局涉铁项目——中宁县石碱公路上跨包兰铁路立交桥工程

跨铁路主桥采用 $2\times55\mathrm{m}$ T 构，挂篮法施工（附图 13）。

七、昆明铁路局涉铁项目

1. 红果经济开发区上跨铁路立交桥工程

主桥采用 1-88m 简支拱（附图 14），采用三片拱肋钢箱系杆拱，桥面系为整体钢桥面，桥宽50m，顶推法施工。

附图12　山东邹城上跨京沪铁路立交桥

附图13　石碱公路上跨包兰铁路立交桥工程

2. 老320国道升级改造工程跨沪昆铁路桥标段

主桥采用(40+60+35)m连续梁(附图15)，桥宽26m，顶推法施工，顶推净跨度54m。

附图14　红果经济开发区上跨铁路立交桥工程

附图15　老320国道升级改造工程跨沪昆铁路桥标段

八、郑州铁路局涉铁项目——洛阳玻璃厂路上跨陇海铁路立交工程

设计线路采用主线及两侧匝道分幅不等高跨越，转体法施工。主线高架桥(2×70m T构)平面位于$R=1000$m圆曲线上(附图16)；玄武门大街上行匝道高架桥(2×72mT构)平面位于"S"曲线段；玄武门大街下行匝道高架桥(2×65mT构)平面位于"S"曲线段。

附图16　洛阳玻璃厂路上跨陇海铁路立交工程

参考文献

[1] 刘玉明,徐涛,刘宝阳,等.EPC 模式下铁路建设项目总承包商的经营风险识别研究[J].工程经济,2019,29(03):20-24.

[2] 胥正良.EPC 总承包模式在涉铁工程项目中的应用[J].经济与管理,2020,40(02):342-344.

[3] 薛云.地方涉铁工程施工安全现状分析及对策研究[J].上海铁道科技,2014(1):18-19,32.

[4] 姚成钊.涉铁工程 EPC 建设模式及特点研究[J].科技经济导刊,2017(18):1-3.

[5] 周益江.涉铁工程施工完全管理的创新与实践[J].上海铁道科技,2017(4):10,40-42.

[6] 伍志华.铁路 EPC 工程总承包模式下的设计管理工作探讨[J].山西建筑,2018,44(9):243-244.

[7] 李晓东.谈涉铁工程代建服务模式[J].2021,47(9):192-193.

[8] 时炜,李茜,张向宏,等.建设项目工程总承包管理实施指南[M].北京:中国建筑工业出版社,2020.

[9] 全国安全生产标准化技术委员会.安全评价通则:AQ 8001—2007[S].北京:煤炭工业出版社,2007.

[10] 国家铁路局.公路与市政工程下穿高速铁路技术规程:TB 10182—2017[S].北京:中国铁道出版社,2017.

[11] 国家铁路局.邻近铁路营业线施工安全监测技术规程:TB 10314—2021[S].北京:中国铁道出版社,2021.

[12] 刘世忠,张国玺,张俊光,等.三主桁钢桥横向内力调整方法与参数研究[J].世界桥梁,2011(2):26-30.

[13] 刘世忠,刘永健,李建红,等.刚性悬索加劲钢桁梁桥塔柱纵向稳定计算长度系数研究[J].中国铁道科学,2012,33(6):17-22.

[14] 冯沛,李风芹.济南黄河公铁两用桥主桥结构型式研究[J].铁道工程学报,2010(8):67-72.

[15] 蔡禄荣,王荣辉,王钰.大跨度柏式钢桁梁桥厂制预拱度设置研究[J].铁道学报,2013,35(4):96-101.

[16] 陈小佳,崔太雷,封仁博.基于几何正装法的 N 式钢桁梁桥预拱度设置研究[J].铁道建筑,2017(1):72-75.

[17] 向律楷,鄢勇,袁明,等.钢桁梁预拱度设置方法研究[J].四川建筑,2015,35(1):150-153.

[18] 冯沛.大跨度铁路连续钢桁梁桥预拱度设置研究[J].铁道标准设计,2016,60(4):

62-64.

[19] 季伟强.大跨铁路曲弦钢桁加劲连续梁预拱度设置研究[J].高速铁路技术,2018,9(2):19-22.

[20] 李茂侬,刘战,张怀杰,等.基于无应力状态起拱法的钢桁梁桥预拱度研究[J].交通科学与工程,2021,37(3):72-77.

[21] 范文远.上跨高铁不均衡T构转体施工技术研究[J].铁道建筑技术,2018(12):69-72.

[22] 朱克宏.邻近高铁钢桁梁桥主要施工技术[J].铁道建筑技术,2017(12):60-63.

[23] 秦顺全.桥梁施工控制无应力状态法理论与实践[M].北京:人民交通出版社,2007.

[24] 吴冲.现代钢桥:上册[M].北京:人民交通出版社,2006.

[25] 赵廷衡.桥梁钢结构细节设计[M].成都:西南交通大学出版社,2011.

[26] 李开心,龚清盛,田维锋,等.拱桥缆索吊装施工的无应力状态控制法[J].中外公路,2012,32(6):203-207.

[27] 秦顺全.分阶段施工桥梁的无应力状态法控制法[J].桥梁建设,2008(1):8-14.

[28] 姜勇,谭康荣,尹光顺.高速铁路大跨度连续钢桁拱桥施工控制关键技术[J].铁道建筑,2013(7):40-43.

[29] 吴美艳,周尚猛.超高性能混凝土组合钢桥面承载性能试验研究[J].桥梁建设,2017,47(3):25-29.

[30] 乔雷涛.高速铁路跨度132m再分式简支钢桁梁设计研究[J].铁道标准设计,2019,63(3):80-85.

[31] 艾宗良,袁明,戴胜勇,等.钢桁梁腹杆插入式节点杆端应力分析与探讨[J].铁道工程学报,2010(12):47-50.

[32] 中华人民共和国交通运输部.公路钢结构桥梁设计规范:JTG D64—2015[S].北京:人民交通出版社股份有限公司,2015.

[33] 国家铁路局.铁路桥梁钢结构设计规范:TB 10091—2017[S].北京:中国铁道出版社,2017.

[34] 谢亚宁,韩大章.美国2座公路下承式钢桁梁桥设计[J].世界桥梁设,2018,46(5):13-16.

[35] 孟凡超,张清华,谢红兵,等.钢桥面板抗疲劳关键技术[M].北京:人民交通出版社股份有限公司,2018.

[36] 邓文中.桥梁话语[M].北京:人民交通出版社,2014.

[37] 田启贤,高立强,周尚猛.超高性能混凝土—钢正交异性板组合桥面受力能力研究[J].桥梁建设,2017,47(3):13-17.

[38] 张清华,舒钢,卜一之.正交异性板组合桥面板界面滑移效应研究[J].桥梁建设,2017,47(1):47-52.

[39] 卜一之,杨绍林,崔闯,等.轮迹横向分布对钢桥面板疲劳应力幅的影响[J].桥梁建设,2015,45(2):39-45.

[40] 中铁大桥科学研究院有限公司.超高性能混凝土组合钢桥面铺装体系研究报告[R].武汉,2016.

[41] 陈杰,耍荆荆.某正交异性板钢箱梁斜拉桥UHPC组合桥面改造方案研究[J].世界桥

梁,2020,48(3):80-85.
- [42] 朱勇战.上跨京沪高铁大跨度连续钢桁梁设计[J].铁道建筑技术,2020(8):55-59.
- [43] 朱勇战.大跨度连续钢桁梁预拱度设计方法与施工线形控制[J].铁道建筑,2021,61(9):29-33.
- [44] 庞元志.廊坊光明道立交桥上跨高铁桥梁方案研究与设计[J].国防交通工程与技术,2020(07):13-16.
- [45] 薛晓博.上跨运营高铁上加劲连续钢桁梁设计[J].国防交通工程与技术,2021(03):15-18.
- [46] 叶仲韬,郭翠翠,钟继卫,等.武汉市四环线青山长江公路大桥重载交通特性转体研究报告[R].武汉:中铁大桥局集团武汉桥梁科学研究院有限公司,2014.
- [47] The European Union. Part 1-9:Fatigue//Eurocode 3:Design of Steel Structures:EN 1993-1-9[S].2005.
- [48] Institute B S. Steel,Concrete and Composite Bridges//Code of Practice for Fatigue:BS 5400-10[S]. British Standard,1980.
- [49] 杨树森,张光明,刘煜.拉铆钉及其在铁道车辆中的应用[J].铁道车辆,2006,44(12):11-13.
- [50] 庄水,赵华.螺纹铆钉铆接成形过程仿真分析[J].应用数学与力学,2014,35(S):246-251.
- [51] 刘小勇,姚笛,枚龙,等.曾家岩大桥刚性悬索架设及合龙施工技术[J].施工技术,2021,50(7):124-127.
- [52] 谭明鹤,王荣辉,黄永辉,等.刚性悬索加劲钢桁梁桥特殊节点模型试验[J].中国公路学报,2008,21(1):47-52.
- [53] 苏剑南,王丰华.重庆市曾家岩嘉陵江大桥设计简介[J].公路交通技术,2016,32(12):38-42.
- [54] 苏剑南.重庆市曾家岩嘉陵江大桥钢桁梁架设方案研究[J].世界桥梁,2017,45(2):6-9.
- [55] 孙玉祥,汪存书,蔡新民.预偏补偿悬臂端位移在钢桁架拱桥跨中无应力合龙施工中的应用[J].中国港湾建设,2009(5):38-41.
- [56] 李华军,田大千.东新赣江特大桥钢桁梁架设施工技术[J].桥梁建设,2011(2):80-84.
- [57] 田唯,刘丹,谭浩明.珠海横琴二桥钢桁拱梁合龙技术[J].世界桥梁,2016,44(6):31-35.
- [58] 王红平,涂宏未,李元生.东莞东江大桥钢桁梁合龙技术[J].桥梁建设,2010(2):76-79.
- [59] 赵凯兵.基于极不平衡条件下钢箱梁桥转体施工的研究[J].铁道建筑技术,2018(8):60-63.
- [60] 马行川.跨线桥转体技术发展现状与展望[J].铁道标准设计,2020,64(6):92-97.
- [61] 孙全胜,郭晓光.转体斜拉桥平转加速阶段容许角加速度研究[J].中外公路,2012,32(2):98-102.
- [62] 李金峰.桥梁极不对称转体齿轮驱动体系设计[J].世界桥梁,2019,47(5):17-21.
- [63] 刘明皓.地理信息系统导论[M].重庆:重庆大学出版社,2009.
- [64] 李安福,曾政祥,吴晓明.浅析国内倾斜摄影技术的发展[J].测绘与空间地理信息,

2014,37(09):57-59+62.
[65] 刘陈,景兴红,董钢.浅谈物联网的技术特点及其广泛应用[J].科学咨询,2011(9):86-86.
[66] 郭松涛,洪汝渝.大学计算机基础[M].重庆:重庆大学出版社,2009.
[67] 王公儒,樊果,钟家玉,等.智能管理系统工程实用技术[M].北京:中国铁道出版社,2012.
[68] 国家铁路局.铁路工程信息模型统一标准:TB/T 10183—2021[S].北京:中国铁道出版社,2021.
[69] 国家铁路局.铁路通信设计规范:TB 10006—2016[S].北京:中国铁道出版社,2016.
[70] 中国铁路总公司.客货共线铁路通信工程施工技术规程:Q/CR 9655—2015[S].北京:中国铁道出版社,2015.
[71] 中国铁路总公司.铁路自然灾害及异物侵限监测系统工程技术规范:Q/CR 9152—2018[S].北京:中国铁道出版社,2018.
[72] 国家铁路局.铁路电力牵引供电设计规范:TB 10009—2016[S].北京:中国铁道出版社,2016.
[73] 国家铁路局.普速铁路接触网运行维修规则:TG/GD 116—2017[S].北京:中国铁道出版社,2017.
[74] 中国铁路总公司.铁路技术管理规程:TG/01—2014[S].北京:中国铁道出版社,2014.
[75] 中国铁路总公司.客货共线铁路电力牵引供电工程施工技术规程:Q/CR 9658—2017[S].北京:中国铁道出版社,2017.
[76] 国家铁路局.铁路工程基本作业施工安全技术规程:TB 10301—2020[S].北京:中国铁道出版社,2020.
[77] 国家铁路局.铁路通信、信号、信息工程施工安全技术规程:TB 10307—2020[S].北京:中国铁道出版社,2020.
[78] 国家铁路局.铁路电力、电力牵引供电工程施工安全技术规程:TB 10308—2020[S].北京:中国铁道出版社,2020.
[79] 国家铁路局.高速铁路接触网运行维修规则:TG/GD 124—2015[S].北京:中国铁道出版社,2015.
[80] 唐亚鸣,张河.大型桥梁拉索损伤与健康监测[J].桥梁建设,2002(05):79-82.
[81] 李爱群,丁幼亮,王浩,等.桥梁健康监测海量数据分析与评估——"结构健康监测"研究进展[J].中国科学:技术科学,2012,42(08):972-984.
[82] 王凌波,王秋玲,朱钊,等.桥梁健康监测技术研究现状及展望[J].中国公路学报,2021,34(12):25-45.
[83] 赵翔,李爱群,缪长青,等.润扬大桥结构健康监测系统传感器测点布置[J].工业建筑,2005(01):82-85.
[84] 李爱群,缪长青,李兆霞,等.润扬长江大桥结构健康监测系统研究[J].东南大学学报(自然科学版),2003(05):544-548.
[85] 李惠,欧进萍.斜拉桥结构健康监测系统的设计与实现(Ⅰ):系统设计[J].土木工程学报,2006(04):39-44.

[86] 张林,张富有.基于工业以太网的大型悬索桥健康监测系统的设计与集成[J].公路,2020,65(12):57-64.

[87] 张启伟,周艳.桥梁健康监测技术的适用性[J].中国公路学报,2006(06):54-58.

[88] 宗周红,孙建林,徐立群,等.大跨度连续刚构桥健康监测加速度传感器优化布置研究[J].地震工程与工程振动,2009,29(02):150-158.

[89] 曹素功,黄立浦,张勇,等.桥梁健康监测数据的结构化存储与分析[J].中外公路,2019,39(02):102-108.

[90] 刘天成,程潜,刘高,等.基于BIM平台的平塘特大桥结构健康监测信息融合技术研究[J].公路,2019,64(09):18-22.

[91] 郭天惠,崔耀月.基于荷载试验修正的桥梁健康监测系统研究[J].公路,2021,66(08):201-205.

[92] 宗周红,高铭霖,夏樟华.基于健康监测的连续刚构桥有限元模型确认(Ⅰ)——基于响应面法的有限元模型修正[J].土木工程学报,2011,44(02):90-98.

[93] 杨志峰,曾国良,江祥林.基于挠度指标的中小跨径桥梁健康监测系统设计[J].中外公路,2018,38(06):162-166.

[94] 戴若星.公路桥梁定期检查评定系统研究与开发[D].石家庄:石家庄铁道大学,2021.

[95] 朱克宏.紧邻高铁钢桁梁桥主要施工技术[J].铁道建筑技术,2017,(12):60-63,77.

[96] 彭建萍,高光品,等.京张高铁官厅水库特大桥简支钢桁梁架设技术[J].桥梁建设,2018,48(5):103-107.

[97] 万继,丁仕洪,等.济南黄河公铁两用桥带加劲弦顶推施工技术[J].桥梁建设,2016,46(6):112-117.

[98] 刘校明.连续刚构桥双幅T构同步转体施工技术[J].世界桥梁,2016,44(1):25-29.

[99] 孙连勇.大跨度钢桁梁横移架设技术研究[D].济南:山东大学,2013:5-19.

[100] 陈红柳.大跨重载箱梁整孔纵、横移施工技术[J].世界桥梁,2014,42(6):26-29.

[101] 李金峰.桥梁极不对称转体齿轮驱动体系设计[J].世界桥梁,2019,47(5):17-21.

[102] 赵凯兵.基于极不平衡条件下钢箱梁桥转体施工的研究[J].铁道建筑技术,2018(8):60-63.

[103] 刘应龙,蔺鹏臻,宋于祺,等.银西高铁银川机场黄河特大桥钢桁梁施工技术,[J].桥梁建设,2018,48(5):114-118.

[104] 王红平,涂宏末,李元生.东莞东江大桥钢桁梁合龙技术[J].桥梁建设,2010(2):76-79.

[105] 侯兆新,龚超,张艳霞,等.钢结构高强度螺栓连接技术新进展[J].钢结构,2021(1):1-12.

[106] 李科,尹浩,胡方年,等.环槽铆钉与高强度螺栓抗剪性能对比试验研究[J].价值工程,2021(21):121-123.

[107] 赵祥云,刘宇,邓涛,等.一种铆接质量检测方法的简介[J].机电产品开发与创新,2019(1):18-19.

[108] 张青松,高杰维,王超群,等.热喷锌、冷喷锌与富锌涂料三种涂层的耐蚀性对比[J].腐蚀及防护,2017(12):903-913.

[109] 陶群英,周虎.冷喷锌涂料在桥梁钢结构中的应用[J].建筑施工,2018(10):1801-1803.